Harald Wessel
Münzenbergs Ende

Harald Wessel

Münzenbergs Ende

Ein deutscher Kommunist
im Widerstand
gegen Hitler und Stalin

Die Jahre
1933 bis 1940

Dietz Verlag Berlin

Die Faksimiles stammen –
mit Ausnahme der Abbildung »Die Zukunft« von 1913
(Schweizerisches Sozialarchiv, Zürich) –
aus dem Archiv des Autors.

Wessel, Harald: Münzenbergs Ende :
e. dt. Kommunist im Widerstand
gegen Hitler und Stalin ;
d. Jahre 1933 bis 1940 /
Harald Wessel. – Berlin :
Dietz Verl. GmbH, 1991. – 418 S. : 17 Faksimiles.

ISBN 3-320-01743-8

Mit 17 Faksimiles im Text
© Dietz Verlag Berlin GmbH 1991
LSV 0289
Typographie: Uwe Niekisch
Einband und Schutzumschlag: Michaela Barthel
Printed in Germany
Gesamtherstellung:
Offizin Andersen Nexö Leipzig GmbH, Graphischer Großbetrieb

Vorbemerkung

Es war am 25. Dezember 1939, am ersten Weihnachtstag im zweiten Weltkrieg. In Wuppertal-Elberfeld, auf der Mirker Höhe, in der Wohnstube eines proletarischen Eigenheims, stritten sich zwei Männer über die Ursachen des Krieges und über den Deutsch-Sowjetischen-Nichtangriffsvertrag vom August 1939. Beide Männer waren deutsche Kommunisten. Den einen hatten die Nazis 1934 verhaftet und ins KZ Esterwegen gebracht, wo er zum Skelett abgemagert, aber dann überraschend freigelassen worden war. Der andere hatte 1933 seine berufliche Existenz verloren und mußte seine kinderreiche Familie mit Gelegenheitsarbeiten und mit der Hilfe der Sozialfürsorge durchbringen. Der eine verteidigte den Vertrag: Stalin sei nichts andres übriggeblieben, als den Teufelspakt mit Hitler abzuschließen. Der andere beharrte darauf: »Stalin hat uns verraten.« Und das sei auch Willi Münzenbergs Meinung.

Der gelernte Autoschlosser Erich Wessel (1901 bis 1989) hatte nichts dagegen, daß sein ältester, damals fast zehnjähriger Sohn dem Streitgespräch mit dem aus Esterwegen entlassenen Genossen beiwohnte. Und obgleich mir der Streit der Männer weitgehend unverständlich blieb – damals hörte ich den Namen Münzenberg wohl zum ersten Mal. Der Name des legendären Linken, der gegen Hitler kämpfte und Stalin widersprach, blieb mir von da ab unvergeßlich und wurde zur geistigen Herausforderung. Ende 1950, während meines Biologie-Studiums an der Friedrich-Schiller-Universität zu Jena in Thüringen, stieß ich in der Zeitung wieder auf den Namen Willi Münzenberg. Er sei ein »trotzkistischer Verräter« und ein »anglo-amerikanischer Spion« gewesen. Das paßte nicht zu dem Respekt, mit dem mein Vater und sein (1944 in einem Nazi-Kerker umgekommener) Freund Weihnachten 1939 über Münzenberg gesprochen hatten...

Jahre später, nach dem Ende der Ulbricht-Ära in der DDR, hoben zwei Erlebnisse den ins Unterbewußtsein verdrängten Namen Münzenberg erneut ins Bewußtsein meines geschichtlichen Interesses: Im Oktober 1971 eine Reporterreise durch die Sowjetunion – auf den Spuren der Hunger-Katastrophe von 1921, die Münzenberg mit der von ihm geschaffenen INTERNATIONALEN ARBEITERHILFE (IAH) lindern half; und im September 1974 ein langes vertrauensvolles Gespräch mit Franz Dahlem (1892 bis 1981), der dabei blieb, Münzenberg sei am Ende ein »trotzkistischer Verräter« gewesen. Was war er wirklich? Ein legendärer Linker von geschichtlicher Größe oder ein kleiner »Verräter«? Und wie kam er vor fünfzig Jahren (vermutlich am 22. Juni 1940) zu Tode? Haben Hitlers oder Stalins Geheimdienstler ihn ermordet? Oder nahm er sich selbst das Leben? Und was bedeutet Willi Münzenberg am Ende dieses 20. Jahrhunderts? Hat er den Deutschen und den Europäern noch etwas zu sagen?

Der vorliegende biographische Report über Münzen-

bergs letzte Jahre (1933 bis 1940) bemüht sich um vorurteilsfreie und tatsachengerechte Antworten. Er stützt sich
auf dokumentarische Belege, die in rund 15 Jahren gesammelt, teilweise aber erst in jüngster Zeit überhaupt der geschichtlichen Forschung zugänglich wurden. Da kamen
Tatsachen ans Licht, die ich selbst lange Zeit für unmöglich, für unvorstellbar gehalten hätte. Da helfen keine
Wenn und Aber. Den Tatsachen ist ins Gesicht zu sehen.
Und am Ende erweist sich Willi Münzenberg als eine
Schlüsselfigur bei der Suche nach einer humanen und de-
mokratischen Alternative zum stalinistisch deformierten
Sozialismus und Kommunismus der zurückliegenden
Jahrzehnte.

22. Juni 1990   Dr. Harald Wessel

1933
Zwischen Fiasko und Triumph

>»Soweit ich mich entsinnen kann, gibt es ausserdem noch einen Beschluß
>des im Lande tätigen Politbüros der Partei von 1933, in dem Stellung
>genommen wurde dagegen, dass Münzenberg ohne Kenntnis der Partei
>das Land verlassen hat.«
>
>(Walter Ulbricht in einem gegen Willi Münzenberg
>gerichteten Geheimpapier vom 15. April 1938)[1]

Dieser Montag begann heiter, mit Jubel und Trubel. War
doch Karneval am Rhein. Willi Münzenberg, seit Tagen
in seinem hessischen Wahlkreis unterwegs, hatte Emil
Berger telegrafisch gebeten, mit dem Wagen von Berlin
nach Frankfurt zu kommen, wo er Sonntagabend eintraf.
Und da der untersetzte, aber stämmige Chauffeur, der gerade 36 Jahre alt[2] geworden war, noch nie einen richtigen,
eben rheinischen Karneval erlebt hatte, fuhr man am
nächsten Morgen von Frankfurt hinüber nach Mainz, um
den Rosenmontagsumzug zu bestaunen. Das Wort »Rosenmontag« soll als mundartliche Variante von »Rasen-
montag« entstanden sein. Gemeint war ein Rasen im
Sinne des ungehemmten Herumtollens, der vergnügli-
chen Ausgelassenheit. Doch an diesem 27. Februar 1933
würde, bevor der Tag zur Neige ging, eine Raserei andrer
Art entstehn, eine Welle politischer Hysterie, die hinter
feixenden Masken Mienen eiskalt erstarren ließ.

Zunächst aber, gegen Abend, fuhren Münzenberg und
sein Kraftfahrer in eine kleinere Stadt etwa 35 Kilometer

8

nordöstlich von Frankfurt, nach Langenselbold, wo eine Wahlkampfveranstaltung angesetzt war. Im überfüllten Saal hielt Münzenberg, wie seine Lebensgefährtin Babette Gross später berichtete, »eine leidenschaftliche Rede und fuhr schwerste Geschütze gegen die Nazis auf. Er erhielt begeisterten Beifall, selbst der Landjäger, der, um die öffentliche Ordnung aufrecht zu erhalten, der Versammlung beiwohnen mußte, drückte dem Redner anerkennend die Hand. Zehn Minuten nachdem Münzenberg mit Emil die Versammlung verlassen hatte, kam ein SA-Kommando, um ihn (Münzenberg – H.W.) zu verhaften.«[3] Unterdessen fuhren die beiden Männer unbehelligt und ahnungslos auf nächtlichen Straßen zurück in die Main-Metropole, zur Wohnung des langjährigen Münzenberg-Freundes Paul Schäfer[4], wo in aller Seelenruhe Skat gespielt wurde, bis gegen Mitternacht Schäfers Frau nach Hause kam und aufgeregt erzählte, in Berlin müsse etwas los sein, von einem Brand im Reichstag sei die Rede. Da Genaueres nicht zu erfahren war, ging Münzenberg ungefähr um halb zwei Uhr schlafen. Es sollte seine letzte Nacht in Deutschland sein.

Am nächsten Morgen, am 28. Februar 1933 also, wurde Willi Münzenberg klar, was die Stunde geschlagen hatte. Babette Gross war aus der Schweiz kommend in Frankfurt eingetroffen. Zeitungsverkäufer schrien ihr die Schlagzeilen entgegen: Der Reichstag brennt! Die Kommunisten haben ihn angesteckt! Haftbefehl gegen alle kommunistischen Funktionäre! Aus einem Café rief sie in der gemeinsamen Berliner Wohnung an[5] und erfuhr, in aller Herrgottsfrühe sei die Polizei mit einem Haftbefehl gegen Münzenberg erschienen. Jetzt zeigte sich, wie gut es war, daß der ansonsten spartanisch lebende kommunistische Reichstagsabgeordnete Willi Münzenberg allen Anpflaumereien und gehässigeren Anwürfen zum Trotz am »Luxus« einer Limousine festgehalten hatte. Rasch verließ das Trio

Frankfurt in Richtung Darmstadt, kehrte in einem Gasthof an der Landstraße ein und überlegte, was zu tun sei. Die Mittagszeitungen »brachten die Steckbriefe einiger Kommunisten, darunter auch Münzenbergs. Wir mußten versuchen, ihn dem Zugriff der Nazis zu entziehen. Das Beste schien, ihn ins Saargebiet zu schaffen.«[6] Das Saarland, damals noch vom Völkerbund verwaltet, bot Schutz vor der Nazi-Exekutive und Möglichkeiten zur Flucht nach Frankreich.

Vorerst indes fuhren die drei noch einmal nach Mainz, wo Münzenberg für Stunden im Karnevalstreiben untertauchte, dieweil Babette Gross ihm im Frankfurter Büro des NEUEN DEUTSCHEN VERLAGES und der ARBEITER-ILLUSTRIERTEN ZEITUNG (A-I-Z) einen Paß mit anderem Namen besorgte. In der Nacht zum Aschermittwoch gelangte das motorisierte Trio ungehindert über die Grenze nach Saarbrücken. Die drei deutschen Kommunisten hatten Glück. Wie groß das Glück war, hat Münzenberg vermutlich nie genau ermessen können. Erst 42 Jahre nach seinem Tod (im Juni 1940) wurden jene internen Anordnungen der Politischen Polizei relativ lückenlos veröffentlicht, mit denen am 27. und 28. Februar 1933 die große Hatz auf Kommunisten eingeleitet worden war.[7]

Am 27. Februar 1933 hatte Dr. Rudolf Diels, Leiter der landesweit operierenden Politischen Polizei des Polizeipräsidiums Berlin, schon um 14.59 Uhr, also gut sechs Stunden vor dem Brand im Deutschen Reichstag, einen Funkspruch »an alle Polizeidienststellen des Landes Preußen« abgesetzt, in dem die Gefahr angeblich unmittelbar bevorstehender kommunistischer Anschläge und Aufstände dramatisch ausgemalt wurde und der in dem Befehl gipfelte: »Geeignete Gegenmaßnahmen sind sofort zu treffen, kommunistische Funktionäre erforderlichenfalls in Schutzhaft zu nehmen.«[8] Etwa zur gleichen Zeit hielt

10

der Dauerdienst der Politischen Polizei im Berliner Präsidium einen mündlichen Befehl schriftlich fest:»Auf Anordnung des Herrn Oberregierungsrats Diels soll Herr Krim.Rat Heller das gesamte Zentralkomitee festnehmen lassen.«[9] Da Münzenberg seit 1927 dem KPD-Zentralkomitee angehörte, war seine Verhaftung bereits am Rosenmontag eine befohlene Sache. Und da ausgewählte Formationen der Nazi-Sturmabteilungen (SA) seit dem 22. Februar 1933 in den Rang von »Hilfspolizei« gehoben waren, sollte Münzenberg wahrscheinlich schon in Langenselbold festgenommen werden.

Jedenfalls galt für die Schutzpolizei, die gegen 21.15 Uhr vom Feuer im Reichstag erfuhr, ab 22.16 Uhr die »Große Alarmstufe« – mit dem besonderen Hinweis, daß die Politische Polizei »bei Durchsuchungen und Festsetzung kommunistischer Funktionäre weitestgehend zu unterstützen ist«.[10] Rund 11 500 Kommunisten, aber auch schon Sozialdemokraten und andere Oppositionelle wurden am 28. Februar 1933 ihrer Freiheit beraubt. In Berlin begannen die Verhaftungen – nach vorbereiteten Listen und einem vor dem Brand festgelegten Organisationsplan – bereits in den ersten Stunden des 28. Februar. Egon Erwin Kisch beispielsweise wurde gegen fünf Uhr früh von zwei Kriminalbeamten in seinem Ausweichquartier in der Berliner Motzstraße festgenommen, wobei sich die Kripo-Leute schon nachdrücklich für Kischs Beziehungen zu »Holland« interessierten, obwohl die erste Vernehmung des am brennenden Reichstag gefaßten Marinus van der Lubbe noch nicht abgeschlossen war.[11] Münzenberg hatte großes Glück, daß er sich in dieser Nacht nicht in Berlin, sondern in Frankfurt aufhielt und daß man dort sein Nachtquartier offensichtlich nicht kannte.

In den Morgenstunden des 28. Februar waren auch alle deutschen Grenzstellen per Funkspruch der Politischen Polizei angewiesen: »Grenzübertritt kommunistischer

11

Funktionäre und früherer Abgeordneter verhindern und festnehmen.«[12] Auf diesen Funkspruch von 3.25 Uhr folgte um 15.33 Uhr ein in der Geschichte der deutschen Polizei ungewöhnlicher Fahndungs-Funkspruch, der im Klartext (!) die Personalien von 24 festzunehmenden kommunistischen Funktionären an alle Polizeidienststellen gab – auf der Prominentenliste auch:»Schriftsteller Willi Münzenberg, 14.8.89 Erfurt geb., Berlin, In den Zelten 9a b. Hirschfeld«[13]. Ein Glück, daß Babette Gross ihrem bedrohten Lebensgefährten rasch noch den Paß eines befreundeten Frankfurter Genossen beschaffen konnte. Hätte Münzenberg einen Grenzübertritt unter eigenem Namen versucht, wäre er mit ziemlicher Sicherheit in der Nacht zum 1.März 1933 verhaftet worden.

Dem heutigen Betrachter der Polizeiakten von 1933 fällt natürlich auf, daß Herrn Dr.Rudolf Diels, dem ansonsten so emsigen und gewieften Leiter der Politischen Polizei, ein ganz elementarer Fahndungsfehler unterlaufen war: In seinen Funksprüchen fehlte jeder Hinweis auf Münzenbergs Limousine und auf deren polizeiliches Kennzeichen.[14] Oberregierungsrat Diels, mit dessen Namen die Verwandlung der Politischen Polizei der Weimarer Republik in die Gestapo der braunen Diktatur eng verbunden ist,[15] muß auch einen wichtigen Hinweis auf Münzenbergs Aufenthalt im Frankfurter Raum übersehen haben: ein von Münzenberg in Frankfurt/Main an das Berliner Polizeipräsidium aufgegebenes Telegramm, in dem der KPD-Reichstagskandidat unter Hinweis auf Verpflichtungen in seinem Wahlkreis »um Verlegung seiner Vernehmung nach dem 4.3.1933 ersucht«, wie es im besten Deutsch eines Kriminal-Assistenten namens Paczkowski heißt, das in bislang nicht öffentlich ausgewerteten Papieren einer »Akte des Oberreichsanwalts in der Strafsache betr. Münzenberg« festgehalten ist.[16]

Nachdem nämlich der Reichstag am 1.Februar 1933

12

aufgelöst worden war und Münzenberg seine Abgeordne-
ten-Immunität verloren hatte, war dem Oberreichsanwalt zu Leipzig die Idee gekommen, ein seit längerem an-
hängiges »Ermittlungsverfahren gegen Willi Münzenberg
wegen eines fortgesetzten Verbrechens der Vorbereitung
zum Hochverrat« noch vor der Wahl eines neuen Reichstages am 5. März 1933 einzuleiten. Der Oberreichsanwalt
hatte daher unter dem Datum des 2. Februar 1933 den
Berliner Polizeipräsidenten ersucht, Münzenberg »als Beschuldigten wegen fortgesetzter Vorbereitung zum Hochverrat (§ 86 StGB) verantwortlich zu vernehmen«.[17] Das
Leipziger Ersuchen ging am 4. Februar im Berliner Polizeipräsidium ein. Am 6. Februar erreichte es die Politische
Polizei des Herrn Diels. Am 17. Februar erging die polizei-
liche Vorladung zur Vernehmung telefonisch und schriftlich. Münzenberg folgte ihr nicht, sondern ließ seinen
Rechtsanwalt Rudolf Olden am 21. Februar auf dem Präsidium Einspruch erheben[18] und schickte selbst das besagte
Telegramm aus Frankfurt, von dem die Diels-Truppe in
ihrem Fahndungseifer keine Notiz nahm.

Da der »Hochverrat« und die »Vorbereitung zum
Hochverrat« in der jüngeren deutschen Rechtsgeschichte
eine besondere Rolle spielten, muß gesagt werden, worin
nach Ansicht des Oberreichsanwalts Münzenbergs »fort-
gesetztes Verbrechen der Vorbereitung zum Hochverrat«
bestanden hat: in der Drucklegung und Verbreitung des
Geschichtsreports »Hamburg auf den Barrikaden« aus
der Feder der sowjetischen Publizistin Larisa Rejsner (Larissa Reissner). Das Buch, das die Autorin den Teilnehmern am sogenannten Hamburger Aufstand von 1923 gewidmet hatte, war 1925 in Münzenbergs NEUEM
DEUTSCHEN VERLAG in deutscher Sprache erschienen und per Urteil des 4. Strafsenats des Reichsgerichts
vom 23. März 1926 verboten worden. Nach dem frühen
Tod der exzellenten Reporterin, zuletzt Lebensgefährtin

13

von Karl Radek, wollte Münzenberg einen Sammelband ihrer Schriften herausbringen, in den auch »Hamburg auf den Barrikaden« aufgenommen werden sollte. Um eine Revision des Verbotsurteils von 1926 zu erreichen, ließ Münzenberg einen Probedruck anfertigen. Der berühmte Dr. Paul Levi, der bis zu seinem Tode am 9. Februar 1930 Willi Münzenbergs Anwalt war, schickte am 11. September 1929 den Probedruck an den Oberreichsanwalt und erstattete »im Auftrage des Neuer deutscher Verlag Inhaber Willi Münzenberg in Berlin. W. 8. Wilhelmstraße 48, Anzeige gegen diesen«[19]. Es ist grotesk, aber reine geschichtliche Wahrheit: Aus solcher eher ironisch gemeinter Selbstanzeige schöpfte der offenbar erzürnte Oberreichsanwalt allen Ernstes die Begründung für das Ermittlungsverfahren »wegen eines fortgesetzten Verbrechens der Vorbereitung zum Hochverrat«.

Möglicherweise hat die »Selbstanzeige« vom September 1929 indirekt sogar eine Handhabe geboten bei der Formulierung des Haftbefehls, mit dem die Mannen des Doktor Diels am 28. Februar 1933 in aller Herrgottsfrühe am Portal des Hauses In den Zelten 9a erschienen, um den bei Magnus Hirschfeld wohnenden Münzenberg festzunehmen. Münzenbergs Sekretär Hans Schulz, der die Wohnung im international renommierten Institut für Sexualwissenschaft des Sozialdemokraten Hirschfeld hütete und das Telefon besetzt hielt, hat Babette Gross mitgeteilt, die Polizisten am Portal hätten »einen mit einem uralten Foto versehenen Haftbefehl gegen Münzenberg präsentiert«[20]. Es wird einer jener tausendfach vorgefertigten und auf den 28. Februar 1933 vorausdatierten polizeilichen Haftbescheide gewesen sein, von denen Egon Erwin Kisch den ihn betreffenden der Nachwelt überliefert hat. Dieser Bescheid begründete die Festnahme mit dem Satz: »Sie stehen in dem dringenden Verdacht einer nach den §§ 81 bis 86 StGB. strafbaren Handlung.«[21] Diels, der sehr wohl wußte, wie rechtswidrig die Massenverhaftungen nach dem Reichstagsbrand sein würden, hatte sich genau an den Hinweis des Preußischen Innenministeriums an alle Polizeibehörden gehalten, die Repressalien »mit den hochverräterischen Ausführungen der letzten Zeit unter Berücksichtigung der ständigen Rechtsprechung des Reichsgerichts zu begründen. Bezugnahme auf die ministerielle Anordnung nicht zulässig.«[22]

Im Falle Willi Münzenbergs zeigen sich sehr gut sowohl die Kontinuitäten als auch die Diskontinuitäten beim Übergang von der Weimarer Republik zum Nazi-Staat. Natürlich war es reaktionäre Gesinnungsjustiz, die in der Veröffentlichung einer Geschichtsreportage »Vorbereitung zum Hochverrat« sah. Und es war blanke Polizeiwillkür, daß die Politische Polizei am 1. September 1932 auf Geheiß des preußischen Innenministers eine Art Razzia in den Räumen der von Münzenberg geleiteten INTERNATIONALEN ARBEITERHILFE und seines NEUEN DEUTSCHEN VERLAGES durchführte, bei der 27 Kriminalbeamte und 38 Schutzpolizisten in der Wilhelmstraße 48 und der Stallschreiberstraße 5 über drei Stunden lang sämtliche Räume durchwühlten, Berge von Papieren beschlagnahmten, alle anwesenden Ausländer aufs Polizeipräsidium schafften, eine Liste mit den Personalien aller bei Münzenberg beschäftigten Mitarbeiter anlegten (89 Namen mit Geburtsdaten und Wohnadressen) und sogar den Schreibtisch des Reichstagsabgeordneten Münzenberg trotz dessen Immunität durchsuchen wollten, um dann im Bericht an das Innenministerium schlicht festzustellen, »Material, aus dem auf ein hochverräterisches Unternehmen geschlossen werden könnte«, sei »nicht bemerkt« worden.[23] Die zur Razzia treibende Kraft ist den Akten zweifelsfrei zu entnehmen: »Im Auftrage« des Preußischen Ministers des Inneren zeichnete – Diels![24]

15

Doch immerhin war es im September 1932 noch möglich, daß Münzenbergs Anwalt Rudolf Olden beim Innenminister Beschwerde einlegte, worauf der Polizeipräsident Stellung nehmen mußte und sich Regierungsassessor Dr. Tegethoff mit der banalen Behauptung herausredete, man habe ja nach »K.P.D.-Unterlagen« gesucht, »die für die Beweisführung in Hochverrats- und Sprengstoffsachen von Bedeutung sein können«, und »im übrigen« werde man »das vorgefundene Material« »bei den einzelnen vorhandenen Vorgängen« weiterhin verwerten.[25] So wurde Münzenbergs Beschwerde zurückgewiesen. Zwar konnte die Polizei nicht alle beschlagnahmten Unterlagen behalten, doch die bei der Razzia angelegten Listen der Mitarbeiter und Räume wurden wirklich »weiterhin verwertet« – am 28. Februar 1933, als Polizei und SA die Büros der IAH, des Münzenberg-Verlages und der Redaktionen seiner Zeitungen besetzten, um jede weitere Veröffentlichung von Druckschriften zu verbieten und alle Konten zu sperren, wie Babette Gross erfahren mußte, nachdem sie am 2. März von Saarbrücken kommend in Berlin angelangt war.[26] Beschwerden gegen solche Willkür waren nun sinnlos geworden. Sie wären lebensgefährlich gewesen.

Daß Münzenberg bei der großen Hatz am 28. Februar und 1. März 1933 nicht gefaßt worden war, muß die Nazi-Führung indes sehr geärgert haben. Die Wut war so groß, daß sie öffentlich zum Ausdruck kam: am Morgen des 2. März 1933 in einer hanebüchenen »Meldung« der Berliner Ausgabe des Nazi-Hauptorgans VÖLKISCHER BEOBACHTER. Unter der Schlagzeile »Münzenberg als geistiger Leiter« hieß es da, im Karl-Liebknecht-Haus seien Unterlagen gefunden worden, in denen »von der Anwendung von Gift in Speisen und Brunnen« die Rede sei. »Als der geistige Leiter« sei »der bekannte kommunistische Zeitungsherausgeber Münzenberg« festgestellt worden. »Münzenberg konnte bisher nicht verhaftet wer-

16

den.«[27] Zum »Hochverrat« kam die tiefenpsychologisch wirksame »Brunnenvergiftung«. Angesichts solcher schauerlichen »völkischen Beobachtungen« wurde sogar der erwähnte Kriminal-Assistent Paczkowski wach, der immer noch das Münzenberg-Vernehmungs-Ersuchen des Oberreichsanwalts auf seinem Schreibtisch hatte. Angeregt von seiner Morgenlektüre schrieb er unter dem Datum »Berlin, den 2. März 1933« in einen Bericht: »Es wird darauf hingewiesen, daß die Immunität aller Abgeordneten aufgehoben ist und daher auch die Festnahme – Schutzhaft – des Münzenberg, der in der kommunistischen Bewegung als Agitator eine erste Stelle einnimmt, in Vorschlag gebracht.«[28]

Doch »Der Oberreichsanwalt« in Leipzig dachte nicht daran, dem Paczkowski-Vorschlag zu folgen und dem Dr. Diels mit einem richterlichen Haftbefehl zu einem Schein von Legalität zu verhelfen. Noch am 4. März bestand der Jurist auf seiner »verantwortlichen Vernehmung des Beschuldigten«[29]. Außerdem hatte er weiter Münzenbergs mögliche Immunität im Auge. Am 18. März, also fast zwei Wochen nach der Reichstagswahl vom 5. März, wird in die Akte eingetragen: »Das Verzeichnis der Mitglieder des neuen Reichstags ist noch nicht eingegangen.«[30] Und mit dem Datumsstempel »5. Apr. 1933« schreibt die Sekretärin in ihrer akkuraten deutschen Tintenschrift in die Akte: »Münzenberg ist Mitglied des neugewählten Reichstags.« Erst am 8. April 1933 geht bei der Berliner Politischen Polizei die oberreichsanwaltliche Verfügung ein, Münzenberg nunmehr »verantwortlich zu vernehmen«, da sein Reichstagsmandat »gemäss § 10 des vorläufigen Gesetzes zur Gleichschaltung der Länder mit dem Reich vom 31. März 1933« unwirksam geworden sei. Zwischenzeitlich hatte das Reichsgericht am 7. März 1933 die Beschlagnahme des Heftes 4 der von Münzenberg verlegten Halbmonatsschrift UNSERE ZEIT (vormals:

17

DER ROTE AUFBAU) durch den Berliner Polizeipräsidenten für rechtens erklärt.[31] Doch erst am 11. August 1933 wartete das Amtsgericht in Berlin Alt-Moabit mit einem richterlichen Haftbefehl nebst Steckbrief gegen den »früheren Reichstagsabgeordneten Willi Münzenberg« wegen »Vorbereitung zum Hochverrat« – begangen durch Veröffentlichung von »Hamburg auf den Barrikaden« und dreier Artikel aus den Jahren 1929, 1930 und 1931 – auf.[32] Kein Wort von »Brunnenvergiftung«, »Sprengstoffen« und »bewaffneten Überfällen«!

Im richterlichen Steckbrief wird als »jetziger Aufenthalt« »Prag, Basel, Paris« vermutet. Wir erfahren, daß Münzenberg eine hohe Stirn, hellbraune Augen, eine »geradlinige« Nase, einen gekrümmten Rücken und einen nach vorn geneigten Kopf hat.[33] Doch die Akribie der Reichsanwaltschaft kommt zu spät. In den folgenden Jahren wird der Oberreichsanwalt mit schöner Regelmäßigkeit die Gestapo in Erfurt und Berlin daran erinnern, daß Münzenberg zu verhaften ist. Und die Gestapo wird immer wieder schriftlich antworten, daß man nicht wisse, wo der Gesuchte sich aufhalte. Am 14. November 1939 erläßt »Der Oberreichsanwalt beim Volksgerichtshof« die resignierende Verfügung, das Verfahren gegen Willi Münzenberg »vorläufig einzustellen«, »da der Beschuldigte sich im Auslande befindet und mit seiner Rückkehr nach Deutschland nicht zu rechnen ist. Am 2. Januar 1944 wiedervorlegen.« Und tatsächlich wird am 11. März 1944 wieder »vorgelegt« und am 13. März 1944 angewiesen, die Akte »nach 3 Jahren« wieder vorzulegen[34] – das wäre im März 1947 gewesen, sieben Jahre nach Münzenbergs Tod und zwei Jahre nach dem Ende der Hitler-Diktatur.

»Hitler sitzt fest im Sattel«, hatte Willi Münzenberg am frühen Morgen des 1. März 1933 zu Babette Gross und Emil Berger gesagt, als das Trio nach glücklichem Grenzübertritt in Saarbrücken in einem Hotel angelangt war.

Und: »Sein Regime wird lange dauern, jahrelang, wahrscheinlich müssen wir mit acht bis zehn Jahren rechnen. Wer weiß, ob er ohne Krieg zu stürzen sein wird.«[35] Diese Einsicht, so meinte die Lebensgefährtin, sei eine Weitsicht gewesen, »die ihn von der Mehrzahl der kommunistischen Funktionäre unterschied«[36]. Die Frage, ob die Hitler-Herrschaft ein Intermezzo bleiben oder von relativer Dauer sein werde, war eine Variante jener Frage, die 1933 beinahe jeden deutschen Kommunisten zutiefst beschäftigte, die aber in den Diskussionen der KPD damals weitgehend verdrängt bzw. mit allgemeinen Sprüchen überdeckt wurde: Ist Hitlers Macht eine Niederlage für die KPD, und wie konnte es dazu kommen?

Die KPD-Führung wollte keine »Fehlerdiskussion«. Sie ging gegen solche Genossen, die öffentlich von einer »Niederlage« sprachen, rigoros vor.[37] In den zurückliegenden Jahren war die Thälmann-Führung zunehmend botmäßig den detaillierten Hinweisen der Kommunistischen Internationale (Komintern, KI) gefolgt, deren »Sektion« sie war. Die Anweisungen der Komintern wurden mehr und mehr als sakrosankt angesehen, besonders ab Sommer 1929, nachdem Nikolai Bucharin aus dem Exekutivkomitee der Komintern ausgeschlossen worden war und dort bald nur Josef Stalins Anhänger das Sagen hatten.[38] Insofern wäre eine Diskussion über die Fehler der KPD-Führung auch eine Debatte über die Fehler Stalins gewesen. Und eine solche Debatte war in der von der KI abhängigen kommunistischen Bewegung bereits 1933 nicht mehr möglich. Stalin kommentierte »den Sieg des Faschismus in Deutschland« mit einer salomonischen Formel scheinbarer Dialektik, die in Wahrheit eine Art Doppelkausalität versuchte – mit einem ebenso demagogischen wie schönfärberischen Duktus, der die Gefahren des Nazismus verharmloste: Der Sieg Hitlers sei »nicht nur als Zeichen der Schwäche der Arbeiterklasse und als Ergebnis

19

der Verrätereien an der Arbeiterklasse seitens der Sozial-
demokratie (zu) betrachten, die dem Faschismus den Weg
ebnete«, sondern auch »als Zeichen der Schwäche der
Bourgeoisie«, die nicht mehr imstande sei, »mit den alten
Methoden des Parlamentarismus und der bürgerlichen
Demokratie zu herrschen«.[39]

Der deutsche Faschismus »als Zeichen der Schwäche
der Bourgeoisie« – das nährte Illusionen hinsichtlich
einer vermeintlich kurzen Dauer der Hitlerherrschaft und
rascher Erfolge im antifaschistischen Kampf. Münzenberg widersprach solchen Illusionen 1933 öffentlich nicht.
Vermutlich war er selbst nicht frei davon.[40] Doch er, den
man als den ersten PR-Mann unter den Kommunisten bezeichnen könnte,[41] hatte sich seit jeher ein eigenes realisti-
sches politisches Urteilsvermögen bewahrt – unabhängig
von der jeweils vorherrschenden bzw. offiziell gültigen
Parteimeinung, unabhängig von ideologischen Dogmen
und den Taktiken innerparteilicher Rivalitäten, unabhängig notfalls aber auch von jenen Ansichten, die in den eigenen Medien momentan verfochten wurden. Und realistisch gesehen, stand Münzenberg am 1. März 1933 vor
den Trümmern dessen, was er in 25 Jahren aufreibender
politischer Arbeit geschaffen hatte. Daß seine Partei nicht
in der Lage gewesen war, Hitlers Herrschaft über
Deutschland zu verhindern, muß gerade der erfolgsge-
wohnte und wirkungsbewußte »Rote Pressezar« als eine
auch persönliche Niederlage empfunden haben, als ein
regelrechtes politisches Fiasko. Während jedoch andere
Genossen die Niederlage zu verdrängen suchten (Motto:
Was ist denn schon passiert! Der Klassengegner hat seine
Schwäche offenbart!) oder schlicht resignierten (Es war
alles umsonst! Es hat keinen Sinn mehr!), war Münzenberg schon dabei, den Trümmerhaufen zu sortieren und
mit dem Brauchbaren einen neuen Start zu wagen. Und
diese trotzige Aktivität sollte ihm und seinen Freunden

20

noch vor Jahresfrist zu einem – nach Lage der Dinge – erstaunlichen politischen Triumph verhelfen.

Am 3. März 1933 fiel der KPD-Vorsitzende Ernst Thälmann den Nazis in die Hände. Am 9. März wurde Georgi Dimitroff, der illegal in Berlin lebende Komintern-Funktionär und Münzenberg-Freund, als angeblicher Reichstags-Brandstifter verhaftet. An einem Tag zwischen beiden Daten ging Münzenberg von Saarbrücken, wo er erkannt worden war, heimlich hinüber nach dem französischen Forbach, wo er in einem Arbeiterlokal »überschwenglich begrüßt« wurde.[42] Für einige Tage nach der Reichstagswahl vom 5. März hätte Willi Münzenberg – gleich 80 anderen KPD-Vertretern – in Deutschland auf die Unantastbarkeit eines just vom Volk gewählten Abgeordneten des Deutschen Reichstages pochen können. Doch wohlweislich hütete er sich, die Verfassungstreue der braunen Machthaber zu testen. Und außerdem ist bis heute nicht sicher, ob bzw. wann Münzenberg damals erfahren hat, daß seine Wähler ihm erneut das Vertrauen geschenkt hatten. Als jedenfalls Emil Berger mit Auto und französischen Touristenvisa (eines davon in Münzenbergs falschem Paß) von Saarbrücken nachgekommen war, fuhr man unverzüglich von Forbach nach Paris, wo später auch Babette Gross anlangte, nachdem sie in Berlin vorsorglich illegal deponierte Geldmittel sichergestellt und sich um die Mitarbeiter des Münzenberg-»Konzerns« gekümmert hatte, die über Nacht erwerbslos geworden waren.[43]

Unter führenden deutschen Kommunisten war Münzenberg zweifellos derjenige, der die besten Beziehungen zu namhaften Wissenschaftlern und Künstlern pflegte. Französische Intellektuelle wie Henri Barbusse und Paul Nizan sowie der Radikalsozialist Gaston Bergery halfen ihm denn auch, in Paris als politischer Flüchtling offiziell anerkannt zu werden und relativ großzügige politische

21

Betätigungsmöglichkeiten zu erhalten.[44] Bereits in den ersten Apriltagen erschien die erste Exilausgabe der Zeitschrift UNSERE ZEIT – in Münzenbergs Exilverlag EDITIONS DE CARREFOUR, Paris und Basel. Ende April kam die erste Nummer jener legendären Zeitung heraus, die in Anspielung auf das Berliner Goebbels-Blatt ANGRIFF den draufgängerischen Namen DER GEGEN-ANGRIFF trug.[45] Wie schon vor 1933 praktizierte Münzenberg auch von Paris aus virtuos die Taktik des Zusammenspiels von Komitees, Kongressen und konformen Medien. Schon am 16. April 1933 konstituierte sich das Internationale Hilfskomitee für die Opfer des Hitlerfaschismus (Vorsitz: Lord Marley; entscheidendes Mitglied: Münzenberg).[46] Der erste Kongreß im Exil, der »Antifaschistische Arbeiterkongreß«, begann am 4. Juni in Paris.[47] Und bereits im GEGEN-ANGRIFF vom 15. Mai 1933 wurde jenes »Braunbuch über Hitler-Terror und Reichstagsbrand« angekündigt,[48] das zum politischen Bestseller des Jahres 1933 werden sollte.

Als am Vormittag des 23. Dezember 1933, am 57. Verhandlungstag des Reichstagsbrand-Prozesses vor dem 4. Strafsenat des Reichsgerichts zu Leipzig, dessen Präsident Dr. Wilhelm Bünger das Urteil verkündete und die »Angeklagten Torgler, Dimitroff, Popov und Tanev« freisprach,[49] da war Dimitroffs Erfolg zugleich eine beachtliche Genugtuung für Münzenberg. Niemand hatte den Leipziger Hauptangeklagten einfallsreicher und wirksamer unterstützt als Willi Münzenberg mit seinem talentierten politischen Team in der Pariser Emigration. Das ab 1. August 1933 in zahlreichen Auflagen und Sprachen erschienene »Braunbuch über Reichstagsbrand und Hitler-Terror« sowie der Londoner Gegenprozeß (14. bis 18. September) waren schon vor Beginn des Leipziger Prozesses (am 21. September 1933) zu einer ungeahnten weltweiten Publizität gelangt und hatten die internationale

BRAUNBUCH

über Reichstagsbrand und Hitler-Terror

Vorwort von LORD MARLEY

UNIVERSUM-BÜCHEREI BASEL

1933

Ohne Münzenbergs Eifer undenkbar:
das berühmteste Buch des Jahres 1933

öffentliche Meinung in einem Maße von Dimitroffs Unschuld überzeugt, daß die Nazi-Führung während der gesamten Dauer des Leipziger Verfahrens nicht aus der politischen und psychologischen Defensive herauskam. Braunbuch und Gegenprozeß waren allerdings nur die herausragenden Positionen einer monatelangen vielseitigen politischen Kampagne, die man heute eine konzertierte Aktion nennen würde und die damals den deutschen und internationalen Antifaschisten den ersten, aber für längere Zeit einzigen großen politischen und geistigen Triumph über das Hitler-Regime verschaffte. Und diese konzertierte Aktion trug unverkennbar die politisch-psychologische Handschrift des ideenreichen Organisationstalents Willi Münzenberg.

In der DDR-Literatur zum Braunbuch wurde Münzenbergs Anteil an der erfolgreichen Aktion lange Zeit tendenziös heruntergespielt.[50] Persönlicher Ehrgeiz ehemaliger Münzenberg-Mitarbeiter ist in einigen ihrer Memoiren kaum zu übersehen – wie auch eine gewisse nachtragende Aversion gegen den ungemein fordernden und daher unbequemen Chef.[51] Doch der Hauptgrund für geschichtliche Verdrängungen, Berührungsängste und gravierende Fehlbeurteilungen hinsichtlich Willi Münzenbergs lag zweifellos in dessen späterem spektakulären Dissens mit Komintern und offizieller KPD sowie in den hanebüchenen, gleichwohl bedrohlich einschüchternden »Geständnissen« von André Simone im Prager Slánský-Prozeß vom November 1952.[52] Obschon der 1952 zum Tode verurteilte und hingerichtete Braunbuch-Mitautor Simone 1963 (also zehn Jahre nach Stalins Tod!) vom Obersten Gerichtshof der ČSSR »in allen Punkten der Anklage freigesprochen« wurde und das ZK der KPČ ihn postum wieder in die Partei aufnahm[53], blieb unter früheren Münzenberg-Mitarbeitern auch in den siebziger und achtziger Jahren eine aus Angst und Vorurteilen beste-

24

hende stalinistische Prägung zumindest unterschwellig manifest, die ein gerechtes Münzenberg-Bild verhinderte. Da einige der in der DDR lebenden ehemaligen Münzenberg-Mitarbeiter in den frühen fünfziger Jahren (besonders nach dem Prozeß gegen den KPČ-Generalsekretär Rudolf Slánský) wegen Westemigration und Zusammenarbeit mit Münzenberg selbst politisch und existentiell bedroht waren, sind »Weiße Flecken« oder »Schwarze Löcher«[54] in ihren Erinnerungen partiell verständlich, aber eben nicht akzeptabel.

Wie herausragend die Rolle wirklich war, die Münzenberg im Kampf gegen den Leipziger Reichstagsbrand-Prozeß spielte, lassen einige Memoiren erkennen, die leider in der DDR nie erschienen sind. Bruno Frei, der in seiner Autobiographie »Der Papiersäbel« ein recht kritisches Charakterbild von Münzenberg zeichnete und sich rühmte, auch als Angestellter Münzenbergs die politische »Marschroute« von dessen Gegenspieler Walter Ulbricht erhalten zu haben[55], kam gleichwohl nicht umhin, Münzenbergs Führungsrolle anzuerkennen: »Daß sich Phantastereien um seine Person rankten, ist kein Wunder, denn keiner verstand es besser als er, die Öffentlichkeit dauernd in Atem zu halten. Das galt den Männern von Paris mit Recht als ein Verdienst.« Münzenberg habe gewußt, »daß es keine wirksamere Propaganda gibt als das Ereignis, das sich selber propagiert. Münzenbergs Pariser Propagandafeldzug gegen Hitler besteht aus einer Reihe von ›Ereignissen‹: Das Erscheinen des ›Braunbuchs‹, der Londoner ›Gegenprozeß‹, die Untersuchungskommission über Menschenraub (gleichfalls in London), Solidaritätstag und Weltfriedenskongreß...«[56] Und: »So reihte sich ein Komitee an das andere, eine Konferenz jagte die andere, eine Dokumentensammlung folgte der andern. Dem vielschichtigen Betrieb liehen die Prominenten aus Politik und Kultur willig ihren Namen; denn es ging um nichts

Geringeres als um die Hilfe für die Opfer Hitlers, um Thälmann und Ossietzky, um die Anklage gegen die Mörder Edgar Andrés, um das Weltgericht gegen Hitler. So sehr das Nervenbündel Münzenberg Stimmungen unterworfen war und das Auf und Ab im Erfolg seiner Feldzüge nicht ohne Depressionen ertrug, so klammerte er sich doch zähe an sein Erfolgsrezept...«[57]

Zu den zeitweiligen Mitarbeitern Münzenbergs im Pariser Exil, allerdings erst nach der Entstehung des Braunbuches, gehörte auch Arthur Koestler, der im Kapitel »Die Rote Eminenz« seines Erinnerungsbuches »Als Zeuge der Zeit« schrieb: »Ich kam in Paris an, als der Reichstagsbrandprozeß gerade in vollem Gang war und Europa in seinem Bann hielt. Am Tag nach meiner Ankunft traf ich zum erstenmal Willi Münzenberg, den Propagandachef der westeuropäischen Abteilung der Komintern. Am selben Tag begann ich in seinem Büro zu arbeiten und wurde zu einem der unwichtigeren Teilnehmer der großen Propagandaschlacht zwischen Berlin und Moskau. Sie endete mit einer völligen Niederlage der Nazis – es war die einzige Niederlage, die wir ihnen in den sieben Jahren vor dem Krieg zufügen konnten.«[58] Und: »Als ich in Paris ankam, war die erste Runde des Duells schon gewonnen; die Nazis waren in der Defensive. Sie hatten sich gezwungen gesehen, Göring und Goebbels als Zeugen zu rufen – in einem verzweifelten Versuch, sich vor der Weltmeinung reinzuwaschen. Ihr Mißerfolg und unser größter Triumph – der sensationelle Freispruch der angeklagten Kommunisten – war fast ausschließlich dem Genie eines Mannes zu verdanken: Willi Münzenberg. Willi war die graue – oder besser gesagt: rote – Eminenz und der unsichtbare Organisator des weltweiten antifaschistischen Kreuzzuges. Er war in der Nacht des Brandes aus Deutschland geflohen, hatte sein Hauptquartier in Paris aufgeschlagen und einen Feldzug begonnen, der eine einmalige Leistung in der Geschichte der Propaganda darstellt.«[59]

Koestler führt Gründe für Münzenbergs Erfolge an: Er habe »an den Fraktionskämpfen in der Partei« nicht teilgenommen, nicht intrigiert, und »die Streitigkeiten über die Parteilinie« hätten ihn kaltgelassen. Außerdem habe Münzenberg in der Komintern traditionell »ein größeres Maß an Unabhängigkeit« besessen als »irgendein anderer Kominternführer«. Und »ungestört von der lähmenden Kontrolle der Parteibürokratie konnten die Zeitungen, Zeitschriften, Film- und Theaterproduktionen des Münzenberg-Konzerns einfallsreiche Propagandamethoden anwenden, die in schroffem Gegensatz standen zur pedantischen, sektiererischen Sprache der offiziellen Parteipresse. Willis Erfolge, seine unorthodoxe Einstellung, seine kaum verhehlte Verachtung für Schmeichelei und Haarspalterei brachten ihm die tiefverwurzelte Feindschaft der Parteibürokratie ein...«[60]

In den achtziger Jahren sind einige Dokumente veröffentlicht worden, die kaum beachtet wurden, obgleich sie einen genaueren Einblick in die Art der Kooperation Münzenbergs mit dem Exekutivkomitee der Komintern (EKKI) in Moskau geben: das »Telegramm der Politischen Kommission des Politischen Sekretariats des EKKI an den Sekretär der IAH W. Münzenberg in Paris mit Hinweisen zur Verstärkung der Befreiungskampagne für E. Thälmann und die der Reichstagsbrandstiftung beschuldigten Kommunisten« vom 8. Mai 1933[61], das »Schreiben W. Münzenbergs an das EKKI über die Vorbereitung eines Gegenprozesses zum Reichstagsbrandprozeß« vom 12. Juni 1933[62] und das »Telegramm der Politischen Kommission des Politischen Sekretariats des EKKI an das ZK der IAH in Paris über die Verstärkung der Pressekampagne gegen den Reichstagsbrandprozeß« vom 22. September 1933[63]. Die Dokumente bestätigen

Koestlers Information, daß Münzenberg einen »direkten Draht« zur Komintern-Führung hatte, der ihm eine gewisse Unabhängigkeit von der KPD-Führung sicherte. Die Dokumente belegen auch das, was Babette Gross vor 23 Jahren über die finanzielle Unterstützung Münzenbergs durch die Komintern schrieb.[64] Die Dokumente zeigen ferner, daß die damaligen Partner Münzenbergs in der Kominternführung seine Erfahrungen, seinen Rat und seine Ideen zu schätzen wußten. Das traf vor allem auf Ossip Pjatnizki zu, seit Juli 1924 im Sekretariat des EKKI, seit April 1931 im Präsidium des EKKI, ab 1935 aber »kaltgestellt« und 1939 der stalinistischen Repression zum Opfer gefallen.[65]

Unmittelbar am Braunbuch mitgearbeitet hatte Gustav Regler. Seine Erinnerungen sind von literarischer Plastizität: »Heimlich sollte alles vorbereitet werden, das Erscheinen (des Braunbuches – *H.W.*) aber sollte wie eine Höllenmaschine wirken. Münzenberg kam jeden Tag nur für eine Viertelstunde in unsere Arbeitsräume gepoltert, freute sich an unseren müden Gesichtern (erst am Zusammenbruch schien er zu erkennen, wieviel er uns zumutete), las Manuskripte an, verwarf sie oft nach einem kurzen Überfliegen, diktierte dabei seinem kindlich ergebenen langaufgeschossenen Sekretär (Hans Schulz – *H.W.*) ein immenses Tagesprogramm politischer Treffpunkte, Telegramme und Manifeste, war an einem Tag heiter wie ein Feldherr, der soeben kühn die feindlichen Linien durchbrochen hat, erschien am anderen Tag voll Zorn und Melancholie im Büro, war pöbelhaft wie ein Müllkutscher und unsicher, wie nur Genies es sein können: übertreibend, in allen Ecken Feinde witternd, ohne ein Ende der Niederlagen abzusehen. Aber das Braunbuch wuchs dabei... Es wurde sofort in zehn Sprachen übersetzt. Immer wieder tauchte Münzenberg auf und zeigte stolz eine andere Ausgabe. Moskau half. Die dor-

BRAUNBUCH

über Reichstagsbrand und Hitler-Terror

Gekürzte Ausgabe

 1933

VERLAGSGENOSSENSCHAFT AUSLÄNDISCHER
ARBEITER IN DER UdSSR·MOSKAU-LENINGRAD

Für deutsche Leser in der Sowjetunion:
ohne das Kapitel über Judenverfolgungen

tige Regierung hatte die Verhaftung Dimitroffs als eine persönliche Herausforderung betrachtet, es wurde anscheinend nicht mit Geld gespart. So landete die englische Ausgabe in Australien, bevor noch der Prozeß in Leipzig begonnen hatte. Amerikas ›Linke‹ aber wurde durch die Gegenklage de facto aus ihrer splendid isolation geweckt. Mir war das Kapitel über die Nazi-Folterkammern anvertraut worden. Münzenberg nahm meinen Entwurf in der ersten Fassung an. Ich hatte nichts übertrieben. Es war das einzige Mal, daß ich Tränen in den Augen des sich immer zur Sachlichkeit, ja zur Härte zwingenden Mannes sah. Er schenkte mir eine Dünndruckausgabe des Buches. ›Eine davon ist bis in Dimitroffs Gefängnis gelangt‹, berichtete er stolz.«[66]

Willi Münzenberg, so erzählt Regler weiter, »betrog sich nicht mit Barrikadenträumen. Er saß nun in einem Hinterhaus des Boulevard Montparnasse in einem kleinen Zimmer an einem überladenen Schreibtisch, ein in die Wüste versetzter Herkules. Er hatte immer noch nicht Französisch gelernt; er haßte es, Briefe zu diktieren; das Telefon auf seinem Tisch war nur ein Symbolstück seiner Isolierung; wenn es läutete, stürzte sein Sekretär heran und versuchte zu antworten. Willi Münzenberg wartete ungeduldig und erledigte dann mit einem Satz das sich bietende Problem. Er hatte die Ruhe und Spannung eines Schachspielers, der an den Tischen entlanggeht und zwanzig Partien in Gang hält.«[67] Sarkastisch resümiert Regler: »Münzenberg, selbst von napoleonischer Art, täuschte sich nicht über den ehrgeizigen ›Gefreiten‹. Er sah, daß Deutschland eine Festung geworden war. Mochten die Ulbricht, Merker und Dahlem wie indianerspielende Knaben Brandpfeile in die stählerne Festung schießen, er, Münzenberg, schlug den Gong im europäischen Urwald und warnte die Stämme, gegen die morgen das Festungsheer seine Ausfälle machen würde. Er war nicht übervorsichtig mit den Warnungstrommeln; er glaubte, man müsse einen zynischen Lügner an Zynismus überbieten. Seine Bücher wurden rasch zusammengestellt; wo das Material fehlte, wurde es ergänzt aus dem grundsätzlichen Wissen um den Gegner... Münzenberg war überzeugt, daß ein Krieg kommen mußte, er war gequält von der Vision, ohne daß er je davon redete; er selbst erschien in jenem Paris von 1934 wie ein Gefangener auf Elba, der seine ›hundert Tage‹ vor sich hatte und der nicht vor einem Krieg gegen Hitler zurückschrak; im Grunde aber war er ein Kriegsgegner und immer noch getragen von der Erinnerung an Lenin, der ihn im ersten Weltkrieg zum Leiter der antimilitaristischen Jugendverbände vorgeschlagen hatte.«[68]

Als das Jahr 1933, das mit Hitlers ungehinderter Machtergreifung so deprimierend begonnen hatte, zu Ende ging, war Münzenberg zwar von den monatelangen Anstrengungen physisch erschöpft, doch psychologisch gewiß ermutigt. Der Sieg in Leipzig hatte gezeigt, wie richtig es war, nach dem Reichstagsbrand Deutschland zu verlassen. Walter Ulbrichts Geheimpapier vom 15. April 1938, das Münzenberg nicht zu Gesicht bekam, erscheint demgegenüber als ein kläglicher Versuch politischer Ehrabschneidung. Gewiß, auch Herbert Wehner hätte es im Frühjahr 1933 wohl lieber gesehen, daß Münzenberg bei der KPD-Führung um die Erlaubnis zur Emigration eingekommen wäre. »Münzenberg«, notierte Wehner in seinem Buch »Zeugnis«, »schickte vom Ausland die Mitteilung, daß er sich nach dort begeben habe und nachträglich die Zustimmung der Parteileitung dazu haben wollte.«[69] Das klingt vorwurfsvoll, und möglicherweise haben einige Mitglieder der KPD-Führung mit Ulbricht und Wehner damals in Berlin tatsächlich gegen Münzenbergs Emigration »Stellung genommen«. Doch gerade Wehner hat in seinem Buch mit bitterer Akribie dargetan,

31

wie unzureichend die Partei 1933 auf illegale Arbeit eingestellt war und welche lebensgefährlichen Unsicherheiten
der von Hans Kippenberger geleitete Sicherheits- und
Nachrichten-Dienst der KPD in sich barg. Es ist absurd,
sich vorzustellen, Münzenberg wäre am 28. Februar 1933
nicht ins Saargebiet, sondern nach Berlin gefahren, um
sich von Kippenberger ein »illegales Quartier« zuweisen
zu lassen und dort auf einen Beschluß des Politbüros über
seine weiteren Aufgaben zu warten. Natürlich ist der Mut
Walter Ulbrichts, Herbert Wehners und anderer Genossen anzuerkennen, die 1933 noch in Hitlerdeutschland
illegal politisch zu wirken vermochten. Doch festzustellen
bleibt, daß Münzenberg natürlich von den Nazis intensi-
ver gesucht wurde als andere führende Kommunisten,
daß Münzenberg ein wenig bekannter war als beispielsweise Walter Ulbricht und daß es eine Absprache mit Ossip Pjatnizki gab, im Falle der Zuspitzung der Lage in
Deutschland nach Paris auszuweichen.[70] Um es deutlich
zu sagen: Walter Ulbrichts bösartige Bemerkungen über
Münzenberg fallen auf ihren Urheber zurück.

1934
Ein mörderisches Jahr

»In Frankreich von der Gestapo 1934 umgebracht/Onkel Willi/Mutters
Bruder«

(Handschriftlicher Text zu einem Münzenberg-Foto, das auf den
Innentitel eines Exemplars von Willi Münzenbergs Buch »Die Dritte
Front« geklebt ist) [1]

Der Leitartikel der »Prager Ausgabe« der deutschsprachigen »Antifaschistischen Wochenschrift« DER GEGEN-
ANGRIFF trug am 31. Dezember 1933 als Schlagzeile eine
Jahreszahl: 1934. »Wird es«, so hob die Silvester-Betrach-
tung an, »die Jahreszahl sein, die im Buch der Geschichte,
mit Blut und Tränen geschrieben, das Jahr der grossen
Katastrophe bezeichnen wird? Das Schicksalsjahr der
europäischen Menschheit?«[2] Die Antwort steht lange
schon im Buch der Geschichte. Zu dem »Schicksalsjahr
der europäischen Menschheit« wurde 1934 nicht. Die
»grosse Katastrophe«, der damals schon befürchtete neue
Weltkrieg, kam erst fünf Jahre später. Doch »mit Blut und
Tränen« wurde die Geschichte 1934 zweifelsfrei geschrieben. Es war ein mörderisches Jahr.
   Die erste Mord-Meldung des Jahres – Im GEGEN-
ANGRIFF vom 7. Januar 1934 – beruhte zwar auf einem
Irrtum: »Paul Bildt ermordet«[3]. Mit dem lebensverach-
tenden politischen Klima im damaligen Europa hatte die
Fehlinformation indes sehr wohl zu tun. Entsprang sie

33

doch der Sorge, den beliebten deutschen Charakterdar-
steller Paul Bildt könnte das gleiche Schicksal ereilt haben
wie seinen Berufskollegen Hans Otto, der am 14. November 1933 in die Gewalt von SA-Leuten gekommen war, die
ihn zehn Tage später kurzerhand aus dem Fenster des Ver-
nehmungsraumes im obersten Stockwerk ihrer Kaserne
in der Berliner Voßstraße warfen – aus Wut über die Wi-
derstandskraft dieses großen Künstlers und Kommunisten.[4] Daraufhin hatte Paul Bildt an der Spitze einer
Gruppe beherzter Künstler den Herrn Reichsminister für
Volksaufklärung und Propaganda zu sprechen versucht,
um von ihm, dem Lügendoktor Joseph Goebbels, Aufklärung zu verlangen und gegen den Nazi-Terror zu protestieren. Doch Paul Bildt war nicht vorgelassen worden und
zunächst spurlos verschwunden.

DER GEGEN-ANGRIFF vom 7. Januar 1934 brachte
auch einen Kommentar »Zur Ermordung des rumänischen Ministerpräsidenten Duca«. Ion Gheorghe Duca,
ein Gegner der Annäherung Rumäniens und anderer Bal-
kanstaaten an den Hitler-Staat, war am 29. Dezember
1933 in Sinaia von Mitgliedern der rumänischen faschistischen Eisernen Garde erschossen worden. Als die Atten-
tatsmeldung in Paris eintraf, hatte die französische Starjournalistin Geneviève Tabouis[5] gerade ein Gespräch mit
dem deutschen Botschafter in Frankreich, dem Berufs-
diplomaten Roland Köster[6], der ihr ein Geheimnis anvertraute: »In Berlin behaupten gewisse Nazis, mit fünf oder
sechs politischen Morden könne Deutschland sich einen
Krieg ersparen und in Europa alles bekommen, was es haben will.«[7]

Botschafter Köster soll bei dieser Gelegenheit sogar die
Namen der Opfer der in Berlin erwogenen Attentate genannt haben. Und wenigstens drei der fünf/sechs voraus-
gesagten politischen Morde, so die Tabouis 1942, seien
dann auch 1934 blutige Realität geworden: Am 25. Juli

1934 brachten »großdeutsch« orientierte österreichische Nazis den österreichischen Bundeskanzler Dollfuß in Wien um, weil er als eigensinniger Faschist Hitlers Plänen zum Anschluß Österreichs an Deutschland im Wege stand.[8] Und am 9. Oktober 1934 wurden in Marseille der französische Außenminister Barthou und Jugoslawiens König Alexander von Nazi-Agenten ermordet.[9] »Der Mord«, schrieb JOURNAL DES DEBATS nach dem Attentat von Marseille, »ist ein integraler Bestandteil der Außenpolitik geworden.«[10]

Innenpolitisch hatte sich der blutige Charakter der Hitler-Bewegung schon sehr früh gezeigt. Wie das Schlagwort gehörten Schlagstock, Schlagring und Revolver zur Grundausstattung der Nationalsozialisten auf ihrem Marsch zur Macht.[11] Nach der »Machtergreifung« am 30. Januar 1933 und der Reichstagsbrand-Provokation in der Nacht zum 28. Februar 1933 wurde vollends deutlich, daß die Hitlerfaschisten nicht nur geprahlt hatten – mit ihren Schlagworten vom »Köpferollen-Lassen« und »Über-Leichen-Gehen«. Jetzt, Anfang 1934, wurde drei Tage vor dessen 25. Geburtstag der (am 13. Januar 1909 in Leiden geborene) Niederländer Marinus van der Lubbe in Leipzig hingerichtet – ein Justizmord auch dann, wenn man die bis heute anhaltenden Auseinandersetzungen um van der Lubbes Rolle als Alleintäter, Mittäter oder mißbrauchter Strohmann bei der Reichstagsbrand-Provokation in Rechnung stellt.[12] Die Vollstreckung des Todesurteils signalisierte einen mörderischen Fanatismus der braunen Machthaber, der um das Leben von Dimitroff und der anderen am 23. Dezember 1933 im Reichstagsbrand-Prozeß zwar freigesprochenen, aber bislang nicht freigelassenen Angeklagten fürchten ließ.[13]

Willi Münzenberg hatte offenbar vertrauliche Informationen über sowjetische Pläne zur Rettung Dimitroffs. So fuhr er Ende Januar/Anfang Februar 1934 mit seiner Ba-

BRAUNBUCH II

DIMITROFF
CONTRA GOERING

ENTHÜLLUNGEN ÜBER DIE
WAHREN BRANDSTIFTER

1934
ÉDITIONS DU CARREFOUR
PARIS

Nach dem Freispruch in Leipzig:
ein zweites Braunbuch – aus Münzenbergs Exilverlag

bette und dem »uralten Ford« an die französische Riviera, um sich von den Strapazen des Jahres 1933 ein wenig zu erholen.[14] Doch der Urlaub in Roquebrune nahe der französisch-italienischen Grenze war nur von kurzer Dauer. Meldungen aus Nazi-Deutschland schreckten Münzenberg auf und trieben ihn zurück nach Paris. Am 1. Februar waren vier deutsche Kommunisten, die sich in Gestapo-Haft befanden, vorsätzlich umgebracht worden: John Schehr, Eugen Schönhaar, Rudolf Schwarz und Erich Steinfurth.[15] DER GEGEN-ANGRIFF berichtete unter großen Schlagzeilen: »Der vierfache Mord des Göring-Kommandos z. b. V./Höchste Gefahr für Dimitroff und Thälmann! – Weltempörung über die faschistischen Geiselmörder Hitler und Göring!«[16]

Vom Nazi-Verbrechen an John Schehr und Genossen war Willi Münzenberg besonders betroffen und herausgefordert – nicht nur deshalb, weil Schehr zum Zeitpunkt seiner Verhaftung im November 1933 praktisch der politische Leiter der illegal in Deutschland kämpfenden Kommunisten war[17], sondern auch deshalb, weil die Nazi-Propaganda den vierfachen Mord mit einer Formel zu verbrämen suchte, die dem Titel eines Buches entsprach, das DER GEGEN-ANGRIFF seit November 1933 wiederholt anpries: »Auf der Flucht erschossen«. Walter Schönstedt[18] hatte einen »SA-Roman 1933« geschrieben, den Willi Münzenbergs Pariser Exilverlag EDITIONS DU CAR-REFOUR im Januar 1934 nach wochenlanger Vorauswerbung groß herausbrachte – unter eben jenem Titel, der auf den Doppelmord vom 15. Januar 1919 zurückgriff, auf die Ermordung Rosa Luxemburgs und Karl Liebknechts, über den es auch geheißen hatte: »Auf der Flucht erschossen.«

Für Münzenberg war »Auf der Flucht erschossen« keine abstrakte Formel, sondern eine Art von individuellem Archetyp, eine in seinem Unterbewußtsein festgehaltene existentielle Erfahrung. Am 9. Januar 1919 hatte Münzenberg bei den sogenannten Spartakisten-Unruhen in Stuttgart eine führende Rolle gespielt. Am 11. Januar war er von Soldaten der sozialdemokratischen Landesregierung verhaftet und mit einigen seiner Genossen auf die Festung Ulm, später ins Zellengefängnis Rothenburg (Neckar) gebracht worden. Beim Transport in einem Automobil sollten die Spartakisten »um die Ecke gebracht« werden.[19] Das vereitelte einer der begleitenden Offiziere: Karl Albrecht. Als Albrecht in den Nachkriegsjahren Schwierigkeiten hatte, in Deutschland in seinem Beruf als Förster voranzukommen, ging er 1924 als Forst- und Holzspezialist in die Sowjetunion. Dabei bürgten für ihn Clara Zetkin und Willi Münzenberg, der seinem Lebensretter helfen wollte. An Albrecht wird Münzenberg im Frühjahr 1934 öfter gedacht haben. Spätestens im Sommer 1933, bei einem Besuch in Moskau, muß Münzenberg nämlich erfahren haben, daß der in der Sowjetunion jahrelang geschätzte und zum stellvertretenden Volkskommissar für Waldwirtschaft und Holzindustrie aufgestiegene Spezialist im Juni 1932 unter Spionageverdacht verhaftet worden war. Clara Zetkin hatte nicht mehr helfen können. Nach schwerer Krankheit war sie am 20. Juni 1933 in Moskau gestorben.

Der Fall Albrecht[20] schuf zweifellos gewisse Irritationen im Verhältnis Willi Münzenbergs zur Sowjetunion. Hatte er für einen »Spion« gebürgt? Und stimmte es, daß Albrecht gegenüber der GPU das Moskauer Büro der IAH belastet hatte? Und hatte Albrecht sich vom sowjetischen Geheimdienst verpflichten lassen, um dem Ende 1933 gegen ihn verhängten Todesurteil zu entgehen und im März 1934 nach Deutschland zurückkehren zu können? – Es ist bis heute nicht bekannt, ob Albrecht in den folgenden Jahren, als er in der Türkei und in der Schweiz unterkam, Kontakt zur Pariser Emigration gesucht hat. Ab 1938 allerdings, nachdem Albrechts Buch »Der verratene Sozialismus«, eines der gehässigsten antisowjetischen Druckerzeugnisse, unter dem Patronat von Goebbels in Hitler-Deutschland erschienen war,[21] würde sich Münzenberg gehütet haben, seinem Lebensretter von ehedem auch nur auf der Straße zu begegnen. Wer Goebbels Schützenhilfe leistete, konnte mit Münzenbergs Nachsicht nicht rechnen.

Wer den GEGEN-ANGRIFF von Anfang 1934 heute durchsieht[22], dem fällt auf, daß Münzenbergs Exilzeitung dem XVII. Parteitag der KPdSU(B) erstaunlich wenig Aufmerksamkeit geschenkt hat. Abgesehen von dem Bericht »Hitlers Hand am Pulverfass Europa/Wie Stalin den Nationalsozialismus geisselte«[23] auf der Titelseite des GEGEN-ANGRIFF vom 4. Februar 1934 brachte das Blatt so gut wie nichts über die Verhandlungen auf dem vom 26. Januar bis 10. Februar 1934 dauernden Kongreß. Das mußte um so mehr überraschen, als dem GEGEN-ANGRIFF kurz zuvor erst (im Oktober 1933 in der Komintern-Zeitschrift RUNDSCHAU ÜBER POLITIK, WIRTSCHAFT UND ARBEITERBEWEGUNG) öffentlich vorgeworfen worden war, er biete kaum solches Material über den sozialistischen Aufbau in der Sowjetunion, mit dem die »angebliche Verwandtschaft des Faschismus und des Bolschewismus« sachlich widerlegt werden könne.[24] Doch Münzenbergs Zeitung ließ sich auch von so massiver Kritik nicht dazu nötigen, Jubelberichte über die Sowjetunion zu veröffentlichen und damit in den innerparteilichen Auseinandersetzungen der KPdSU(B) Stalin Schützenhilfe zu leisten.[25]

Kaum war Willi Münzenberg von den wenigen Urlaubstagen in Roquebrune nach Paris zurückgekehrt, da verdrängte Wien die Moskauer und Berliner Ereignisse aus den Schlagzeilen. Am 12. Februar 1934 hatten sich österreichische Arbeiter mit überraschender Vehemenz gegen den Sozialabbau und die gewerkschaftsfeindliche Politik der Dollfuß-Diktatur zur Wehr gesetzt. Der Aufruf der verbotenen KPÖ zum Generalstreik (»Schlagt den Faschismus nieder, ehe er euch niederschlägt! Legt sofort die Arbeit nieder!«) wurde in starkem Maße befolgt. Auch die SPÖ-Führung entschied sich mehrheitlich für den Streik. Da jedoch die Dollfuß-Diktatur keinen Zweifel an ihrer Entschlossenheit ließ, den Aktionen der Arbeiter mit Waffengewalt zu begegnen, eskalierte der Streikkampf sogleich zum Bürgerkrieg, in dem die Staatsmacht Panzer und Geschütze einsetzte und den »Aufstand« in wenigen Tagen blutig niederschlug. Die Zahl der Opfer hat sich nie genau ermitteln lassen. Sie schwankt zwischen 324 Toten und 905 Verwundeten (regierungsamtliche Angaben) einerseits sowie 1 500 bis 2 000 Toten und 5 000 Verwundeten (Angaben der SPÖ) andererseits. Zweifelsfrei befanden sich unter den Toten und Verletzten auch Frauen und Kinder. Internationale Proteste hinderten die Dollfuß-Diktatur schließlich daran, ihre Praxis standrechtlicher Erschießungen bis zum Exzeß fortzusetzen.[26]

»Oesterreichs Arbeiterschaft in heldenhaftem Kampf! Generalstreik u. bewaffneter Widerstand gegen den faschistischen Generalangriff« – so überschrieb DER GEGEN-ANGRIFF noch am 17. Februar 1934 seinen Bericht über die Kämpfe, die schon am Morgen des 16. Februar praktisch beendet waren. In einem Leitartikel »Sturmzeichen« der gleichen Ausgabe hieß es über den Dollfuß-Terror: »Diese blutige Gewalt ist kein Zeichen der Stärke, sondern der Beweis tödlicher Schwäche. Eine Kette von Revolutionen und Kriegen kündigt sich an, die das Gesicht Europas verändern werden...« Eine Woche später, im GEGEN-ANGRIFF vom 24. Februar 1934, setzte Alexander Abusch (Pseudonym: Ernst Bayer) unter der didaktischen Schlagzeile »Was lehrt Österreich?« die Versuche fort, eine blutige Niederlage in einen »Erkenntniserfolg«

umzudeuten: Die österreichischen Arbeiter »hätten in jedem Kampfe gesiegt, wenn...«. Und Bruno Frei (auf Walter Ulbrichts »Marschroute«, aber mit dem Pseudonym Karl Franz) bemühte sich im selben GEGEN-ANGRIFF um den »dokumentarischen Nachweis«, wer den »hätte«-Sieg verhindert hat: »Wie die österreichische S. P. durch ihre Kapitulationspolitik dem Faschismus den Weg ebnete.«

Doch auch Münzenbergs politische Handschrift ist im GEGEN-ANGRIFF vom 24. Februar 1934 nicht zu übersehen. »Internationale Untersuchungskommission nach Österreich« lautet die fünfspaltige oberste Schlagzeile auf dem Titelblatt. Das »Weltcomité gegen Krieg und Faschismus« habe mit anderen antifaschistischen Organisationen eine Sitzung über die österreichischen Ereignisse abgehalten und die Einsetzung einer internationalen Untersuchungskommission beschlossen. »Völlig unanhängige Persönlichkeiten, Juristen, Aerzte und Wissenschaftler«, aber auch katholische Geistliche sowie amerikanische und britische Journalisten sollen der Kommission angehören und an Ort und Stelle »in objektiver Weise die Terror-Nachrichten nachprüfen«. Der amerikanische Publizist Lincoln Steffens[27] werde dabei sein. Solidarität der Antifaschisten aller Länder sei die »dringendste Aufgabe der Stunde.«

Statt die blutige Niederlage scholastisch zu beschönigen, orientiert Münzenberg auf jenes politische Kampffeld, auf dem offensive Erfolge möglich sind. Und den Blick richtet er von Wien wieder auf Berlin, von Dollfuß zurück auf den Hauptfeind Hitler. Dazu dient ein über zwei Seiten des GEGEN-ANGRIFF vom 24. Februar 1934 laufender großer Artikel unter Willi Münzenbergs Namen: »Der Thälmann-Prozess muss zu der zweiten Niederlage der Hitlerregierung werden!« Als die erste Niederlage Hitlers nach der Machtübergabe an ihn wertet Münzenberg den Ausgang des Leipziger Prozesses: »Der Reichstagsbrand-Prozeß, der eine vernichtende Niederlage für die Kommunistische Partei Deutschlands bringen sollte, hat freilich zu einer Niederlage geführt: aber zu einer Niederlage der Hitlerregierung. Durch das tapfere Auftreten der kommunistischen Angeklagten, besonders des Genossen Dimitroff gestaltete sich dieser Prozeß zu einem großen und unvergänglichen Triumph des Kommunismus.« Dimitroff befand sich zwar noch in der Gewalt der Gestapo. Doch die Sowjetregierung hatte Dimitroff und seinen zwei bulgarischen Mitangeklagten das Sowjetbürgerrecht verliehen und zugleich in einer offiziellen Demarche von der Hitlerregierung gefordert, die in Leipzig freigesprochenen, aber noch nicht freigelassenen drei Bulgaren und nunmehrigen Sowjetbürger umgehend aus dem Kerker zu entlassen, was dann auch prompt geschah – am 26. Februar 1934!

Münzenbergs programmatischer Artikel im GEGENANGRIFF vom 24. Februar 1934 wurde – was bisher nicht bekannt war – vom Leipziger Oberreichsanwalt sorgsam registriert: am 30. April 1934 als »Nachricht zur Sache gegen Willi Münzenberg«, »dass in der Zeitung ›Der Gegenangriff‹ Nr. 8 vom 24. Februar 1934, die in Prag erschienen ist und nicht entbehrlich ist, da sie nur in einem Stück vorliegt, ein von Münzenberg verfasster Aufsatz mit der Überschrift ›Der Thälmann-Prozess muss zu der zweiten Niederlage der Hitlerregierung werden!‹ enthalten ist.«[28] Die Quelle dieser zum Aktenvermerk geronnenen »Nachricht« wird das »Geheime Staatspolizeiamt« in Berlin gewesen sein, das sich von der »nur in einem Stück« vorliegenden Zeitung nicht trennen mochte. Ein paar Wochen später, am 11. Juli 1934, erhielt nämlich die Berliner Zweigstelle der Reichsanwaltschaft vom Amtsgericht Berlin »urschriftlich« eine weitere Münzenberg-»Nachricht« aus der Prinz-Albrecht-Straße 8, dem nunmehrigen endgültigen Sitz der Gestapo-Zentrale.

Der Gestapo-Brief vom 11. Juli 1934 lautete: »In der Strafsache gegen den früheren Reichstagsabgeordneten der KPD Willi Münzenberg wird ergebenst mitgeteilt, dass Münzenberg seinen Wohnsitz nach Paris verlegt haben soll. Einer Zeitungsnotiz vom 11. 7. 34 zufolge hat Münzenberg in New York in einer komm. Versammlung eine Hetzrede gegen Deutschland gehalten. In dieser Rede behauptete Münzenberg, dass in den nächsten Jahren ein neuer Weltkrieg ausbrechen werde, der zehnmal verhehrender (originale Gestapo-Orthographie – H.W.) sein werde, als der vom Jahre 1914. Darauf werde in allen Ländern der Welt die Regierung den Kommunisten in die Hände fallen und die Weltdiktatur des Proletariats werde aufgerichtet werden.«[29] Aus dem GEGEN-ANGRIFF konnte die Zeitungsnotiz nicht sein; als Wochenzeitung erschien er am 11. Juli nicht. Und im GEGEN-ANGRIFF vom 12. Juli war das mit der »Weltdiktatur des Proletariats« nicht zu lesen. Auch die seriöse NEW YORK TIMES, die am 7. Juli 1934 auf Seite 4 tatsächlich ausführlich über eine Münzenberg-Rede in New York berichtet hatte[30], kam als Beleg für den Gestapo-Brief nicht in Betracht: Von »Weltdiktatur des Proletariats« war dort nicht die Rede.

Willi Münzenberg war Ende Juni 1934 von Paris aus zu einer Agitationsreise in die USA aufgebrochen. Begleitet wurde er von Babette Gross, von Dr. Kurt Rosenfeld und von einem britischen Labourabgeordneten.[31] In den USA wollte Münzenberg die Arbeit der dortigen Mitglieder des »Welthilfskomitees für die Opfer des Hitlerfaschismus« aktivieren, das ab 2. Juli 1934 in New York einen öffentlichen Gegenprozeß gegen einen täglich erwarteten »Prozeß« der Nazis gegen Ernst Thälmann veranstalten sollte. Nach der Ermordung von John Schehr und Genossen am

43

1. Februar 1934 einerseits sowie nach der Freilassung Georgi Dimitroffs und seiner bulgarischen Mitangeklagten am 26. Februar 1934 andererseits hatte der Kampf um Thälmanns Leben und Freiheit eine neue Dimension gewonnen. Im Einsatz für die Symbolfigur Thälmann kulminierten die damaligen internationalen antifaschistischen Aktivitäten. Und Münzenberg war, wie er im GEGEN-ANGRIFF vom 24. Februar deutlich bekundet hatte, fest entschlossen, nach dem Beispiel der erfolgreichen Kampagne für Dimitroff nun auch Thälmanns Freispruch zu erzwingen. Bemerkenswert war dabei die Tatsache, daß Münzenberg in seinem GEGEN-ANGRIFF-Artikel seinen Genossen Ernst Torgler nicht vergaß – neben van der Lubbe, Dimitroff, Tanev und Popov der fünfte Angeklagte im Reichstagsbrand-Prozeß, der zwar ebenso wie Dimitroff, Tanev und Popov am 23. Dezember 1933 freigesprochen worden war, aber, da er nicht sowjetischer Staatsbürger hatte werden können, weiter in den Händen der Gestapo blieb.[32]

Die Erfahrungen mit dem Braunbuch hatten das linke und linksliberale antifaschistische Potential in den USA deutlicher hervortreten lassen. Unter dem eben ins Amt getretenen neuen Präsidenten Franklin Delano Roosevelt[33] konnten die Vereinigten Staaten zu einem mächtigen und kapitalkräftigen Bundesgenossen der europäischen Antifaschisten werden. Anders als bei der Dimitroff-Kampagne wollte Münzenberg bei der Thälmann-Kampagne nicht allein auf die Hilfe der Komintern angewiesen sein. So lag es nahe, die Erfahrungen mit dem Braunbuch und dem Londoner Gegenprozeß gleichsam aus erster Hand den Hitler-Gegnern jenseits des Atlantiks zu vermitteln und solche politische Nachhilfe mit einer Geldsammlung zu verbinden.

Bevor Münzenberg das Schiff nach Amerika bestieg, hatte er für den GEGEN-ANGRIFF eine Erklärung geschrieben, die in der Ausgabe vom 30. Juni 1934 auf der ersten Seite erschien und in dem Aufschrei gipfelte: »Antifaschisten der Welt! Protestiert! Schreit! Handelt! Erkämpft das Leben der vom Henkerbeil Bedrohten! Erkämpft die Freiheit Ernst Thälmanns und aller antifaschistischen Gefangenen!« Zu der Erklärung war ein Bericht eines französischen Sonderkorrespondenten aus Berlin gestellt. Darin wurde mitgeteilt, Thälmann habe den drei Arbeitern von der Saar, die ihn – wegen der bevorstehenden Saar-Abstimmung und zur Beschwichtigung der internationalen Protestbewegung – im Kerker kurz sprechen durften, auf einen Zettel geschrieben: »Ich wurde und werde mißhandelt.« Gleichzeitig gelangte ein Augenzeugen-Bericht »Wie sie Erich Mühsam zu Tode quälen« (DER GEGEN-ANGRIFF vom 10. Juni 1934) an die Öffentlichkeit. Der Dichter und Anarchist wurde am 10./11. Juli 1934 im KZ Oranienburg umgebracht. Angesichts solcher Folter-Nachrichten nahm die Befürchtung, die Nazis könnten den KPD-Vorsitzenden kurzerhand »um die Ecke bringen«, akuten Charakter an.

Doch am 30. Juni, als DER GEGEN-ANGRIFF mit Münzenbergs Erklärung erschien und der KPD-Agitator bereits auf hoher See war, wurde in Nazi-Deutschland nicht der Kommunist Ernst Thälmann, sondern der Nationalsozialist Ernst Röhm ermordet. Natürlich wußte Münzenberg von den Rivalitäten zwischen Hitlers Sturmstaffeln (SS) und den SA des »alten Kämpfers« und langjährigen Hitler-Kumpanen Röhm. Münzenbergs Gegenpropaganda hatte oft genug auf solche Gegensätze im Nazi-Lager hingewiesen. Schönstedts SA-Roman »Auf der Flucht erschossen« war wohl von Münzenberg gerade deshalb stark favorisiert worden, weil darin SA-Unzufriedenheiten literarisch eingefangen waren. Da in den Rivalitäten zweier paramilitärischer NS-Organisationen auch sozialökonomische Widersprüche zwischen den in

45

der »nationalsozialistischen Revolution« materiell zu kurz gekommenen SA-Leuten und den eher elitär ausgestatteten SS-Männern zum Ausdruck kamen, hatten führende Kommunisten die Hoffnung, SA-Angehörige in größerer Zahl für den proletarischen Klassenkampf gegen den Faschismus gewinnen zu können. Der 30. Juni 1934 zeigte, daß solche Hoffnungen illusionär waren. Man hatte das braune Barbarentum in seiner Fähigkeit zum Ungeheurlichen wieder einmal völlig unterschätzt.

Selbst Münzenberg, einer der intelligentesten und weitsichtigsten Männer in der KPD- und Komintern-Führung, muß überrascht gewesen sein, als er die Berichte von dieser neuzeitlichen Bartholomäusnacht las – von dieser »Nacht der langen Messer«, in der Hitler mit unbequemen Teilen der SA-Führung und mit anderen oppositionellen Kräften mörderisch abrechnen ließ, in der die SS über 1 000 Menschen ohne jede Rücksicht auf die öffentliche Meinung der Welt umbrachte. Zeitzeugen sagen ziemlich übereinstimmend, die Welt sei schockiert gewesen. Natürlich, politische Morde und Massenmorde hatte es auch vor 1934 gegeben. Fememorde waren ein Element der »politischen Kultur« der Weimarer Republik. Allerdings vollzogen sie sich eher im Untergrund. Offiziell wollte niemand damit zu tun haben, weil in der öffentlichen Meinung auch der politische Mord als verwerflich galt. Nun aber, im Sommer 1934, wurden über 1 000 Männer und Frauen offen, öffentlich, absolut ungehemmt und aus ungeschminkt niedrigsten Motiven kurzerhand »umgelegt« – darunter vor allem unzählige langjährige »Kampfgefährten«, gleichsam Hitlers »eigene Leute« wie eben der NSDAP-Parteigenosse (»PG« – wie die Nazis sagten) und Stabschef der SA Ernst Röhm oder der NSDAP-Organisator Gregor Straßer. Die Mörder machten sich noch nicht einmal die Mühe, einen halbwegs vertretbaren Vorwand anzugeben, geschweige denn eine

46

rechtliche Begründung. Man sei nur einem Putsch des SA-Führers Röhm zuvorgekommen, lautete die höhnende »Begründung« der Mörder in der SS-Uniform.

Mit dem Massaker des »Röhm-Putsches« wurde im Juni/Juli 1934 eine Art neuen Gewohnheitsrechtes in der politischen Geschichte des 20. Jahrhunderts »konstituiert«: die absolute und offene Verfügungsgewalt des Führers einer politischen Massenbewegung über Kopf und Leben aller seiner Anhänger. Die politische Effizienz der Millionen Leute umfassenden Bewegungen und Organisationen stieg natürlich mit dem Grad der Ausrichtung und Disziplinierung der Anhänger. Dafür sorgten politische Apparate, die auf Grund der neuen Transport- und Kommunikationsmittel bislang ungeahnte Dimensionen annahmen. Und sofern solche politischen Massenbewegungen keine demokratische Kontrolle über ihre »eigenen« Apparate (und Geheimapparate!) wirksam zu institutionalisieren vermochten, waren sie den Führern der Bewegung bald auf Gedeih und Verderb ausgeliefert. Wer den Kopf nicht buchstäblich verlor, sah sich aus Angst, Opportunismus oder ideologischer Disziplin gehalten, ihn zumindest als Organ selbständigen Denkens außer Betrieb zu setzen. Auf diesem verhängnisvollen Weg in einen Staat Orwellscher Prägung markierte der »Röhm-Putsch« einen erreichten Entwicklungsstand von perfider Perfektion.

Für die Weltöffentlichkeit war mit dem Massaker des »Röhm-Putsches« etwas Unvorstellbares und Undenkbares geschehen.[34] Man sah archaische Triebelemente in zivilisierter Zeit hervorbrechen. Eine Verwilderung der politischen Sitten kündigte sich an. Europa begann sich an Mord und Totschlag in der Politik zu gewöhnen. Und wenn der Historiker den betreffenden Zeitabschnitt nicht nur ökonomisch, politisch und sozialgeschichtlich, nicht nur in den programmatisch-ideologischen Alternativen,

sondern auch psychologisch und kybernetisch (kommuni-
kations- und organisationswissenschaftlich) analysiert,
läßt sich mit ziemlicher Sicherheit jener Umbruch in den
Stimmungen und Herrschaftstechniken nachweisen, den
das mörderische Jahr 1934 namentlich in den europäischen Metropolen mit sich brachte. Von da an fühlte,
ahnte und fürchtete man das, was die nächste Zukunft
bringen würde.

Babette Gross hat vermutet, daß es die Berichte von
Hitlers blutiger Abrechnung mit »den eigenen Leuten«,
die schockierenden Informationen über das in der neueren europäischen Geschichte beispiellose Blutbad und
über die unverschleierten Terrormethoden nach der Art
Chicagoer Gangster waren, die eine kurzfristige Änderung der Haltung der US-Behörden gegenüber Münzenberg bewirkten.[35] Auch im Sommer 1934 war es nur ausnahmsweise möglich, daß ein erklärter Kommunist in die
USA eingelassen wurde.[36] Ausnahmsweise hatten die US-
Behörden dem Kommunisten und Antifaschisten Münzenberg ein Besuchsvisum erteilt, allerdings mit der Auflage, in den Staaten nicht öffentlich politisch tätig zu werden. Münzenberg war also darauf gefaßt, in New York
und anderen nordamerikanischen Städten nur hinter ver-
schlossenen Türen über die Thälmann-Kampagne und
über Spenden für antifaschistische Hilfsfonds beraten zu
können. Doch als er in Manhattan an Land ging, wurde
ihm bedeutet, nun, nach den jüngsten Ereignissen in
Nazi-Deutschland, könne er wohl auch auf öffentlichen
antifaschistischen Kundgebungen sprechen. Und Münzenberg, wie es so seine Art war, ergriff die einmalige Gelegenheit und absolvierte eine Versammlungstournee, die
es in sich hatte.

»Die Behörden dieses ›Vaterlandes der Kapitalisten‹«,
erinnerte sich Münzenbergs Lebensgefährtin, »legten der
Propagandafahrt des Kommunisten Münzenberg nicht

die geringsten Hindernisse in den Weg. Münzenberg sprach in öffentlichen Versammlungen in New York, Chicago, Cleveland, Milwaukee, Detroit, Boston und Washington, außerdem in zahlreichen deutschen Arbeiterclubs und Ferienlagern. Die größte Kundgebung fand im New Yorker Madison Square Garden statt. Während der vierwöchigen Reise hatte, wie uns amerikanische Freunde berichteten, die deutsche Botschaft in Washington unablässig – allerdings vergeblich – gegen Münzenbergs öffentliches Auftreten protestiert.«[37]

Zu Protesten hatte die Nazi-Diplomatie auch ihre Gründe. Münzenbergs öffentliche Reden gewannen nämlich – wie wir inzwischen genauer wissen[38] – in den amerikanischen Medien eine größere Publizität als der New-Yorker »Gegenprozeß«, als die erste Tagung der nordamerikanischen juristischen Kommission zur Untersuchung der Nazi-Verbrechen, die am 2. und 3. Juli 1934 im Hause des New-Yorker Anwaltsvereins stattgefunden hatte und auf der auch Dr. Kurt Rosenfeld gehört worden war. Münzenbergs Reden beeindruckten sogar die NEW YORK TIMES. Und zu den ausführlichen Berichten im GEGENANGRIFF hatte – wie eine Stilanalyse erkennen läßt – Münzenberg selbst offensichtlich die Stichworte (nebst Schlagzeilen!) geliefert.[39]

»Roter Führer sieht deutschen Aufruhr kommen/Münzenberg, früherer Abgeordneter des deutschen Reichstages, sagt Hitlers baldiges Ende voraus/Bejubelt von Tausenden/Madison Square Garden-Versammlung verlangt in einem Telegramm Thälmanns Freiheit« – unter diesen Schlagzeilen berichtete die NEW YORK TIMES am 7. Juli an der Spitze der vierten Seite in ungewöhnlicher Länge über die antifaschistische Massenkundgebung am Abend des 6. Juli, an der 15 000 New-Yorker teilnahmen. »Willi Münzenberg, welcher zehn Jahre lang kommunistischer Abgeordneter des Deutschen Reichstages war, erklärte einer kommunistischen Versammlung gestern abend im Madison Square Garden, die notwendigen Bedingungen für eine revolutionäre Erhebung in Deutschland seien nun herangereift, und er sagte voraus, daß seine Partei Kanzler Hitler bald überwinden werde«, hieß es im Text der NEW YORK TIMES.

Hatte Münzenberg (unter dem Eindruck der »Röhm-Putsch«-Nachrichten) tatsächlich ein so rosiges Bild von den Chancen des antifaschistischen Widerstandes in Deutschland gezeichnet? Wir müssen es schon annehmen; denn im noch ausführlicheren Bericht des DAILY WORKER (auf den Seiten 1 und 2 der Ausgabe vom 7. Juli 1934) findet sich ebenfalls die Feststellung, »daß die Bedingungen heranreifen für den Kampf um die Macht«. Es sei war, daß Hitler 1933 der KPD zuvorgekommen sei (!). »Hitlers Macht kam zuerst; aber sie wird auch zuerst gehen. Wenn die Arbeiter die Macht erobern werden, dann werden sie sie erobern, um sie zu behalten.« Münzenberg versuchte indes auch die Frage zu beantworten, wie es möglich gewesen war, daß Hitler trotz der starken KPD an die Macht kommen konnte. Offenbar hatten amerikanische Kommunisten auf diesen Punkt besonders gedrängt. »Genossen«, sagte Münzenberg laut DAILY WORKER vom 7. Juli, »da gab es einige, die meinten, daß unsere Partei nicht genügend vorbereitet war, Hitlers Machtergreifung zu verhindern. Zehntausende von Opfern aus den Reihen der Kommunistischen Partei Deutschlands sind Zeugen der Tatsache, daß unsere Partei kämpfte, daß sie entschieden kämpfte. Wir leisteten Widerstand mit all unserer Kraft. Aber wir wußten, daß die Zeit für das letzte Gefecht nicht gekommen war. Wir riefen die Arbeiter nicht auf die Straße, um sie dort zu opfern. Wenn wir sie rufen, dann rufen wir sie zur Offensive und zum Sieg...«

Wie die NEW YORK TIMES berichtete, hatte die

Massenkundgebung in New Yorks größter Halle schon begonnen, als Münzenberg eintraf. Mit raschen Schritten sei er hereingekommen, mit Riesenbeifall begrüßt von den Versammelten, die sich von ihren Plätzen erhoben. Energisch und kräftig habe er die Arme von Earl Browder geschüttelt, des Sekretärs der Partei der amerikanischen Kommunisten, sowie von C. A. Hathaway, des Herausgebers des DAILY WORKER.[40] Seine Rede habe Münzenberg in deutscher Sprache gehalten. Anschließend sei die amerikanische Übersetzung verlesen worden. Dem DAILY WORKER zufolge sprach Münzenberg 40 Minuten lang. Die Begeisterung der Versammelten sei von der vorherrschenden Unkenntnis der deutschen Sprache nicht beeinträchtigt worden: »Münzenbergs unverkennbare Intensität des Fühlens überwand die Sprachbarriere.« Vermutlich war die amerikanische Fassung der Rede, die der Übersetzer schriftlich festgehalten haben muß, anschließend der Presse gegeben worden, um deren Berichterstattung über eine für US-Journalisten nicht unkomplizierte Materie zu erleichtern. Die NEW YORK TIMES honorierte solche Pressefreundlichkeit mit der Wiedergabe längerer Zitate.

Vergleicht man die Berichte in der nordamerikanischen Presse mit den entsprechenden Korrespondenzen im GEGEN-ANGRIFF, so fällt auf, daß die allzu rosigen Passagen über die Aussichten des antifaschistischen Widerstandes dem GEGEN-ANGRIFF-Leser vorenthalten wurden. Dafür bekam er ein leicht überzeichnetes Bild von den Ausmaßen der Thälmann-Kampagne in den USA. »Thälmann-Sturm in Amerika / Willi Münzenberg spricht vor 15 000 New Yorker Arbeitern« – so lauteten die Schlagzeilen im GEGEN-ANGRIFF vom 12. Juli 1934. Und am 26. Juli: »Amerikas Massen stehen auf / Willi Münzenberg / an der Spitze des Sturmes für Thälmanns Befreiung in U. S. A.«

Im Text des Kabelberichts tauchen am 26. Juli sogar kultische Töne auf: »Amerika steht im Zeichen einer gigantischen Protestbewegung, eines wahren Sturmes für Thälmanns und aller Antifaschisten Befreiung ... An der Spitze des Thälmann-Sturmes steht Willi Münzenberg, der über den Ozean geeilt ist, um zu trommeln, aufzurufen und zu organisieren die Bewegung von Millionen in den Vereinigten Staaten für die Befreiung und Rettung des eingekerkerten Führers der deutschen Antifaschisten. Es gibt keine Schicht der Arbeiter, Werktätigen und Intellektuellen, an die sich nicht Willi Münzenberg gewandt und die er nicht aufgerüttelt hätte, sich einzureihen in die große Einheit des Kampfes gegen die barbarischen Hitlerverbrechen ... Von Organisation zu Organisation eilend, 5 Versammlungen an einem Tag – trommelt Münzenberg für Thälmanns Befreiung ...«[41]

Vermutlich ab 28. Juli 1934 ist Münzenberg an Bord des französischen Dampfers ILE DE FRANCE von New York nach Frankreich zurückgereist – zusammen mit Babette Gross und etwa 30 Amerikanerinnen, die als Delegierte zum (von der IAH organisierten) Internationalen Frauen-Kongreß gegen den Krieg fuhren, ab 4. August 1934 in Paris, zwanzig Jahre nach dem Beginn des ersten Weltkrieges, um einen zweiten zu verhindern.[42] Auf der Rückfahrt über den Atlantik war Zeit zu einer Bilanz: Was hatten die hektischen vier Wochen in den Staaten gebracht? Babette Gross meinte 33 Jahre später, der »eigentliche Zweck« der USA-Reise habe darin bestanden, »Geld für das Hilfskomitee zusammenzubringen«; und dieser Zweck sei erreicht worden: »Wir kehrten mit einer ansehnlichen Summe nach Europa zurück.«[43] Auch propagandistisch sei die Reise ein Erfolg gewesen. Erneut habe Münzenberg namhafte Intellektuelle »für seine Sache« gewinnen können. Tatsächlich hatte sich neben der juristischen Untersuchungskommission eine Gruppe amerika-

NATIONAL
THAELMANN DAY

In New York, Friday, July 27th

Evening Mass Rally and Farewell Banquet for

WILLI MUENZENBERG

Member Central Committee, Communist Party of Germany
Reichstag Deputy for Ten Years

Open Air Arena, Bronx Coliseum

East 177 Street, New York City   7:30 P. M.

Special Thaelmann Play by Workers Lab. Theatre

W.I.R. Band   United Choruses singing

Muenzenberg will report on the sitution in Germany
today and prospects for the proletarian revolution

Other Speakers:

EARL BROWDER · MOTHER BLOOR
JACK STACHEL

Tickets: 25c (in advance)   35c (at the door)

Tickets for Sale at

Workers' Bookshop, 50 East 13th St., New York City
Anti-Nazi Federation, 168 W. 23rd St., New York City
National Committee to Aid Victims of German Fascism
870 Broadway   New York City

In NEW MASSES im Juli 1934:
Aufruf zu einem Meeting mit Münzenberg in New York

nischer Künstler, Wissenschaftler und Journalisten mit einem Aufruf für Thälmanns Freiheit eingesetzt.[44] Doch so lästig die Kundgebungen, Demonstrationen, Botschafts- und Konsulats-Blockierungen, die Urteile der Juristen-Kommission und die Aufrufe in den USA den Nazis auch gewesen sein mögen – sie hatten aus dem Reichstagsbrand-Prozeß gelernt: Ein Prozeß gegen Thälmann fand nicht statt, weder vor dem Reichsgericht noch vor dem neuen Volksgerichtshof. Insofern lief der New-Yorker »Gegenprozeß« ins Leere. Die von Münzenberg angestrebte »zweite Niederlage der Hitlerregierung« blieb 1934 aus...

Liest man die Berichte über Münzenbergs Reden in den USA mit dem geschichtlichen Wissen von 1990, so hat man den Eindruck, der KPD-Agitator habe im Juli 1934 bei aller politischen Weitsicht, um in Gustav Reglers Bild zu bleiben, ebenfalls wie ein indianerspielender Knabe »Brandpfeile in die stählerne Festung« des Hitlerfaschismus geschossen. Der »Röhm-Putsch« schuf eben nicht Bedingungen »für eine revolutionäre Erhebung in Deutschland«, sondern führte zu einer Stabilisierung des faschistischen Machtapparates. Nicht eine »kommunistische Regierung in Deutschland«, nicht die »Machtergreifung durch die Arbeiterklasse« waren realistische Ziele, sondern eine Einheitsfront aller Hitlergegner zum effektiven Widerstand gegen den Faschismus und zur Wiederherstellung demokratischer Verhältnisse in Deutschland. Laut NEW YORK TIMES vom 28. Juli 1934 hatte Münzenberg am Vortage auf einem Abschiedsmeeting im Bronx Coliseum vor 10 000 amerikanischen Kommunisten die Hoffnung genährt, daß es keinen neuen Krieg in Europa geben werde – weil Hitler dazu noch nicht ausreichend vorbereitet sei und noch ein paar Jahre Frieden brauche. Inzwischen, so die Logik der Argumentation, werde Hitlers Herrschaft revolutionär überwunden sein.

Deutschsprachige New-Yorker Zeitung DER ARBEITER
wirbt für Münzenbergs Meeting

Doch immerhin hatte Münzenberg die mit dem Faschismus verbundene Kriegsgefahr hinreichend thematisiert. Und die im Gestapo-Bericht an die Reichsanwaltschaft kolportierte Presse-Information, Münzenberg
habe in den USA einen neuen Weltkrieg vorausgesagt, der
zum Sieg des Kommunismus führen werde, ist dem Agitator als prognostische Alternative durchaus geläufig gewesen – wie wir aus Reglers Erinnerungen wissen. Irgend-
wann im August 1934 soll Münzenberg eine Wende der
Ernüchterung nach den Illusionen des »Röhm-Putsch«-
Sommers in sich vollzogen haben. Sofern Regler sich recht
erinnerte, kann der 20. August 1934, der Tag der Einführung des Rekruteneides auf Hitler persönlich, auch Münzenbergs Tag der Wende gewesen sein.[45] Plötzlich trat die
Kriegsgefahr akut hervor. Die schöne Hoffnung auf die in
Deutschland »herangereiften revolutionären Bedingungen«, an der die PRAWDA und die KPD-Führung bei der
Bewertung des »Röhm-Putsches« festhielten[46], zerstob in
Münzenbergs Vorstellung. Wollte man bei der für den
13. Januar 1935 angesetzten Saarabstimmung Hitlers Ex-
pansionsdrang zügeln, mußten sektiererische, illusionäre
Kampfziele der KPD überwunden und glaubwürdige
Einheitsfront-Angebote allen anderen deutschen Hitler-
Gegnern unterbreitet werden. Doch der Klärungsprozeß in-
nerhalb der KPD war vor allem von zwei stalinistischen »Vorgaben« entscheidend behindert: von den politischen »Ar-

55

chetypen« der unsäglichen Sozialfaschismus-These und von der Furcht vor der »trotzkistischen« Verdächtigung.

Leo Trotzki, seit Sommer 1933 in Frankreich im Exil, war »im Geiste« immer dabei, wenn deutsche Kommunisten damals über die Chancen und Methoden des antifaschistischen Kampfes nachdachten und diskutierten. Trotzki hatte sich zu Hitlers Machtantritt mit einer einleuchtenden Kritik an Stalins Komintern-Politik geäußert. Im Dezember 1933 war DER GEGEN-ANGRIFF gehalten, eine Auseinandersetzung mit Trotzkis Thesen zu beginnen – unter den Schlagzeilen: »Wir wollen diskutieren: ›Neue Partei‹?« Kurt Sauerland, Münzenbergs langjähriger Mitarbeiter mit Neigung zu sektiererischen Formeln[47], nannte Trotzki einen »Wegbereiter der Konterrevolution« und polemisierte namentlich gegen drei von Trotzki vertretene Ansichten: 1. Hitlers Machtergreifung sei eine Niederlage der Komintern und KPD gewesen; 2. die deutschen Kommunisten hätten selbst bei aufopferungsvollstem Widerstand keine Chance, Hitler zu überwinden, wenn sie sich nicht mit den anderen Hitler-Gegnern verbünden würden; 3. nach der Niederlage von 1933 müsse an die Stelle der KPD eine neue, erneuerte Partei der Kommunisten treten. In der Polemik gegen diese Trotzki-Thesen, von denen die ersten beiden fraglos richtig und realistisch waren, versteiften sich gerade die falschen, unrealistischen und sektiererischen Positionen in der KPD.[48] Auch Münzenberg war nicht unbefangen und souverän genug, sich der verhängnisvollen Scheinlogik jener »Reziprozität« (Rückbezüglichkeit) ideologisierter Ansichten rasch zu entziehen, die da lautete: »Wenn Stalins Gegner Trotzki so denkt, darf kein wahrer Kommunist so denken.«

Im Herbst 1934, nach der Amerika-Reise und nach seinem 45. Geburtstag am 14. August, fuhr Münzenberg zum Jahrestag der Oktoberrevolution wieder einmal nach

Moskau. Dort, im Kreise asturischer Bergarbeiter, deren Aufstand kurz zuvor auf blutige Weise niedergeschlagen worden war, lernte er einen spanischen Sozialisten kennen, der ihn zu Weihnachten 1934 nach Spanien einlud. So gab es am Jahresende doch noch ein paar erholsame Tage – in Südspanien, inmitten von Blumenfeldern, die aber, wie Babette Gross sich erinnerte, nicht über »die unsägliche Armut« hinwegtäuschen konnten, »die das ganze Land erfüllte«.[49]

In Spanien hatte als illegaler Komintern-Beauftragter Heinz Neumann gewirkt, der Lebensgefährte von Margarete Buber-Neumann, die eine Schwester von Babette war, so daß Münzenberg als Neumanns Schwager gelten konnte.[50] Und natürlich hatte Münzenberg sogleich eine Medienkampagne inszeniert, als schweizerische Behörden den inzwischen illegal in der Schweiz lebenden Neumann am 8. Dezember 1934 verhafteten und eine Auslieferung an Hitler-Deutschland erwogen. Die Protestkampagne[51] war insofern erfolgreich, als Neumann nicht den Nazi-Henkern »überstellt« wurde, sondern in die Sowjetunion ausreisen durfte. Dort allerdings wird man ihn drei Jahre später unter absurden Beschuldigungen verhaften und am 26. November 1937 zum Tode durch Erschießen verurteilen.[52] Wie hätte Münzenberg sich 1934 verhalten, wäre er imstande gewesen, den Stalin-Terror der kommenden Jahre vorauszusehen? Eine hypothetische Frage. Die Geschichte kennt keine Konjunktive.

Auch der Kirow-Mord am 1. Dezember 1934 in Leningrad hat Münzenberg damals nicht so weit beunruhigt, daß er auf die Urlaubstage in Spanien verzichtet hätte. Ein wenig mysteriös wirkte es schon, daß der Mörder trotz der sprichwörtlichen Wachsamkeit des NKWD mit einem Revolver bewaffnet bis in den Smolny gelangen konnte und daß so ein wichtiger Genosse wie Sergej Mironowitsch Kirow, Mitglied des Politbüros, Sekretär des Zentralkomitees der KPdSU(B) und mit 48 Jahren der heimliche Kronprinz der Partei, so unzureichend geschützt worden war. Doch die Moskauer Erklärungen klangen zunächst plausibel. »Die Ermordung Kirows und der Faschismus« überschrieb DER GEGEN-ANGRIFF am 12. Dezember 1934 die deutsche Übersetzung eines Artikels der ISWESTIJA (Moskau). »Jeder Bericht faschistischer Greueltaten im Ausland«, schrieb die sowjetische Regierungszeitung, »beflügelt die Hoffnungen der schurkischen Reste der russischen Konterrevolution.« Eine Woche später, am 19. Dezember 1934, berichtete DER GEGEN-ANGRIFF auf seiner Titelseite: »Nach der Ermordung von Sergej Kirow schritt die Sowjetregierung zur Verhaftung und Aburteilung einer Anzahl von konterrevolutionären Agenten des Klassenfeindes, die, wie es in der amtlichen Verlautbarung heißt, über Finnland, Lettland und Polen in die Sowjetunion kamen.«

Obschon solche geografischen Richtungshinweise nur ganz vage auf Berlin schließen ließen, sah der Autor des GEGEN-ANGRIFF eine enge Verbindung zwischen den als Kirow-Mördern vermuteten russischen Weißgardisten und den deutschen Faschisten. Mit ungefähr diesem Stand der »Information« in Sachen Kirow-Mord fuhr Münzenberg in den Jahresendurlaub nach Spanien. Wie hätte er auch voraussehen können, welche fürchterliche polititsche Lawine mit dem Fall Kirow losgetreten worden war, wieviele einmalige und unwiederholbare Menschenleben die Lawine des Wahnsinns in den folgenden Jahren auslöschen würde, in welche schlimmen Konflikte sie ihn selbst noch stürzen sollte und daß der 1. Dezember 1934 eigentlich den Anfang auch des eigenen Endes markieren würde.[53] Da war die Nichte Else Merkel in Erfurt irgendwie ahnungsvoller, als sie, aus welchen Gründen auch immer, den Tod ihres Lieblingsonkels Willi Münzenberg auf das Jahr 1934 datierte.

1935
Danton vom Tusch übertönt

»Die Wahl Münzenbergs war durch Pieck seitens des EKKI
gewünscht worden, um Münzenberg, der internationale Aufträge
ausführte, mit der deutschen Partei verbunden zu halten und ihm eine
gewisse Autorität zu verleihen (wie es hieß).«

(Herbert Wehner über die Wahl Willi Münzenbergs in das ZK der
KPD auf der »Brüsseler« Konferenz im Oktober 1935)[1]

Das Mädchen – wie Gustav Regler die junge Frau nannte[2] –
lag über den Tisch gebeugt und schluchzte hemmungslos.
Niemand versuchte es zu beruhigen und zu trösten. Sogar
den Wirt, der ihm ein Glas Bier spendieren wollte, verließ
auf dem Weg zum Tisch der Mut. Hätte Gerstensaft ein
Trost sein können? Jetzt sicher nicht. Und überhaupt. So
dachte der gute Mann zuletzt an sich selbst, trank das
große Glas aus und stellte es – seufzend immerhin – auf
den Tresen. »85 Prozent«, die Hiobsbotschaft im Zahlen-
gewand kam von Mal zu Mal siegestrunkener aus dem
Lautsprecher in der Schankstube des Gasthofes »Stiefel«[3]
im Zentrum von Saarbrücken. Es war am frühen Morgen
des 15. Januar 1935. Die Bevölkerung des Saarlandes
hatte sich am 13. Januar 1935 in den Wahllokalen »mit
überwältigender Mehrheit« für den Anschluß an
Deutschland entschieden, für die Heimkehr ins Reich, das
nun zwei Jahre schon Adolf Hitlers Drittes Reich war.

»Wem soll man denn noch glauben?« Diese Frage der
Verzweiflung hatte die junge Frau herausgeschrien, als

das amtliche Abstimmungsergebnis übers Radio kam. Dann fiel sie in den Weinkrampf. Den Namen des »Mädchens aus dem engeren Stab der Propagandisten« gegen den Anschluß hat Regler nicht überliefert – nur das: »Sie war aus dem Reich entflohen, als man ihren Mann verhaftet hatte. Sie hatten Tag und Nacht für den Status quo gearbeitet; Ulbrichts lächerliche vierte Losung der ›roten Saar im Rätedeutschland‹ hatte sie beiseite geschoben. Nach vielen Versammlungen – sie muß mindestens hundert geleitet haben – gab es für sie gar keinen Zweifel mehr, daß die Arbeiter der Saar den Nazis eine ungeheure Ohrfeige geben würden. Sie sah den Sieg voraus; sie schwärmte davon...«[4] Und nun »85 Prozent« (genau: 90,8 Prozent der abgegebenen Stimmen, bei einer Wahlbeteiligung von 97,8 Prozent) für den Anschluß an Hitlerdeutschland.[5]

Die junge Antifaschistin sei »ein Opfer ihrer eigenen Propaganda« gewesen, meint Regler: »Wie ein weiblicher David hatte sie die Schleuder erhoben und Goliath in die Stirn zu treffen versucht. Nun schallte Goliaths Lachen aus dem Radio, er tanzte einen Freudentanz; morgen würde er einmarschieren, und die Fahnen würden ihn grüßen. Wir standen um das schluchzende Mädchen herum und sagten kein Wort.«[6] Was hätten sie auch sagen sollen, die glücklosen und tief enttäuschten Davide des Status quo? Ihnen allen ging es so wie der jungen Frau: Es war zum Heulen. Sie alle waren »Opfer der eigenen Propaganda« geworden, auch Regler natürlich, den Willi Münzenberg im Sommer 1934 von Paris aus ins Saargebiet geschickt hatte, um in den Abstimmungskampf fachmännisch einzugreifen.[7] Reglers »Saar-Roman« »Im Kreuzfeuer« war rechtzeitig vor der Wahl erschienen, hatte in der Presse eine herausragende Publizität gefunden, doch auch er kam gegen die Goebbels-Parole »Deutsche Mutter – heim zu Dir!« nicht an.[8] Regler als gebürtiger Saarländer, der auch nach seiner Flucht aus Hitlerdeutschland im März 1933 mehrfach »daheim« in Merzig war, hätte die Stimmung seiner Landsleute besser kennen müssen als die junge Genossin aus dem Reich. Mehr noch als sie war der Vollblutpropagandist Regler ein Opfer eigener Propaganda geworden. Doch zu Analysen war keine Zeit. Man dachte schon wieder an die Flucht.

Tausende mußten aus dem Saarland fliehen nach diesem 15. Januar 1935. Mindestens 5000 Emigranten, die Unterschlupf gefunden hatten an der Saar, packten ihre wenigen Habseligkeiten erneut. Regler entkam »in der Nacht durch die Wälder von Forbach«: »Ganz nahe schon der Grenze fiel mir Kaganowitsch ein, der mich für den Fall unseres Sieges zu einem Fest nach Moskau eingeladen hatte. Es war eine sternenklare, kalte Nacht. Der Große Bär stand über dem Warndt, dort, wo die Maginot-Linie unterbrochen war. Ich begegnete weder einem Grenzwächter noch einem Nazi. Sie feierten alle. Aus dem Tal von Saarbrücken schossen Raketen; vom Winterberg glühte ein Freudenfeuer.«[9] Wer von den euphorischen Bewohnern des Tales hätte damals auch ahnen sollen, daß Saarbrücken bald sein eigenes KZ und genau zehn Jahre später, am 13. Januar 1945, ein »Feuerwerk« anderer Art haben würde – einen britischen Luftangriff auf die Reste der durch Bombardements vom Oktober 1944 bereits weitgehend zertörten Stadt.[10]

»Das Volk wollte unsere Wahrheit nicht«, resümierte Regler 1958.[11] Meinte er »unsere Wahrheit« oder »unsere Wahrheit«? Und wäre es nicht ehrlicher gewesen, von »unseren Wahrheiten« zu sprechen? Bis Juni 1934 waren schließlich auch die Kommunisten für den Anschluß an Deutschland eingetreten, für eine »Rote Saar im roten Rätedeutschland«, wie die farbstarke, aber zunehmend realitätsferne KP-Losung hieß. Ob Ulbricht ihr Urheber war, wie Regler andeutete, ist zweifelhaft.[12] Jedenfalls

61

schalteten die Genossen an der Saar erst im Sommer 1934, also wenige Monate vor der Abstimmung, von »f ür Anschluß« auf »gegen Anschluß« um. Etwa gleichzeitig wurde die Polemik gegen die SPD an der Saar eingestellt. Mit dem Einheitsfrontabkommen vom 2. Juli 1934 einigten KPD und SPD an der Saar sich auf die dritte Abstimmungsvariante – weder Anschluß an Deutschland noch Anschluß an Frankreich, sondern »Status quo«, vorläufiges Verbleiben unter der Verwaltung des Völkerbundes, die das Saarvolk seit 1920 hatte »genießen« können. Die Empfehlung der nun überraschend einigen Arbeiterparteien, für den Status quo zu stimmen, war – in der völkerrechtlich konstruierten Zwickmühle – zwar eine Orientierung auf das kleinste der drei Übel, doch aus welchem Grunde sollte das Saarvolk gerade diese Verlegenheitslösung mehrheitlich als seine »Wahrheit« akzeptieren?

Mag ja sein, daß den Saarländern manche Unbill des folgenden Jahrzehnts erspart geblieben wäre, hätten sie am 13. Januar 1935 mehrheitlich für den Status quo gestimmt. Doch erstens ist das eine geschichtliche Hypothese und keinesfalls so sicher, wie es monokausal, eindimensional und deterministisch denkenden Anhängern »der Gesetzmäßigkeit in der Geschichte« scheinen mag. Zweitens ist es unhistorisch und unfair, das Votum von 1935 am Wissen von 1958 zu messen. Und drittens ist es nie hilfreich, bei Abstimmungsniederlagen den Abstimmenden die Schuld zu geben. In Reglers Resümee kam das Volk an der Saar noch vergleichsweise glimpflich davon – es war nur ein wenig zu halsstarrig oder zu unbedarft, die letzte Wahrheit der Kommunisten als seine Wahrheit zu erkennen. Andere enttäuschte Kämpfer für den Status quo machten ihrem Herzen auf gröbere Weise Luft. Während der Sozialdemokrat Max Braun in Wahlfälschungen eine Erklärung für die Niederlage suchte[13], dieweil die Moskauer PRAWDA im Wahlterror der Nazis

62

eine schnelle Antwort auf die Frage nach den Ursachen der Niederlage fand[14], machte Alexander Abusch »chauvinistische Raserei« und »Trunkenheit der Massen« als Hauptschuldige aus[15]. Das war denn nun die billigste Entschuldigung für eigenes Versagen. Das war der Vorwurf an die Wähler, sie seien in der Wahlkabine nicht bei Sinnen gewesen, hätten ohne Sinn und Verstand gestimmt, sich also mehrheitlich irrational verhalten.

Wirklich irrational und in hohem Maße unvernünftig war hingegen die Annahme, die über 500 000 abstimmenden Saarländer würden allein oder vor allem mit kühlem politischen Verstand abstimmen. Rational wäre gewesen, den gravierenden Gefühls- und Stimmungsanteil an der Motivation der Stimmberechtigten nicht zu ignorieren, sondern zu erkennen, politisch und psychologisch zu erfassen und sich voll auf ihn einzustellen. Doch nicht nur die KPD, sondern auch die SPD hatte eben traditionell größte Schwierigkeiten mit der Psychologie, zumal mit der Psychologie des Unbewußten. Geprägt von der europäischen Aufklärung, geschult an einem meist allzu primitiv aufgefaßten Marxschen Menschenbild und einseitig fixiert auf die sozialökonomischen Interessen der Wähler – war für die deutsche Arbeiterbewegung gleichsam als Erblast ein Defizit an Werbekunst typisch,[16] das sich gerade im Kampf gegen den Nationalsozialismus als lebensgefährlich erweisen sollte. Und wer, wie etwa Willi Münzenberg und Wilhelm Reich oder Alice Rühle-Gerstel – dieses offenkundige Defizit zur Sprache bringen wollte und gar der Psychoanalyse des Sigmund Freud eine Existenzberechtigung neben der Gesellschaftskritik des Karl Marx einzuräumen gedachte, der wurde vom Chorus selbstzufriedener Mittelmäßigkeit und Ideenarmut ziemlich gehässig niedergeschrien.[17]

Dem auch psychologisch aufgeklärten Zeitgenossen war klar, daß 15 Jahre französische Überfremdungspolitik (in den Betrieben, Schulen, Amtsstuben und im Portemonnaie) sowie fast anderthalb Jahrzehnte Völkerbundsvormundschaft unter der Saarbevölkerung zu Identifikationsverlusten und zu einem übersteigerten Identifikationsbedürfnis geführt hatten. Dieser Zustand, zumal bei chronischer wirtschaftlicher Depression und sozialer Not bis in den Mittelstand hinein, wurde als unerträglich empfunden. Eine bessere, zumindest andere Zukunft mußte her. Und da sollten die Saarländer ausgerechnet den Status quo, also die Fortsetzung des Unerträglichen ohne absehbares Ende, als ihre Wahrheit akzeptieren? Die lateinische Formel des Status quo, die ja letztlich eine Parole der Passivität und des Sich-Abfindens war, bewirkte ein rationales Orientierungsvakuum, in das sich angestaute Gefühle geradezu entladen mußten. Unter diesen Bedingungen war die Annahme, man könne gekränktem Nationalstolz, gedemütigter Individualität, schuldlos erlittener Zweitklassigkeit, alltäglicher Existenzangst und trotziger Hoffnung[18] mit einem logischen Leitartikel belehrender letzter Wahrheiten beikommen, besonders weltfremd und politisch naiv. Eine wirklich marxistische kritische Analyse des Kampfes an der Saar steht jedenfalls auch 1990 noch aus.[19]

Wäre es in Komintern und KPD-Führung nach dem Marxschen Leistungs- und Kompetenzprinzip gegangen, dann hätte es angesichts der Erfahrungen mit Braunbuch und Gegenprozeß nur einen »Feldherrn« für die neuerliche Propagandaschlacht gegen Goebbels geben können: Willi Münzenberg. Doch er war im Kampf um die Seelen an der Saar mit Sicherheit nicht der »Feldherr«. Und wahrscheinlich hatte er noch nicht einmal einen festen Platz auf dem »Feldherrn-Hügel«, der »übervölkert« war von unzähligen Funktionären und Künstlern, die mehr oder weniger der Illusion erlagen, ihre eigene, persönliche Anwesenheit sei so etwas wie eine Garantie auf den Sieg.

DIE DRITTE FRONT

Aufzeichnungen aus 15 Jahren
proletarischer Jugendbewegung

von

WILLI MÜNZENBERG

1930

NEUER DEUTSCHER VERLAG

BERLIN W 8

Willi Münzenbergs bestes Buch:
Erinnerungen aus der Zeit mit Lenin,
Sinowjew und Radek

Zwar hat die damals an der Saar versammelte progressive Intelligenz in den wenigen Monaten ihres ebenso ehrenwerten wie engagierten politischen Einsatzes ein bleibendes Kapitel deutscher Kultur- und Geistesgeschichte geschrieben[20] – doch Bertolt Brechts schöne Aussichten in seinem »Saarlied« konnte auch die »königliche« Kaderkompanie der Künstler nicht realisieren: »Haltet die Saar, Genossen / Genossen, haltet die Saar. / Dann werden das Blatt wir wenden / Ab 13. Januar.«[21]

Hätte Münzenberg das Blatt wenden können? Wir wissen nach wie vor wenig über Münzenbergs Rolle im Saarkampf. Die Braunbuch-Kampagne ließ ihm 1933 und Anfang 1934 kaum Zeit für einen intensiveren Einsatz an der Saar. Im Sommer 1934, als seine Partei ihre Wahrheiten wechselte an der Saar, befand er sich in den USA. Und zum Jahreswechsel 1934/35, als die Schlacht kurz vor dem Abstimmungstermin vom 13. Januar 1935 ihrem Höhepunkt zustrebte, waren Münzenberg und Babette bei den bunten Blumen der Iberischen Halbinsel. In den politischen Erinnerungen an ihren Lebensgefährten weiß Babette Gross denn auch nur zu berichten, Münzenberg sei »von Anfang an ein scharfer Gegner der Parole von der ›roten Saar‹ gewesen. Er schickte seinen Sekretär Hans Schulz mit Briefen zu Bela Kun nach Moskau, in denen er Vorschläge machte, wie diese verhängnisvolle Linie zu ändern sei. Bela Kun sollte diese Vorschläge Stalin und dem russischen Politbüro unterbreiten, aber er wurde nicht einmal vorgelassen.«[22] Wann das war, konnte Babette Gross nicht sagen. Doch es gibt einen Gestapo-Bericht vom 14. Juli 1933, der uns näheren Aufschluß gibt.[23]

Schon im Juni 1933 hatte der Nachrichtendienst der Gauleitung Düsseldorf der NSDAP einen »Gewährsmann« bzw. »Mittelsmann« aus der KPD an der Hand, mit dessen Hilfe sie einen »Vertrauensmann«, der dann von der Berliner Gestapo-Zentrale übernommen wurde,

auf den in Prag, Basel, Saarbrücken oder Paris vermuteten Münzenberg anzusetzen versuchte. Den überlieferten
Akten zufolge kam er an Münzenberg selbst nicht heran.
Doch fleißig trug er Informationen vom Hörensagen zusammen[24] – so auch sicherlich den Bericht, den die Gestapo am 14.Juli 1933 intern verbreitete: »Münzenberg
soll sich nach Mitteilung aus dem Saargebiet z. Zt. nach
einem kurzfristigen Aufenthalt in Saarbrücken mit einer
Begleitung von etwa 60 Personen und einem Autopark
von 10 Wagen in Paris aufhalten. In Saarbrücken hatte er
eine Unterredung mit dem Geschäftsführer der ›Volksstimme‹ (Zeitung der Saar-SPD! – *H. W.*), Klopfer, den er
für eine Zeitungsneugründung in Saarbrücken angeblich
gewinnen wollte. Münzenberg soll diesen Plan fallen gelassen haben, will aber nunmehr in Saarlouis eine Zeitung
herausgeben, die beim Saarlouiser Journal im Lohndruck
hergestellt werden und gegen die K. P. D. wegen ihrer
feindseligen Haltung gegenüber dem führenden saarländischen Mehrheitssozialisten Max Braun Stellung nehmen soll. Zusatz: Die scheinbare Wandlung Münzenbergs
ist nach Gerüchten von anderer Seite durchaus im Be-
reich des Möglichen. Die Stellung Münzenbergs in der illegalen K. P. D. ist tatsächlich stark erschüttert. Daß von
ihm Fäden zur ehemaligen S. P. D. und ihren im Auslande
weilenden Führern gezogen sind, ergibt sich auch aus anderen aus verbürgter Quelle stammenden Nachrichten.«[25]
Demnach hat Münzenberg bereits im Frühsommer
1933, also gut ein Jahr vor dem Einheitsfrontabkommen
der KPD-Saar mit der SPD-Saar vom 2.Juli 1934, ein ver-
nünftiges Verhältnis zu Max Braun und zur saarländischen SPD herzustellen versucht, die zu dieser Zeit noch
von führenden saarländischen Kommunisten als »Sozialfaschisten« beschimpft wurden. Natürlich hätte eine auf
SPD-eigenen Druckmaschinen hergestellte Münzenberg-

67

Zeitung nicht mit dem Spruch von der »Roten Saar im roten Sowjetdeutschland« aufwarten können. Und so schloß Münzenbergs frühe kooperative Haltung zu Max Braun eine frühe Absage an die Illusionen vom raschen Ende der Hitler-Herrschaft und von der baldigen proletarischen Revolution in Deutschland ein. Deshalb ist es wahrscheinlich, daß Münzenbergs Brief an Béla Kun bereits im Sommer 1933 auf die Reise ging. Etwa zur gleichen Zeit muß sich der Dissens mit den damals in Saarbrücken führenden Kommunisten ergeben haben, den der Gestapo-Spitzel zu einem »gegen die K. P. D.« verabsolutierte. Selbstverständlich wirkte der Dissens auch nach dem Kurswechsel der KPD-Saar weiter und mag dazu beigetragen haben, daß sich Münzenberg der Propaganda-Schlacht an der Saar nicht so intensiv widmete wie dem Kampf um die Befreiung Dimitroffs und Thälmanns.

Von Münzenbergs Versuchen, einige seiner im Reich verbotenen und beschlagnahmten Einrichtungen 1933 ersatzweise im Saargebiet anzusiedeln, gelang eigentlich nur die Gründung eines IAH-Kinderheimes bei Saarbrücken, das auf seine Weise gute »Propaganda der Tat« war und dem er – wie er es seit langem gewohnt war – persönlich eine große, emotional unterlegte Aufmerksamkeit widmete.[26] Offensichtlich sorgte er auch dafür, daß die IAH in der Wahlkampagne jene Rolle spielte, die ihr als überparteilicher Massenorganisation zukam.[27] Um so schockierter muß Münzenberg gewesen sein, als er Monate später in Moskau erfuhr, daß die KPdSU(B)-Führung (!) für die IAH das Aus beschlossen hatte.[28]

Während an der Saar die Wahlschlacht tobte, saß Thomas Mann im Schweizer Exil und vertraute seinem Tagebuch an: »Ein katholischer Treuhänder aus dem Gebiet ist hier, und ich legte ein Wort für seine Sammlung ein. Wir selbst tragen 200 Franken bei. Die Welt hat diese Leute schnöde im Stich gelassen.«[29] Richtig: Eine Propaganda-

Schlacht kostet Geld. Geld allein sichert noch keinen Wahlsieg. Aber ohne Geld ist der Sieg nicht zu haben. Die »Heim-ins-Reich«-Agitatoren hatten Geld genug; Goebbels allein verfügte 1934 über 262 Millionen Reichsmark nur für die Auslandspropaganda Hitlerdeutschlands.[30] Die Mittel für die Status-quo-Propaganda mußten hingegen mühsam gesammelt werden. Von den in den USA gespendeten Dollars wird Münzenberg einige für das IAH-Kinderheim und für den CARREFOUR-Verlag abgezweigt haben, in dem auch Reglers »Saar-Roman« »Im Kreuzfeuer« erschien. Inwieweit Münzenberg jene Schriftsteller, Journalisten und Funktionäre finanziell unterstützt hat, die auf seine Anregung hin an die Saar gingen, wissen wir nicht.[31] Die von der Komintern gewährte Unterstützung war Münzenberg offensichtlich zumindest teilweise entzogen. Hugo Eberlein verwaltete die Komintern- und KPD-Gelder an der Saar. .

»Auch Hugo Eberlein war bei uns, der Kassierer der Kommunistischen Internationale, der die Gelder Moskaus überwachte«, berichtete Regler. »Gute Bilanz«, habe Eberlein nach der Abstimmungsniederlage mit trauriger Ironie gesagt, »Tausende von Francs schulden wir dem Papierhändler, die Miete des Parteihauses ist seit fünf Monaten nicht mehr bezahlt, die Maschinen der Druckerei sind verpfändet, nichts als Gläubiger...«[32] Im Kassenbericht, den die Internationale Kontrollkommission der Komintern wenige Monate später dem VII. Weltkongreß der Kommunistischen Internationale (25. Juli bis 20. August 1935 in Moskau) vorlegen und den der Kongreß am 1. August 1935 bestätigen sollte, sind die Aufwendungen der Komintern weder für die Dimitroff-Befreiungskampagne noch für den Saar-Kampf spezifiziert. Man erfährt allerdings, daß die Komintern 1934 für Verwaltung (Unterhalt des Apparats, Raumkosten usw.) insgesamt 411 911 US-Dollar und 20 Cent sowie an »Subventionen für Parteizeitungen, Verlage und Parteibildungsarbeit« 605 900 Dollar ausgegeben hat. Das waren 45 400 Dollar mehr Subventionen als 1933, jedoch 151 000 Dollar weniger als 1931, woraus man schließen darf, daß die Komintern kaum in der Lage gewesen sein kann, jene finanziellen Verluste auszugleichen, die der KPD und den ihr nahestehenden Massenorganisationen durch die Niederlage vom 30. Januar 1933 entstanden waren.[33]

Daß Propaganda-Erfolge nicht umsonst zu haben sind, daß aber propagandistische Niederlagen sehr viel teurer sein können – wer hätte das besser ermessen sollen als Willi Münzenberg! Nach dem Desaster vom 13. Januar 1935 besann er sich erst recht auf die Erfahrungen der frühen zwanziger Jahre, als er von Berlin aus die IAH, die erste weltumspannende Solidaritätsorganisation, aus dem Boden gestampft, Millionenbeträge an Spenden zur Hungerhilfe für Sowjetrußland aufgebracht und gleichzeitig die erste geistig wie wirtschaftlich effektive Propagandaorganisation der kommunistischen Bewegung in einem kapitalistischen Land hervorgebracht hatte. Auf die Einheit von internationaler Solidarität und internationalistischer Propaganda versuchte Münzenberg erneut zu setzen. Doch die progressive deutsche Intelligenz, die ab 1921 den IAH-Sammlungen materiell wie geistig zum Erfolg verholfen hatte,[34] konnte nun im Exil weit weniger helfen. Zahlreiche Schriftsteller, Publizisten und Journalisten setzten jetzt eigene materielle Hoffnungen auf Münzenberg, auf seinen Verlag und auf die von ihm beeinflußten Zeitungen, die natürlich im fremdsprachigen Exil selten Gewinne abwerfen konnten. So machte sich Resignation in Münzenbergs eigener Umgebung breit, was ihn dazu veranlaßte, im Mai 1935 einen längeren Artikel zu schreiben, aus dem DER GEGEN-ANGRIFF am 1. Juni 1935 auf seiner Seite 2 einen einspaltigen Auszug (!) veröffentlichte – unter der Schlagzeile: »Kann man immer wieder an die Leute herantreten?«

Willi Münzenberg unter seinem eigenen Namen am 1. Juni 1935 im GEGEN-ANGRIFF wörtlich: »Zu keiner Zeit tat proletarische Hilfe und Solidarität mehr not als heute, und auf alle ängstlichen Fragen: ›Kann man immer wieder an die Leute herangehen?‹ gibt es nur eine Antwort und darf es nur eine Antwort geben: ›Man muß immer wieder und man kann immer wieder an die proletarische Solidarität appellieren.‹« Und: »Wir müssen, müssen um jeden Preis mit neuen Mitteln, mit neuen Methoden die internationale Hilfsaktion steigern!« Und schließlich: »Ein entscheidendes Mittel zur Steigerung der proletarischen Solidaritätsfront kann und muß der 23. Juni, der 7. Internationale Solidaritätstag werden!«[35]

Der VII. Internationale Solidaritätstag am 23. Juni 1935 sollte zum letzten großen internationalen Ereignis der IAH werden. Münzenberg kämpfte wie ein Löwe um seine Organisation. Er mobilisierte unzählige namhafte Freunde aus vielen Ländern zu IAH-Bekenntnissen: Henri Barbusse, Erich Weinert, Erwin Piscator, Max Braun, Egon Erwin Kisch, Romain Rolland und sogar Georgi Dimitroff, der – immerhin als designierter Generalsekretär der Kommunistischen Internationale – der IAH ihre großen Verdienste um die internationale Solidarität öffentlich bescheinigte – im GEGEN-ANGRIFF vom 15. Juni 1935. Kundgebungen zum VII. Internationalen Solidaritätstag fanden auch in verschiedenen Städten der UdSSR statt, organisiert von der Moskauer Vertretung der IAH.[36] Aktiv zeigte sich die IAH u. a. in Holland, Belgien, Norwegen, Schweden und der Schweiz, in deutscher und österreichischer Illegalität, in Australien und Neuseeland sowie in den USA. Am 23. Juni 1935 erlebten der Park von Montreuil bei Paris und der Londoner Trafalgar Square jeweils Massenkundgebungen mit

71

Zehntausenden Teilnehmern, wie DER GEGEN-AN-GRIFF am 29. Juni berichtete. An der Pariser IAH-Kundgebung waren erstmalig die drei linken französischen Parteien – Kommunisten, Sozialisten und Radikalsozialisten – sowie verschiedene französische Gewerkschaften beteiligt. Sie demonstrierten ihre Volksfront und riefen die deutschen Antifaschisten zur Einheitsfront auf.[37] Münzenberg, der ja nicht französisch sprach, trat als Redner nicht in Erscheinung, hat aber zweifellos die französischen Redner zu ihren Ratschlägen an die deutschen Linken ermutigt. So schlug der VII. Solidaritätstag der IAH in Paris den Volksfront-Ton an, der einen Monat später, auf dem VII. Weltkongreß der Komintern in Moskau, als neue politische Melodie zum Klingen kommen sollte.

Doch nicht nur die IAH drängte auf eine Deutsche Volksfront nach dem französischen Beispiel, sondern auch der Internationale Schriftstellerkongreß zur Verteidigung der Kultur, der vom 21. bis 25. Juni 1935 in Paris stattfand, demonstrierte eine vernünftige, antidogmatische, an generellen humanistischen Werten orientierte und damit neuartig erweiterte Konsensfähigkeit progressiver Künstler in politischer und kulturtheoretischer Hinsicht.[38] Der Pariser Kongreß, der in der berühmten Mutualité vor zeitweilig über 3000 Zuhörern tagte, knüpfte in starkem Maße an den seinerzeit von Münzenberg organisierten Weltkongreß gegen den Krieg an, der im August 1932 in Amsterdam zu einem großen Erfolg der internationalen Friedensbewegung geführt hatte.[39] Damals war Münzenberg auch selbst als Redner aufgetreten und hatte einen tiefen Eindruck hinterlassen. »Der Amsterdamer Kongreß«, ließ Romain Rolland am 9. September 1932 seinen Freund Stefan Zweig in einem Brief wissen, »war eine überaus machtvolle Manifestation, deren Wirkung auf die Massen gewaltig ist und anhalten wird. Ich habe von meiner Schwester und Frau Duchêne ausführliche Berichte

72

erhalten, dazu so manches lebhafte Echo. Es muß ein un-
vergeßliches Schauspiel gewesen sein. Frau Duchêne, die
solche proletarischen Kongresse kennt, sagt, sie sei von
der Kraft und Gesundheit, von der physischen und moralischen, fast herkulischen Heiterkeit dieser Tausende tief
beeindruckt gewesen. Auch manche Reden war es (herkulisch). Meine Schwester erzählte mir über Münzenberg:
›Schade, daß du ihn nicht sehen und hören konntest! Das
war dein Danton...‹«[40]

Nun, auf dem Pariser Schriftstellerkongreß von 1935,
ging es weniger »herkulisch« zu als 1932 in Amsterdam.
Die Künstler selbst hatten den Pariser Kongreß vorzubereiten versucht. Meinungsverschiedenheiten und persönliche Verstimmungen konnten nicht richtig ausgeräumt
werden.[41] Auch diesmal war Rolland nicht imstande, seinen »Danton« zu hören: Weder sprach Münzenberg auf
dem Kongreß der Literaten, noch war Rolland anwesend.
Er hatte eine Reise in die Sowjetunion zeitlich so gelegt,
daß er in Paris nicht dabeizusein brauchte. Damit er dem
Kongreß, zu dessen Initiatoren er gehört hatte, wenigstens eine Grußbotschaft zukommen ließ, mußten André
Gide, André Malraux und Jean-Richard Bloch ihm eine
Mahnung nach Warschau telegrafieren.[42] Hinter den Kulissen des Kongresses zeigte sich, daß es unter Künstlern
nicht weniger schwierig als unter politischen Funktionären war, die neue, erweiterte Konsensfähigkeit, die zum
breiten antifaschistischen Bündnis nötige Toleranz gegenüber Andersdenkenden zu kultivieren. Nicht nur über-
kommene politische und kulturtheoretische Stereotype
standen dem entgegen, sondern auch die verschiedensten
Eitelkeiten und Rivalitäten. Dennoch war der Kongreß
insgesamt gesehen ein geistiges Ereignis von internationaler Ausstrahlung, ein Bekenntnis zur antifaschistischen
Volksfront.

Als eine Sensation im Sinne des angestrebten breiten

Bündnisses von Antifaschisten wurde die Tatsache empfunden, daß so ein Ästhet von eigenwilliger Qualität wie
André Gide in »die Niederungen der Politik« hinabstieg
und Bemerkungen machte, die als Bekenntnis zur Sowjetunion verstanden wurden. Liest man seine Texte allerdings im Rückblick, so erscheinen sie eher als Mahnung
an Moskau und weniger als eine der gewohnten Elogen.
»Nur die Gegner des Kommunismus«, erklärte Gide beispielsweise am Abend des 22. Juni 1935, »können in ihm
einen Willen zur Uniformierung erblicken. Was wir von
ihm erwarten und was uns die UdSSR nach einer harten
Zeit der Kämpfe und des zeitweiligen Zwanges zum
Zwecke vollkommenerer Befreiung zu zeigen beginnt, ist
ein Gesellschaftszustand, der die größtmögliche Entfal-
tung jedes Menschen, das Zutagebringen und Wirksam-
werden all seiner Möglichkeiten gestattet...«[43] Kein Wunder, daß Gide sich schon im Herbst des kommenden Jahres in seinen Erwartungen enttäuscht sehen sollte und seiner Enttäuschung spektakulären Ausdruck verleihen
würde.[44]

Wie wenig Aussichten auf eine Renaissance eigenständigen revolutionären Denkens in der kommunistischen
Bewegung damals bestanden, das hätte Gide in den Kulissen des Kongresses auf geradezu skurrile Weise vorgeführt
finden können. Gustav Regler, der am Abend des 25. Juni
1935 das Wort erhielt, wich in seiner Rede nicht nur von
den vorbereiteten und eingereichten Thesen ab[45], sondern
brachte es sogar mit seinen Ausführungen von spontaner
Emotionalität fertig, die Tausenden im Saal buchstäblich
zu bewegen: Sie erhoben sich zu Ehren der illegal trotzig
kämpfenden Hitler-Gegner und sangen die Internationale. Da zog ihn, wie Regler berichtet[46], Johannes R. Becher hinter die bemalten Bühnenwände und redete dro-
hend auf ihn ein: »Du bist wahnsinnig... Du hast alles ver-
pfuscht, du hast uns demaskiert. Jetzt ist es kein neutraler

Kongreß mehr. Das schöne Geld! Du wirst aus der Partei ausgeschlossen werden!« Mag sich die Szene in Reglers Erinnerung auch dramatischer ausnehmen als sie wirklich war – das ängstliche, lähmende und peinlich botmäßige Bemühen um die Einhaltung der vorgegebenen »Linie« war längst charakteristisch geworden für die von Moskau stalinistisch geführte kommunistische Bewegung, und Becher stand nicht in dem Ruf, ein besonders engagierter Anwalt von Eigenständigkeit zu sein. Das war das Dilemma: Damit die Politik zum Ziele komme, war auf Parteidisziplin zu drängen, die wiederum – sofern sie auf primitivstem politisch-geistigem Pegel durchgesetzt wurde – die individuellen Initiativ- und Kreativitätsspielräume unerträglich einengte und damit die Politik auf ihrem Weg zum Ziel ernstlich behinderte. Die stalinistisch erstarrenden Disziplin-Vorstellungen waren zudem geeignet, Charakterstärke ins schiefe Licht zu bringen und charakterlosen Opportunismus zu befördern.

Man hat Münzenbergs eigenwillige Bündnispolitik gegenüber der künstlerischen, wissenschaftlichen und auch juristischen Intelligenz gelegentlich mit der Behauptung abzuwerten versucht, Münzenberg sei der Erfinder der »nützlichen Idioten« gewesen. Das ist ein unhaltbarer Vorwurf. Der »Rote Hugenberg« hat zwar das Renommee namhafter Intellektueller ungeniert in den Dienst seiner Propaganda gestellt, doch er tat das, soweit wir sehen können, nach bestem Wissen und Gewissen. Er mutete ihnen nichts zu, was er selbst nicht getan hätte. Er hörte auf sie und half ihnen. Sie zu täuschen, war nie seine Absicht. Als »nützliche Idioten« hat nicht Münzenberg, sondern Stalin arglose Intellektuelle arglistig mißbraucht und damit das Verhältnis der Kommunisten zur progressiven Intelligenz vergiftet. Man vergleiche das Kisch-Münzenberg-Verhältnis mit der Art, in der Stalin Gide, Rolland und

Gorki politisch mißbrauchte, und man sieht den fundamentalen Unterschied.

Im Herbst 1934 hatte Münzenberg den »Rasenden Reporter« Egon Erwin Kisch, sein »bestes Pferd im Stalle«, nicht an die Saar, sondern nach Australien geschickt, wo er als Abgesandter des von Münzenberg in Paris gegründeten Welthilfskomitees für die Opfer des Faschismus und des Weltkomitees gegen Krieg und Faschismus am Antikriegskongreß in Melbourne teilnehmen und auch der dortigen IAH unter die Arme greifen sollte. Die Geschichte mit Kischs »beinbrecherischer« »Landung in Australien« ist bekannt.[47] Kaum bekannt hingegen ist die Fürsorge der Münzenberg-Truppe für den an Krücken aus Australien nach Frankreich zurückkehrenden Reporter im Frühjahr 1935. Da Kisch öffentliche Ehrungen seiner selbst nicht ausstehen konnte und es ihm an Geld für größere Festivitäten fehlte, blieb er an der französischen Mittelmeerküste in einem Hotel bei Toulon, um dort in aller Stille seinen 50. Geburtstag am 29. April 1935 zu feiern. Doch die Freunde vergaßen ihn nicht. DER GEGEN-ANGRIFF brachte am 26. April eine ganze Seite mit Beiträgen von Bruno Frei, F. C. Weiskopf und Kurt Kersten, die Kischs Leistungen auf kongeniale Weise würdigten. Und als der berühmte Reporter endlich in Paris angelangt war, veranstaltete die von Münzenberg mitbegründete Deutsche Freiheitsbibliothek in Paris am 23. Mai 1935 eine liebevoll angelegte Kisch-Feier, über die DER GEGEN-ANGRIFF am 26. Mai und am 1. Juni 1935 berichtete. Der Jubilar zählte am Ende über 1 200 schriftliche Gratulationen.[48]

Kisch und Münzenberg verband seit den frühen zwanziger Jahren ein Vertrauensverhältnis. Vertrauen verpflichtet mehr als Disziplin. So sah sich Kisch auch 1935 verpflichtet, Münzenberg beizustehen. Kisch warf sein Wort zugunsten der IAH, des GEGEN-ANGRIFF und der UNIVERSUM-BÜCHEREI FÜR ALLE in die Waagschale der öffentlichen Meinung.[49] Und während der Reporter in den folgenden Jahren im Falle André Gide und Gustav Regler deren öffentliche Abkehr von der Sowjetunion bzw. vom Kommunismus böse kommentieren sollte,[50] würde er sich zu Münzenbergs Austritt/Ausschluß aus der KPD 1939 nicht äußern. Parteidisziplin wird den Reporter dann daran hindern, für Münzenberg einzutreten. Doch Anstand, Ehrgefühl und Stilempfinden werden Kisch davor bewahren, in den, wie wir noch sehen werden, gehässigen Chorus gegen Münzenberg einzustimmen.

Mit Stalins Praxis, namhafte Künstler als »nützliche Idioten« in seine vergiftenden und dann auch blutigen Intrigen zu verwickeln, hatte Münzenbergs Intelligenzpolitik jedenfalls absolut nichts gemein. Während in Paris der Schriftstellerkongreß tagte, besuchte bei Moskau Romain Rolland seinen Freund Maxim Gorki. Stalin gab sich die Ehre, Rolland persönlich zu empfangen. Auch eine Begegnung mit Bucharin, den Stalin zu dieser Zeit bereits als einen seiner Todfeinde betrachtete, wurde Rolland generös vermittelt. Rolland muß sich so geschmeichelt gefühlt haben, daß er sich ferner zu einem »aufschlußreichen Gespräch« mit Jagoda verleiten ließ, dem Chef der Geheimpolizei, der die »Aufklärung« des Kirow-Mordes betrieb.[51] Im März 1938 würde Jagoda, um Bucharin zu belasten, vor aller Welt gestehen, »der Organisierung der Ermordung Alexej Maximowitsch Gorkis schuldig« zu sein[52] – und zwar eines »medizinischen« Giftmordes, mit dem schon 1935 begonnen worden sei! Wie auch immer künftige Untersuchungen die Umstände des Todes von Maxim Gorki am 18.Juni 1936 bewerten werden – klar ist, daß Stalin den ebenso ehrenwerten wie arglosen Rolland mit einer Kreatur zusammengebracht hatte, von der er (Stalin) wußte, daß sie blutige Hände hatte.

»Ein sommerliches Moskau empfing uns«, schrieb Babette Gross in ihren Erinnerungen an Willi Münzenberg, »als wir im Juli 1935 nach einer Abwesenheit von beinahe zwei Jahren dort hinkamen. Gegenüber unserem letzten Besuch im Sommer 1933 hatten sich die wirtschaftlichen Verhältnisse spürbar gebessert.«[53] Hinter der optimistischeren Fassade habe aber »ein seltsames Unbehagen« geherrscht. Die Ermordung Kirows habe Stalin »einen willkommenen Anlaß gegeben, gegen angebliche Oppositionelle vorzugehen, die sich irgendeine Abweichung von der jeweiligen Parteilinie hatten zuschulden kommen lassen«. Auch ausländische Kommunisten seien im Sommer 1935 schon verhaftet gewesen, beispielsweise Otto Unger, ein Bekannter Münzenbergs aus den Tagen der Gründung der Kommunistischen Jugendinternationale im Spätherbst 1919 in Berlin.[54] In dieser Atmosphäre zunehmender Unsicherheit, die das Selbstbewußtsein auch der ausländischen Kommunisten sichtlich schwächte, habe am 25. Juli 1935 der VII. Weltkongreß der Kommunistischen Internationale begonnen...

Willi Münzenberg, der zumindest in der ersten Phase des bis zum 20. August 1935 tagenden Kongresses am Kongreß teilgenommen haben muß (Delegierten- und Anwesenheitslisten sind uns bislang nicht bekannt geworden), hat das berühmte Referat Dimitroffs gewiß mit innerer Genugtuung aufgenommen. Plädierte doch der »Held von Leipzig«, der inzwischen an der Spitze der Komintern stand, für eine konsequente Volksfrontpolitik gegen Faschismus und Kriegsgefahr. Unverkrampfte Kontakte zu und gemeinsame antifaschistische Aktionen mit Sozialisten, Sozialdemokraten, Radikalsozialisten, Liberalen und Christen – von Münzenberg im Pariser Exil längst eigensinnig praktiziert – wurden nun endlich zu legitimen Methoden einer gewandelten Kominternpolitik. Die Illusionen vom baldigen Sieg der proletarischen Revolution

78

über Hitler wurden abgelegt. Die allzu lange betriebene Diffamierung sozialdemokratischer Führer als »Sozialfaschisten« wurde für falsch erklärt. Dimitroff nahm mutig jenen Dogmen den Heiligenschein, die an den Niederlagen der vergangenen Jahre mitschuldig waren. Münzenberg hätte jubeln müssen und eine Diskussionsrede von Dantonschem Format für Dimitroffs neue Generallinie halten können. Doch bis heute können wir nicht mit Sicherheit sagen, ob Münzenberg überhaupt das Wort erhielt.[55]

Der Stalin-Kult und das theatralische Gepränge bildeten eine andere Neuerung auf diesem VII. Komintern-Kongreß. Besonders abstoßend muß auf kritische Geister wie Münzenberg die an einen Zirkus erinnernde »Neuheit« gewirkt haben, Ovationen auf Stalin und Beifallsäußerungen für andere Kominternspitzenfunktionäre mit einem Tusch des offenbar ständig anwesenden Orchesters zu unterlegen, wodurch die Referate unmerklich zu Büttenreden degradiert wurden.[56] Als Ossip Pjatnizki gegen Ende des Kongresses allmählich gewahr wurde, daß seine Wiederwahl ins EKKI und dessen Präsidium gemäß Stalins hintergründiger Regie trickreich verhindert werden sollte, reiste er einfach ab – in den Urlaub, wohin Stalin längst gefahren war (der hatte ja sein überlebensgroßes Bildnis und seine zuverlässigen Durchführer im Kongreßsaal!).[57]

Münzenberg indes wurde während des Kongresses mit dem Beschluß des KPdSU(B)-Politbüros konfrontiert, die Moskauer Filiale der IAH, die Dimitroff noch kurz zuvor öffentlich gelobt hatte, aufzulösen. Nachdem der IAH-Gründer das geschluckt hatte, wurde ihm der Schweizer Kommunist Karl Hofmaier als eine Art Konkursverwalter für die gesamte IAH offeriert. Hofmaier, den nicht die IAH, sondern die ROTE HILFE aus italienischem Kerker freigekämpft hatte, sollte die in den letzten Jahren aufgekommene Rivalität zwischen den beiden internationalen Solidaritätsorganisationen zugunsten der eindeutig von Moskau aus geführten ROTEN HILFE »schlichten«. Wie Hofmaier später selbst schrieb[58], erfüllte er seine Aufgabe mit Anstand gegenüber Münzenberg, der vermutlich in Moskau von Dimitroff aufgefordert worden war, sich in der Pariser Emigration entschieden um die Deutsche Volksfront zu kümmern. So hatte Münzenberg doppelten Grund, sich in Moskau nicht länger aufzuhalten.

Wie Babette Gross sich erinnerte, nahm ihr Lebensgefährte an der sogenannten Brüsseler Konferenz der KPD, die vom 3. bis 15. Oktober 1935 bei Moskau tagte und als 13. Parteitag der KPD gilt, nicht teil.[59] Auf der Konferenz wurden die Beschlüsse des VII. Komintern-Kongresses für die KPD ausgewertet und ein neues Zentralkomitee gewählt, dem Münzenberg, wie wir von Wehner wissen, auf Wunsch der Komintern, namentlich Georgi Dimitroffs angehörte. Aus neuerdings ausgewerteten Parteiakten geht hervor, daß Münzenberg auch an der 1. ZK-Sitzung am 15. Oktober 1935 nicht teilnahm. Im Protokoll steht wörtlich: »Es fehlen: Thälmann, Münzenberg.«[60]

Dafür aber war Münzenberg in der praktischen Volksfrontarbeit etwas schneller und – wie noch zu zeigen sein wird – erfolgreicher als Ulbricht. Am 23. November 1935 kam es in Prag zu den Verhandlungen zwischen Dahlem und Ulbricht vom ZK der KPD und Stampfer und Vogel vom Emigrationsvorstand der SPD. Die Verhandlungen führten zu keinem Erfolg. Beide Seiten brachten nicht das Format auf, sich wenigstens ansatzweise in die Lage des jeweils anderen zu versetzen, um so den kleinsten gemeinsamen Nenner im Kampf gegen die Hitler-Diktatur zu finden. Statt dessen versteiften sich beide Seiten in formalen Ängsten, möglichst nichts vom eigenen Gesicht zu verlieren, sondern selbst »diplomatische Punkte« zu sammeln.

Daraus entstand in der Folgezeit eine Kette wechselseitiger Verdächtigungen und öffentlicher Polemik...

Ganz anders und geradezu hoffnungsvoll war das Ergebnis der Tagung des Lutetia-Kreises am 22. November 1935 in Paris: Unter dem Vorsitz von Heinrich Mann sprach Münzenberg zu den versammelten Vertretern der SPD, SAP, KPD sowie der bürgerlichen Opposition gegen Hitler. Man fand eine Art kleinsten gemeinsamen Nenners, einen Dialog-Konsens, der sich im neuen Jahr ermutigend bewähren sollte.[61]

1936
Monströses aus Moskau

*»Die Tätigkeit Münzenbergs gegen die KPD begann, soweit bisher
festgestellt werden kann, nach seiner Rückkehr aus Mo im Herbst
1936…«*

*(Erster Satz eines zehnseitigen Memorandums der KPD-Führung
vom Januar 1938 mit dem Titel »Entwurf zum Fall Münzenberg«)* [1]

Für die GEHEIME STAATSPOLIZEI in Kassel fängt
das Olympia-Jahr 1936 gar nicht gut an. Turbulenzen stehen ins Haus. Münzenberg soll sich in der Stadt aufhalten. Kriminal-Assistent Pinne bringt für Vorgesetzte bis
hin zur »Reichsanwaltschaft beim Volksgerichtshof« eine
vertrauliche Information zu Papier: »Kassel, den 21. Januar 1936. Vertraulich. Zu meinem Bericht vom
20. 1. 1936 über kommunistische Arbeit in Kassel, ist noch
ergänzend mitzuteilen, daß sich seit Freitag, den
17. 1. 1936 ein kommunistischer Funktionär Münzenberg
aus Frankreich hier in Kassel befindet. Münzenberg soll
früher Reichstagsabgeordneter gewesen sein. Die in meinem Bericht erwähnte Frau Arnd ist mit Münzenberg bereits zusammen gewesen und will mit diesen demnächst
abreisen nach Antwerpen. Anzunehmen ist, daß Münzenberg auch in der Zentrale Menzelstrasse 4 sich aufhält.
Die Arnd muß den Aufenthalt wissen.«[2]

Ob »die Arnd« den Aufenthalt Münzenbergs wußte
und ob sie »mit diesem« (Dativ! Herr Pinne!) wirklich

nach Antwerpen wollte, werden wir gleich sehen. Zunächst aber bleibt aufzuhellen, wie der ganze Aktenwirbel um »Münzenberg in Kassel« entstanden ist. Die alten Papiere geben da beinahe erschöpfend Auskunft und offenbaren eine für 1936 erstaunliche Nervosität der braunen Machthaber. Man wollte Weltoffenheit demonstrieren bei der Berliner Olympiade. Aber doch nicht mit Münzenberg. Der hatte ihnen gerade noch gefehlt! Käthe Arnd[3], arbeits- und vermögenslose Schneiderin aus Marburg, Jahrgang 1905, zuletzt wohnhaft im Kasseler Karlshospital, war zu dieser Zeit – zwischen ihrer Entlassung aus der Strafhaft im November 1935 und ihrer erneuten Festnahme im Februar 1936 – bei einer Vermieterin namens Elisabeth Dietrich in der Gudenberger Adolf-Hitler-Straße 42 untergekommen. Ihr hatte Käthe Arnd erzählt, sie sei in kommunistischen Kreisen als »Rote Studentin« bekannt und stehe mit Willi Münzenberg in Verbindung, der öfter »in geheimer Weise« nach Kassel komme und mit dem sie nach Antwerpen fahren wolle.[4] Entweder hat Käthe Arnd diese Geschichte auch anderen Leuten erzählt, die sie der Gestapo zutrugen, oder Elisabeth Dietrich konnte den Mund nicht halten. So kam es Mitte Januar 1936 bei der Gestapo zu der alarmierenden Befürchtung, Willi Münzenberg treibe in Kassel sein kommunistisches Unwesen.

Die als »Rote Studentin« nun wirklich (zumindest bei der Gestapo) bekannte arme arbeitslose Schneiderin wurde wieder in Haft genommen. Man legte ihr Zuträger in die Zelle, die im Frühjahr 1936 vor dem Untersuchungsrichter des Kasseler Oberlandesgerichts all das zu Protokoll gaben, was Käthe Arnd ihnen erzählt hatte. Reine Dichtung war das nicht. Auch Wahrheit, der Gestapo bereits bekannt, war darunter. Man hatte Käthe Arnd 1933 im Café Hauptwache in Frankfurt am Main zusammen mit Münzenberg und anderen Kommunisten gesehen. Und beobachtet worden war auch, daß die »Rote Studentin« im Januar 1936 mit einem Mann in einem »ausländischen Wagen« durch Kassel gefahren war. Doch dann »tat die Arnd sehr geheimnisvoll«, berichtet einer der auf sie angesetzten Spitzel, ließ aber nach und nach durchblicken, der Mann mit dem ausländischen Wagen sei »Willi« gewesen. »Späterhin«, so der Aushorcher weiter vor dem Untersuchungsrichter, »als die Arnd auf die jetzige komm. Betätigung Münzenbergs zu sprechen kam, seine genaue Wohnung in Frankreich angab und ausführte, Münzenberg organisierte mit bestem Erfolge z. Zt. die KP-Presse in Frankreich und sei einer der 5 Genossen, die den Kern der deutschen illegalen Leitung bildeten, bestätigte sie mir, daß sie mit Münzenberg in Kassel gewesen sei, der Polizei sei bekannt, daß sie in Münzenbergs Wagen gefahren sei; die Polizei hätte das erfahren durch ihre (Arnds) Vermieterin Frau Dietrich, die sie aus dem Auto habe aussteigen sehen; man wisse bei der Polizei zwar nicht genau, daß es sich bei dem Autobesitzer um Münzenberg handle, jedoch werde es von ihr vermutet. Ich fragte die Arnd, was Willi denn hier gemacht habe und bekam zur Antwort, darüber könne sie nicht sprechen. Sie entschuldigte sich dann bei mir damit, daß es Dinge gäbe, die man selbst dem besten Genossen nicht sage, das müsse mir als ehem. komm. Funktionär doch auch bekannt sein.«[5]

Es ist erstaunlich, wie instinktsicher und phantasievoll die Rote Schneiderin die diversen Zuträger mit Variationen ihrer schönen Geschichte bediente. Jedenfalls waren Gestapo und Justiz bis November 1937 emsig damit beschäftigt, das Knäuel aus Halbwahrheiten und reinen Erfindungen zu entwirren. Was trieb die arme junge Frau im Kasseler Polizeigefängnis zu diesem gewagten Spiel? Aufschneiderei? Die Absicht, von ihrer wirklichen illegalen Arbeit abzulenken? Kompensation ihres gedemütigten

Daseins? Oder die Hoffnung auf einen starken Schutzpatron in existenzieller Not? Die Hoffnung spielte unbedingt eine Rolle. Man kann es jener Variation der Geschichte entnehmen, die Käthe Arnd einem Kalfaktor anvertraute, der dann (am 30. April 1936) beim Untersuchungsrichter zu Protokoll gab: »Die Arnd sprach über die KPD im Ausland und ihre Einwirkungsmöglichkeiten auf die innerdeutschen Verhältnisse. Sie erwähnte dabei, sie habe einen persönlichen Freund in Frankreich, der dort in der KPD tätig sei; dieser Freund sei auch in Kassel illegal gewesen, natürlich in Verkleidung; sie und der Freund hätten in einem Hotel gewohnt, seien auch öfter durch die Stadt gekommen, jedoch hätte kein Mensch diesen Freund wiedererkannt; er spreche 7 Sprachen und sei ein intelligenter Mensch; er werde bestimmt nachforschen, wo sie sich z. Zt. aufhalte, was er auch bestimmt in Erfahrung bringe, weil sie von (gemeint ist wohl vor – H. W.) ihrer Verhaftung mit diesem Freund einen neuen Treff verabredet hätte; wenn dieser Treff ergebnislos verlaufe, werde der Freund sich denken können, daß sie hochgegangen sei und sich auf die Suche nach ihr machen; der Freund sei vorzüglich geschult, auch mit allen Kampfmethoden der Gegner genau vertraut...«[6]

Tagträume könnte man zu dem verklärten Bild sagen, das die Schneiderin da von Willi Münzenberg entwarf, den sie vermutlich nur ein- oder zweimal auf Kundgebungen hatte sprechen hören und dem sie vielleicht in einer Frankfurter Café-Runde persönlich vorgestellt worden war. Einen Bart zur Tarnung soll der verkleidete »intelligente Mensch« getragen haben. Archetypen der Hoffnung scheinen da durch: ein moderner Kaiser Rotbart, diesmal nicht im Kyffhäuser auf bessere Zeiten wartend, sondern im Hohen Meißner, Basaltberg bei Kassel, auf dem 1913 die Freideutsche Jugend aufgebrochen war in eine neue Zeit, die zu erringen und zu gestalten auch

Münzenbergs Lebensinhalt gewesen war in den zurückliegenden drei Jahrzehnten. Wie glaubwürdig muß der
Mann gewesen sein, welches Charisma muß er besessen
haben, wenn er einer dreißigjährigen Frau im Nazi-Gefängnis zur verkörperten Hoffnung werden konnte. – Gewiß, in jenen Jahren haben viele Kommunisten auf Stalin
als Schutzpatron gebaut und bisweilen seinen Namen in
die Wände ihrer Kerkerzellen zu ritzen versucht. Zugleich
aber stieg die Zahl jener Kommunisten, die in Stalins Ge-
fängnissen, Zuchthäusern und Straflagern saßen. Die
Schneiderin aus Marburg hatte mithin den besseren
Schutzpatron, auch wenn er nicht nach Kassel kommen
konnte – mit Auto, Intelligenz und sieben Sprachen –, um
sie nach Antwerpen in die Freiheit zu holen...

Natürlich war Willi Münzenberg im Januar 1936 nicht
in Kassel. Es gibt keine realen Anhaltspunkte dafür. Möglich, daß Emil Berger, Münzenbergs Fahrer, der fremd-
sprachenkundige Tausendsassa und »Frauenheld«, auf
einen Sprung bei Käthe Arnd gewesen ist. Sie selbst hat
denn auch bei ihren Vernehmungen (29. Mai und 12. November 1937) vor dem Kasseler Untersuchungsrichter die
ganze »Münzenberg-in-Kassel«-Story mit kühlem, sou-
veränem Verstand dementiert.[7] Was tat Mitte Januar 1936
Willi Münzenberg wirklich? Er schrieb einen aufrütteln-
den Artikel für den GEGEN-ANGRIFF vom 11. Januar
1936: »Fangen wir endlich an!« Das bezog sich auf die
Deutsche Volksfront. Münzenberg suchte einen Einstieg
in die gemeinsame Aktion der Hitler-Gegner. Weitere
Debatten mit der SAP beispielsweise über die Streitfrage,
wann und wie nach Hitlers Sturz zu wählen sei, erschienen ihm fruchtlos. Deshalb verlangte er – besonders von
der SPD-Führung – gemeinsame Appelle zugunsten der
in Nazi-Deutschland Eingekerkerten und vom Henkerbeil
Bedrohten. »In dieser ersten Aktion«, schrieb Münzenberg, »werden wir aus der gemeinsamen Arbeit Erfahrun-

86

gen sammeln, und ich zweifle nicht, zu weiteren gemeinsamen Aktionen kommen. Aber fangen wir endlich an.«

Eigentlich hatten Münzenberg und drei weitere Kommunisten sowie fünf Sozialdemokraten bereits angefangen – mit ihrem in die Geschichte eingegangenen »Gemeinsamen Protest deutscher Sozialdemokraten und Kommunisten gegen den Justizmord an Rudolf Claus«, den DER GEGEN-ANGRIFF am 28. Dezember 1935 auf seiner Titelseite unter der Schlagzeile veröffentlicht hatte: »Nur brüderliche Solidarität kann neue Morde verhindern!« Das war Münzenbergs Handschrift – die Volksfront aus gemeinsamen (»brüderlichen«!) Aktionen der Solidarität erwachsen zu lassen. Während im GEGEN-ANGRIFF vom 30. November 1935 über drei Zeitungsseiten hinweg die ziemlich niederschmetternden Verhandlungen zwischen dem ZK der KPD und dem Prager Vorstand der SPD dokumentiert worden waren (offensichtlich vor allem in der Absicht, den SPD-Führern die Schuld am Scheitern der Verhandlungen zuzuschieben), konnte Münzenberg unter dem »Gemeinsamen Protest« die Namen wichtiger Sozialdemokraten und Kommunisten vorweisen: »Viktor Schiff (ehemaliger Redakteur des ›Vorwärts‹)/Rudolf Breitscheidt (ehem. M. d. R. und Delegierter beim Völkerbund)/Kirschmann (ehem. M. d. R.)/Max Braun (ehem. Mitglied d. Saar-Parlaments)/Brauer (ehem. Oberbürgermeister von Altona)/Willi Münzenberg (ehem. M. d. R.)/Philipp Dengel (ehem. M. d. R.)/Willi Koenen (ehem. M. d. R.)/Hans Beimler (ehem. M. d. R.)«.[8]

Die meisten der Unterzeichner des »Gemeinsamen Protestes« gegen die Hinrichtung des Kommunisten Rudolf Claus[9] hatten an der bedeutsamen Tagung des Lutetia-Kreises vom 22. November 1935 teilgenommen. Und es liegt auf der Hand, daß Münzenberg und andere Unterzeichner mit dem »Gemeinsamen Protest« den Lutetia-

87

Kreis zu einem aktiven politischen Zusammengehen an-
spornen wollten.[10] Das ist ihnen nach Lage der Dinge
auch gelungen. Heinrich Mann, der verläßliche Förderer
und Schirmherr einer großen Koalition der Vernünftigen,
schloß sich mit einer persönlichen Erklärung, die DER
GEGEN-ANGRIFF allerdings auf der letzten Seite (!) seiner Ausgabe vom 25. Januar 1936 veröffentlichte, dem
»Gemeinsamen Protest« an und forderte »alle Deutschen,
die den Namen verdienen«, auf, der sich formierenden
Deutschen Volksfront schon jetzt beizutreten – »durch
ihre Unterschrift« unter den »Gemeinsamen Protest«.[11]
Der Erfolg des bündnispolitischen Konzepts und der
bündnispolitischen Methodik Willi Münzenbergs trat indes besonders deutlich Anfang Februar 1936 zutage, als
sich der nach dem Pariser Hotel LUTETIA benannte
Lutetia-Kreis von einem Debattierklub antifaschistischer
deutscher Emigranten praktisch zu dem Gremium mau-
serte, das die angestrebte Deutsche Volksfront schaffen
konnte. Nachdem Vertreter der linken Parteien (SPD,
KPD, SAP) auf einer Vorbesprechung am 1. Februar 1936
zu einem weitgehenden Konsens gelangt waren,[12] trafen
sich am 2. Februar 1936 etwa 100 Personen im Hotel
LUTETIA zu jener Konferenz, die als die dritte (nach
einem Treffen vom 26. September 1935 und der Tagung
vom 22. November 1935) und wichtigste Lutetia-Tagung
in die Geschichte eingegangen ist.

Kurt Kersten, der produktive Publizist und gute
Freund Willi Münzenbergs, hatte unbedingt recht, als er
feststellte, daß im Ausschuß zur Vorbereitung der Deutschen Volksfront die größte Zahl unterschiedlicher politischer Organisationen, Gruppen und Personen vereint gewesen ist und daß sich dieser auf der dritten Lutetia-Kon-
ferenz entstandene Ausschuß »als repräsentative Vertretung der politischen deutschen Emigration betrachten«
konnte, »auch wenn der sozialdemokratische Parteivor-

stand seinen Beitritt offiziell versagte«.[13] Willi Münzenbergs Werben sowohl um konservativ-bürgerliche Kräfte der deutschen Emigration als auch um die verschiedenen Gruppen von »Abtrünnigen« im Spannungsfeld zwischen KPD und SPD[14] konnte natürlich nur dann erfolgreich sein, wenn er sich nicht selbst »im Wege stand«, wenn er sich von bestimmten überkommenen Abgrenzungs- und Ausgrenzungsdogmen glaubhaft löste und distanzierte. Das Hauptproblem bildeten ja nicht die unterschiedlichen politischen und weltanschaulichen Ansichten, in denen ein tragfähiger kleinster gemeinsamer Nenner zu finden war, sondern die diversen Kontaktsperren, die zu starren Verhaltensmustern ritualisierten Feindbilder, die im Bewußtsein und Unterbewußtsein festsitzenden Erinnerungen an wechselseitige Kränkungen und Verletzungen, kurzum: die tausendfach ideologisierte und geheimdienstlich verschärfte Berührungsangst. Da mußte einer den Schneid haben, auf den andern zuzugehen, ihm die Hand hinzuhalten und das erste freundliche Wort zu sagen – selbst auf die Gefahr hin, schmählich abgewiesen zu werden. Und so ein souveräner Mann war Willi Münzenberg.

Auf den Lutetia-Konferenzen, aber mehr noch in den internen Vorbesprechungen mit linken Kräften hat Münzenberg beispielsweise den unsäglichen »Sozialfaschismus«-Glaubenssatz rigoros verworfen – gewiß nicht aus Liebe zur deutschen Sozialdemokratie, sondern der eigenen Handlungsfreiheit wegen; denn die von Sinowjew und Stalin zum Dogma erhobene These, Sozialdemokratie und Faschismus seien Zwillinge,[15] richtete sich zwar verbal gegen die SPD, real aber gegen die KPD, deren eigene Entscheidungsfähigkeit auf einem der wichtigsten Felder ihrer Politik drastisch beschnitten wurde. Indem Münzenberg diese »Heilige Kuh« schlachtete, ging er eben nicht nur auf die SPD zu, sondern gab er der eigenen Partei auch jene Entscheidungssouveränität zurück, die sie Jahre zuvor der Komintern geopfert hatte. Münzenberg verstand die Beschlüsse des VII. Weltkongresses der Komintern radikal und versuchte sie so zu realisieren. Nur wenige außer ihm hatten die Sprengkraft der neuen Komintern-Linie wirklich erfaßt: Dimitroff gewiß, Wilhelm Pieck und Palmiro Togliatti sicherlich auch – Stalin instinktiv, aber je mehr er begriff, was sich da anbahnte, desto dramatischer zog er die Notbremse...

Münzenbergs Absage an die »Sozialfaschismus«-These und an andere Abgrenzungsdogmen wurde von Sozialdemokraten wie Rudolf Breitscheid als eine Art ideologischer Vorleistung verstanden und entsprechend »honoriert«.[16] Der SPD-Parteivorstand in Prag allerdings verstand wenig und blieb stur, obgleich er über die Vorbesprechung vom 1. Februar 1936, wie Babette Gross herausgefunden hat, einen Bericht erhielt, der nachdenklich hätte stimmen müssen. Dem Bericht zufolge »machte eine Erklärung Münzenbergs tiefen Eindruck auf die Anwesenden. Er wollte die Volksfront auf der Grundlage völliger Glaubens- und Gewissensfreiheit verstanden wissen, er erklärte, daß die frühere Politik der Kommunisten falsch gewesen sei, daß man in Zukunft eine deutsche Politik treiben müsse. Kurzum, ›er legte eine Beichte ab, die unseren Genossen furchtbar imponierte, es war so, als ob die Komintern das sagte‹, schrieb der Berichterstatter, während Herbert Wehner von seiner damaligen Position aus die Ausführungen Münzenbergs als ›opportunistische Grundsatzlosigkeit‹ bezeichnete« – wie Münzenbergs Gefährtin in ihren Erinnerungen schrieb.[17]

Zu Herbert Wehners Ehre sei gesagt, daß sich sein Kommentar zu Münzenbergs Erklärung nicht in zwei Worten erschöpfte. Wehner kam nach Paris, als sich der Lutetia-Kreis praktisch schon zum vorbereitenden Ausschuß einer Deutschen Volksfront gemausert hatte. Jedenfalls war Breitscheid schon dabei – und das kann frühestens Mitte Dezember 1935 gewesen sein. Vermutlich war es aber wirklich am 1. Februar 1936. Damit hatte Wehner nicht nur die ersten beiden Lutetia-Konferenzen, sondern auch die schwierigen Gespräche der Annäherung an Breitscheid verpaßt, der ja auch eine Form von Kontaktsperre durchbrechen mußte, um sich mit Münzenberg an einen Tisch zu setzen.[18] Wehner, seit der »Brüsseler« Konferenz der KPD einer der Kandidaten des Politbüros des ZK der KPD, hatte auf einer Reise rund um Nazideutschland die sogenannten Abschnittsleitungen der KPD in Prag, Kopenhagen, Amsterdam, Zürich, Brüssel und Forbach inspiziert[19] und stand noch völlig unter dem Eindruck des dabei erfahrenen desolaten Zustandes der Führungsstrukturen der Partei in der illegalen Arbeit in Deutschland. Gemessen daran mußten ihm die Lutetia-Gespräche etwas weltfremd und spielerisch erscheinen. Und aus dieser Abneigung machte er auch 1946 noch, als er in Schweden seine »Notizen« schrieb, keinen Hehl.

»Eine Anzahl in der Emigration lebender Schriftsteller, Künstler, Politiker hatte sich dort«, notierte Wehner über den Lutetia-Kreis, »zusammengefunden, um über Annäherungsmöglichkeiten zu diskutieren. Münzenberg hielt im Grunde genommen diesen ziemlich heterogenen Kreis zusammen; einige der Beteiligten waren ihm in seiner Eigenschaft als Verwalter von Komiteekassen und Herausgeber oder Finanzier von Schriften nahe verbunden und mehr oder weniger verpflichtet (so Heinrich Mann).«[20] »Heterogener Kreis« – das ist unbedingt richtig; ein »homogener Kreis« hätte sich ja schwerlich als Volksfront ausgeben können. Richtig ist auch, daß niemand anders als Münzenberg die konsensbildende Seele des Kreises war. Eher giftig wirkt Wehners Hinweis auf vermeintliche finanzielle Abhängigkeiten. Das stimmte so auch nicht. Heinrich Mann beispielsweise bezog seine hauptsächlichen Einkünfte im französischen Exil vom Verlag

QUERIDO Amsterdam und von der DÉPÊCHE in Toulouse, für die er regelmäßig Leitartikel schrieb.[21] Und die geringen Goldrubel-Beträge, die Heinrich Mann wahrscheinlich ebenso wie Lion Feuchtwanger von sowjetischen Verlagen als Teil seiner Buchhonorare in nicht konvertierbarer Währung bekam, erhielt er ebenfalls unabhängig von Willi Münzenberg.[22] Zudem waren Münzenbergs finanzielle Spielräume nach der Auflösung der IAH geschrumpft. Und zu dem »heterogenen Kreis« im Hotel LUTETIA gehörten Leute mit einer dickeren Brieftasche als die von Willi Münzenberg.

Nicht ganz von der Hand zu weisen ist Wehners weiterer Vorwurf, Münzenberg »als Propagandamann«, habe »eine nach außen wirksame und wirkungsvolle Gesellschaft zustande bringen« wollen, »in deren Rahmen die Vertreter der Arbeiterparteien und -Gruppen, die sich auf illegale Organisationen im Lande stützen konnten, die Rolle von Materiallieferanten für Aufrufe, Denkschriften und glänzende Reden zu spielen gehabt hätten«.[23] Läßt man den bösen Unterton (die illegalen Kämpfer zu »Materiallieferanten« degradiert) außer acht, dann spricht dieser Vorwurf eher für Münzenberg, der eben den psychologischen Faktor im antifaschistischen Kampf besser sah als Herbert Wehner. Ganz unpolemisch sei an Käthe Arnd im Kasseler Kerker erinnert, die ihre Hoffnung mit Münzenberg verband und nicht mit dem charakterlich so integeren, aber etwas glanzlosen Herbert Wehner.

Wehners Vorwurf der »opportunistischen Grundsatzlosigkeit« schließlich, der Babette Gross sichtlich geärgert hat, ist in eine Kontradiktion eingebettet, die aus geschichtlichen wie aktuellen Gründen eine nähere Betrachtung verdient. »In einer Unterhaltung mit Breitscheid und anderen Sozialdemokraten, an der Münzenberg, Dengel und ich teilnahmen«, schreibt Wehner, »und in der ich versucht hatte, unsere Beschlüsse zu erklären, antwortete zunächst Münzenberg auf eine entsprechende Frage Breitscheids, daß die frühere Politik der Partei falsch gewesen sei; Dengel dagegen dozierte, daß die Partei nach wie vor auf dem Standpunkt der Diktatur des Proletariats stehe, ein Sowjetdeutschland anstrebe, aber zur Zeit – auf Grund der gegebenen Verhältnisse – bereit sei, mit Sozialdemokraten zusammen zu gehen, wenn diese eine Reihe von Bedingungen erfüllten. Weder die opportunistische Grundsatzlosigkeit Münzenbergs, noch die Dengelsche Prinzipienfestigkeit konnten Breitscheid oder andere davon überzeugen, daß wir ehrlich um neue Wege der Arbeiterbewegung ringen wollten.«[24]

An dieser Wehner-Notiz fällt zunächst auf, daß der ranghöchste KPD-Funktionär in der Runde, nämlich Wehner selbst, die Dengelsche »Prinzipienfestigkeit« nicht als scholastischen Starrsinn und als Ausdruck des Unvermögens, den VII. Weltkongreß der Komintern zu begreifen, zurückweist. War Wehners Aversion gegen Münzenberg so groß, daß er Philipp Dengel unwidersprochen schwadronieren und damit Münzenbergs Bündnispolitik in Zweifel ziehen ließ? Oder glaubte Wehner wirklich, Dengels Rückgriff auf die problematischen »Leitsätze über die Bedingungen der Aufnahme in die Kommunistische Internationale« (die »21 Bedingungen«) von 1920, in denen die Anerkennung der Diktatur des Proletariats und der Ausschluß aller »opportunistischen« und »zentristischen« Kräfte aus den kommunistischen Parteien eine gravierende Rolle spielten,[25] sei Anfang 1936 ein Zeichen von Prinzipienfestigkeit? Natürlich, die 21 Bedingungen waren auf dem VII. Weltkongreß nicht ausdrücklich aufgehoben worden. Doch mit den Bekenntnissen des VII. Weltkongresses der Komintern zur Einheits- und Volksfront hatten die 21 Bedingungen praktisch ihren Sinn als abgrenzende und ausgrenzende »Prinzipien« verloren. Und es war schon ein politischer Skandal, daß Dengel – offensichtlich ohne Wehners Einspruch – Dimitroffs und Münzenbergs Bündnispolitik desavouieren konnte, indem er sie als pure zeitbedingte Taktik ausgab, von der man wieder zur Diktatur des Proletariats und zu Sowjetdeutschland zurückkehren werde, sobald die Zeiten es erlauben würden.

Der Unterschied zwischen Münzenberg und Dengel bestand streng genommen darin, daß Münzenberg aus den veränderten Bedingungen grundsätzliche Schlußfolgerungen zu ziehen bereit war, also wirklich aus der Geschichte lernen wollte, dieweil Dengel sich den veränderten Bedingungen nur taktisch anzupassen gewillt war und also den Vorwurf, ein »Opportunist« zu sein, weit eher verdiente als Münzenberg. Allerdings ist mit dem Begriff »Opportunismus« gerade in der deutschen Arbeiterbewegung soviel Schindluder getrieben worden, daß er inzwischen zu einer sachgerechten Benennung von politischen Haltungen und Meinungen kaum noch geeignet ist[26] und wir uns besser der Frage zuwenden, ob Münzenberg 1935/36 tatsächlich seine Grundsätze verloren hatte.

Um genau zu sein: Münzenberg war Anfang 1936 keineswegs »grundsatzlos«, wie es Herbert Wehner erschien, sondern er hatte damit begonnen, einige bisher vertretene Grundsätze durch neue Grundsätze zu ersetzen. Nur so glaubte er, seinem Lebensziel, den übergreifenden kommunistischen Grundsätzen seines Lebens und damit sich selbst treu bleiben zu können. Welche politischen Prinzipien glaubte Münzenberg durch neue ersetzen zu müssen? Vor allem das Prinzip der Diktatur des Proletariats, das Prinzip des demokratischen Zentralismus in der Partei, das Prinzip der Führungsrolle der KPdSU in der kommunistischen Bewegung sowie den ungeschriebenen, aber leider immer stärker praktizierten Grundsatz der Priorität der Apparate gegenüber den Wünschen und Interessen der »von der Partei geführten Massen«. In allen diesen Punkten hatte Münzenberg als Propagandist sich in den zurückliegenden fünfzehn Jahren besonders engagiert und exponiert. Im Sommer 1920 beispielsweise, auf dem II. Kongreß der Komintern in Moskau, war Münzenberg von Lenin freundlich gerüffelt worden, weil ausgerechnet er eine Verschärfung der von Sinowjew ausgearbeiteten Bedingungen der Aufnahme von Parteien in die Internationale verlangt hatte.[27] Ende 1930, nachdem in Moskau der »Hochverratsprozeß gegen Ramsin und Genossen« stattgefunden und zu einem weltweiten Pressewirbel gegen die Sowjetunion geführt hatte, war es Münzenberg, der die Gegenpropaganda wirkungsvoll organisierte und ein Weltkomitee zur Verteidigung der Sowjetunion (u. a. mit Henri Barbusse, Maxim Gorki und Upton Sinclair) aus der Taufe hob.[28] Und noch 1934, nach dem »Röhm-Putsch« in Nazideutschland, hatte Münzenberg in New York vor Tausenden seine Ansicht kundgetan, die von Kommunisten geführten Arbeiter würden die Macht erobern, »um sie zu behalten«.[29]

Es ist klar, daß einem exponierten und wirkungsvollen Vertreter bestimmter Ansichten, so er triftigen Grund hat sie zu verwerfen, der Vorwurf der »Grundsatzlosigkeit« leichter zu machen ist als einem weniger exponierten Verfechter derselben Ansichten. Doch natürlich hat auch der Exponierte das Recht zur Korrektur von Irrtümern, mehr noch: Gerade er hat die Pflicht, vom als falsch oder überholt erkannten Grundsatz öffentlich ebenso wirksam abzurücken, wie er ihn einst vertreten hat. Und im Falle Münzenbergs war der Wechsel von Grundsätzen sogar folgerichtig. Münzenberg war eben nicht nur bei Lenin in die politische Schule gegangen, sondern auch bei Clara Zetkin, Karl Liebknecht und Rosa Luxemburg.[30] Münzenberg hatte die demokratischen Traditionen der klassischen europäischen Arbeiterbewegung gleichsam »mit der Muttermilch eingesogen«, allzeit in sich bewahrt und

95

in seiner Bündnispolitik immer wieder praktiziert. Münzenberg hatte die Führungsrolle der KPdSU, der Komintern und der KPD »reinen Herzens« propagiert und sich gleichzeitig für die eigene Arbeit ein Maximum an Unabhängigkeit von den Apparaten dieser Führungsinstanzen zu sichern gewußt. Münzenberg hatte eine Reihe von Abgrenzungs- und Ausgrenzungsdogmen mitgetragen und vielleicht sogar mitbewirkt, doch gleichzeitig und gewiß arglos hatte er im Interesse der Effektivität seiner Arbeit nie darauf verzichtet, mit Ausgegrenzten wie Paul Levi, Kurt Rosenfeld oder Max Hodann bzw. mit politisch Andersdenkenden wie dem Sozialdemokraten Magnus Hirschfeld, dem Gewerkschaftsführer Edo Fimmen, dem indischen Kongreßparteiführer Jawaharlal Nehru oder den Pazifisten Albert Einstein und Carl von Ossietzky bestens zusammenzuarbeiten.[31]

Was Münzenberg 1935/36 im Pariser Lutetia-Kreis praktizierte, war eigene bündnispolitische Kontinuität. Kein anderer KPD-Führer konnte nach den Beschlüssen des VII. Weltkongresses der Komintern an so solide, vertrauensvolle und ungetrübte Verhältnisse zu bedeutenden Intellektuellen anknüpfen wie Willi Münzenberg. Das war das Geheimnis seines Erfolgs im Lutetia-Kreis. Wie Münzenberg beispielsweise den großen und durchaus eigensinnigen Lion Feuchtwanger zur Mitarbeit gewann, hat Marta Feuchtwanger in ihren Erinnerungen plastisch beschrieben: »Lion traf, wie er mir später erzählte, kurz vor seiner Abreise (von Paris nach Sanary – *H.W.*) einen außergewöhnlichen, sehr amüsanten, sehr brillanten Mann, der sich im Auftrag Rußlands in Paris befand. Sein Name war Willi Münzenberg... Er war sehr angesehen in französischen Kreisen und besaß auch das Vertrauen der Emigranten. Münzenberg lud Lion in das berühmte Pariser Restaurant ›Le Boeuf sur le Toit‹ (Der Ochse auf dem Dach) ein, wo man sich das Stück Fleisch, das man essen wollte, auf einer Zeichnung aussuchte, die den Ochsen darstellte... Heinrich Mann war eng mit Münzenberg befreundet. Er bewunderte seine diplomatische Geschicklichkeit, und als es später zum Bruch zwischen Münzenberg und der russischen Regierung kam, schrieb Heinrich Mann an die deutsche Emigration in Rußland, wie sehr er es bedauere, daß man nun die Dienste eines so fähigen Mannes verloren habe.«[32]

Ja, wie wir noch sehen werden, hat Heinrich Mann als Vorsitzender des Ausschusses zur Vorbereitung der Deutschen Volksfront, wie sich der Lutetia-Kreis ab 9. Juni 1936 nannte, später mehrfach an Wilhelm Pieck geschrieben, um sein Vertrauen zu Münzenberg zu bekunden und seine Vorbehalte gegen Ulbricht geltend zu machen. Doch im Frühjahr und Frühsommer 1936 lief alles noch »bestens«. Die Lutetianer befanden sich in einer hoffnungsvollen Aufbruchstimmung. Die KPD-Führung in Moskau, vor allem aber Georgi Dimitroff hatten den Lutetia-Kreis öffentlich ermutigt.[33] Nach einer Beratung am 14. und 15. März 1936 beim EKKI in Moskau, an der auch Münzenberg teilnahm, war dessen Volksfrontpolitik in einer Resolution des Sekretariats des EKKI vom 17. März 1936 praktisch sanktioniert worden. Der Schwerpunkt der KPD-Volksfrontpolitik verlagerte sich nach Paris, weil sie in Prag, wo Walter Ulbricht die »operative Arbeit ziemlich unumschränkt« dirigierte und in politische Kabalen verstrickt war,[34] keine Fortschritte brachte. Der Wahlsieg der französischen Volksfront-Parteien am 26. April 1936 und bei der Nachwahl eine Woche später gab den »Lutetianern« zusätzlichen Auftrieb. Vom 10. bis 24. Juni 1936 kam das KPD-Politbüro zu einer erweiterten Sitzung unter Leitung Wilhelm Piecks in Paris zusammen. Eine Deklaration »Volksfront gegen die Kriegspolitik Hitlers, für die Erhaltung des Friedens und ein demokratisches Deutschland« wurde verabschiedet. Und

97

obwohl die »Lutetianer« offensichtlich selbst genug Verstand zu programmatischen Überlegungen besaßen,[35] überreichte ihnen Pieck am 16. Juni 1936 die vom KPD-Politbüro beschlossenen »Richtlinien für die Ausarbeitung einer politischen Plattform der deutschen Volksfront«[36] »zur Diskussion«. Münzenberg konnte sich freuen, daß das Politbüro auch eine Resolution annahm, in der die Versuche zurückgewiesen wurden, die Volksfrontpolitik als »opportunistische Politik« zu verleumden.[37]

Ein schöner Sommer stand ins Haus, ein Sommer der Zuversicht, der Friedenshoffnung und des Aufbruchs zu den neuen Ufern der Volksfront. Doch es kam alles anders. Noch ehe der Sommer 1936 zur Neige ging, Ende August nämlich, war die Welt nicht mehr dieselbe. Total verdüstert war urplötzlich die Szene. Eine Reihe von schwarzen Tagen hatte mit einem Schwarzen Montag ihren Höhepunkt erreicht. Am 18. Juni 1936 starb Maxim Gorki. André Gide, dem noch Ahnungslosen, kam die Aufgabe zu, an der Seite Stalins vom Lenin-Mausoleum herab die Trauerrede auf den Schriftsteller und Menschenfreund zu halten. Am 18. Juli 1936 brach mit dem Putsch rechtsextremistischer Militärs gegen die legitime spanische Volksfront-Regierung der Bürgerkrieg auf der Iberischen Halbinsel aus. Am 1. August 1936 durfte der Führer und Reichskanzler Adolf Hitler die Olympischen Sommerspiele in Berlin eröffnen und wurde dabei auch von ausländischen Sportlern, denen man das überhaupt nicht zugetraut hätte, mit der erhobenen rechten Hand des »Heil Hitler« gegrüßt.[38]

Doch dann, am 24. August 1936, kam jener makabre Montag, den man in Anlehnung an den berühmten Schwarzen Freitag der Wallstreet, der in Wahrheit ein Schwarzer Dienstag war (Börsenkrach vom 29. Oktober 1929), den Schwarzen Montag der kommunistischen Bewegung nennen könnte: Am Nachmittag des 24. August 1936 verkündete W. W. Ulrich, Vorsitzender des Militärkollegiums des Obersten Gerichtshofes der UdSSR, im »Oktober-Saal« des Gewerkschaftshauses in Moskau die Urteile im Prozeß gegen das »Trotzkistisch-Sinowjewistische terroristische Zentrum«, der am 19. August 1936 begonnen hatte und gegen enge Kampfgenossen Lenins geführt wurde – wegen angeblicher Beteiligung an der Ermordung Kirows und an der Vorbereitung einer angeblich geplanten Ermordung Stalins erhielten alle 16 Angeklagten die Höchststrafe, Tod durch Erschießen.[39] Das Urteil wurde sofort (in der Nacht zum 25. August) vollstreckt.

Sofort auch setzte weltweit der Zweifel an der Rechtmäßigkeit des Verfahrens und der Urteile ein. Die »Beweisführung« des Staatsanwalts A. J. Wyschinski erschöpfte sich in Zitaten aus »Geständnissen« der Angeklagten und in wüsten Beschimpfungen derselben.[40] Die Geständnisse waren teilweise an Absurdität nicht zu überbieten. So »gestand« E. S. Holzmann, ein sowjetischer Wirtschaftsfunktionär, der 1932 dienstlich in Berlin war, in Kopenhagen, vom Hotel BRISTOL aus, zu Trotzki geführt worden zu sein und von ihm »den Auftrag zur Ermordung Stalins« erhalten zu haben.[41] Doch im November 1932, als Trotzki zu einem Vortrag eine Woche lang unter strenger geheimdienstlicher Aufsicht in der dänischen Hauptstadt sein durfte, gab es dort schon lange kein Hotel BRISTOL mehr.[42] Auch hatte Leo Sedow, Trotzkis Sohn, der zu dieser Zeit im Berliner Exil lebte, nachweislich kein dänisches Visum für ein Treffen mit seinem Vater in Kopenhagen erhalten. Ohne ein solches Visum konnte er aber nicht mit Holzmann nach Kopenhagen gefahren sein, um den Gast aus Moskau mit seinem Vater bekannt zu machen. Es war in der Tat so, wie Trotzkis Witwe Natalja Iwanowna Sedowa später Victor Serge berichtete: »Die offi-

99

VOLKSKOMMISSARIAT FÜR JUSTIZWESEN DER UdSSR

PROZESSBERICHT

ÜBER DIE STRAFSACHE DES TROTZKISTISCH-SINOWJEWISTISCHEN TERRORISTISCHEN ZENTRUMS

*VERHANDELT VOR DEM
MILITÄRKOLLEGIUM DES OBERSTEN
GERICHTSHOFES DER UdSSR*

19.—24. August 1936

g e g e n

*G. J. Sinowjew, L. B. Kamenew, G. J. Jewdokimow,
I. N. Smirnow, I. P. Bakajew, W. A. Ter-Waganjan,
S. W. Mratschkowski, J. A. Dreitzer, E. S. Golzman,
I. I. Reingold, R. W. Pikel, V. P. Olberg,
K. B. Berman-Jurin, Fritz David (I. I. Krugljanski),
M. Lurie und N. Lurie*

angeklagt gemäß Artikel 58[8], 19 und 58[8], 58[11]
des Strafgesetzbuches der RSFSR

MOSKAU 1936

HERAUSGEGEBEN VOM VOLKSKOMMISSARIAT
FÜR JUSTIZWESEN DER UdSSR

*Von Münzenberg vorsichtig bezweifelt:
offizieller Bericht zum Prozeß gegen Sinowjew*

ziellen Verlautbarungen (über den Prozeß – *H. W.*) häuften Lügen auf Ungereimtheiten, Doppeldeutigkeiten auf Hintergründigkeiten, Täuschungen auf Agitation, eine Fälschung auf die andere, und alle diese Unwahrheiten waren für jedermann erkennbar, der die Menschen und Tatsachen kannte! Aber wie viele Menschen in der Welt kannten sie? Und alle die vielen, die sie in Rußland kannten, würden unweigerlich umkommen.«[43]

Für Trotzki, den abwesenden Hauptangeklagten des Moskauer Prozesses, seien die Tage im August 1936 »Tage des Deliriums« gewesen, »er war plötzlich in einen vollkommen unsinnigen, vollkommen unwirklichen Alptraum geraten. Er kannte die Korruption, die Grausamkeit des Regimes, die unklare – aber absolute – Ergebenheit der meisten Opfer der Partei gegenüber, selbst der vom Generalsekretär erwürgten Partei gegenüber, aber dieser senkrechte Sturz in einen Abgrund des Wahnsinns erschütterte ihn. Noch kurz zuvor wäre er undenkbar gewesen…«[44] Einem klar denkenden Kopf mußte die ganze Sache wie eine Monstrosität erscheinen.

In den meisten Kommentaren zum Sinowjew-Prozeß wird auf dessen absolute Rücksichtslosigkeit gegenüber Humanität und Wahrheit verwiesen. Auch bemerkt man, daß mit Sinowjew und Kamenew erstmalig enge Kampfgefährten Lenins von Stalins Gehilfen umgebracht wurden. Kaum kommentiert wird hingegen die Tatsache, daß sich der Prozeß vom Sommer 1936 gegen den Kongreß vom Sommer 1935 richtete. Die Justizfarce war ein diabolischer Dolchstoß in den Rücken der Komintern genau ein Jahr nach ihrem VII. Weltkongreß und dessen Volksfront-Beschlüssen. Mit den 16 zum Tode Verurteilten wurde auch der Geist der Volksfront füsiliert. Denn welcher Sozialist, Sozialdemokrat, Anarchist, christliche Humanist, Pazifist oder bürgerliche Antifaschist sollte Zutrauen zum Bündnisangebot von Kommunisten haben, deren

101

НАРОДНЫЙ КОМИССАРИАТ ЮСТИЦИИ С.С.С.Р.

СУДЕБНЫЙ ОТЧЕТ

по

ДЕЛУ ТРОЦКИСТСКО-ЗИНОВЬЕВСКОГО ТЕРРОРИСТИЧЕСКОГО ЦЕНТРА

рассмотренному

ВОЕННОЙ КОЛЛЕГИЕЙ ВЕРХОВНОГО СУДА СОЮЗА ССР

19 — 24 августа 1936 г.

ПО ОБВИНЕНИЮ

*Зиновьева Г. Е., Каменева Л. Б., Евдокимова Г. Е.,
Смирнова И. Н., Бакаева И. П., Тер-Ваганяна В. А.,
Мрачковского С. В., Дрейцера Е. А., Гольцмана Э. С.,
Рейнгольда И. И., Пикеля Р. В., Ольберга В. П.,
Бермана-Юрина К. Б., Фрица Давида (Круглянского И. И.), М. Лурье и Н. Лурье*

по ст.ст. 58⁸, 19 и 58⁸, 58¹¹
УК РСФСР

Издание
Народного Комиссариата Юстиции СССР
Москва 1936

*In alle Weltsprachen übersetzt:
monströses Machwerk stalinistischen Terrors*

PEOPLE'S COMMISSARIAT OF JUSTICE OF THE U.S.S.R.

REPORT OF COURT PROCEEDINGS

THE CASE OF THE

TROTSKYITE-ZINOVIEVITE TERRORIST CENTRE

Heard Before the

MILITARY COLLEGIUM OF THE
SUPREME COURT OF THE U.S.S.R.

Moscow, August 19-24, 1936

In re

*G. E. Zinoviev, L. B. Kamenev, G. E. Evdokimov,
I. N. Smirnov, I. P. Bakayev, V. A. Ter-Vaganyan,
S. V. Mrachkovsky, E. A. Dreitzer, E. S. Holtzman,
I. I. Reingold, R. V. Pickel, V. P. Olberg, K. B.
Berman-Yurin, Fritz David (I. I. Kruglyansky),
M. Lurye and N. Lurye*

Charged under Articles 58[8], 19 and 58[8], 58[11]
of the Criminal Code of the R.S.F.S.R.

Published by the

PEOPLE'S COMMISSARIAT OF JUSTICE OF THE U.S.S.R.
MOSCOW 1936

Moskauer Zentrale der Welt solche Monstrositäten zumutete! Unter den 16 Erschossenen befand sich Fritz David (eigentlich: Ilja David Krugljanski), ein Sowjetbürger, der von 1926 bis 1933 Mitglied der KPD war und in deren ZK wichtige Gewerkschaftsfunktionen ausübte. Mit Dimitroffs Zustimmung hatte David im Komintern-Apparat bei Pieck gearbeitet und ihm bei der Ausarbeitung seines Referats für den VII. Weltkongreß geholfen. Im Sinowjew-Prozeß »gestand« David, auf dem VII. Weltkongreß in Trotzkis Auftrag versucht zu haben, Stalin zu erschießen, was nur deshalb nicht gelungen sei, weil er nicht an das abgesperrte Präsidium habe herankommen können.[45]

Willi Münzenberg, der nicht nur im März dieses Jahres in Moskau gewesen war, sondern vermutlich auch Anfang Juli 1936,[46] wird Ende August rasch begriffen haben, welches Fiasko für die Volksfront sich mit dem Moskauer Prozeß anbahnte. Dimitroffs Angebot vom Juli, für eine Weile in der Agitprop-Abteilung der Komintern-Führung in Moskau zu arbeiten, nahm Münzenberg nun auf keinen Fall an.[47] Mit Unbehagen wird er verfolgt haben, wie eilfertig und botmäßig das von Pieck geführte ZK der KPD in Moskau schon am 25. August 1936 die am Vortag verhängten Todesurteile begrüßte und dabei Stalin als »genialen Lenker«, »Freund und Führer« der »Werktätigen der ganzen Welt« feierte.[48] Hätte Münzenberg, immerhin Mitglied jenes ZK der KPD, in dessen Namen da »begrüßt« und »gefeiert« wurde, sich von der veröffentlichten Resolution öffentlich distanzieren sollen? – Es gibt ein bislang unveröffentlichtes und (soweit wir sehen) in der Literatur noch nicht erörtertes Geschichtsdokument, das schlaglichtartig zeigt, in welcher Zwangslage Willi Münzenberg sich befand: das »Protokoll der Besprechung zwischen Vertretern der KP und SAP am 10. November 1936 in Paris«; es befindet sich im SAP-Archiv, das wir mit

ROTBUCH

UEBER DEN

moskauer Prozess

DOKUMENTE, GESAMMELT UND REDIGIERT VON

L. Sedow

Uebersetzt aus dem Russischen.
Verbessert an Hand der französischen Ausgabe. Vom Autor ergänet.

EDITIONS DE LEE
ONDERWIJSSTR. 33
ANTWERPEN

Trotzkis Sohn widerlegt
die Lügen des Sinowjew-Prozesses –
in der Art von Münzenbergs »Braunbuch«

freundlicher Genehmigung von Arbeiderbevegelsens Arkiv og Bibliotek in Oslo einsehen konnten.[49]

Punkt 2 der Tagesordnung der Besprechung, an der für die KPD Herbert Wehner, Franz Dahlem und Willi Münzenberg teilnahmen,[50] betraf »Die Angriffe der DVZ auf die SAP«. Die DEUTSCHE VOLKS-ZEITUNG (DVZ) in Prag, die im März 1936 an die Stelle des GEGEN-ANGRIFF getreten war und deren Politik weitgehend von Ulbricht bestimmt wurde, hatte die SAP wegen ihrer kritischen Haltung zum Sinowjew-Prozeß mehrfach heftig angegriffen. Dazu Jacob Walcher auf der Besprechung: »Man kann nicht den Moskauer Prozeß zur Scheidelinie machen. Wenn die KPD mit denen, die nicht mit dem Moskauer Prozeß einverstanden sind, nicht arbeiten will..., so heißt das das Ende der Einheitsfront.« Herbert Wehner antwortet: »Wir waren uns immer klar, daß wir ein Bündnis mit Andersdenkenden eingegangen sind, aber niemand kann von uns verlangen, daß wir die Sowjetunion angreifen lassen... Die SAP soll mit der Propaganda des Trotzkismus aufhören, über den Rest kann man sachlich diskutieren.« Darauf für die SAP Paul Frölich: »Wir sind keine Trotzkisten... Wie kann die KPD mit uns zusammenarbeiten, wenn sie uns gleichzeitig für Schufte hält?«

Da einige Angeklagte im Moskauer Gewerkschaftshaus »gestanden« haben, im Auftrage Trotzkis mit Himmlers Gestapo zusammengearbeitet zu haben, stellt Paul Frölich fest, daß dazu »bis heute kein einziger Tatsachenbeweis existiert«. Und: »Man darf keine Dinge erfinden, die es nicht gibt.« Franz Dahlems Antwort: »Es ist bekannt, das z. B. in Frankfurt die Trotzkisten aus Haß gegen die KPD mit der Gestapo zusammenarbeiten.« Paul Frölich: »Warum veröffentlicht Ihr solche Tatsachen nicht?« Dahlem: »Wir werden sie zur gegebenen Zeit veröffentlichen.« Rose Wolfstein-Frölich, Lebensgefährtin des Herausge-

bers der Rosa-Luxemburg-Werke Paul Frölich, hakt nach:
»Es geht hier um Methoden der Polemik in der Arbeiterbewegung. Die KPD muß einsehen, daß solche Methoden
die ganze Arbeiterbewegung schädigen. Der Moskauer
Prozeß hat unermeßlichen Schaden angerichtet, gerade
für die Einheitsbewegung. Die Genossen sollten ihren
ganzen Einfluß aufbieten, damit solche Dinge künftig
unterbleiben.«

Einfluß auf Moskau? Da sieht sich Münzenberg direkt
angesprochen. Münzenberg wörtlich: »Es geht um die
SU. Wir sind unzertrennlich mit der SU verbunden. Man
muß sehen, daß keine Revolution ohne Hilfe der SU sie-
gen kann, wie es ja jetzt auch in Spanien der Fall ist. Der
Prozeß – sicher, er tastet an Erinnerungen. Es ist möglich,
daß nicht alle Angaben stimmen. Aber ich war jetzt in
Moskau. Ich bin übrigens, wie man sieht, nicht verhaftet,
wie die Zeitungen schrieben. Ich kann darüber sprechen,
da es auch die Prawda geschrieben hat. Es war hier Spionage dabei und eine Lebensgefahr für die SU. Der Prozeß
war absolut notwendig und gerechtfertigt. Ich möchte
Franz (Deckname für Paul Frölich – *H. W.*) sein Argument
zurückgeben: Wenn Ihr uns für Werkzeuge von Mördern
haltet, wie könnt Ihr dann mit uns weiter zusammenarbeiten.«

Obgleich die SAP-Genossen Willi Münzenberg nicht
für ein »Werkzeug von Mördern« halten (wie auch ihm
die SAP-Genossen keine »trotzkistischen Schufte« sind)
und auch in der Folgezeit mit ihm zusammenarbeiten werden, ist das Gesprächsprotokoll ein Dokument der Tragik
der deutschen Arbeiterbewegung. Da sitzen mit Jacob
Walcher, Paul Frölich und Willi Münzenberg drei KPD-
Gründerväter in einem Raum neben ehemaligen USPD-
Gründern wie Rose Wolfstein-Frölich und Franz Dahlem,
dazu der langjährige Sozialdemokrat Walter Fabian und
der lange Zeit parteilose, aber an Rosa Luxemburg orien-

tierte Wirtschaftspublizist Fritz Sternberg – der jüngere Herbert Wehner gibt sogar das Stichwort »Andersdenkende«, das alle Anwesenden an Rosa Luxemburgs »Freiheit für Andersdenkende«[51] denken läßt, doch statt aus gemeinsamer linker Tradition und angesichts der gemeinsamen Gefährdung durch die braune Barbarei über gemeinsame Pflichten im Kampf gegen Hitler zu reden, streitet man sich über Stalins monströsen Schauprozeß.

Dabei ist Münzenberg sichtlich auf Konsens aus: »Es ist möglich, daß nicht alle Angaben stimmen.« Er weiß, daß Walcher, der die Komintern aus jahrelanger eigener Erfahrung kennt, nicht nur der entschiedenste, sondern zugleich auch sachkundigste Kritiker des Moskauer Prozesses ist.[52] Münzenbergs vorsichtig geäußerter Zweifel wirkt dennoch tollkühn. Klar, daß er den Bezweifelten hinterbracht werden und Münzenberg zusätzlichen Ärger bringen wird. Nein, verhaftet wurde er, wie man sieht, in Moskau nicht. Aber peinlich verhört von der Kontrollkommission der Komintern. Über den unsinnigen Verdacht der IKK, Münzenberg habe in Paris eine Nazi-Spionin als Schreibkraft beschäftigt, über das Zurückhalten der Pässe von Babette und ihm sowie über die knappe Not, mit der das Paar dann doch noch aus Moskau abreisen durfte, redet Münzenberg nicht, obgleich das alles nur zwei/drei Wochen zurückliegt.[53] Trotz alledem: »Wir sind unzertrennlich mit der SU verbunden.«

»Der Prozeß –«, sagt Münzenberg, »sicher, er tastet an Erinnerungen...« Zumindest Walcher und Frölich wissen, an welche Erinnerungen Münzenbergs der Prozeß rührt: an die Zeit der Schweizer Emigration, in der Münzenberg Lenins Freund und Sinowjews Bekannter wurde; auch an die frühen Jahre der Komintern, in denen Sinowjew die kommunistischen Parteien auf der Moskauer Linie »vergatterte« und einen mehr oder weniger geheimen Apparat von Instrukteuren schuf, der die einzelnen Parteien vor Ort kontrollierte; vor allem aber an die bitteren Stunden im Sommer 1921 in Moskau, als Münzenberg gewahren mußte, daß der Komintern-Chef Sinowjew mit Hilfe Lasar Schazkins vom KOMSOMOL die von Münzenberg gegründete Kommunistische Jugendinternationale (KJI) an sich gerissen hatte, und als Lenin selbst eingriff, um Münzenberg ein neues Betätigungsfeld zu verschaffen.[54] Nein, Münzenberg hat keinen Grund, Sinowjew eine Träne nachzuweinen. Doch Stalins monströses Todesurteil gegen Sinowjew und Lasar Schazkins schlimmes Schicksal erfüllen ihn mit tiefem Unbehagen.[55]

Ende 1936 steht Willi Münzenberg wie schon Anfang 1933 vor den Trümmern seiner »Unternehmungen«. Genaue Abschlußberichte mit eindeutigen Finanzabrechnungen werden dem Komintern-Beauftragten Bohumil Smeral übergeben.[56] In der Volksfront-Arbeit sieht sich Münzenberg zunehmend von dem nach Paris übersiedelten Ulbricht bedrängt. Dahlem geht nach Spanien. Wehner steht in Moskau eine peinliche Untersuchung durch die IKK bevor, die auch das Verfahren gegen Münzenberg nicht abgeschlossen hat... Soll er unter diesen Umständen, wie von ihm verlangt wird, erneut nach Moskau reisen? Mag sein, daß ihn dort an der Seite Dimitroffs eine einflußreiche Propaganda-Funktion im Komintern-Apparat erwartet. Kann aber auch sein, daß ihn die IKK der »mangelnden politischen Wachsamkeit« für schuldig befindet, daß ihn das »Volkskommissariat für innere Angelegenheiten« (NKWD), wie Stalins Geheimpolizei inzwischen heißt,[57] als »trotzkistischen Spion« verhaftet und daß er sich in einem der nächsten Monsterprozesse auf der Anklagebank wiederfindet.

Noch einmal im Jahr 1936 tritt der von Münzenbergs Konsensgeist erfüllte Ausschuß zur Vorbereitung der Deutschen Volksfront mit einer großen mahnenden Geste vor die Weltöffentlichkeit: Am 21. Dezember 1936 verabschiedet er den Appell »Bildet die Deutsche Volksfront! Für Frieden, Freiheit und Brot!«.[58] Doch der Faschismus ist deutlich im Vormarsch. Die Ereignisse in Madrid und Moskau beherrschen die Schlagzeilen. Hätte Käthe Arnd, die Münzenberg-Verehrerin aus Marburg, zu Weihnachten 1936 im Nazi-Gefängnis die deutsche Exilpresse lesen dürfen – eine absolut hypothetische weil utopische Annahme –, so wäre ihr in der PARISER TAGESZEITUNG vom 25. Dezember 1936 der Name ihres Idols unter dem »Spanien-Aufruf der deutschen Opposition/Hitler führt Krieg« aufgefallen. Neben Heinrich Mann, Georg Bernhard, Otto Klepper, Rudolf Breitscheid, Max Braun, Georg Denicke, Franz Dahlem und Kurt Funk (Herbert Wehner) beschwor Willi Münzenberg seine Landsleute im Dritten Reich, Hitlers militärische Hilfe für Franco zu hintertreiben.[59]

Sieh an, würde Käthe Arnd sich gesagt haben, er kämpft tapfer weiter, der Tagtraum-Willi mit Auto, sieben Sprachen und herausragender Intelligenz... Doch tatsächlich hat ihn eine Herzneurose befallen. Käthe Arnds Schutzpatron meldet sich Ende 1936 krank.

1937
Ein Herz für Propaganda?

»Kann man im Jahre 1937 das Wesen der faschistischen Propaganda umfassend behandeln wollen, ohne zu zeigen, dass der Trotzkismus seine giftigen Propagandawaffen für das Arsenal des Herrn Göbbels liefert? Warum hat Münzenberg das darüber vorliegende reichhaltige Material bei seiner Materialsammlung vollständig vergessen?«

(Aus dem Aufsatz, mit dem die DEUTSCHE VOLKS-ZEITUNG am 7. November 1937 Willi Münzenbergs Buch »Propaganda als Waffe« rezensierte) [1]

Einem seiner über fünfzig Schützlinge hat der Schulmeister in Friemar bei Gotha die Hand auf die Schulter gelegt. Das war wohl kein Zufall. Kam in den neunziger Jahren des vorigen Jahrhunderts ein Fotokünstler mit all seinen Utensilien auf ein thüringisches Dorf, um ein Gruppenbild der Schulkinder aufzunehmen, dann blieb so gut wie nichts dem Zufall überlassen. Gewaschen und gekämmt, mit ordentlicher Kleidung und geputzten Schuhen wurden die Sprößlinge zur Feier des Tages auf den Schulweg geschickt. Die Mädchen trugen ihr schönstes Kleid, darüber, sofern vorhanden, eine saubere Schürze oder gar einen kunstvollen Spitzenkragen. Die Jungs hatten ihre besten Joppen an, darunter bisweilen ein helles Hemd, das nur selten einen richtigen Kragen hatte. Der Lehrer, auch er im Sonntagsstaat, reihte die Geschöpfe stufenweise auf und stellte sich selbst an wohlbedachtem Platz dazu. Einem Kind legte er die Hand auf die Schulter. Und das war in unserem Falle der kleine Willi Münzenberg aus der Dorfschenke »Zum Erbprinzen«.

111

Warum hat sich Kantor Schneefuß für das Foto mit den Friemarer Schülern der Jahrgänge 1889 bis 1891[2] gerade hinter den jüngsten Münzenberg gestellt? Weil dessen Vater Friedrich Carl Münzenberg im Ort die Kneipe betrieb? Aus schnöder Berechnung vielleicht? – Oder weil der Knabe aus der Schenke so blaß und schmächtig wirkte neben den kräftigeren Bauernjungs? Weil Willi eine viel zu große, von seinen älteren Brüdern abgelegte Jacke trug? Weil sein Gesicht wieder mal gezeichnet war von den Schlägen seines Erzeugers, der die Wut über eine abgebrochene Feldwebel-Karriere im Suff und auf der Jagd zu vergessen suchte? Weil der Junge aus Furcht vor solchem »Übervater« bei Erregung ins Stottern geriet? Aus reinem christlichen Mitgefühl also? Oder weil Willi Münzenberg trotz der schlimmen häuslichen Verhältnisse das aufgeweckteste Kerlchen der großen Klasse war, die drei Geburtsjahrgänge umfaßte? Wollte der Schulmeister Schneefuß den Knaben durch Handauflegen von seinen sozialen Gebrechen heilen oder seinen Lerneifer per »pädagogischem Ritterschlag« vor der Kamera auszeichnen? – Die Fragen bleiben offen.

Willi Münzenberg wird das einmalige Klassenfoto selbst nie besessen haben. Da der Vater den »Erbprinzen«, in Friemar bis heute »die Münz« genannt,[3] in wenigen Jahren zum Bankrott führte und noch nicht einmal die Pfennige für Schreibhefte, geschweige denn für Schulbücher seines Sohnes herausrückte, wie Willi Münzenberg seinem Ende 1917 in einer Zelle der Zürcher Polizeikaserne geschriebenen »Lebenslauf«[4] anvertraute, und da die Stiefmutter, Friedrich Carl Münzenbergs zweite Frau, den Jüngsten aus der ersten Ehe ihres Mannes buchstäblich stiefmütterlich behandelte, wäre es ein Wunder gewesen, wenn die Münzenbergs einen Abzug vom Gruppenbild mit Willi zu seiner Erinnerung gekauft hätten. Doch aus dem Zürcher »Lebenslauf« wissen wir immerhin, daß

Willi Münzenbergs »schwächste Seiten in der Schule« in »Singen, Schönschreiben und Turnen« bestanden, während er »im Rechnen, im Aufsatz, in Geschichte etc. stets eine gute Note errang«.[5] Daß seine geistigen Gaben allerdings weder im Elternhaus noch in der Dorfschule angemessen entwickelt wurden, geht aus dem ganzen »Lebenslauf« hervor. Als etwa um die Jahrhundertwende ein Dorfschulmeister bei der Gemeinde eine Landkarte von Europa beantragte, wurde ihm gesagt: »Wozu brauchen wir eine Karte von Europa, dorthin kommt doch keiner von uns!«[6] In Willi Münzenbergs eigenem Zimmer in Zürich, wohin er 1910 kommen sollte, wird an der Wand eine große Weltkarte hängen, gedruckt von der berühmten Schiffahrtsgesellschaft NORDDEUTSCHER LLOYD BREMEN.[7]

Angesichts des ungestillten Wissensdurstes war es nicht verwunderlich, daß Willi Münzenberg im Sommer 1906 als Lehrling einer Erfurter Schuhfabrik eine Schwäche für »Propaganda« entwickelte. Dem eigenen Bekunden nach[8] wußte der Leistenjunge mit dem seinerzeit wenig gebräuchlichen Begriff zunächst überhaupt nichts anzufangen. »Selbst das Wort Propaganda war uns ein Buch mit sieben Siegeln. Dies Wort barg etwas Fremdes und Geheimnisvolles in sich.«[9] Doch da ein älterer Arbeiter drängte, faßte sich Münzenberg ein Herz und ging zu dem Verein, der »jeden Mittwoch im Restaurant ›Forelle‹ in der Grafengasse in Erfurt seine Versammlungen abhielt«[10]. Als der Lehrling – immer noch klein, blaß und schmächtig – dann einige Wochen krank feiern mußte, kam ihn ein Mitglied des Vereins mehrmals besuchen und brachte interessante Bücher mit. Vom Bildungsangebot fasziniert, wurde Münzenberg das jüngste Mitglied des sozialdemokratischen Bildungsvereins »Propaganda« zu Erfurt und ein Jahr darauf sogar dessen Vorsitzender.[11]

»Ich las viel«, schrieb Münzenberg später, »ohne jede

113

Ordnung und ohne System, die ›Welträtsel‹ von Haeckel, Bücher von Forel, Darwin, die Reden von Ferdinand Lasalle, Engels' ›Lage der arbeitenden Klasse in England‹, Gedichte von Freiligrath, Herwegh und Heine.«[12] Mit Schriften von Karl Kautsky und Bruno Schönlank hatte es angefangen, mit einer vielbändigen Weltgeschichte fand Münzenbergs autodidaktischer Nachhilfeunterricht seinen vorläufigen Abschluß. »Denn in dem Menschen«, schrieb der Brite Francis Bacon 1620, »steckt ein Ehrgeiz des Wissens wie des Wollens, namentlich in großen und bedeutenden Geistern.«[13] Indem der Leistenjunge seinen Ehrgeiz des Wissens befriedigen konnte, erweiterte sich nicht nur sein geistiger Horizont, sondern auch sein Selbstbewußtsein. Er fand den Mut zu öffentlicher Rede. Das Stottern hörte auf. Es war ein Schlüsselerlebnis geistiger Befreiung und individueller Selbstverwirklichung. Der Verein »Propaganda« hatte Münzenberg zu Geltung kommen lassen und ihm zugleich eine gescheite Vorstellung von Propaganda gegeben, an der er bis zuletzt festhalten sollte.

Der Propaganda-Begriff der deutschen Arbeiterbewegung war zunächst eindeutig vom Geist der europäischen Aufklärung bestimmt. Das in den Arbeiterbildungsvereinen vorherrschende Motto »Wissen ist Macht« war eine leicht vereinfachte Anleihe bei Bacons »Denn Wissen (Wissenschaft) selbst ist Macht«.[14] Mit Apologetik, Scholastik und anderen ideologisierten Voreingenommenheiten hatte dieser Propaganda-Begriff so wenig zu tun, wie Karl Marx und Friedrich Engels mit dem »verkehrten Bewußtsein« von Ideologie zu tun haben wollten. Wissen um die Dinge vermitteln und kritisches Bewußtsein wecken – mit diesen Zielen war die Arbeiterbildung Aufklärung im klassischen Sinne. »Aufklärung«, so hatte Immanuel Kant die Sache 1784 in der BERLINISCHEN MONATS-SCHRIFT einleuchtend definiert, »ist der Ausgang des

Menschen aus seiner selbst verschuldeten Unmündigkeit. Unmündigkeit ist das Unvermögen, sich seines Verstandes ohne Leitung eines anderen zu bedienen. Selbstverschuldet ist diese Unmündigkeit, wenn die Ursache derselben nicht am Mangel des Verstandes, sondern der Entschließung und des Mutes liegt, sich seiner ohne Leitung eines andern zu bedienen. Sapere aude! Habe Mut, dich deines eigenen Verstandes zu bedienen! ist also der Wahlspruch der Aufklärung.«[15]

Der Wahlspruch der Aufklärung war Münzenbergs unausgesprochener Wahlspruch. Dem »Ausgang des Menschen aus seiner selbst verschuldeten Unmündigkeit« war Münzenbergs Propaganda vor 1918 in der linken schweizerischen Jugendbewegung und nach 1918 in der deutschen und internationalen kommunistischen Bewegung verpflichtet. Vielleicht hätte Münzenberg die Kant-Definition um zwei Worte ergänzt: »Aufklärung ist der Ausgang des Menschen aus seiner sozial und selbst verschuldeten Unmündigkeit.« Doch das »Sapere aude!« bildete Münzenbergs Grundmotiv bei allen seinen propagandistischen Unternehmungen – von der weltersten Kinderzeitung DIE JUNGE SAAT (ab Juli 1917 in Zürich) über die welterste proletarische Illustrierte ARBEITER-ILLUSTRIERTE ZEITUNG (A-I-Z; ab Ende 1924 unter diesem Namen, in Berlin) bis hin zur wirklich sozial erschwinglichen UNIVERSUM-BÜCHEREI FÜR ALLE (ab 1927 in Berlin).[16] Die aufklärerische Grundabsicht ließ Münzenbergs Propaganda interessant werden. Er war so kühn, avantgardistische Themen (Sexuologie, § 218 usw.) ungeniert aufzugreifen und sich mit dem Geist der NEUEN SACHLICHKEIT in Kunst und Literatur zu verbünden. So kam die Propaganda zum Erfolg[17], die Münzenberg ans Herz gewachsen war.

Wer jetzt, im Frühjahr 1990, in Erfurt »Propaganda« sagt, muß mit einem Pfeifkonzert rechnen. Der Begriff, am Anfang des Jahrhunderts aufgekommen und dann weitgehend positiv besetzt, ist nun negativer besetzt als der Begriff der Manipulation. Und obschon Werbung wie Reklame aus ihrer manipulierenden Absicht keinen Hehl macht, wird sie nachsichtig belächelt, weil sie witzig und schööön ist. Jeder glaubt über Reklame erhaben zu sein, obgleich jeder sie per Warenkonsum mitfinanziert und ihrer »geheimen Verführung«[18] natürlich doch mehr oder weniger erliegt. Diese für den Menschen als primär denkendes Wesen seltsame Entwicklung – den zunehmenden Propaganda-Verdruß bei gleichzeitig wachsender Akzeptanz der Reklame, einschließlich der Polit-Reklame – hat Willi Münzenberg in den dreißiger Jahren irgendwie geahnt, vorausgefühlt und befürchtet.

Im März 1933 mußte Münzenberg erleben, wie die Nazis der deutschen Arbeiterbewegung den Begriff der Propaganda vollends stahlen und wie der aufklärerische Begriffsinhalt unverfroren ins Demagogische verschoben wurde. Joseph Goebbels, seit 1928 Reichspropagandaleiter der NSDAP, ließ sich am 14. März 1933 – am 50. Todestag von Karl Marx! – zum Reichsminister für Volksaufklärung und Propaganda küren. Die erste spektakuläre aufklärerische Leistung dieses Ministeriums für Volksaufklärung und Propaganda bestand in der Inszenierung der Bücherverbrennungen vom 10. Mai 1933, bei denen Goebbels selbst die Feuersprüche verlas. Sein Reichssendeleiter, Chef des damals wichtigsten Massenmediums, des Rundfunks, hatte vor 1933 Hitlers Hysterie-Veranstaltungen organisiert; nach der Machtübernahme schrieb dieser Eugen Hadamovsky unmißverständlich: »Propaganda heißt ja nichts anderes als geistige Gestaltung von einem zentralen Willen her. In diesem einen Sinne ist der Rundfunk überhaupt das idealste Propagandainstrument.«[19] Gestaltung von einem zentralen Willen her – das war das glatte Gegenteil von Aufklärung im Kantschen Sinne.

Goebbels setzte Propaganda als Synonym für Bevormundung. Propaganda war nicht mehr Ausgang des Menschen aus seiner sozial und selbst verschuldeten Unmündigkeit, sondern Eintritt und notfalls Einweisung in die geistige Unmündigkeit, in die Unsitte, sich des eigenen Verstandes nur noch unter Leitung eines andern, eines zentralen Willens zu bedienen.

Die Raffinesse und Rigorosität, mit der die Nazis den Propagandabegriff usurpierten und verdrehten, die ungeahnte manipulative Wirkung, die so erzielt wurde, und die vervielfältigende Macht der neuen Medien Tonfilm und Radio, die da schamlos genutzt wurde, lösten in Münzenberg tiefes Unbehagen aus. Ihm schwante, daß die eigene Partei und die Komintern mit ihrem biederen Glauben an die Allmacht des logisch argumentierenden Leitartikels der hirnverheerenden Kunst der Nazis nicht gewachsen sein würden. Er ahnte, daß die kommunistischen Apparate mit ihrem verbohrten antipsychologischen Dogma, mit ihrer penetranten Besserwisserei, mit ihrer Holzhammer-Agitation und Propaganda des erhobenen Zeigefingers, mit ihrem Hochmut als vermeintliche Besitzer ewiger Wahrheiten, mit ihrem hierarchisch privilegierten System der Verwaltung von politischen Glaubenssätzen, mit ihrer Lust an scholastischer Vergatterung von Gleichgesinnten wie an gehässiger Ausgrenzung von Andersdenkenden, mit ihrer knochentrockenen Amtssprache zumal, mit dem von Stalins Lobhudlern übernommenen peinlich primitiven, eher orientalisch barocken als europäisch proletarischen Führerkult und mit ihrem tiefsitzenden Mißtrauen gegenüber Intelligenz und eigenwilligem Denken – daß also seine propagandistisch derart deformierte Partei den kürzeren ziehen und dabei der europäischen Aufklärung wie dem Sozialismus einen schlimmen Dienst erweisen würde. Deshalb vor allem machte Münzenberg sich ans Werk – an sein Buch »Propaganda als Waffe«.

Unter normalen Umständen hätte »Propaganda als Waffe« ein Jahrhundert-Buch werden können. Erstmalig in der Arbeiterbewegung und in der Geschichte des sozialistischen/kommunistischen Denkens war da ein erfolgreicher, mit allen Wassern gewaschener Propaganda-Profi, der keine Angst vor neuen Ideen hatte, der die richtigen Leute kannte, der instinktiv erfaßte, was das Publikum lesen, anschauen und hören wollte, der Gesellschaftskritik anrührend und anspornend vorzubringen vermochte, der die Propaganda der Tat, die weltanschauliche Wirkung einer Nachricht, die vertrauensbildende Kraft von geistiger Gelassenheit, die werbenden Potenzen von Kunst und Unterhaltung sowie die unterschwellige Vorbildwirkung echter Führergestalten mit Witz, Humor und Selbstironie begriffen hatte. Hätte dieser Profi seine Erfahrungen ungeschminkt darstellen dürfen, wäre vermutlich ein Kompendium zu Egon Erwin Kischs »frivoler« Forderung von 1923 entstanden: »...zu lernen ist, daß nicht die bessere Sache den irdischen Sieg erficht, sondern die besser verfochtene Sache.«[20] Doch die Umstände, unter denen Münzenberg »Propaganda als Waffe« zu Papier brachte, waren nicht normal...

Im Oktober 1936, auf der Rückfahrt von Moskau nach Paris, hatte Münzenberg sich in aller Ruhe und nach reiflicher Überlegung entschlossen, nicht mehr nach Moskau zu fahren. Das berichtet Babette Gross, die ja dabei war, als Münzenberg sich so entschied.[21] Doch sowohl Dimitroff als auch Mittelsmänner des NKWD bedrängten Münzenberg, die »Probleme mit Moskau« zu bereinigen und dort die neue Arbeit bei Dimitroff aufzunehmen. Münzenbergs Plan, seine Verpflichtungen für Spanien so auszubauen, daß er unter Berufung auf sie dem Ruf nach Moskau ausweichen könne, gelang offensichtlich nicht in gewünschtem Maße. Auch wurde ihm bei der Übergabe seiner »Unternehmungen« an Smeral klar, daß die eigenen Publikationsmöglichkeiten immer geringer wurden. Der Einfluß, den er früher beim GEGEN-ANGRIFF hatte, war nach dessen Verwandlung in die DEUTSCHE VOLKS-ZEITUNG im März 1936 verlorengegangen. In der Redaktion der DEUTSCHEN INFORMATIONEN, ein in Paris von Heinrich Mann, Rudolf Breitscheid und Max Braun auf Münzenbergs Initiative herausgegebenes zweisprachiges Pressebulletin des Ausschusses zur Vorbereitung einer Deutschen Volksfront, sorgte Bruno Frei im Auftrage Ulbrichts dafür, daß möglichst wenig von Münzenberg vervielfältigt wurde. Nur DAS FREIE DEUTSCHLAND/MITTEILUNGEN DER DEUTSCHEN FREIHEITSBIBLIOTHEK am Pariser Boulevard Arago (die Bibiliothek war am 10. Mai 1934 als Antwort auf die nazistischen Bücherverbrennungen vom 10. Mai 1933 gegründet worden) druckte noch Münzenberg-Beiträge, so seine Schrift »Aufgaben einer deutschen Volksfront« als »Erweiterten Sonderdruck aus ›New Masses‹ New-York (Mainummer 1937)«.[22] Das muß rasch gegangen sein; denn schon am 6. Juni 1937 brachte TSCHAPAJEFF, die Frontzeitung des Tschapajeff-Bataillons an der Cordoba-Front des spanischen Bürgerkrieges, einen Auszug aus dem Pariser Sonderdruck.[23] Und wie lange Münzenberg seine EDITIONS DU CARREFOUR noch würde halten können, war ihm an der Jahreswende 1936/37 nicht klar.[23a] Wenn er also über »Propaganda als Waffe« schreiben wollte, dann hatte es bald zu geschehen.

Darüber, wann »Propaganda als Waffe« geschrieben wurde, gibt Babette Gross uns nur die vage Auskunft, es sei 1937 erschienen.[24] Genauer erinnert sich Münzenbergs Gefährtin daran, daß ihr Lebenskamerad im kleinen Sanatorium von Dr. Le Savouret in Chaténay-Malabry einige Wochen war und daß während dieser Zeit in Moskau der Radek-Prozeß lief. Der Prozeß in der »Strafsache des sowjetfeindlichen trotzkistischen Zentrums« »gegen

WILLI MÜNZENBERG

Durch unsere Uneinigkeit haben
wir Deutschland verloren, durch unsere Einigkeit werden wir Deutschland gewinnen.

AUFGABEN
EINER DEUTSCHEN
VOLKSFRONT

Erweiterter Sonderdruck aus „New Masses"
New-York (Mainummer 1937)

Programmatische Arbeit von Münzenberg,
auf Umwegen für deutsche Leser gedruckt

J. L. Pjatakow, K. B. Radek, G. J. Sokolnikow...« wurde
vom 23. bis 30. Januar 1937 vor dem »Militärkollegium
des Obersten Gerichtshofes der UdSSR« verhandelt und
endete mit 13 Todesurteilen, drei Verurteilungen zu je
zehn Jahren Gefängnis (darunter das Urteil gegen Karl
Radek) und einer Verurteilung zu acht Jahren Gefängnis.[25] Es gibt gute Gründe für die Annahme, daß der Radek-Prozeß Münzenberg den letzten Anstoß gab zu seinem Buch »Propaganda als Waffe«. Einerseits war mit
Karl Radek einer der letzten großen Publizisten der
Lenin-Ära, der Frühzeit der Komintern und der frühen
deutsch-sowjetischen Beziehungen endgültig ausgeschal-
tet worden, und andererseits konnte Münzenberg nach
diesem Prozeß nicht länger in die Krankheit »fliehen«. Im
Falle Karl Radeks und seiner absurden »Geständnisse«
war Münzenberg auch persönlich so betroffen, daß er
nicht untätig zu bleiben vermochte.

»Ein Segen«, mag sich Münzenberg in Chaténay-Malabry gesagt haben, »daß die schöne Larisa das nicht mehr
erleben muß.« Die ebenso gescheite wie attraktive Larisa
Rejsner (Reisner, auch Reissner) hatte in den letzten Jahren ihres kurzen Lebens den unansehnlichen, aber hoch-
intelligenten und bis zum Zynismus witzigen Karl Radek
zum Gefährten erwählt. Mit Recht war Radek stolz auf
seine »Eroberung«. Der intellektuelle Charme und die li-
terarische Kraft dieser revolutionären Reporterin, die im
Bürgerkrieg als Rote Kommissarin in unmittelbarer Nähe
des legendären Front- und Stabszuges des Kriegskommis-
sars Leo Trotzki ihr Leben aufs Spiel gesetzt hatte, dann
nach Afghanistan und an die Bürgerkriegs-Schauplätze
der deutschen Nachkriegskrise gegangen war, bezauber-
ten unzählige Leser gerade in Deutschland. Die Rezensen-
ten ihrer von Münzenberg verlegten Bücher waren – unabhängig vom jeweiligen politischen Standort – durchweg
begeistert. Als Larisa am 9. Februar 1926 im Alter von

121

VOLKSKOMMISSARIAT FÜR JUSTIZWESEN DER UdSSR

PROZESSBERICHT

ÜBER DIE STRAFSACHE

DES SOWJETFEINDLICHEN TROTZKISTISCHEN ZENTRUMS

VERHANDELT VOR DEM MILITÄRKOLLEGIUM DES OBERSTEN GERICHTSHOFES DER UdSSR
VOM 23.—30. JANUAR 1937

gegen

*J. L. Pjatakow, K. B. Radek, G. J. Sokolnikow,
L. P. Serebrjakow, N. I. Muralow, J. A. Liwschitz,
J. N. Drobnis, M. S. Boguslawski, I. A. Knjasew,
S. A. Rataitschak, B. O. Norkin, A. A. Schestow,
M. S. Stroilow, J. D. Turok, I. J. Hrasche,
G. J. Puschin und V. W. Arnold*

angeklagt des Vaterlandsverrats, der Spionage, Diversionstätigkeit, Schädlingsarbeit und der Vorbereitung terroristischer Akte, d. h. der Verbrechen gemäß Artikel 58^{1a}, 58^{6},
58^{9}, 58^{11} des Strafgesetzbuches der RSFSR

VOLLSTÄNDIGER
STENOGRAPHISCHER BERICHT

MOSKAU 1937
HERAUSGEGEBEN VOM VOLKSKOMMISSARIAT
FÜR JUSTIZWESEN DER UdSSR

*Im zweiten der drei berüchtigten Schauprozesse
ist Münzenbergs Freund Radek angeklagt*

dreißig Jahren in Moskau starb (vermutlich an Typhus), schrieb Jakob Altmaier, der weltläufige liberale Publizist, für DIE WELTBÜHNE einen Nachruf, der in den Sätzen gipfelte: »Die Mühseligen und Beladenen verlieren in Larissa Reißner so viel rotes Blut wie die Literatur eine leuchtende Blüte. Es bleibt uns nur die Erinnerung an einen herrlichen Menschen und daneben das unerforschte Rätsel der Natur, die oft sinnlos und brutal ihre besten Werke jäh zu zerstören scheint. Erbärmliches Gewürm lebt, und der Stiefelabsatz meidet es erschreckt. Larissa Reißner aber ist tot! Die Welt ist kälter und ärmer geworden.«[26]

Damit sich die Leser der WELTBÜHNE selbst ein Bild machen konnten von der hohen Reporter-Kunst der Rejsner, duckte das ziegelrote Journal zwei Monate später aus ihrem Nachlaß den Report »Junkers«, der nach einer Reise durch Deutschland im Sommer 1925 und nach einem Besuch in Dessau entstanden war.[27] Diesen Bericht über den Dessauer Flugzeug-Konstrukteur und die deutsche Zivilluftfahrt konnten die Leser des Jahres 1926 mit einem Aufsatz »Die Wahrheit über Junkers« vergleichen, der drei Wochen vorher in der WELTBÜHNE gestanden hatte.[28] Und wenn man heute den Rejsner-Report von 1925 aus Dessau neben einen beliebigen der zahllosen Junkers-Gedenkartikel der achtziger Jahre stellt, dann zeigt sich erst recht, daß Radeks Gefährtin und Münzenbergs Autorin eben einsame Spitze war. Das gilt auch für Karl Radeks Essay »Pilsudski«, den WELTBÜHNE-Herausgeber Siegfried Jacobsohn ebenfalls im Juni 1926 gedruckt hatte, obgleich natürlich Radek in Deutschland als »gefährlicher bolschewistischer Hetzer« bekannt und deshalb sogar für viele Leser der WELTBÜHNE eine »Zumutung« war.[29]

Anfang 1927, nachdem Münzenbergs NEUER DEUTSCHER VERLAG in einem heute erstaunlich anmutenden Rekordtempo den schönen, in weinrotes Leinen gehüllten und über 500 Seiten umfassenden Rejsner-Band »Oktober/Ausgewählte Schriften/Herausgegeben und eingeleitet von Karl Radek«[30] geschaffen und in die linken deutschen Buchläden gebracht hatte, sah Kurt Tucholsky eine Chance, der legendären Larisa (damals schrieb und sprach man noch: Larissa!) ein großes Kompliment nachzurufen. Er tat es in der nun unter Carl von Ossietzkys Verantwortung stehenden WELTBÜHNE. Und gleich die ersten Sätze des ungewöhnlich langen WELT-BÜHNE-Artikels hatten es in sich.

»Die ist in ihrem eignen Saft gekocht«, schrieb Ignaz Wrobel alias Kurt Tucholsky. »Wir haben so viel alte Weiber unter den Journalisten – eine so kluge, eine so kräftige war noch nicht dabei.«[31] Dann moniert Tucholsky, daß in dem Band ausgewählter Schriften »Hamburg auf den Barrikaden« fehlt, weil es von »einer sogenannten Justiz« »dem legalen Verkauf entzogen« worden sei. Er selbst besitze natürlich »Hamburg auf den Barrikaden« und schätze diese Schrift »als eins der besten Revolutionsdokumente, das so ganz nebenbei eine Meisterschilderung Hamburgs enthält«.[32] Tucholsky bekundete so seine Solidarität nicht nur mit Münzenbergs Verlag, dem ja die Rejsner-Broschüre über den Hamburger Aufstand verboten worden war, sondern auch mit den linken Buchhändlern Fritz Domning, Paul Zobel und Rudolf Reimann, die der Vierte Strafsenat des Reichsgerichts wegen »Vorbereitung zum Hochverrat« zu je zehn Monaten Festung und je 500 Mark Geldstrafe verurteilt hatte.[33] Dabei war dem Reichsgericht die erstaunliche »Rechtsauffassung« zugeflogen, Goethes Gedicht »Allen Gewalten zum Trotz sich erhalten« sei zwar vom Dichter nicht hochverräterisch gemeint gewesen, müsse aber in einer Anthologie für junge Arbeiter »als zum Hochverrat aufreizend« angesehen werden.[34]

»Glaubt das Reichsgericht«, fragte DIE WELT-
BÜHNE, »mit solchen Methoden die Propaganda der
KPD lahmzulegen und den Staat, der durch seine schwer
verbrecherischen Wirtschaftsmethoden mehr revolutionäre Propaganda treibt als alle Kommunisten zusammen,
vor seinem Schicksal bewahren zu können?« Und: »Die
von den Gerichten und Behörden verbotenen Schriften
finden nicht nur wie jedes andre nicht verbotne Buch Ver-
leger, Verkäufer und Abnehmer, sie erzielen sehr oft weit
höhere Auflagen als die von der Regierung gebilligten Arbeiten.«[35] In diesem Sinne sagt Tucholsky über Larisa
Rejsners Hamburg-Report: »Die Konfiskation dieser Broschüre nützt natürlich, wie alle derartigen Kindereien,
zum Glück wenig. Und im ›Oktober‹ bleibt noch reichlich
genug Schönes.«[36]

Tucholsky lobt provokant die »sehr gute Vorrede Radeks« zum Sammelband »Oktober« und schließt seine
enthusiastische Rezension mit postumer Anrede an die
wundervolle Larisa: »Du bist für Rußland zu früh gestorben. So eine wie Dich haben wir nie gehabt. So eine wie
Dich möchten wir gerne haben...«[37] Das war Ende Januar 1927 geschrieben worden. Nun, genau zehn Jahre
später, sieht sich Willi Münzenberg, der die Rejsner, den
Radek und den Tucholsky persönlich gut gekannt und sie
alle drei als Spitzenkönner progressiver Aufklärung ver-
ehrt und verlegerisch gefördert hat, von allen diesen guten
Geistern verlassen. Eine eigenartige Bilanz: Der Typhus
raffte die Rejsner dahin. Die braunen Teufel trieben
Tucholsky in den Tod von eigener Hand. Und Stalins politische Geheimpolizei erniedrigte Radek zum Popanz, um
ihn dann in einem der tödlichen sibirischen Schweige-
lager für immer verschwinden zu lassen. Abgesehen von
den Gedanken und Gefühlen der Solidarität mit dem offensichtlich unschuldig ins Nichts verbannten Genossen
Karl Radek, die Münzenberg im Frühjahr 1937 bewegen

125

– der zweite der drei monströsen Moskauer Schauprozesse (der dritte, gegen Bucharin gerichtete, wird 1938 folgen) stürzt den deutschen kommunistischen Propagandisten in ganz praktische Konflikte und in größte Gewissensnöte.

Da sind beispielsweise die in Münzenbergs NEUEM DEUTSCHEN VERLAG erschienenen Bücher mit Beiträgen von Radek. Nicht nur der Rejsner-Band »Oktober« enthält einen Radek-Text – das von Tucholsky gelobte Vorwort. Auch die klassische deutsche Ausgabe von Boris Pilnjaks Roman »Die Wolga fällt ins Kaspische Meer«, 1930 in zehntausend Exemplaren im NDV herausgekommen und 1931 zum Jubiläumsband (dem 100. Titel!) der UNIVERSUM-BÜCHEREI FÜR ALLE erklärt, war mit einem Radek-Beitrag versehen, weil Pilnjak schon damals in der Sowjetunion angefeindet wurde und Münzenberg meinte, ihn nur mit der absichernden kritischen Betrachtung aus Radeks Feder drucken zu können.[38] Jetzt, im Frühjahr 1937, nachdem Radek in Moskau zur »Unperson« geworden ist, muß Münzenberg entweder fortan auf diese Bücher verzichten und etwaige aus Nazideutschland gerettete Restexemplare[39] verschwinden lassen, oder, sofern er das nicht will, hat er einen ernsthaften Dissens mit der Moskauer Führung in Kauf zu nehmen.

Da sind ferner die Diskussionen mit den verschiedenen politischen Freunden in der Pariser Emigration. Was soll Münzenberg sagen, wenn ihn Volksfront-Freunde etwa aus der SAP auf den Radek-Prozeß ansprechen? Eine gewundene Erklärung wie im letzten November nach dem Sinowjew-Prozeß ist nun objektiv und subjektiv nicht mehr möglich. Wollte Münzenberg den Radek-Prozeß auch nur partiell verteidigen, müßte er gegen seine innere Überzeugung sprechen. Würde er aber seine Überzeugung auch nur im Ansatz und im internen Kreis artikulieren, böte er seinen politischen Gegnern in der eigenen Partei gefährliche offene Flanken und eine unüberbrückbare Auseinandersetzung mit der KPD- und Komintern-Führung wäre unvermeidlich. Es spricht manches dafür, daß die Arbeit an »Propaganda als Waffe« die willkommene Möglichkeit bietet, unliebsamen Diskussionen mehr oder weniger elegant auszuweichen.

Die größten Komplikationen bringt der Radek-Prozeß allerdings gerade für »Propaganda als Waffe« mit sich. Vor dem Prozeß wäre ein Buch vorstellbar gewesen, mit dem Münzenberg einen Erfahrungs- und Rechenschaftsbericht eigener Arbeit gegeben hätte. Analog zu seinem Buch »Solidarität/Zehn Jahre Internationale Arbeiterhilfe 1921–1931« hätte es »Propaganda/Zwanzig Jahre kommunistische Aufklärungsarbeit 1917–1937« heißen können. Nach dem Prozeß ist daran kaum noch zu denken.

Im Herbst 1929, in seinem Buch »Die Dritte Front/Aufzeichnungen aus 15 Jahren proletarischer Jugendbewegung«, hatte Münzenberg, gradlinig und selbstbewußt wie er war, keine Rücksicht auf die personellen Konjunkturen der innerparteilichen Auseinandersetzungen und Machtkämpfe der KPdSU(B) genommen. Obgleich Sinowjew und Schazkin, seine eigenen Widersacher von 1921, bereits offenkundig bei Stalin »in Ungnade gefallen« waren, hatte Münzenberg keinen Grund gesehen, deren Rolle in der frühen Geschichte der Kommunistischen Jugendinternationale »konjunkturgerecht umzufärben« oder die beiden gar als »Unpersonen« zu verschweigen.

Jetzt aber, Anfang 1937, nachdem Radek öffentlich gestanden hat, ein »terroristischer Verschwörer« im Auftrage Trotzkis und »somit« im Dienste der Gestapo (!) gewesen zu sein, wäre es nur bei einer offenen Absage an die Moskauer Monsterprozesse möglich, Karl Radek, diese Schlüsselfigur wirksamer kommunistischer Propaganda in der Komintern, namentlich zu nennen und seine Leistungen geschichtlich wahrheitsgemäß zu würdigen. Gleiches gilt für zahlreiche andere herausragende Köpfe der kommunistischen Bewegung und des linken Geisteslebens. Münzenberg muß, wenn er nicht mit Moskau und mit seiner Partei brechen will, sein Buch »Propaganda als Waffe« politisch und geistesgeschichtlich bereits amputieren, bevor er noch richtig angefangen hat, es zu Papier zu bringen.

Wie Babette Gross sich erinnert, kam zu dieser Zeit Münzenbergs alter Freund Kurt Kersten mit reichhaltigem Material über die Nazi-Propaganda von Prag nach Paris. Kersten war auch bereit, seinen Kollegen bei der Aufbereitung des Materials zu unterstützen.[40] So entstand ein durchaus interessantes und bis heute lehrreiches Buch, das aber nicht die guten Erfahrungen Münzenbergscher linker Propaganda zum Inhalt hat, sondern die Nazi-Propaganda, deren spezifischen Charakter und ihren hohen politischen Stellenwert in der gesamten faschistischen Bewegung.[41] Münzenberg wird gehofft haben, auch mit einem derart amputierten Buch einsichtsvolle Genossen der Komintern- und KPD-Führung auf die zunehmende Bedeutung des »Kampfes um die Köpfe« aufmerksam machen und eine entsprechende Diskussion in Gang setzen zu können, die zu einer kritischen Überprüfung der Inhalte und Methoden der Komintern-Propaganda geführt hätte. Vermutlich wollte Münzenberg sich die von Dimitroff vorgeschlagene Arbeit in der Propaganda-Abteilung der Komintern als Möglichkeit offenhalten und gerade für diese Tätigkeit einen indirekt kritischen programmatischen Ansatz liefern. Schon Babette Gross hat ja bemerkt, daß in »Propaganda als Waffe« Georgi Dimitroff dreimal und Stalin nur einmal zitiert sind[42] – was zu jener Zeit nicht als Zufall abgetan werden konnte.

Das recht umfangreiche Buch ist verhältnismäßig rasch geschrieben worden. Zwar wissen wir nicht, wann genau Münzenberg damit begonnen hat. Ungefähr läßt sich dieser Zeitpunkt auf Ende Januar/Anfang Februar 1937 festlegen. Doch ziemlich genau können wir jetzt sagen, wann das Manuskript abgeschlossen war. Im SAP-Archiv befindet sich nämlich ein vom 13. Mai 1937 datierter Brief, der vermutlich an Jacob Walcher gerichtet war: »Willi fragt, ob er Dich Donnerstag nach Pfingsten, nachmittags um 3 Uhr in der Closereie des Lilas treffen kann. Er hat dann sein Buch beendet. Besten Gruß Hans.«[43] Das kann Münzenbergs Sekretär Hans Schulz geschrieben haben. Und demnach wäre »Propaganda als Waffe« Ende Mai 1937, nach rund viermonatiger Arbeit also, in Satz gegangen. Und ziemlich genau zu diesem Zeitpunkt, am 25. Mai 1937, schrieb Walter Ulbricht an Heinrich Mann einen Brief, der in der bisherigen Münzenberg-Literatur fast völlig unbeachtet geblieben ist, obgleich er erstaunlicherweise schon 1966 veröffentlicht wurde und eine handfeste Intrige gegen Münzenberg enthält.[44]

Es ist ein ellenlanges Schreiben von ausgesuchter Höflichkeit gegenüber dem Dichter und Volksfront-Förderer, der mit »Lieber Freund Heinrich Mann!« angeredet wird und dem sich der Absender »Mit den besten Grüßen« als »Ihr Walter« empfiehlt. Mit dem Brief versucht Ulbricht den »lieben Freund« Heinrich Mann in vierfacher Hinsicht festzulegen: Erstens verteidigt »Walter« die neuerliche polemische Kampagne, die er selbst mit Hilfe der DEUTSCHEN VOLKS-ZEITUNG gegen den Prager Vorstand der SPD führt und über die sich Rudolf Breitscheid bei Heinrich Mann beschwert hat, weil solche Polemik den Konsens im Ausschuß zur Vorbereitung der Deutschen Volksfront erschwere. Zweitens wirft Ulbricht der POUM (PARTIDO OBRERO DE UNIFICATIÓN MARXISTA – Arbeiterpartei der marxistischen Vereini-

129

WILLI MÜNZENBERG

PROPAGANDA
ALS WAFFE

1937
ÉDITIONS DU CARREFOUR

Nach dem Prozeß gegen Radek
schreibt Münzenberg sein letztes Buch,
das Ulbricht verdammen läßt

gung) in Spanien vor, volksfrontfeindlich zu sein und mit ihrer trotzkistischen Politik General Franco zu helfen.[45] Drittens legt Ulbricht Heinrich Mann als dem Vorsitzenden des Ausschusses zur Vorbereitung oder Schaffung der Deutschen Volksfront nahe, »daß der Volksfrontausschuß von sich aus die SAP auffordert, mit der POUM zu brechen«. Und viertens schlägt der Genosse Walter »die Schaffung eines engeren Büros« im Volksfrontausschuß vor – »zusammengesetzt aus Heinrich Mann, Rudolf Breitscheid, Georg Bernhard, Walter und Jacob Walcher (Genosse Willi Münzenberg wird infolge einer längeren Abwesenheit von Paris nicht teilnehmen können.)«!.[46]

Wie muß dieser Brief auf Heinrich Mann gewirkt haben? Sicher nicht sehr vertrauenerweckend. Eher wie eine versteckte Nötigung in jenem Apparat-Jargon, der mehr verschleiert als er offenlegt. Was heißt da: »Abwesenheit von Paris«? Wieso erfährt Heinrich Mann nicht, wo Münzenberg während der »Abwesenheit von Paris« sein wird? In Spanien? In den USA? In Kassel etwa? Oder im Krankenhaus? Oder in Moskau? Und woher weiß Ulbricht, daß es sich um eine »längere Abwesenheit« handeln wird? Und wie lange wird sie dauern? Zehn Wochen? Zehn Jahre? Oder gar lebenslänglich?

Ob es eine »Gnade der späten Geburt« gibt, mag bezweifelt werden. Doch es ist manchmal das Glück der später Geborenen, daß sie gewisse Doppelzüngigkeiten von früher Geborenen leichter durchschauen können als deren Zeitgenossen. So auch hier. In der schon erwähnten Handakte Wilhelm Piecks zum Fall Münzenberg finden sich drei Brieftexte, die den Ulbricht-Brief an Heinrich Mann auf eigentümliche Weise »abrunden«: Erstens ist da der Entwurf eines Briefes, den Münzenberg an Breitscheid schicken sollte.[47] Der Text, der vermutlich von Ulbricht stammt, wurde Münzenberg auf einer Sitzung des Sekretariats des ZK der KPD Mitte Juni 1937 mit der For-

131

derung übergeben, ihn zu unterschreiben und an Breitscheid abzuschicken. »Lieber Freund B.«, sollte Münzenberg von sich geben, »Mir ist mitgeteilt worden, dass in SP-Kreisen Gerüchte verbreitet werden, dass ich meine mir von der KI angegebene Arbeit nicht antreten wolle. Der Zweck dieser Gerüchte kann nur sein, zwischen mir und der KPD zu differenzieren. Ich hatte Sie schon persönlich darauf aufmerksam gemacht, dass dies ein hoffnungsloses Beginnen sei, und bitte Sie, überall dort, wo solche Gerüchte auftreten, diesen entgegenzutreten. Ich kann Ihnen dazu noch mitteilen, dass ich auf einige Zeit Paris verlasse, um eine andere Parteitätigkeit auszuüben. Mit besten Grüssen W. M.«

Auf den Durchschlag dieses obskuren Briefes hat Pieck in Moskau notiert: »Mit W. M. vereinbarter Textentwurf/ aber Brief nicht abgeschickt«.[48] Daß Münzenberg den sprachlich wie inhaltlich unmöglichen Text nicht unterschrieben und nicht an Breitscheid geschickt hat, erfahren wir auch aus dem zweiten Brieftext, einem Briefbericht Walter Ulbrichts an Wilhelm Pieck – geschrieben Anfang Juli 1937 vermutlich in Paris, eingegangen bei der Komintern am 15. August 1937 (!) und bei Pieck am 17. August 1937. Obgleich der Brief an Breitscheid mit Münzenberg »vereinbart« worden sei, »berichtet« Ulbricht Wilhelm Pieck, habe Münzenberg »eine Viertelstunde vor der Volksfrontausschusssitzung« vom 26. und 27. Juni 1937 mitgeteilt, »dass er den Brief an Breitscheid nicht abgeschickt habe, da das seiner Ueberzeugung widerspreche«.[49] Und dann kann Pieck Ulbrichts gewundenen Worten entnehmen, daß der Volksfrontausschuß sich geschlossen hinter Münzenberg gestellt und seine Wahl in das »engere Büro« des Ausschusses durchgesetzt hat. Breitscheid habe sogar erklärt, »dass er als Vorsitzender (des Büros – H. W.) niederlegt, wenn Willi nicht Schriftführer wird«.

Ein Glanzstück an Doppelzüngigkeit liefert Ulbricht, indem er Pieck über eine Aussprache mit Heinrich Mann »informiert«, in der »sich völlige politische Uebereinstimmung zeigte, aber offensichtlich in der Frage Münzenberg Meinungsverschiedenheiten bestanden. Gegenüber den von anderer Seite verbreiteten Gerüchten machten wir H. M. darauf aufmerksam, dass uns nichts davon bekannt ist, dass Willi M. aus dem allgemeinen Volksfrontausschuss zurückgezogen worden sei, da er ja von uns keine solche Mitteilung erhalten habe. Es wird allerdings nicht möglich sein, dass Willi die laufende Arbeit in nächster Zeit erledigt, da er nach unserer Kenntnis nach M. fährt. Das ist der Grund, warum wir ihn nicht in den engeren Arbeitsausschuss (auch engeres Büro genannt – H. W.) vorgeschlagen haben...« Im Brief an Heinrich Mann vom 25. Mai 1937 hingegen hatte Ulbricht geschrieben, »Münzenberg wird infolge einer längeren Abwesenheit von Paris nicht teilnehmen können«. Und im Entwurf des Briefes an Breitscheid sollte Münzenberg selbst schreiben, er werde »eine andere Parteitätigkeit« ausüben.

Zunächst also hat Ulbricht eine Schlacht verloren. Die Solidarität des Volksfrontausschusses mit Münzenberg verhindert dessen »Zurückziehung« aus der Volksfrontarbeit. Damit hat Münzenberg einen guten Grund, nicht nach Moskau zu fahren. Daß er um diesbezügliche Ausflüchte nicht verlegen ist, zeigt indirekt besonders der dritte Brieftext aus Piecks Münzenberg-Handakte: der Durchschlag eines Schreibens »An Gen. Willi Münzenberg«, das im Namen des »Sekretariats des ZK« der KPD am 6. Juli 1937 formuliert wurde und dem Empfänger in seinem Urlaubsort in der französischen Provinz zugestellt werden mußte.[50] »Wir ersuchen Dich deshalb«, lautet die abschließende Forderung des von Ulbricht geführten Sekretariats, »Deine Erholungsreise abzubrechen und nach M. zu reisen, um dort die Differenzen zu klä-

133

ren«. Münzenbergs Erklärung, er könne nicht sofort nach Moskau reisen, weil er »auf Wunsch von zu Hause die englische und französische Ausgabe« seines Buches korrigieren müsse, entspreche nicht den Tatsachen, wie das Sekretariat in Erfahrung gebracht habe.[51] »Auch Deine Angabe, dass Du noch nähere Mitteilungen von M. erwartest, kann unmöglich den Tatsachen entsprechen...«

Ulbricht, der diesen Brief des ZK-Sekretariats vermutlich von Prag aus zu Münzenberg bringen ließ, baut seinem Kontrahenten eigenartige »goldene Brücken«: »Wir hatten von uns aus vorgeschlagen, sofort auf etwa eine Woche nach M. zu reisen und uns dafür einzusetzen, dass Du unmittelbar nach der Aussprache nach Paris zurückkehrst.« Also nicht mehr eine »längere Abwesenheit von Paris«? Keine »andere Parteitätigkeit« mehr? Soll es nun doch möglich sein, »dass Willi die laufende Arbeit« im Volksfrontausschuß und in dessen Büro »in nächster Zeit« (nach »etwa einer Woche«) »erledigt«? Ulbrichts Taktieren ist verräterisch. Und je hartnäckiger er auf Münzenbergs Reise nach Moskau drängt, desto mißtrauischer wird dieser, desto stärker festigt sich dessen Vorsatz, nicht mehr nach Moskau zu reisen, und desto mehr gelangt die ganze Sache an die Öffentlichkeit. Münzenberg fragt in diesem Sommer 1937 zahllose Freunde aller politischen Couleur, ob er fahren soll oder nicht. Damit ist das Medienereignis programmiert.

Am 22. Juli 1937 meldet die in Paris erscheinende antisowjetische russische Tageszeitung POSLEDNIJE NOVOSTI (von der Münzenberg weiß, daß sie von der sowjetischen Diplomatie gelesen wird), zwischen Münzenberg, dem Komintern-Vertreter in Paris, und der Komintern sei ein Konflikt ausgebrochen, und Münzenberg weigere sich, zur Klärung desselben nach Moskau zu fahren. Am nächsten Tag übergibt Münzenberg der PARISER TAGESZEITUNG und der HUMANITÉ eine Erklärung, in der »die Nachricht von einem Konflikt zwischen mir und der Kommunistischen Internationale« als »von Anfang bis Ende erfunden« bezeichnet wird. Münzenberg wörtlich: »Nachdem bereits im Oktober 1936 die gleiche Quelle lanciert hat, dass ich in Moskau verhaftet, verschickt und erschossen sei, wird mir nun dieses Schicksal vom ›Poslednija Novosti‹ für die Zukunft geweissagt...«[52] Am 24. Juli 1937 steht Münzenbergs Erklärung in den beiden Zeitungen. Nun steigen alle möglichen Blätter und Rundfunkstationen ein. Selbst im fernen Kanada entwickelt sich um den Fall Münzenberg eine Presse-Fehde.[53] Und POSLEDNIJE NOVOSTI faßt am 25. Juli 1937 auf der Titelseite nach: »Wir schrieben, daß vor einigen Monaten sein Konflikt mit Moskau heranreifte, der mit der Weigerung, nach Moskau zurückzukehren, zum Ausbruch kam. In dieser Beziehung enthält die ›Erklärung‹ Willi Münzenbergs leider kein Wort.«

Wilhelm Pieck, dem Ulbricht möglichst viele Belege des Pressewirbels nach Moskau sendet, unterstreicht den Satz des russischen Emigrantenblattes über die Lücke in Münzenbergs Dementi. Und am 2. August 1937 schreibt Pieck an Dimitroff: »In einer Sitzung der Genossen Pieck, Dengel, Florin, Kunert und Müller wurde beschlossen dem Sekretariat des EKKI vorzuschlagen, dass Willi Münzenberg aus der KPD, dessen Zentralkomitee er angehört, auszuschliessen, wenn er auf nochmalige Aufforderung nicht bis zum 15. August in Moskau ist. Die gegenwärtige Lage ist durch das Verhalten von Münzenberg derart, dass in der Presse überall darüber geschrieben wird, dass Münzenberg sich weigert der Aufforderung zur Komintern zu kommen, Folge zu leisten. Seine im ›Pariser Tageblatt‹ abgegebene Erklärung geht dieser Fragestellung aus dem Wege... Es ist aus Gründen der internationalen Disziplin für die Komintern nicht tragbar, Münzenberg die weitere Möglichkeit zu geben als Beauftragter

135

der Komintern aufzutreten und andererseits gegen die internationale Disziplin zu verstossen. Mit bestem Gruß! W. Pieck«[54]

Es läßt sich nicht feststellen, ob der Brief, der Piecks handschriftlichen Namenszug trägt, wirklich an Dimitroff gegangen ist. Dagegen spricht nicht nur die volle Unterschrift (die meist dem Original vorbehalten ist; und wäre das Papier in Piecks Handakte das Original, könnte es kaum an Dimitroff abgeschickt worden sein), sondern auch der unfertige Charakter des Briefes (die orthographischen Fehler, der falsche Name der PARISER TAGESZEITUNG). Hat Dimitroff aber den Brief bekommen, dann ist er dem Ausschlußantrag zunächst nicht gefolgt. Ehe Münzenberg aus der KPD ausgeschlossen werden kann, müssen seine Gegner in der KPD-Führung noch zahlreiche Intrigen spinnen – fast zwei Jahre noch, bis zum Frühjahr 1939.

Doch Walter Ulbricht läßt sich so leicht nicht entmutigen. Schon im Berichtsbrief an Pieck von Anfang Juli 1937 hat er ein neues Feld der Verdrängungsintrige gefunden: Münzenbergs Buch »Propaganda als Waffe«. Ulbricht schreibt wörtlich: »Zum Buch von Willi Münzenberg ›Die Propaganda als Waffe‹. Das Buch erschien im Carrefour-Verlag, der uns bekanntlich nicht untersteht. Wir hatten erfahren, dass die DVZ eine Rezension des Buches veröffentlichen will und hatten sie aufgefordert, uns die Rezension vorher vorzulegen. Nach Erhalt dieses Briefes teilte sie mit, dass eine solche Rezension noch nicht geschrieben sei. Inzwischen veröffentlichten sie jedoch in der Nummer vom 13. 6. einen Auszug aus dem Buch mit einer Vorbemerkung. Wir haben die Absicht, unsere Kritik an diesem Buch in der ›Internationale‹ zu veröffentlichen. Angesichts der weittragenden politischen Konsequenzen einer solchen Kritik werden wir Euch vorher den Artikel zusenden, um Eure Meinung zu erfahren über die taktische

Seite der Veröffentlichung in der jetzigen Situation.«[55] Ob das geschehen ist, ob Ulbricht die »Rezension« und die Art ihrer Veröffentlichung mit Pieck »abgestimmt« hat, läßt sich an Hand der Pieckschen Münzenberg-Akte nicht genau feststellen. Dort befinden sich nur zwei Rezensions-entwürfe aus der Feder von Philipp Dengel, von denen der sachlichere Entwurf unter Dengels Namen in der Komin-tern-Zeitschrift KOMMUNISTISCHE INTERNATIO-NALE (Heft 9/1937 vom 30. September 1937) veröffent-licht wurde.[56] Die von Ulbricht inspirierte »Rezension« indes, die als ein demonstrativer Verriß noch milde cha-rakterisiert ist, kann durchaus ohne Piecks Zustimmung verfaßt und gedruckt worden sein. Darauf deutet die durchtriebene Erscheinungstechnik hin: die Veröffent-lichung im KPD-Organ DIE INTERNATIONALE/ ZEITSCHRIFT FÜR PRAXIS UND THEORIE DES MARXISMUS/BEGRÜNDET VON ROSA LUXEM-BURG UND FRANZ MEHRING (Heft 7/8/1937) mit Vorabdruck in der weiter verbreiteten DEUTSCHEN VOLKS-ZEITUNG ausgerechnet am 7. November 1937, am 20. Jahrestag der russischen Oktoberrevolution.[57]

Während Dengels Aufsatz in der Komintern-Zeitschrift auf biedere Scholastik hinausläuft, ist der von Ulbricht in-spirierte und vermutlich partiell auch verfaßte DVZ-Arti-kel unverfroren und ungeschminkt auf politische Denun-ziation angelegt. Dengel will beweisen, daß Münzenbergs Buch »unmarxistisch« ist. Ulbricht hingegen möchte Münzenberg bei der sowjetischen Führung als »Trotzki-sten« anschwärzen. Dengel, dessen Dogmatik starr genug ist, um den Problemgehalt des Unterschiedes zwischen der besseren Sache und der besser verfochtenen Sache überhaupt nicht zu begreifen, glaubt Münzenberg eine Mißachtung des Klasseninhalts der Nazi-Propaganda ankreiden zu müssen – offenbar deshalb, weil der Verfas-ser von »Propaganda als Waffe« das politische Einmaleins

als bekannt voraussetzt und nicht die Absicht hatte, eine
Politfibel zum Memorieren von Binsenwahrheiten vorzulegen. Während also Dengel Mühe hat, das zu verstehen,
was bei Münzenberg in den Zeilen steht, erfaßt Ulbricht
instinktiv sogar das, was zwischen Münzenbergs Zeilen
steht, und ist dabei wild entschlossen, jede Blöße zu nutzen, die sich der ebenso beneidete wie gehaßte politische
Nebenbuhler gibt.

Philipp Dengels Denken steht für jene Genossen der
KPD, die aus intellektuellem Unvermögen, aus geistiger
Unbeweglichkeit und ideologischem Starrsinn auch 1937
noch keine Konsequenzen aus der Niederlage von 1933 gezogen haben. Dengels Kritik an Münzenberg bleibt monokausal und eindimensional, insofern völlig undialek-
tisch und also unmarxistisch.[58] Dengels Haupteinwand
gegen »Propaganda als Waffe« hat folgende Logik: Da die
Nazi-Propaganda ihrem Klasseninhalt nach bürgerliche
Propaganda ist, und da bürgerliche Propaganda, auch die
sich liberal gebende, geschichtlich seit längerem schon re-
aktionär ist, kann die Goebbels-Propaganda einfach keine
neue Qualität haben, wie Münzenberg in seinem Buch
unterstellt. Der Erfolg der Nazis 1933 gehe kaum auf deren Propaganda zurück, sondern auf die »Hoffnungslosig-
keit der Mittelschichten« in der damaligen wirtschaftlichen und sozialen Krise. Und »natürlich« hätten diese
Mittelschichten sich nicht Hitler zugewandt, wenn die Arbeiterklasse nicht »durch die Koalitionspolitik der Sozialdemokratie« gespalten gewesen wäre. Münzenberg weise
demnach »der Propaganda einen Platz an, die (gemeint
ist offensichtlich: den! – H. W.) sie nie und nimmer haben
kann«.[59] Die Dengel-Argumentation, die zwischen Goebbels-Propaganda und der Propaganda etwa britischer Li-
beraler keinen Unterschied macht, fällt weit hinter die Beschlüsse des VII. Weltkongresses der Komintern zurück
und desavouiert praktisch die ganze Volksfrontpolitik.

Daß Dengels scholastischer Exkurs dennoch von Pieck gebilligt und in der Komintern-Zeitschrift unwidersprochen veröffentlicht wurde, läßt erkennen, wie weit der Komintern-Apparat schon 1937 seiner eigenen politischen Autorität entkleidet war.

Im Unterschied zu Dengel verkörpert Ulbricht jenen Typ von Kommunisten, die sich in entscheidenden Momenten der Entwicklung ihrer Partei nicht lange bei theoretischen Grundsätzen, programmatischen Erwägungen und sittlichen Bedenken aufhalten, sondern als Polit-Profis, als gewiefte Taktiker und als Pragmatiker des Apparats jeweils rasch und konjunkturritterlich darauf sehen, daß ihr Individual- und Gruppeninteresse im Parteiinteresse gut aufgehoben bleibt – mehr noch: daß ihr Individual- und Gruppeninteresse zum Parteiinteresse erhoben wird. Solcher Parteistuben-Bonapartismus ist natürlich nicht von Kommunisten erfunden worden und war in anderen Parteien lange Zeit viel stärker ausgeprägt und gleichsam heimischer als in der KPD. Doch unter dem dreifachen Ausnahmezustand der dreißiger Jahre – Niederlage 1933, Illegalität in Deutschland und Stalin-Terror in der Emigration – ist die KPD den parteibürokratischen Versuchungen noch weniger gewachsen als in den zwanziger Jahren. Die objektiven Umstände begünstigen den Typ Ulbricht, während eigenständige Denker und Initiatoren wie Münzenberg immer weniger Chancen haben. Nur so ist es möglich, daß in der KPD-nahen DEUTSCHEN VOLKS-ZEITUNG am 20. Jahrestag der Oktoberrevolution Lenins Freund Willi Münzenberg öffentlich als eine Art Parteifeind denunziert wird.

»Münzenberg hat vergessen«, heißt es in der DVZ, »dass vor allem die Politik und niemals allein die Propagandatechnik in der Geschichte entscheidet.« Wer Münzenbergs Buch gelesen hat, der weiß, daß das nicht stimmt, sondern blanke Demagogie ist. Aber Ulbricht läßt das halbfett drucken, wie auch diesen infamen Satz: »Glaubt Willi Münzenberg, dass man Göbbels einfach durch die Nachahmung seiner Propagandatechnik, dadurch, dass man Göbbels ›übergöbbelst‹, schlagen könne?« Wer Münzenbergs Buch gelesen hat, der weiß, daß der Autor nicht Goebbels imitieren, sondern dessen Propaganda analysieren will, um ihr endlich wirksam begegnen zu können. Es ist infam, gerade Münzenberg zu unterstellen, ihm gehe es wie Joseph Goebbels um Lug und Trug und um Appelle an niederste Instinkte. Gegen Ende der DVZ-Denunziation wird heuchlerisch gewünscht, »dass Genosse Münzenberg mit Hilfe der Partei alle diese ernsten Fehler möglichst bald korrigieren« möge. Sie wären ihm nicht unterlaufen, »wenn er das Buch vor seiner Veröffentlichung mit der Partei beraten hätte, wie das für einen kommunistischen Funktionär eigentlich selbstverständlich sein sollte«. Doch nach dem fettgedruckten Hinweis, daß Münzenberg es »vollständig vergessen« hat, jenes »reichhaltige Material« zu berücksichtigen, welches zeige, »dass der Trotzkismus seine giftigen Propagandawaffen für das Arsenal des Herrn Göbbels liefert«, würde es Münzenberg in Moskau wohl nicht anders ergehen als seinen Freunden Karl Radek, Heinz Neumann, Kurt Sauerland, Otto Unger, Leo Flieg, Hermann Remmele...[60]

In Paris hat »Propaganda als Waffe« ein unterschiedliches Echo. Kurt Kersten liefert der PARISER TAGESZEITUNG bereits für den 23. Mai 1937 eine lobende Besprechung der deutschen und französischen Ausgabe des Buches. Unter dem Titel »Grenzen der Propaganda« schreibt Heinrich Mann für DIE NEUE WELTBÜHNE eine wohlwollende Kritik, die von der PARISER TAGESZEITUNG am 26. Juni 1937 übernommen wird.[61] Die gescheiteste Rezension aber stammt aus der Feder des

Münzenberg-Freundes Valeriu Marcu. Sein Essay steht am 10. Juli 1937 in DAS NEUE TAGEBUCH. Marcu kreidet Münzenberg an, daß er sein Buch selbst amputiert hat. »Wenn ein Mann mit dieser Erfahrung in Propaganda«, so Marcu über Münzenberg, »über die des Gegners schreibt, dann könnte sein Buch der Welt die meisten Kunstgriffe der siegreichen Tyrannei lehren. Dem ist aber nicht so. Münzenberg, der jede Propaganda bis ins Herz kennt, zeigt in seinem Buch nur den Fleiss des Sammlers... Es ist deshalb im Grunde eine unpolitische, moraltheologische Arbeit über Hitlers Wortbrüche. Solange man aber die Tiefe der Niederlage (der Kommunisten – *H.W.*) nicht kennt, solange man statt Weltgesetzen nur Weltlisten der Propaganda sieht, solange man nach den Gründen nicht so fragt, dass man zugleich vor Leid und Entschlossenheit heult, solange ist alle Kritik nur ein Plappern...«[62] Marcus Motto stammt von Ferdinand Lassalle: »Alle politische Kleingeisterei besteht in dem Verschweigen und Bemänteln dessen, was ist.«

So steht denn Münzenberg 1937 öffentlich wie ein Kleingeist da, von einem Ulbricht vor aller Augen diffamiert, von einem Dengel dümmlich belehrt, von Pieck heimlich wegen Disziplinbruches für parteiausschlußreif erklärt, von vielen guten Freunden in Moskau verlassen und von Valeriu Marcu auf seine eigentliche Pflicht verwiesen: Endlich offen das zu sagen, was faul ist an der kommunistischen Bewegung! Nach dem zweiten Schauprozeß im Januar 1937 in Moskau hat zwischen dem 26. Mai und dem 11. Juni 1937 ein spektakulärer Geheimprozeß stattgefunden – gegen Sowjetmarschall Michail Tuchatschewski, der wegen angeblicher Verschwörung gegen Stalin zum Tode verurteilt und samt Frau und Kindern (!) am 11. Juni 1937 erschossen wurde.[63] Münzenberg wird begriffen haben, daß da ein Kommunist gefallen ist,

141

der keine »Geständnisse« ablegte und nicht vor Stalin zu Kreuze kroch. Der innere Konflikt zwischen Parteitreue und Aufklärungsbedürfnis spitzt sich nun von Tag zu Tag mehr zu. Es scheint so, als habe Münzenberg Ende 1937 wieder jene Hand des Lehrers nötig, die vier Jahrzehnte zuvor auf seiner Schulter lag...

1938
Kampfbund von Gleichgetrimmten

*»Als das Verfahren gegen Münzenberg begann, gehörte ich der
Emigrationsleitung der Partei an, der Siegfried Rädel vorstand. Als
einzige enthielt ich mich bei der Abstimmung der Stimme. Eigentlich
hatte ich gegen den Ausschluß stimmen wollen...«*

(Steffie Spira-Ruschin fast fünfzig Jahre später) [1]

Welches Datum ist entscheidend? Der 21. März oder der
14. Mai 1938? An welchem der beiden Tage wurde Willi
Münzenberg, Mitglied der KPD seit ihrer Gründung,
Mitglied des Zentralkomitees der KPD seit 1927, kommunistischer Abgeordneter des Deutschen Reichstages seit
1924, aus dem ZK der KPD ausgeschlossen? War es gleich
nach dem Moskauer Bucharin-Prozeß (2. bis 13. März
1938) [2] oder erst zwei Monate später? Und wer hat ihn ausgeschlossen? Die ganze KPD-Mitgliedschaft per Urab-
stimmung? Ein ordentlicher oder außerordentlicher
KPD-Parteitag? Eine KPD-Parteikonferenz wie etwa die
sogenannte Brüsseler Konferenz (3. bis 15. Oktober 1935),
die ihn zuletzt in das ZK gewählt hatte? Oder wenigstens
das 1935 gewählte Zentralkomitee selbst? Mit Zweidrittel-
mehrheit? Mit einfacher Mehrheit? Und waren die in der
Pariser oder französischen Emigration organisierten deutschen Kommunisten gefragt worden? Gab es da eine Mit-
gliedervollversammlung mit ordentlicher Abstimmung,
nach einer freimütigen Erörterung des Für und Wider?

Oder war es ein Beschluß des Exekutivkomitees der Komintern?

Nichts von alledem! Willi Münzenberg wurde von einem in keiner Weise demokratisch legitimierten Häuflein weitgehend anonymer KPD-Funktionäre aus dem ZK der KPD hinausgedrängt, von einer kläglichen Minderheit, die sich ihres Unrechts so sehr bewußt war, daß sie peinlichst darauf achtete, möglichst keine Spuren zu hinterlassen. Das jedenfalls ist der Eindruck, den ein Wißbegieriger gewinnt, wenn er genau 52 Jahre nach dem geschichtlichen Geschehen die entsprechenden Papiere aus der Münzenberg-Handakte von Wilhelm Pieck in den eignen Händen hält und nicht ohne Beklemmung betrachtet. Auf zwei DIN A 4-Bogen tritt einem die ganze Misere entgegen – aus kurzen maschinenschriftlichen Texten mit lakonischen handschriftlichen Marginalien. Das eine Blatt stammt vom März, das andre vom Mai 1938.[3]

Auf dem März-Blatt steht oben links: »Entwurf/ 4 Expl«. Sage und schreibe vier Personen konnten also den Text vor sich liegen haben, als der »Entwurf« besprochen wurde, der immerhin die Überschrift trägt: »Münzenberg aus der KPD ausgeschlossen und seiner Funktionen enthoben«. Auf dem Pieck-Exemplar des vierfach ausgefertigten »Entwurfs« hat jemand mit Tinte »dem ZK« eingefügt, so daß die »Freudsche Fehlleistung« des Textdiktierers oder seiner Sekretärin wenigstens verbessert und der Sachverhalt richtig ausgedrückt ist: »Münzenberg aus dem ZK der KPD ausgeschlossen und seiner Funktionen enthoben«. »Das ZK der KPD«, heißt es dann ohne Angabe eines Termins und anderer Modalitäten, »hat Münzenberg wegen Verstösse gegen die Grundsätze der Partei und wegen Verletzung der Parteidisziplin aus dem ZK der KPD ausgeschlossen und ihn seiner Funktionen enthoben. Wegen der weitergehenden Anschuldigungen ist vom ZK der KPD ein Untersuchungsverfahren bei der Internationalen Kontroll-Kommission der Kommunistischen Internationale beantragt worden.« Der »wegen Verstösse« (n!) Verstoßene muß also mit »weitergehenden« (fortgesetzten oder/und noch schlimmeren?) »Anschuldigungen« rechnen.

Das März-Blatt bietet auch eine Art Begründung: »Münzenberg hat Intrigien (handschriftlich zu ›Intrigen‹ verbessert – *H. W.*) gegen die Parteiführung und gegen die Volksfrontpolitik der Partei, wegen der (handschriftlich in ›denen‹ geändert – *H. W.*) er schon früher eine Parteistrafe erhielt, fortgesetzt und hat in seinem politischen Verhalten gegen die elementarsten Grundsätze der Kommunistischen Partei verstossen. Münzenberg hat sich geweigert wichtigen Beschlüssen der Parteiführung nachzukommen. Die gegen Münzenberg vorliegenden weitergehenden Anschuldigungen eines (in ›des‹ geändert – *H. W.*) Doppelspieles gegenüber der Partei und den Volksfrontpartnern der Partei, der bewussten Durchkreuzung der Volksfrontpolitik der Partei und der für einen Kommunisten unzulässigen Verbindungen bedürfen dringend der Untersuchung. Da Münzenberg sich weigert, sich vor der Parteiführung zu verantworten (handschriftlich geändert in: ›Da Münzenberg sich unter haltlosen Vorwänden der Verantwortung vor der Parteiführung entzieht‹ – *H. W.*), so hat diese bei der Internationalen Kontroll-Kommission der Kommunistischen Internationale beantragt, das Verfahren gegen Münzenberg durchzuführen.«

Liest man diese »Begründung« Satz für Satz zweimal, dann muß man dem Verfasser des »Entwurfs« in einem Punkt zustimmen: »Anschuldigungen« ist das passende Wort; der ganze Text enthält Beschuldigungen, aber keine akzeptable Begründung für den Ausschluß Willi Münzenbergs aus dem ZK der KPD. Wichtiger aber als diese Beschuldigungen, auf deren Substanz zurückzukommen sein wird, ist eine unter dem maschinenschriftlichen Text

stehende Information von der Hand Wilhelm Piecks: »Beschluß wurde 21. 3. Julius zur Übermittlung nach eignen
Notizen über den Beschluß übergeben – Beschluß soll
Merker u Thorez übergeben werden – Thorez soll ihn
schriftlich W. M. aushändigen«.[4] Muß man das zwei- oder
dreimal lesen, um hinter dem biederen Amtsstubenjargon
die Absicht des Spurenverwischens zu erkennen? Julius –
das kann nur Julius (Gyula) Alpári sein, der langjährige
ebenso gescheite wie beliebte Chef der INTERNATIO-
NALEN   PRESSE-KORRESPONDENZ   (INPRE-
KORR, von 1921 bis 1932 in Berlin herausgegeben) und
nunmehrige leitende Redakteur der BASELER RUND-
SCHAU.[5] Weil Alpári eher zufällig gerade in Moskau ist
und nach Paris zurückfährt, wird ihm die undankbare
Aufgabe zuteil, die unfrohe Botschaft von Münzenbergs
Ausschluß zu »übergeben« – »nach eigenen Notizen« und
nicht etwa an den Betroffenen selbst oder an Siegfried Rädel, der als Leiter der KPD-Landesgruppe in Paris informiert werden müßte,[6] sondern an Paul Merker, der die
Kunde offenbar für sich behalten soll, sowie an Maurice
Thorez, Generalsekretär der KOMMUNISTISCHEN
PARTEI FRANKREICHS und Mitglied des Präsidiums
des EKKI, der den »Beschluß« »schriftlich an W. M. aushändigen« soll! Wie denn? In Gestalt der »eigenen Notizen« von Alpári? Oder auf einem Kopfbogen der französischen Partei?

Es ist nicht feststellbar, ob sich Thorez, zu dieser Zeit
Protagonist der zunächst erfolgreichen und hoffnungsvollen französischen Volksfront, als »Hiobsbotschafter« mißbrauchen läßt. Es bleibt auch unklar, weshalb er überhaupt in die Sache hineingezogen werden soll. Sucht man
nur einen »Dummen«, dem man im Falle von Unannehm-
lichkeiten den »Schwarzen Peter« zuschieben kann? Soll
mit Thorez die Komintern-Exekutive involviert werden?
Oder möchte jemand in Moskau Thorez zusätzliche

Schwierigkeiten aufladen – in einer Situation, da sich die zweite Regierung des Sozialisten Léon Blum, die vom 17. März bis zum 10. April 1938 in Paris amtiert, zusehends nach rechts bewegt?[7] Wie dem auch sei – der Blick in die von Wilhelm Pieck benutzte »Trickkiste« ist beklemmend und niederschmetternd.[8]

Das Mai-Papier wirkt ein wenig durchdachter als das Blatt vom März 1938. Es trägt die Überschrift: »Parteiverfahren gegen Genossen Münzenberg.« Der Text lautet: »Das Zentralkomitee der Kommunistischen Partei Deutschlands hat die Einleitung eines Parteiverfahrens gegen den Genossen Münzenberg beschlossen und hat ihn bis zur Klärung seiner Angelegenheit von der Ausübung seiner Funktion als Mitglied des ZK der KPD und seiner anderen Funktionen, die ihm das ZK übertrug, suspendiert.« (Man bemerke den feinen Unterschied: Während »das ZK der KPD« Münzenberg im März »seiner Funktionen« enthob, begnügt es sich nun damit, ihn von »der Ausübung« seiner ZK-Funktion »und seiner anderen Funktionen, die ihm das ZK übertrug«, zu suspendieren; die Anmaßung, ihn auch solcher Funktionen zu entheben, die ihm z. B. die Komintern übertrug, hat man sich verkniffen!) Weiter im Text: »Genosse Münzenberg ist der Aufforderung des Vorsitzenden der Partei, an der ZK-Sitzung teilzunehmen, nicht nachgekommen und hat sich damit des Bruches der Parteidisziplin schuldig gemacht. Der ZK-Sitzung lagen schwerwiegende Beschuldigungen gegen den Genossen Münzenberg über parteischädigende Tätigkeit, unzulässige Verbindungen und unaufrichtiges Verhalten gegenüber der Partei und der Kommunistischen Internationale vor. Das ZK der KPD hat an die Internationale Kontrollkommission der Kommunistischen Internationale den Antrag gestellt, das Parteiverfahren gegen den Genossen Münzenberg durchzuführen. Sollte er sich diesem Verfahren entziehen, und parteischädigende Handlungen unternehmen, so würde er sich damit selbst ausserhalb der Reihen der Kommunistischen Partei Deutschlands und der Kommunistischen Internationale stellen.«

Unter diesen Text hat Pieck handschriftlich ein Datum vermerkt: »14. 5. 1938«. Das Datum der erwähnten Sitzung des Zentralkomitees? Dann wäre das März-Papier eine pure Finte gewesen; denn es ist kaum anzunehmen, daß zwei ZK-Tagungen so rasch aufeinander folgten und daß der Ausschluß-Beschluß gleich zweimal gefaßt wurde. Oder doch? In der Münzenberg-Akte Wilhelm Piecks, die fast 300 Seiten umfaßt, gibt es zwar Kopien von mehreren Schreiben, in denen Münzenberg, zum Teil ultimativ, aufgefordert wird, nach Moskau zu kommen. Doch Durch- oder Abschriften von Einladungen (im Klartext oder chiffriert) zu ZK-Tagungen im März oder Mai 1938 sind nicht zu finden. Auch Franz Dahlem, der ab Frühjahr 1938 persönlich in den Fall Münzenberg verwikkelt ist und dem betreffenden Zeitabschnitt viele Seiten seiner Erinnerungen widmet,[9] bringt kaum Licht in das Dunkel des doppelten Ausschlusses Münzenbergs aus dem ZK der KPD. Einerseits glaubt Dahlem sich zu erinnern, daß »im März 1938 eine Beratung der in Moskau anwesenden Mitglieder des Zentralkomitees der KPD stattgefunden« hat, auf der entschieden worden ist, Münzenberg aus dem KPD-ZK auszuschließen.[10] Andererseits räumt Dahlem den »Mai-Beratungen« der im Frühjahr 1938 beim Exekutivkomitee der Komintern gebildeten Deutschen Kommission für die »kadermäßigen Veränderungen« in Paris ausschlaggebende Bedeutung ein und wertet die Beratungen dieser Kommission, der außer KPD-Vertretern auch Dimitroff, Manuilski und andere nicht deutsche Kommunisten angehören,[11] seltsamerweise als eine ZK-Tagung der KPD: »Obwohl an diesen Beratungen nur knapp die Hälfte der Mitglieder des da-

148

maligen Zentralkomitees der KPD teilnahm, standen sie im Rang einer ZK-Tagung angesichts ihrer politischen Bedeutung... Deshalb gingen sie zu Recht als Maitagung (1938) des Zentralkomitees in die Geschichte der Kommunistischen Partei Deutschlands ein.«[12]

Folgen wir also Dahlem, dann hat im März 1938 eine »Beratung der in Moskau anwesenden« Mitglieder des ZK der KPD »entschieden«, Münzenberg aus dem ZK auszuschließen – keine ZK-Mehrheit mithin auf einer ordentlichen ZK-Tagung. Und in der ersten Mai-Hälfte 1938 hat die Deutsche Kommission des EKKI, an deren Beratungen wiederum »nur knapp die Hälfte« der Mitglieder des ZK der KPD beteiligt ist, die »kadermäßigen« Konsequenzen für die Partei- und Volksfrontarbeit in Paris beschlossen – keine ZK-Mehrheit folglich auf einer ordentlichen Tagung des ZK der KPD. Wir dürfen annehmen, daß der Mai-Text in Piecks Münzenberg-Akte, in dem Münzenberg immerhin noch das Attribut »Genosse« zuteil wird, Mitte Mai 1938 von der Deutschen Kommission des EKKI abgesegnet worden ist. Vielleicht am »14.5.1938«? So wäre Münzenberg zweimal in Abwesenheit von derselben »knappen Hälfte« der Mitglieder des ZK der KPD aus diesem ZK der KPD ausgeschlossen worden, einmal (im März) rabiat und einmal (im Mai) moderat, aber beide Male willkürlich, ohne demokratische Legitimation und bar jeder Rücksicht auf die individuellen Rechte eines Mitglieds der von Rosa Luxemburg und Karl Liebknecht mitbegründeten Partei.

Vielleicht steht der Pieck-Eintrag »14.5.38« auch für den Tag der Übergabe des »Beschluß«-Textes an die »Öffentlichkeit«? Doch wem ist der moderate Mai-Text gegeben worden? Die DEUTSCHE VOLKS-ZEITUNG in Paris jedenfalls druckt am 22. Mai 1938 nicht den in der Deutschen Kommission des EKKI formulierten/abgesegneten Mai-Text, sondern eine Meldung, die sich fast wörtlich auf den rabiaten März-Text stützt. Das Attribut »Genosse« läßt die DVZ durchgängig verschwinden. Ihre Schlagzeile lautet: »Beschluß des ZK der KPD über W. Münzenberg«. Dann kommt ein Vorspann: »Vom Zentralkomitee der KPD erhalten wir die nachstehende Mitteilung mit der Bitte um Veröffentlichung.« Darauf folgt eine Zwischenüberschrift: »Beschluß«. Und der lautet angeblich so, wie im März in vier Exemplaren entworfen und Julius Alpári zur Weiterleitung »nach eigenen Notizen« mitgeteilt wurde, wobei diese Art der Textübermittlung wenigstens einen Vorteil hatte: Der gebürtige Ungar Alpári beherrschte die deutsche Sprache so gut, daß er fast alle grammatischen und orthographischen Fehler des »Beschluß«-Textes vom März 1938 verbessern konnte.[13]

Wer ist da kühn, durchtrieben und einflußreich genug, die Deutsche Kommission des EKKI, also vor allem den Komintern-Chef Georgi Dimitroff mehr oder weniger offen zu brüskieren? Dahlem kann es nicht gewesen sein; ihm fehlten dazu noch die Fäden nach Paris. Pieck wird es nicht gewesen sein; ihm lag der Mai-Text mehr als der vom März. Bleibt namentlich Walter Ulbricht. Der ist zwar Ende 1937 von der Komintern- und Moskauer KPD-Führung aus Paris abgezogen worden. Er muß sich im Frühjahr 1938 in der Deutschen Kommission des EKKI, die eine Art Vormundschaftskollegium für die KPD darstellt, heftige Komintern-Kritik an seiner erfolglosen Politik in Sachen Deutscher Volksfront anhören. Und er soll nun in Moskau alle Fäden der Arbeit im Pariser Auslandssekretariat der KPD dem aus Spanien herangeholten Dahlem übergeben.[14] Doch trotz der Kritik der Komintern, die sogar ein Verfahren bei der IKK gegen Ulbricht einleitet,[15] hat der Sachse in Moskau eine schwer faßbare Rückendeckung, die es ihm erlaubt, den falschen, rabiaten und Münzenberg zusätzlich provozierenden Ausschluß-Text in die DVZ zu lancieren. Auf Ulbricht auch, den wir im Falle der »Rezension« des Münzenberg-Buches »Propaganda als Waffe« bereits als Fachmann für Vorabdruck-Intrigen kennenlernten, deutet der Umstand hin, daß eine Nachrichtenagentur von Paris aus schon am 19. Mai 1938, also drei Tage vor der DVZ, unter Berufung auf die DVZ eine 17-Zeilen-Meldung verbreitet, derzufolge Münzenberg aus dem ZK der KPD ausgeschlossen wurde.[16]

Ende Juni 1938 trifft Franz Dahlem aus Moskau kommend in Paris ein, um die Leitung des ZK-Sekretariats der KPD in Paris zu übernehmen.[17] Mit der ihm eigenen peniblen Systematik »führt« er »Gespräche« mit allen wichtigen kommunistischen Funktionären in Paris: mit Paul Merker[18], Paul Bertz[19], Anton Ackermann[20], Elli Schmidt[21], Gerhart Eisler (Chefredakteur des KPD-Organs DIE INTERNATIONALE)[22], Lex Ende (Chefredakteur der DEUTSCHEN VOLKS-ZEITUNG)[23], dessen Mitarbeiter Albert Norden[24], Erich Jungmann[25] und anderen. Die fällige Aussprache mit Genossen Willi Münzenberg zögert Dahlem offensichtlich wochenlang hinaus. Das »Letzte persönliche Zusammentreffen mit Willi Münzenberg«, wie der problematischste Abschnitt in Dahlems Erinnerungen überschrieben ist, kann erst Ende August 1938 stattgefunden haben.[26] Am 29. August 1938 schreibt Münzenberg nämlich einen sehr ausführlichen, ganz freundschaftlich formulierten Brief, in dem er eine Kopie seines Einspruchs beim EKKI gegen den Ausschluß aus dem ZK der KPD ankündigt. Dieser Münzenberg-Brief, der höchstwahrscheinlich an Dahlem gerichtet war, der aber Dahlem beim Schreiben seiner Erinnerungen nicht zugänglich gewesen sein wird, befindet sich in Piecks Münzenberg-Akte.[27] Dem Brief ist zu entnehmen, daß kurz zuvor die seit Mai (seit der DVZ-Ausschluß-Meldung) fällige Aussprache stattgefunden hat, in der Münzenberg endlich parteioffiziell über die ihn betreffenden Frühjahrs-»Beschlüsse« des »ZK« und der Deutschen

Kommission des EKKI informiert wurde. Erst danach sieht Münzenberg Handlungsbedarf und erhebt (vermutlich mit Datum 30. August 1938)[28] Einspruch bei der Komintern-Führung. Zwischen Mai und Ende August 1938 muß Münzenberg geglaubt haben, mit Ulbrichts Abberufung und Dahlems Einsatz in Paris seien »die Würfel« für ihn (Münzenberg) gefallen[29] – ein folgenschwerer Irrtum; denn auch Dahlem kann Münzenberg nicht von der Moskau-Reise suspendieren.

Da uns der »Rekurs«, wie Münzenberg seinen Einspruch bei der Komintern vom 30. August 1938 im Brief vom 29. August nennt, nicht zu Gebote steht,[30] hat uns ersatzweise der vermutlich an Dahlem gerichtete Münzenberg-Brief vom 29. August 1938 besonders zu interessieren.[31] Die viereinhalb Bogen mit engster Maschinenschrift bilden eine Art Gegendarstellung zu den diversen Gerüchten, Lügen, Halbwahrheiten und ideologischen Verdächtigungen, die Ulbricht zwischen Herbst 1936 und Ende 1937 mit durchtriebener Emsigkeit in Paris über Münzenberg verbreitet hat. Wie alle Wahrheitsfanatiker und emotionalisierten Aufklärer begeht Münzenberg den Fehler, die Gerüchte widerlegen zu wollen. In der Gewißheit, der Wahrheit mit guten Gründen und ehrenwerten Zeugen zum Sieg verhelfen zu können, nimmt der verdächtigte Propagandist sich ein Gerücht nach dem andern vor, ohne offenbar zu bemerken, daß er damit substantiell wie psychologisch in Ulbrichts Sudeltopf ein- bzw. in dessen Schlammgrube hinabsteigt. Wer sich so verteidigt, klagt sich eher an. Eingangs allerdings hat Münzenberg ein paar Töne drauf, die seinem Anliegen besser gedient hätten.

»Was die allgemeine Frage anbetrifft«, schreibt der arg gebeutelte KPD-Spitzenpropagandist an den »lieben Freund«, »so wehre ich mich nur gegen eines; habe ich nur eine Bitte: man muss aufhoeren mit der Behandlung von

mir, wie sie Walter Ulbricht praktiziert hat. Ich sende Dir
in der Beilage den Brief, den ich am 26. Mai 1937 an Walter Ulbricht schickte. Bitte sende ihn mir nach Kenntnis-
nahme zurueck. Ich glaube, dass dieser Brief nicht nur
politisch, sondern auch menschlich so geschrieben war,
dass, wenn Ulbricht auch nur einen Funken Verlangen
nach Aufklaerung, Wahrheit und Verstaendigung gehabt
haette, er diesen Schrei nicht haette ueberhoeren koennen. Meine Bitte ist, dass nicht dasselbe von Dir oder anderen Genossen geschieht, was er gemacht hat..., dass er
ueberhaupt nicht hoerte, wenn ich mit ihm redete, geschweige denn meine Argumente beachtete oder gar untersuchte. Wenn man den anderen aber ueberhaupt nicht
hoert, dann verlohnt es sich nicht, dass man miteinander
redet oder diskutiert...«[32]

Vermutlich auf das Dahlem-Münzenberg-Gespräch
vom 25. August 1938 anspielend, schreibt der aus dem
KPD-ZK Ausgeschlossene weiter: »Wir haben uns da-
rueber ausgesprochen und ich darf wohl annehmen, dass
mit dieser Aussprache und dem heutigen Brief Du mir das
Elementarste gewaehrst, was jeder Genosse, ueberhaupt
jeder Mensch vom andern zu fordern hat, dass man ihn
mit den Beschuldigungen und Anklagen, die man gegen
ihn erhebt, ueberhaupt bekannt macht und ihn so in die
Lage versetzt, sich zu verteidigen oder die Unwahrhaftig-
keit der Anklagen aufzuklaeren. Darf ich diese Feststellung als eine beiderseitige Vereinbarung treffen? Das ist
meine Bitte, dass man zukuenftig in unserem gegenseiti-
gen Verkehr so verfaehrt.«[33]

Diese Passagen des Münzenberg-Briefes zielen auf die
Verfahrensweise im Dissens zwischen Münzenberg und
anderen Mitgliedern der KPD-Parteiführung. Sie sind für
die Denkungsart innerhalb der KPD ungewöhnlich genug. Und doch wundert man sich, daß so ein gescheiter
und gewiefter Kommunist wie Münzenberg die ganze

153

Sache nicht überhaupt auf Verfahrensfragen anlegt, daß er sich mit keinem Wort auf das Parteistatut beruft und kaum auf das individuelle Recht des einzelnen Kommunisten pocht. Obschon das auf dem 11. KPD-Parteitag im März 1927 in Essen beschlossene »Statut der Kommunistischen Partei Deutschlands (Sektion der Kommunistischen Internationale)« den einzelnen Mitgliedern weit mehr Pflichten auferlegt als Rechte einräumt und wenngleich dieses Statut die Verfahrensfragen im Falle eines Dissenses höchst unvollkommen regelt,[34] ließe sich leicht nachweisen, daß der Ausschluß aus dem ZK statutenwidrig ist. Warum traktiert der statutenwidrig Ausgeschlossene den amtierenden Parteivorsitzenden Wilhelm Pieck, das in Moskau agierende Politbüro und das Pariser Auslandssekretariat seiner Partei nicht mit dem Paragraphen 44 des Parteistatuts? Warum verlangt er nicht die Einsetzung einer unparteiischen Beschwerdekommission gemäß Paragraph 46 des KPD-Statuts?

Der Disziplin-Paragraph 44 hat folgenden Wortlaut: »Die strengste Parteidisziplin ist die höchste Pflicht aller Parteimitglieder und aller Parteiorganisationen. Die Beschlüsse der KI, des Parteitages, des Zentralkomitees und aller höheren Parteikörperschaften müssen schnell und genau durchgeführt werden. Gleichzeitig ist die Besprechung aller Fragen, die Differenzen hervorrufen, vollständig frei, solange kein Beschluß gefaßt worden ist.«[35] Münzenberg muß diesen am Vorbild der Leninschen Auffassung von demokratischem Zentralismus orientierten Paragraphen kennen. Schließlich wurde das Statut auf demselben Essener Parteitag angenommen, der Münzenberg ins KPD-Zentralkomitee wählte. Eine »vollständig freie« Besprechung der seit Februar 1936 offenkundigen Differenzen über die Dimensionen der Volksfrontpolitik könnte Münzenberg statutengemäß verlangen. Die Streitsubstanz ist auch im Sommer 1938 nicht durch Beschlüsse des KPD-Zentralkomitees oder des EKKI geregelt. Der politisch unsinnige (höchstens geheimdienstlich sinnige) Vorwurf beispielsweise, Münzenberg halte »für einen Kommunisten unzulässige Verbindungen« (mit bürgerlichen Politikern) aufrecht, ist von keinem Beschluß der Komintern oder der KPD gedeckt. Nirgends ist bislang geregelt, mit welchen nichtkommunistischen antifaschistischen Gruppen ein KPD-Mitglied »Verbindungen« aufnehmen darf und mit welchen nicht. Gewiß, Münzenberg hat da andere, unverklemmtere Vorstellungen als Ulbricht, Dengel, Dahlem und Wehner. Doch gerade darin besteht die schwelende Differenz, zu der es in der KPD-Führung weder eine ordentliche Diskussion noch einen substantiell eindeutigen Beschluß gibt, über die also statutengemäß eine »vollständig freie« Besprechung angezeigt ist.

Weiter: Gemäß Paragraph 46 ist »zur Untersuchung und Erledigung jedes Verfahrens« (wegen Disziplinverstößen von Parteimitgliedern) »eine ständige oder von Fall zu Fall ernannte Beschwerdekommission« einzusetzen.[36] Da sich die Partei oder Parteiführung kaum über ein einzelnes Mitglied »beschwert«, wohl aber das einzelne Mitglied Anlaß haben kann, sich über seine Parteiführung bzw. über deren Organe zu beschweren, gewinnt Paragraph 46 trotz seiner »zentralistischen Schlagseite« mit dem Begriff »Beschwerdekommission« einen wenigstens semantisch mitgliederfreundlichen Gehalt, auf den Münzenberg abheben könnte. Die Art und Weise, in der Ulbricht 1937 Münzenberg mit verschiedenen »schrägen« Tricks in der Mitgliedschaft vorverurteilen ließ, und natürlich der zweifache, aber doppelt undemokratische Ausschluß aus dem ZK würden die Einsetzung einer richtigen Beschwerdekommission schon rechtfertigen.

Doch Willi Münzenberg hat zu innerparteilicher Demokratie ein zwiespältiges Verhältnis. Zunächst, in der

155

thüringischen und schweizerischen Jugendbewegung, hat Münzenberg die klassischen demokratischen Traditionen der europäischen Arbeiterbewegung erlernt, praktiziert und zu schätzen gewußt.[37] Auch in die Struktur etwa der IAH waren noch demokratische Sicherungen eingebaut.[38] Zugleich aber kam ihm schon in den zwanziger Jahren Lenins Zentralismus-Modell durchaus gelegen, wenn es darum ging, den Leistungsdruck im »Münzenberg-Konzern« politisch autokratisch zu untermauern.[39] Wenngleich Münzenberg selbst innerhalb der Partei und der Komintern nicht zu den Meistern im Machtkampf per »demokratischem Zentralismus« gehörte und sich vielmehr aus solchem Gerangel heraushielt,[40] ist ihm die Disziplin-Auffassung des Zentralismus doch so sehr in Fleisch und Blut übergegangen, daß er von ihr sogar dann nicht loskommt, wenn es – wie jetzt, im Sommer 1938 – im politischen Selbsterhaltungsinteresse wünschenswert wäre. Noch fast ein Jahr wird vergehen, ehe sich Münzenberg öffentlich auf die demokratischen innerparteilichen Traditionen der klassischen europäischen Arbeiterbewegung besinnt.[41]

Walter Ulbricht, der sich im Apparat bewegt wie ein Fisch im Wasser, kennt natürlich das Statut – sowohl die vielen Löcher, die es läßt, als auch die Fallstricke, über die man stolpern könnte. Also hat er frühzeitig an der Parteibasis gegen Münzenberg Stimmung gemacht – in vertraulichen Rundschreiben an Funktionäre von Parteiorganisationen in der Emigration und in Deutschland sowie an die Leiter der konspirativ arbeitenden Grenzstellen, in Erklärungen vor geschlossenen Versammlungen von Parteifunktionären, in privaten Gesprächen mit einzelnen Genossen, bei denen er persönliche Ressentiments gegenüber Münzenberg vermuten konnte. Noch am 11. Dezember 1937, kurz bevor Ulbricht mit dem Flugzeug (!) nach Moskau sich begab,[42] gelang es ihm, unter eine »Resolution zur Frage Münzenberg«, in der dessen Parteiausschluß gefordert wird, sechs Unterschriften von angeblichen »Mitarbeitern« setzen zu können, die aber eher »Mitarbeiter« Ulbrichts als Münzenbergs waren.[43] Und am 29. November 1937 hat Ulbricht wohlweislich von einer »Funktionärssitzung der Pariser-Partei-Emigration« eine Art Kommission wählen lassen, die notfalls als »Beschwerdekommission« im Sinne des Parteistatuts ausgegeben werden kann.[44]

Die Funktionärssitzung (nicht Mitgliederversammlung!) vom 29. November 1937 muß jene Zusammenkunft gewesen sein, an die Steffie Spira-Ruschin sich fast fünfzig Jahre später erinnert. Da die Schauspielerin, wie sie schreibt, der »Emigrationsleitung der Partei« angehörte, ist ihre Teilnahme an der Funktionärssitzung einleuchtend. Doch auf dieser Sitzung ist keineswegs über Münzenbergs Parteiausschluß abgestimmt worden. Vielmehr wurde – und zwar einstimmig! – die von Ulbricht vorgeschlagene Kommission gewählt. Ferner haben auf dieser Sitzung die Funktionäre »einstimmig (bei einer Stimmenthaltung) von dem Verhalten des Genossen Münzenberg ›mit Befremden‹ Kenntnis genommen« und von ihm gefordert, »den Treibereien gegen die Partei« »keine neue Nahrung zu geben«, sondern »eine eindeutige Stellungnahme für die Partei« abzugeben. So jedenfalls steht es im »Kommissions-Bericht« vom 26. April 1938, der sich in der Münzenberg-Akte Wilhelm Piecks befindet.[45]

Es wirft ein bezeichnendes Licht auf die Art der Diskussion der KPD-Funktionäre am 29. November 1937 (drei Wochen nach dem ganzseitigen Anti-Münzenberg-Artikel in der DEUTSCHEN VOLKS-ZEITUNG!), daß in Steffie Spiras Erinnerung der Eindruck geblieben ist, es sei damals über Münzenbergs Parteiausschluß quasi demokratisch abgestimmt worden und sie habe sich dabei der Stimme enthalten. Definitiv ging es vielmehr um

157

Ulbrichts Ersatz für eine statutengemäße Beschwerdekommission; und für die Einsetzung dieser Pseudo-Be-
schwerdekommission muß auch Steffie Spira gestimmt
haben. Bei der durchtriebenen Vorverurteilung allerdings
(»›mit Befremden‹ Kenntnis genommen«) bäumte sich
der Gerechtigkeitssinn der jungen Genossin auf. Sie wird
geahnt haben, daß Vorverurteilung die Absicht war, als
man über die Art der Aufnahme von »Informationen«
(»›mit Befremden‹ Kenntnis genommen«) seltsamerweise
abstimmte – da enthielt sie sich der Stimme.

»Eigentlich«, bekennt Steffie Spira fast fünfzig Jahre
später, »hatte ich gegen den Ausschluß stimmen wollen.
Mein Argument war, daß ich, erst 1931 in die Partei aufgenommen, zu wenig praktische Parteierfahrung hätte und
mich nicht in der Lage sehen würde, einen Mann wie Willi
Münzenberg auszuschließen. Außerdem meinte ich, ein
Mitglied des ZK könne auch nur vom ZK ausgeschlossen
werden und nur in Anwesenheit. Münzenberg war für
mich der Begründer der IAH (INTERNATIONALEN
ARBEITERHILFE), der Organisation, die der Sowjetunion in den schwierigen Jahren des Anfangs, durch die
Hungersnot von 1921 noch mehr belastet, zuerst zu Hilfe
kam.«[46]

Eigentlich genießt Willi Münzenberg auch im Frühjahr
1938 noch beträchtliche Autorität nicht nur in Kreisen der
antifaschistischen Deutschen Volksfront, sondern auch
unter den Mitgliedern der eigenen Partei. Eigentlich sind
vermutlich die meisten Mitglieder gegen das ganze absurde Theater um Ulbricht und Münzenberg. Eigentlich
würde eine klare Mehrheit der Mitglieder gegen Münzenbergs Ausschluß aus dem ZK oder gar aus der Partei
stimmen. Eigentlich ist es Mitgliedern wie Funktionären
zuwider, daß sie sich »überhaupt mit einer solchen Angelegenheit befassen müssen, obwohl viele wichtigere und
dringendere politische Aufgaben vor uns stehen«, wie es

im »Kommissions-Bericht« vom 26. April 1938 wörtlich heißt.[47] Eigentlich – doch praktisch rührt sich in den entscheidenden Monaten 1938 innerhalb der KPD keine Hand für Münzenberg. Die Genossen – von wenigen Ausnahmen abgesehen – »schlucken« die undemokratische Verfahrensweise genauso wie den ZK-Ausschluß. Die »Kommission« gibt dem betroffenen Genossen Münzenberg keine Gelegenheit, seine Ansichten zur kardinalen Streitfrage »vollständig frei« vorzubringen und sich über die Mißachtung seiner Rechte als Parteimitglied gehörig zu beschweren. Woher kommt diese Botmäßigkeit bei Revolutionären? Bei konzeptionellen Weltveränderern? Bei Leuten, die im Sinne von Karl Marx angetreten sind, »alle Verhältnisse umzuwerfen, in denen der Mensch ein erniedrigtes, ein geknechtetes, ein verlassenes, ein verächtliches Wesen ist«[48]? Wieso kommt keine gewichtige Gruppe von Kommunisten darauf, daß auch in der eigenen Partei immer mal wieder »Verhältnisse umzuwerfen« sind, in denen einzelne Genossen – wie jetzt Münzenberg – verlassene Wesen sind?

Die gewohnheitsmäßige Mißachtung der individuellen Rechte von Parteimitgliedern hat in der KPD verschiedene Ursachen. Zunächst gibt es objektive soziologische Gründe für ein übermäßig starkes Disziplinverständnis: Gegen die übermächtige Direktionsgewalt des Kapitals und der Kapitaleigentümer in Wirtschaft, sozialem Leben, Politik, Kultur, Wissenschaft und Medien können die Unterprivilegierten fast nur ihre Organisationskraft ins Feld führen, also das disziplinierte Zusammenwirken – Einigkeit macht stark, also lernt man rasch, sich diszipliniert zu fügen. Hinzu kommt das soziologische Autoritätsdefizit der leitenden und führenden Parteimitglieder: Während dem Kapitaleigentümer Direktionsgewalt und mithin Autorität objektiv soziologisch zuwachen, stützt sich die Autorität eines KPD-Führers (wie der Führungskräfte in

159

Arbeiterparteien überhaupt) fast ausschließlich auf persönliche Qualitäten, auf konjunkturelle Wahlerfolge und – sofern beides in ausreichendem Maße nicht gegeben ist – vor allem auf die Amtsautorität der Apparate. Schon hier wird die selbstauferlegte Disziplin der Mitglieder mehr oder weniger stark ins Autoritäre verbogen.

Neben solchen objektiv soziologischen Gründen für ein überzogenes Disziplinverständnis unter Kommunisten existieren im Falle der KPD geschichtlich konkrete Ursachen für eine Dogmatisierung der Parteidisziplin, von denen wenigstens drei hier angedeutet werden sollen: erstens der blutige Terror gegen die junge Partei in den Anfangsjahren der Weimarer Republik, der die Kommunisten in illegale Organisationsformen drängte, sie zu einem Sektendasein mit fortwährenden Richtungskämpfen und Absplitterungen verdammte und sie sozial wie psychologisch aus der »Gesellschaft« ausgrenzte, so daß der Selbsterhaltungswille zwangsläufig zu dem Dogma führte, die »strengste Parteidisziplin ist die höchste Pflicht aller Parteimitglieder« (Paragraph 44 des KPD-Statuts); zweitens die sogenannte Bolschewisierung der KPD, die in der Übernahme und Verinnerlichung jenes Leninschen Modells des »demokratischen Zentralismus« bestand, das weitgehend anderen geschichtlichen und völkerpsychologischen Bedingungen erwachsen war, als sie in Deutschland und Westeuropa existierten; und drittens die Unterordnung unter Stalins totalitär verzerrten »demokratischen Zentralismus« mit dessen spezifischen Zügen des Führerkultes und der Etablierung eines geheimen Repressionsapparates in der Partei und über die Partei.

Im Frühjahr und Frühsommer 1938 stehen alle KPD-Mitglieder unter dem Schock des ebenso archaisch barbarischen wie substantiell kafkaesken Monsterprozesses gegen Nikolai Bucharin und andere sowjetische Genossen. Gibt es eine absolutere Machtdemonstration als jene,

160

die Millionen von Anhängern zwingt, im Absurden einen tieferen Sinn zu sehen? Wer 1938 genötigt ist zu glauben, Bucharin habe zusammen mit Trotzki und Jagoda einen »Block« zur Ermordung Stalins und zur Auslieferung des Sowjetlandes an den Hitlerfaschismus gebildet, der steigt auf keine innerparteiliche Barrikade, um Münzenberg gegen Ulbrichts böse Erfindungen zu verteidigen und Münzenberg vor dem Ausschluß aus der KPD-Parteiführung zu bewahren.[49] Vielmehr sind in dieser Situation so gut wie alle Kommunisten damit befaßt, die eigene Haut vor politischer Verdächtigung zu retten. Nachdem im Schauprozeß gegen Bucharin eine »Allianz« von rechten und linken »Abweichlern« konstruiert worden ist, kann praktisch jeder politische Eigensinn eines Kommunisten in Vergangenheit und Gegenwart als »parteifeindlich« rubriziert werden. Um nicht als »Trotzkist« oder/und »Bucharinist« diffamiert zu werden, setzt man eilfertig und vorsorglich Absicherungs- und Abgrenzungstexte auf. Da Münzenberg Eigensinn in unterschiedlicher politischer Richtung vor aller Augen praktiziert hat, scheinen die Distanzierung und Abgrenzung von ihm nun besonders geeignet zu sein, sich selbst ins Licht der Linientreue zu setzen. Einige der bösen Briefe dieser Art befinden sich in Piecks Münzenberg-Akte.

Offenbar schon im Frühjar 1936 – also noch vor dem ersten der drei Moskauer Schauprozesse – hält es Artur Becker, der im Kampf gegen Franco so aufrechte und todesmutige deutsche Kommunist, für richtig, sich in einer zweiseitigen handschriftlichen Stellungnahme von Münzenberg zu distanzieren, dem er vorwirft, »ziemlich unbescheiden in seiner Ausdrucksweise« zu sein.[50] Diesen Rüffel erhält Münzenberg, weil er in einer Rede gesagt hat, er habe mit Lenin bereits in der Schweiz zusammengearbeitet, und solche Genossen von der alten Garde würden ihrer Sache unter allen Umständen treu

VOLKSKOMMISSARIAT FÜR JUSTIZWESEN DER UdSSR

PROZESSBERICHT

ÜBER DIE STRAFSACHE

DES ANTISOWJETISCHEN „BLOCKS DER RECHTEN UND TROTZKISTEN"

VERHANDELT VOR DEM MILITÄRKOLLEGIUM
DES OBERSTEN GERICHTSHOFES DER UdSSR
VOM 2.—13. MÄRZ 1938

gegen

*N. I. Bucharin, A. I. Rykow, G. G. Jagoda,
N. N. Krestinski, Ch. G. Rakowski, A. P. Rosengolz,
W. I. Iwanow, M. A. Tschernow, G. F. Grinko, I. A. Selenski,
S. A. Bessonow, A. Ikramow, F. Chodshajew,
W. F. Scharangowitsch, P. T. Subarew, P. P. Bulanow,
L. G. Lewin, D. D. Pletnjow, I. N. Kasakow,
W. A. Maximow - Dikowski und P. P. Krjutschkow*

angeklagt der Verbrechen, vorgesehen in den
Artikeln 58[1a], 58[2], 58[7], 58[9], 58[11] des
Strafgesetzbuches der RSFSR, und gegen
Iwanow, Selenski und Subarew außerdem
der Verbrechen gemäß Artikel 58[13] des
Strafgesetzbuches der RSFSR.

VOLLSTÄNDIGER STENOGRAPHISCHER BERICHT

· MOSKAU 1938
HERAUSGEGEBEN VOM VOLKSKOMMISSARIAT
FÜR JUSTIZWESEN DER UdSSR

*Zum 55. Todestag von Karl Marx
in Moskau erschossen:
der Marxist N. I. Bucharin*

bleiben. Am oberen Rand der Becker-Stellungnahme steht in Kurzschrift: »nach M schicken« – was ja auch geschehen ist, wie die Existenz des Becker-Papiers in der von Pieck in Moskau geführten Münzenberg-Akte beweist.

Auch Albert Norden, eigentlich ein Journalist aus der Münzenberg-Schule, setzt sich im Sommer 1937 von seinem Meister ab, indem er in einem Brief »An Hansen!« (vermutlich Edwin Hoernle, der zu dieser Zeit am Internationalen Agrarinstitut in Moskau arbeitet) kleinlichsten Emigrationstratsch gegen Münzenberg kolportiert. Nordens Brief vom 7. Juni 1937 landet am 15. August 1937 bei Pieck in Moskau.[51]

Unter Ulbrichts Leitung wird die Zuträgerei von Tratsch und Verleumdungen zu einem parteiamtlichen »Berichtswesen« ausgebaut. Wenn die österreichische Kommunistin Magda (Malke) Schorr (Pseudonym: Hertha Müller) im Sommer 1937 in Paris Babette Gross auf der Straße trifft und von ihr in Münzenbergs Wohnung eingeladen wird, dann entsteht über einen solchen privaten Besuch und die dabei geführten Gespräche ein »Bericht«, den Ulbricht per Kurier nach Moskau weiterleiten läßt.[52] So kann denn Pieck lesen, was Münzenberg am 13. August 1937 in abendlicher Runde auf die Frage, wann er nach Moskau reise, geantwortet haben soll: »Er würde fahren, wenn er wüßte, daß er bald zurückkommt, denn dort arbeiten wird er nicht. Er hätte immer eine gewisse Selbständigkeit und Unabhängigkeit in seiner Arbeit gehabt die könne er nicht aufgeben. Vielleicht bin ich größenwahnsinnig, aber ich kann nicht arbeiten, wenn ich in jeder Frage auf Entscheidungen warten muß, wenn ich Tage warten muß, bis man mit mir spricht usw. Und ich sage es offen, ich lebe auch hier lieber als dort, wo man kontrolliert wird, mit wem man spricht und was man tut.«[53] Ulbricht wird gefeixt haben – über soviel Gutgläubigkeit

Münzenbergs hinsichtlich eines »unkontrollierten« Lebens in Paris.

Doch Münzenberg ist schon im August 1937 so ahnungslos nicht, wie er der aus Moskau angereisten Österreicherin vorspielt. Das Telegramm, das er am Morgen nach dem Besuch von Malke Schorr (auch Genossin Raul genannt) an Dimitroff schickt, ist eines der traurigsten Dokumente in der Geschichte des Kommunismus: »Im März 1936 bat mich Gen. Raul, bei Dir für sie zu intervenieren. Du nahmst diese Bitte sehr kühl auf und warntest mich vor ihrer allzu großen Geschwätzigkeit. Wie so oft, hast Du auch hier richtig gesehen. Gestern kam sie frisch von drüben hier an und erzählte breit wahre oder unwahre Details über die Verhaftung von Pjatnitzki, Knorin, Kun, Remmele, Sauerland und einem Dutzend anderen. Ein Protokoll darüber sende ich auf dem gleichen Wege wie meinen Brief an Stalin. Sie versuchte mich sodann auszuforschen, anscheinend im Auftrage von Smeral, weil sie ohne Ursache mir ihre Hilfe ›im Kampf gegen S. & W.‹ versicherte. Ich offenbarte mich daraufhin ihr vollkommen und gestand, daß ich seit der Mitwirkung bei der Gründung der KP und KI nur einen Wunsch habe, Renegat zu werden. Bis heute sei es gescheitert, weil weder die II. Internationale noch das Propagandaministerium, noch sogar der abessinische Negus meine Anstellung nicht bestätigt haben (das »nicht« gehört logisch nicht in den Satz, ist aber psychologisch aufschlußreich – H.W.). Wenn sie meine Offenbarung ebenso geschwätzig wie die Moskauer Mordgeschichten erzählt, wird sie wenigstens helfen, mir die Hoffnung und wahre Meinung einiger Freunde zu offenbaren. Mit Rücksicht auf diesen guten Zweck bitte ich sie mir zu verzeihen, wenn ich diesmal ausnahmsweise mit dem Werkzeug zurückschlage, mit dem man mich provozieren und bekämpfen wollte. 14.8.37 Willi.«[54]

Selbst diese bittere Ironie würde Münzenberg vergehen, wüßte er, wer da alles Polit-Tratsch über ihn nach
Moskau expedieren läßt. Da schreibt zum Beispiel der ansonsten so ehrenwerte Genosse Bruno Frei am 28. Oktober 1938 einen Brief an die »lieben Freunde« der KPD-
Führung, in dem er berichtet, er habe von einem Bekannten, der es wieder von einem vertrauenswürdigen Informanten erfahren habe, gehört, Münzenberg wolle »eine
von Moskau unabhängige Kommunistische Partei« gründen.[55] Eigentlich, so suggeriert Frei, müsse Münzenberg
nicht nur aus dem ZK, sondern überhaupt aus der Partei
ausgeschlossen werden.

Sogar Franz Dahlem, der neue oberste KPD-Vertreter
in Paris, der im August 1938 wenigstens mit Münzenberg
spricht und vermutlich Briefe wechselt, sieht sich Ende
1938 zu einer beinahe peinlichen Absicherungsgeste veranlaßt. Am 26./27. Dezember 1938 schickt er ein Memorandum »Zur parteifeindlichen Arbeit von W. Münzenberg« mit diversen Anlagen an die Zentrale in Moskau,
wo die ganzen Papiere am 11. Januar 1939 ihren russischen Eingangsstempel erhalten. Im Memorandum konstatiert Dahlem, Münzenberg habe »den Bruch mit der
Partei« vollzogen, indem er sich Anfang Oktober 1938 der
SOZIALISTISCHEN KONZENTRATION anschloß,
jenem Bündnis linkssozialistischer Kräfte Deutschlands
und Österreichs, aus dem Münzenberg eine PARTEI
DER SOZIALISTISCHEN EINHEIT entwickeln will.[56]
Dem Dahlem-Memorandum liegt eine Erklärung zum
»Briefwechsel Franz–Münzenberg 26. 7. 38–22. 10. 38«
bei.[57] Die ebenfalls mitgeschickten Fotokopien der offenbar im angegebenen Zeitraum zwischen Franz Dahlem
und Münzenberg gewechselten Briefe finden sich nicht
bei den Akten. Doch in der Erklärung zu diesem Briefwechsel betont Dahlem, er habe sich nur einmal mit Münzenberg (am 25. August 1938) getroffen, und der Brief-

165

wechsel habe vor allem den Zweck gehabt, »die Angriffsrichtung seiner (Münzenbergs – *H.W.*) Störungsarbeit gegen die Partei« zu erfahren!

In seinen 1977 erschienenen Erinnerungen schreibt Franz Dahlem, er habe Anfang 1938 bei einem Gespräch mit Pieck den Eindruck gehabt, »daß Genosse Pieck und das Präsidium des EKKI noch immer bereit waren, um ihn (Münzenberg – *H.W.*) zu ringen, das heißt, ihm zu helfen, auf den Boden der Komintern zurückzufinden«[58]. Doch in den gleichen Erinnerungen schildert Dahlem den Verlauf seiner Aussprache mit Münzenberg am 25. August 1938 in melodramatischer Weise so, als sei bereits zu diesem Zeitpunkt jedes »Ringen« um den populären KPD-Propagandisten vergeblich gewesen. Dahlem will sich erinnern, daß die Unterredung »immer eisiger wurde« und daß er zu der »Überzeugung« gelangte: »Dieser Mann steht bereits auf der anderen Seite der Barrikade.«[59] Schließlich nennt Dahlem Münzenberg einen Verräter und zeichnet von ihm das Bild eines moralisch verkommenen Subjekts. Den Hauptstreitpunkt deutet Dahlem an: Als er Münzenberg aufgefordert habe, »selbst nach Moskau zu fahren, um seine Angelegenheiten vor der Internationalen Kontrollkommission der Komintern klären zu helfen«, habe Münzenberg »zornig und unbeherrscht dazwischengerufen, daß man in Moskau lange warten könne«.[60] Und auch einen Weigerungsgrund Münzenbergs hat Dahlem parat: »Soweit mir erinnerlich ist, war sein Hauptargument, daß er nicht den ›Sündenbock für die Fehler anderer‹ zu spielen gedächte.«[61]

Als Franz Dahlem (nur zweieinhalb Jahre jünger als Willi Münzenberg) Anfang der siebziger Jahre darangehen kann, seine Memoiren zu Papier zu bringen, hat er seinen achtzigsten Geburtstag schon hinter sich. In so einem Alter sind Erinnerungslücken normal und verzeihlich. Allerdings tritt, wenn die Gedächtniskraft nachläßt, kein beliebiger, zufälliger Informationsverlust auf. Vielmehr spielen unbewußte Verdrängungswünsche zumeist eine unmerklich regulierende Rolle. Zumal dann, wenn definitive Unterlagen fehlen, weiß der Memoirenschreiber oft selbst nicht genau, wo er vergangene Erlebnisse bewußt subjektiv einfärbt und wo ihm die unbewußte Verdrängung mildtätig hilft, die eigene Vergangenheit zu verklären. Es macht wenig Sinn, einem über achtzigjährigen Autor Gedächtnislücken und Verdrängungen anlasten zu wollen. Memoiren sind immer subjektiv gefärbt. Darin besteht ihre Relativität wie ihr Reiz. So auch bei Franz Dahlems Erinnerungen an das letzte Gespräch mit Willi Münzenberg.

Die Unterredung zwischen Münzenberg und Dahlem am 25. August 1938 kann so eisig nicht gewesen sein, wie sie sich in Dahlems Erinnerung darstellt. Dagegen spricht Münzenbergs Brief vom 29. August 1938, den Dahlem vergessen haben muß, weil ihm auch in den siebziger Jahren – nach Walter Ulbrichts Tod und nach dem VIII. SED-Parteitag – die Münzenberg-Akte Wilhelm Piecks nicht zugänglich gewesen ist. Dem Inhalt und freundlichen Ton des Münzenberg-Briefes vom 29. August 1938 zufolge, ist man am 25. August 1938 in der beiderseitigen Hoffnung auf einen neuen Anfang auseinandergegangen. Schon die Person Dahlem (statt Ulbrichts) ist für Münzenberg ein hinreichender Hoffnungsschimmer. Mit Dahlem kann man reden. Mit Dahlem ließen sich die von Ulbricht ausgestreuten ebenso dummen wie bösen Gerüchte aus der Welt schaffen. Mit Dahlem könnte ein Konsens in der entscheidenden Frage einer unverklemmten Volksfront-Bündnispolitik gefunden werden. Münzenberg ist zu diesem Zeitpunkt zweifelsfrei ni ch t »auf der anderen Seite der Barrikade«. Dort wird er nie sein. Er hat noch nicht einmal »den Bruch mit der Partei« vollzogen, aus deren ZK er statutenwidrig ausgeschlossen wurde...

167

»Wieso war es damals nicht möglich, einen Konsens mit einem so bewährten Genossen wie Willi Münzenberg herzustellen?« Diese Frage hat der Verfasser im September 1974 Franz Dahlem in einem Gespräch unter vier Augen gestellt. Als Mitarbeiter von NEUES DEUTSCH-LAND war ich im persönlichen Auftrag von Werner Lamberz einen ganzen Tag bei Dahlem in seiner Neubauwohnung an der Frankfurter Allee in Berlin, um Dahlems Gedanken zum 25. Jahrestag der DDR zu notieren.[62] Die Frage nach Münzenberg überraschte Dahlem nicht. Sie betraf einen kardinalen Punkt seiner Vergangenheit und des Unbehagens an ihr. Nach einigem Zögern antwortete Franz Dahlem: »Unter uns, er wollte nicht nach Moskau fahren. Er befürchtete dort verhaftet zu werden. Aber Pieck und Dimitroff bestanden auf der Moskau-Reise.« – »War die Furcht vor Verhaftung begründet?« – »Ich glaube nicht. Dimitroff und Togliatti schätzten Münzenbergs Fähigkeiten sehr. « – Der Stand meines Wissens um die Vorgänge 1938 in Paris war 1974 so minimal, daß ich nicht imstande war nachzuhaken. Franz Dahlem aber steht als Interview-Partner nicht mehr zur Verfügung. Er starb am 17. Dezember 1981.[63] In seinem Erinnerungsbuch hat er Münzenbergs Furcht vor Verhaftung nicht erwähnt – offensichtlich eine Art von Selbstzensur. Seit Anfang 1990 ist der Öffentlichkeit bekannt, daß Dahlem einen ausformulierten Abschnitt seiner Memoiren – über den Bucharin-Prozeß und über die Repressionen, die er selbst ab 1953 zu erleiden hatte – nicht in sein Buch aufgenommen hat.[64] Angesichts dieser Tatsachen können Franz Dahlems Bemerkungen über Münzenberg wirklich nicht »das letzte Wort« in dieser Sache sein.[65]

Wer das Dahlem-Buch genau liest, dem entgeht nicht der exaltierte Tonfall der Stellungnahme zu Münzenberg. Es ist so, als habe der Autor mit besonders harten Bewertungen (»Verräter«, »Denunziant«, »moralisch verkommen«) eigene Zweifel zu überspielen und zu verdrängen versucht. Nachdem Dahlem 1953 am eigenen Leibe erlebt hat, wie der Apparat ein Führungsmitglied der Partei politisch »erledigt«, muß ihm die Art der »Erledigung« Münzenbergs Unbehagen bereitet haben. Und ein verdrängtes Gefühl des eigenen Versagens an einem kardinalen Punkt der Parteigeschichte hat Dahlem zweifellos bedrückt. Es mag ja sein, daß Dimitroff und Togliatti in den Jahren 1936 bis 1938 den agilen Münzenberg zur Verstärkung ihrer eigenen, nicht unangefochtenen Position beim EKKI in Moskau haben wollen. Vermutlich würden sie sogar bei Stalin intervenieren, um Münzenberg, so er in Moskau erschiene, vor dem Ärgsten, vor Verhaftung, Verurteilung, Straflager und Tod zu bewahren.[66] Doch das ist keine Überlebensgarantie.

Eine gewisse Vorstellung von dem, was Münzenberg 1938 in Moskau mindestens widerfahren würde, geben Herbert Wehners »Persönliche Notizen 1929–1942«. Wehners Verfahren vor der IKK zieht sich im Sommer 1938 schon gut ein Jahr hin. IKK und NKWD arbeiten Hand in Hand. Ihm werden Bogen mit endlosen Fragen zur Beantwortung gegeben. Mit den Antworten kann er sich oder/und andere Kommunisten belasten. Zu den Fragebogen finden endlose »Gespräche« statt. Im Dezember 1937 wird Wehner gegen Mitternacht »zum Zentralgebäude des NKWD, der Lubjanka, geholt«.[67] Äußerlich betrachtet, übersteht Herbert Wehner dieses Untersuchungsverfahren vor der Kontrollkommission der Komintern. Doch innerlich ist er am Ende so erschüttert, daß er einige Jahre später mit dem Kommunismus brechen wird. Auch Walter Ulbricht ist, wie Wehner berichtet,[68] ab Frühjahr 1938 »in ein bei der IKK anhängig gemachtes Verfahren verwickelt«, »in dessen Verlauf vor allem der Abfall Münzenbergs eine Rolle« spielt. Und in den Verhören von Wehner geht es ebenfalls u.a. um das personelle Umfeld von Willi Münzenberg.[69]

Im Herbst 1938 hat Münzenberg mithin mehrere Gründe, nicht nach Moskau zu fahren: Erstens ist er nicht sicher, ob er dort in Freiheit und am Leben bleibt. Zweitens kann er unter den dortigen Bedingungen nicht wie gewohnt eigenständig und schöpferisch arbeiten. Drittens wird ihn nach dem Radek- und dem Bucharin-Prozeß nichts und niemand dazu bewegen können, diese Art der »Diktatur des Proletariats« zu billigen. Für kurze Zeit mag Münzenberg hoffen, Dimitroff werde wenigstens das Projekt der neuen Zeitschrift ZUKUNFT stillschweigend fördern oder wenigstens dulden. Mit der ZUKUNFT möchte Münzenberg wieder ein eigenes Blatt schaffen, das der Verständigung und Sammlung aller deutschen Anti-Hitler-Kräfte sowie der Konzentration aller sozialistisch orientierten Antifaschisten als Kern dieser Sammlung dienen soll. Gewisse Geldmittel scheint Münzenberg auch jetzt noch von Olof Aschberg zu erhalten. Aschberg ist ein 61jähriger schwedischer Bankier, der zu Lenins Lebzeiten ein Berater der sowjetischen Staatsbank war und im Handel mit der Sowjetunion erfolgreich ist. »Münzenberg erhält Geldmittel von Baron Aschberg«, heißt es im Denunziationsbrief Ulbrichts vom 26. November 1937 »An das Sekretariat des EKKI und die IKK«, »der grosse Einnahmen aus seinen geschäftlichen Beziehungen zur Handelsvertretung der SU hatte.«[70] Und der Schriftsteller Rudolf Leonhard trägt im Oktober 1938 der KPD-Leitung in Paris die Information zu, »dass W. Münzenberg verbreitet, er habe zwar Konflikte mit der deutschen Partei stünde jedoch bei der Komintern in hohem Ansehen. Dimi selbst sei mit der Herausgabe der ›Zukunft‹ einverstanden.«[71]

Doch solche Hoffnungen muß Münzenberg spätestens Ende Oktober 1938 begraben. Unter dem Datum

25. Oktober 1938 veröffentlicht das »ZK der KPD« »Eine Klarstellung«, in der es heißt: »Gegenüber einigen in der deutschen Emigration umlaufenden Gerüchten über die Herausgabe der jetzt in Paris erscheinenden deutschen Wochenzeitung ›Die Zukunft‹ und über die Finanzierung dieser Zeitungsgründung, wie auch gegenüber den Gerüchten von einer damit in Zusammenhang gebrachten angeblichen Rehabilitierung von W. Münzenberg in der KPD oder durch die Komintern sieht sich das ZK der KPD auf Grund verschiedener Anfragen auch von Mitarbeitern der ›Zukunft‹ zu folgender Klarstellung genötigt: Weder das ZK der KPD noch die KI oder irgend eine andere kommunistische Organisation hat irgend etwas mit dieser Zeitungsgründung zu tun.«[72] Zu Münzenberg selbst wird in der »Klarstellung« unmißverständlich gesagt, er sei »weder Vertreter oder Vertrauensmann der KPD noch der Komintern, noch übt er in deren Auftrag oder mit ihrer Zustimmung seine Tätigkeit in den Komitees oder ausserhalb derselben aus«[73].

Mit dieser »Klarstellung« sind die Brücken zwischen Münzenberg und denjenigen KPD-Führern, die sich als »ZK der KPD« ausgeben können, wirklich abgebrochen. Und zerstört hat die letzte Brücke nicht der beste Propagandist der Partei, sondern eben dieses »ZK der KPD«. Die Partei gewinnt dadurch nichts. Im Gegenteil: Sie verliert mit einem ihrer profiliertesten Vertreter weiter an Gesicht und Gewicht. Nur einige Exponenten der sich absichernden Mittelmäßigkeit, die einen notwendigen Meinungsstreit in einer kardinalen politischen Sachfrage wie der antifaschistischen Bündnispolitik nicht sachlich und sachgerecht auszutragen vermochten, sondern zu einer rüden Rivalitätsrangelei verkommen ließen, können sich persönlich die Hände reiben. Sie gleichen dem »Geist«, den sie begreifen. An Münzenberg, dem eigenständigen und weitsichtigen, dem fleißigen und erfolgreichen Kom-

171

munisten, glauben sie den Frust und Leistungsneid der eigenen Komplexe abreagieren zu müssen...

Doch der Witz der Weltgeschichte sorgt dafür, daß praktisch dieselbe Pieck-Ulbricht-Mannschaft, die Münzenberg wegen »opportunistischer Grundsatzlosigkeit« und »unerlaubter Verbindungen« zu bürgerlichen Hitler-Gegnern aus der KPD drängt, nur wenige Jahre später eben jenen bündnispolitischen Grundsätzen folgen muß, die Münzenberg zu praktizieren versuchte. Ab 1943 werden sich Pieck und Ulbricht im NATIONALKOMITEE FREIES DEUTSCHLAND sogar mit höchsten Offizieren der DEUTSCHEN WEHRMACHT an einen Tisch setzen. Im April 1946 wird Pieck für die von Kommunisten und Sozialdemokraten der Sowjetischen Besatzungszone Deutschlands neugegründete Partei einen Namen vorschlagen, den Münzenberg 1939 favorisiert hat: SOZIALISTISCHE EINHEITSPARTEI DEUTSCHLANDS. Allerdings wird Pieck sich hüten, die Quelle seiner Namensanleihe zu nennen. Und im Statut der SED, das Ulbricht abzusegnen hat, wird den in den dreißiger Jahren so sehr geschmähten Mitgliedern der SAP zugesichert werden, daß ihnen in der SED die SAP-Jahre »auf die Mitgliedschaft angerechnet« werden sollen,[74] was allerdings nichts daran ändern wird, daß besonders Walter Ulbricht den ehemaligen SAP-Mitgliedern ihre Kritik an ihm selbst, ihr gutes Verhältnis zu Münzenberg und ihren offen bekundeten Abscheu gegenüber den Moskauer Prozessen nie wirklich nachsieht.

Der Fall Willi Münzenberg signalisiert spätestens Ende 1938 einen Grundwiderspruch der kommunistischen Bewegung einschließlich ihrer realsozialistischen Verwirklichungsversuche: Einerseits betreibt und bewirkt sie eine geistige Aufklärung und Emanzipation ihrer Anhänger in partiell einschneidenden Dimensionen und hebt damit das individuelle Selbstbewußtsein und Anspruchsniveau von Millionen Menschen – andererseits und gleichzeitig entwickelt sie einen Disziplinierungsdruck, den ihre Anhänger in wachsendem Maße als unerträgliche Bevormundung empfinden. Ohne die linkssozialistische und kommunistische Bewegung wäre Münzenberg höchstwahrscheinlich ein namenloser Erfurter »Arbeitnehmer« geblieben. Mit ihr wurde er eine herausragende Persönlichkeit, die aber, je mehr sie wuchs, mit den konventionellen Unterordnungsregeln der eigenen Bewegung zunehmend kollidierte. Ist ein linker »Kampfbund von Gleichgesinnten« denkbar, der nicht zu einer Partei von Gleichgetrimmten verkommt? 1990 wie 1938 bleibt diese Frage offen.

März 1939
Austrittserklärung

Die im Pariser Verlag SEBASTIAN BRANT seit dem 12. Oktober 1938 herausgegebene Wochenzeitung DIE ZUKUNFT/EIN NEUES DEUTSCHLAND: EIN NEUES EUROPA! veröffentlichte in ihrer regulären Ausgabe vom 10. März 1939 (Seite 11) sowie in ihrer für den illegalen Vertrieb in Nazideutschland vorgesehenen kleinformatigen Dünndruckausgabe vom 15. April 1939 (sechste Seite) eine gekürzte Fassung jenes Briefes, mit dem Willi Münzenberg Anfang März 1939 seinen Austritt aus der KPD erklärt hatte. Der volle Wortlaut dieses Schreibens an die KPD wird hier erstmalig nach dem maschinenschriftlichen Original veröffentlicht.[1]

Meine Erfahrungen in den letzten zwei Jahren haben mich überzeugt, dass es unmöglich ist, innerhalb der heutigen Kommunistischen Partei, in den Mitglieder- und Funktionärversammlungen politische Meinungsverschiedenheiten zu klären und auszutragen. Ohne eine solche Möglichkeit aber ist die Zugehörigkeit zu einer Partei eine Fiktion und eine Farce. Aus diesem Grunde, und da andererseits die Verhältnisse in Deutschland und die Zuspitzung der internationalen Krise den Einsatz jedes Einzelnen erfordern, zwingen mich meine politische Vergangenheit, mein sozialistisches Verantwortungsbewußtsein und mein Temperament, mich von einer Organisation zu trennen, die mir eine politische Arbeit unmöglich macht.

Ich trenne mich schwer von einer Organisation, die ich mitgegründet und mitgeschaffen habe. Nachdem ich 1906 als junger Fabrikarbeiter Mitglied der sozialistischen Bewegung wurde, schloss ich mich 1915 als einer der ersten deutschen Sozialisten Lenin und der Bewegung an, für die

174

ich fast 25 Jahre mit dem Einsatz meiner Person und nicht ohne Erfolg tätig war.

Nach einem zweijährigen Konflikt mit der heutigen Leitung der Kommunistischen Partei wegen entscheidender politischer und taktischer Probleme u. a. in der Zielsetzung der Partei, in den Fragen der Einheitsfront mit sozialistischen Genossen, der Volksfrontpolitik, in den Methoden der Propaganda, den Grundbegriffen der innerparteilichen Demokratie und in der Auffassung über das Verhältnis der Partei zu dem einzelnen Mitglied, musste ich erkennen, dass eine Lösung dieser Fragen innerhalb der heutigen Parteiorganisation, eine Wiederherstellung der elementaren Mitgliederrechte und die Aufnahme einer Politik, die den Veränderungen seit 1933 Rechnung trägt, unmöglich ist.

Die widerspruchsvolle Politik der Partei, die nur in leeren Worten auf neue Aufgaben hinweist, ohne in den Kampfmethoden, in Form und Sprache der Propaganda Wesentliches zu ändern, ihre Unklarheit in der Zielsetzung, die die »demokratische Volksrepublik« fordert, ohne dass auf eine Einpartei-Diktatur verzichtet würde, das zwiespältige Verhalten in der Einheitsfronttaktik, das die Schaffung einer Einheitspartei der Arbeiterschaft postuliert und gleichzeitig die vom VII. Weltkongress der Kommunistischen Internationale verurteilte alte »Taktik« fortsetzt; all das verhindert, in den sozialistischen und demokratischen Kreisen jenes Vertrauen für die Partei zu schaffen, ohne das eine Einheit nicht möglich ist. Wie kann eine Partei mit Erfolg politisch tätig sein, der die nächsten Verbündeten kein Vertrauen und keinen Glauben schenken. Diese Tatsachen und die ständige mechanische Wiederholung schematischer Formeln und Parolen kennzeichnen die Fortsetzung einer Politik, die 1933 den Sieg Hitlers nicht verhindern konnte und deshalb wenig geeignet erscheint, die noch grössere und schwerere Auf-

175

gabe zu lösen, die Hitlerregierung zu stürzen und das nationalsozialistische Diktaturregime zu zerstören.

Ohne eine gründliche und vorurteilsfreie Analyse der strukturellen-ökonomischen Veränderungen und der erfolgten Wiederaufrollung der nationalen Probleme in der spätimperialistischen Phase des Kapitalismus, ohne eine Untersuchng der ökonomischen Folgen der nationalsozialistisch dirigierten Zwangswirtschaft, der Veränderung der sozialen Lage der deutschen Mittelschichten, Bauern und breiter Kreise der Arbeiterschaft, ist eine realpolitische und wirkungsvolle Politik nicht möglich. Man kann nur den Feind schlagen, den man kennt. Die Massnahmen des nationalsozialistischen Regimes auf allen Gebieten haben zu einer psychologischen Massenstimmung und zu ideologischen Vorstellungen im deutschen Volke geführt, die die sozialistische Arbeiterbewegung vor neue und noch grössere Aufgaben stellen und in die Lage setzen, bei einer richtigen Politik die Mehrheit des Volkes gegen das Hitlerregime in den Kampf führen zu können.

Mit dem Aufkommen einer faschistischen Massenbewegung und der Etablierung einer reaktionären Machtherrschaft auf faschistischer Grundlage konnten weder Marx noch Lenin rechnen, und wir werden den Altmeistern und unserer historischen Aufgabe nur gerecht, wenn wir ihre Lehren sinngemäss auf die heutigen Verhältnisse anwenden.

Die Kraft einer jungen revolutionären Massenbewegung besteht eben auch darin, dass sie fähig ist, alle Fragen, wenn notwendig täglich, neu zu stellen und sich mit ihnen auf Grund objektiver Analysen immer wieder auseinanderzusetzen. Mit der Verschleierung der ungeheuren Schwierigkeiten und der Grösse des Kampfes, mit der Vertuschung der Ursachen der Rückschläge und Niederlagen (die Leitung weigerte sich über zwei Jahre, die Niederlage von 1933 als Niederlage anzuerkennen) und den

176

leider üblichen Uebertreibungen in der propagandistischen Darstellung sehr begrenzter betrieblicher Widerstandsbewegungen ist nichts erreicht.

Für die kommunistische Bewegung und ihre Ideen haben sich seit 1918 tausende, zehntausende und hunderttausende deutsche Arbeiter mit einer Opferbereitschaft und einem Heroismus geschlagen, wie sie in der Geschichte beispiellos sind. Es gibt keine Bewegung, die eine stolzere, aber auch an blutigen Opfern reichere Tradition hat, als die Kommunistische Partei Deutschlands. Allein die Tatsache aber, dass Tausende und Zehntausende leiden und bluten, ist noch kein Beweis, dass die von der Leitung durchgeführte Politik richtig ist. Nicht der ist der beste General, der mit den grössten Verlusten die geringsten Erfolge erzielt, sondern derjenige, der mit den geringsten Opfern die grössten Siege erringt. Mit Recht wird in der Partei und in der Arbeiterklasse immer mehr die Forderung laut, den Kampf so zu organisieren, dass die Opfer nicht vergebens fallen. Ein junger Kommunist schrieb kürzlich: »Wir wollen nicht immer geschlagen werden.« Das ist aber nur möglich und die Lage kann entscheidend nur geändert werden, wenn die antifaschistische Front das Gesetz des Handelns wieder an sich reisst. Die Voraussetzung dazu ist die Schaffung einer Kraft, die stark und mächtig genug ist, den Kampf mit Aussicht auf Erfolg aufzunehmen. Diese Aufgabe kann nur eine Arbeiterklasse erfüllen, die die Spaltung ihrer Bewegung liquidiert und die Einheit wieder herstellt. Ohne Wiederherstellung der ungeteilten Einheit der Arbeiterbewegung ist weder in Deutschland, noch in einem anderen Lande der Sieg der Arbeiterklasse und damit die Voraussetzung zur Verwirklichung des Sozialismus möglich. Gelingt die Wiederherstellung der Einheit nicht, dann droht die Gefahr neuer Niederlagen.

Die Arbeitermassen wollen die Einheit, aber die ehrliche, ungeteilte politische und organisatorische Einheit der Arbeiter in einer Einheitspartei. Diese Einheit ist mit der Fortsetzung der vom VII. Kongress der Kommunistischen Internationale verurteilten »Einheitstaktik«, mit den früheren Einheitsmanövern, mit Zellen- und Fraktionsarbeit nicht zu erreichen;[2] diese Taktik hat nur verheissungsvolle Ansätze der Einheitsbewegung zerstört. Die ständige politische Einheit wird nicht erreicht durch das tägliche Geschrei »Zwingt die Bonzen«[3] und durch Drohungen, sondern nach Klärung der politischen und grundsätzlichen Differenzen nur auf dem Wege der Verhandlungen und einer kameradschaftlichen Verständigung mit der Gesamtheit der Sozialdemokratischen Partei und ihren Gruppen.

Eine Einheitspartei, deren Schaffung auch die Leitung der Kommunistischen Partei fordert, ist nur möglich und kann ihre historische Aufgabe nur lösen, wenn sie Bedingungen erfüllt, die gerade in der heutigen Kommunistischen Partei nicht bestehen. Um nur einige der wichtigsten Voraussetzungen zu nennen: Eine solche Einheitspartei muss alle oder fast alle bisher getrennt wirkenden sozialistischen Gruppen vereinigen, sie darf nicht auf die sozialistische Zielsetzung verzichten, sie muss die innerparteiliche Demokratie sichern und sie muss vor allem unabhängig sein, unabhängig von der Bourgeoisie, unabhängig von ausländischen Mächten und so die Selbstbestimmung der deutschen Arbeiterbewegung garantieren.[4]

Das Programm der Einheitspartei muss den sozialistischen Forderungen der vielen Millionen deutscher Arbeiter, der proletarisierten Mittelschichten und der verarmenden Bauern entsprechen. Nur eine Einheitspartei mit einem solchen Programm, das im Einzelnen kollektiv auszuarbeiten ist, kann die Massen mobilisieren und die soziale Demagogie des Hitlerfaschismus enthüllen und zerstören. Das sozialistische Programm der Einheitspartei wird nicht hindern, ohne in die Fehler der alten Koalitionspolitik zu verfallen, eine Bündnispolitik neuen Stils mit den nichtproletarischen Volksmassen und demokratischen Gruppen zu betreiben.

Bündnisse mit bürgerlichen Guppen sind für die Arbeiterklasse nur von politischem Wert, wenn sie mit solchen Gruppen geschlossen werden, die eine eigene realpolitische Kraft darstellen und Vertreter oppositioneller Massenströmungen des deutschen Bürgertums und der unterdrückten Intelligenz sind. Einheitskomitees mit sogenannten Sympathisierenden, die ihrem politischen und organisatorischen Verhältnis nach Kommunisten mit allen Rechten ohne Pflichten sind, sind sinnlos.[5] Die Etappen-Kommunisten sollen Mitglieder der Partei werden.

Die Zielsetzung, das innen- und aussenpolitische Kampfprogramm der Einheitspartei, die strategischen und taktischen Etappen ihres Kampfes dürfen allein durch die Interessen der deutschen werktätigen Massen und durch die gegenwärtigen Kampfbedingungen im Reich bestimmt werden. Das Schicksal Deutschlands wird weder in Paris, noch in Moskau, sondern in Berlin entschieden.[6]

Die Schaffung einer nach allen Seiten unabhängigen Einheitspartei ist von grösster Bedeutung weit über die Grenzen unseres Landes hinaus. Nur der entscheidende Einfluss einer solchen Partei auf die Geschicke unseres Landes wird, zum ersten Male in der Geschichte, dazu führen, dass die nationale Frage Deutschlands und die Fragen der Gestaltung Mitteleuropas nicht reaktionär-faschistisch oder monarchistisch, sondern in einem demokratischen und sozialistischen Sinne gelöst werden. Das ist der Beitrag, den unser Land zu einer bleibenden Befriedung Europas und der Welt leisten muss. Das Schicksal Deutschlands ist heute zum Schicksal Europas geworden. Die Geschichte hat es gewollt, dass der Befreiungskampf der Mehrheit des deutschen Volkes mit den Lebensinteressen der Sowjetunion und der grossen demokratischen Bewegungen in allen Ländern zusammenfällt. Das Verhältnis zu diesen historisch gegebenen Verbündeten wird umso enger sein, je grösser die Kraft der Einheitspartei in ihrer Einheit und Geschlossenheit ist.

Zahlreiche grosse internationale Aktionen gegen den Faschismus und für den Frieden beweisen, welche Kraft heute noch trotz der Spaltung und der erlittenen Niederlagen die internationale Arbeiterklasse ist. Manche dieser Aktionen, wie besonders die durch das tapfere, unvergessliche Auftreten Georgi Dimitroffs vor dem Leipziger Gericht ausgelöste internationale Solidaritätswelle haben geholfen, die Reihen der Kämpfenden in Deutschland selbst zu festigen und zu ermutigen.[7] Die Einheitspartei der deutschen Arbeiter wird helfen, neue internationale Aktionen und die Bestrebungen zur Schaffung einer neuen internationalen Einheit zu fördern.

Der gewaltige Kampf gegen das Hitlerregime, für den es kein Beispiel in der Geschichte gibt, kann nur gewonnen werden, wenn wir frühere Fehler vermeiden, die Spaltung überwinden, die Einheit schaffen und durch Zusammengehen mit allen freiheitlichen oppositionellen Kräften verstärken. Alle Gegensätze, Risse und Gruppierungen im feindlichen Lager müssen ausgenützt und vertieft werden. Den zähen, heroischen illegalen Kampf müssen wir geschickt mit einer elastischen Taktik verbinden, wir müssen lavieren, Kompromisse eingehen, paktieren, wenn notwendig Rückzüge durchführen, bei günstiger Gelegenheit umso stärker vorstossen, kurz, wir müssen jede, aber auch jede Möglichkeit weise ausnützen, um den Sturz und die Vernichtung der blutigen faschistischen Diktatur zu beschleunigen. Wir müssen alle in diesem Kampf notwendigen Kampfmethoden, alle Kampfmittel und Waffenarten beherrschen und jeweils die Waffe anwenden, die in der gegebenen Situation dem Gegner am gefährlichsten ist und ihn am schwersten trifft.

Die grosse sozialistische Aufgabe nach dem Sturz der Hitlerdiktatur wird im Einzelnen mitbestimmt durch die Verhältnisse, unter denen die Arbeiterklasse die Macht übernimmt. Die Aufgabe wird u. a. darin bestehen, in der antifaschistischen Revolution der arbeitenden Klassen in Gemeinschaft mit den demokratischen Verbündeten den Feind politisch zu vernichten, seine Machtpositionen zu zerstören und eine Gegenrevolution in irgend einer Form für immer unmöglich zu machen. Die Aufgabe wird auch darin bestehen, ein Abgleiten des Revolutionsprozesses in eine bürgerliche Kapitulationspolitik (1918) oder in die Herrschaft eines unkontrollierten Parteiapparates über die Arbeiterklasse zu verhindern.

Die Arbeiterpartei muss sich zu den Grundprinzipien der klassischen Arbeiterbewegung bekennen, zu der Unverletzlichkeit und Unantastbarkeit der innerparteilichen Demokratie und des Mitbestimmungsrechtes aller Mitglieder. Erst alle Einzelnen zusammen bilden die Partei oder, wie Lenin formulierte: ›Alle waren wir einig in dem Prinzip des demokratischen Zentralismus, in der Wahrung der Rechte jeglicher Minderheit und jeglicher loyaler Opposition, in der Autonomie jeder Parteiorganisation, in der Anerkennung der Wählbarkeit, der Pflicht zur Rechenschaftsablegung und der Absetzbarkeit aller Parteifunktionäre.« Erst die Wiederherstellung einer solchen innerparteilichen Demokratie, für die ich in der Kommunistischen Partei vergeblich gekämpft habe, wird auch wieder das richtige Verhältnis der Partei zu den Mitgliedern herstellen. Die Art der Behandlung der Mitglieder durch die heutige kommunistische Parteileitung ist unerträglich. Dimitroff hat unter dem stürmischen Beifall des VII. Weltkongresses die Bürokratie in der Bewegung als ein Verbrechen gegeisselt und Stalin hat mit Recht den Men-

181

schen als das kostbarste Gut in der Gesellschaft bezeichnet.[8] Was aber für den Menschen in der Gesellschaft gilt, das gilt noch mehr für den Menschen in der revolutionären Bewegung. Alles kann ersetzt werden, Maschinen, Zeitungen, Flugblätter, Druckereien, Verlage – der Mensch nicht. So wahr es ist, dass trotz aller Motorisierung und Technisierung der Kriegsmaschine der Krieg letzten Endes nur von den Menschen entschieden wird, so wahr ist es, dass die proletarische Revolution nur von Menschen gewonnen werden kann und zwar von solchen Menschen, die von der Richtigkeit der durch eigene Erkenntnisse gewonnenen Ideen überzeugt sind und in freiwilliger revolutionärer Disziplin die grössten Leiden und Opfer auf sich nehmen und durch ihr Beispiel in der Stunde der Entscheidung die Massen mitreissen und zum Siege führen. Mit reglementierten, kommandierten und schikanierten toten Seelen ist der revolutionäre Krieg nicht zu gewinnen. Noch einmal: Die Mitglieder sind die Partei und nicht der Apparat. Ein neuer Aufstieg der revolutionären Bewegung ist nur denkbar, wenn dieses erste Grundgesetz jeder sozialistischen Bewegung wiederhergestellt ist.

Der Sozialismus stellt das Wohlergehen des Menschen in den Mittelpunkt aller wirtschaftlichen und staatlichen Massnahmen und alle sozialistischen Bestrebungen dienen nur diesem einen Ziel, das Leben des Menschen unabhängiger, sicherer, freier und schöner zu gestalten. Der Faschismus verneint die Persönlichkeit, unterdrückt und erniedrigt den Menschen und sieht in ihm nur Maschinenfutter für die Produktion und Kanonenfutter für den Krieg. Sozialismus und Freiheit sind das Ziel der sozialistischen Bewegung und gleichzeitig sind diese Forderungen das wirksamste Sprengmittel im propagandistischen Kampfe gegen den faschistischen Feind.

Nur eine Partei, die ihr Verhältnis zum einzelnen

Kämpfer so gestaltet, kann eine freiwillige Disziplin von ihren Mitgliedern erwarten. Eine revolutionäre Partei kann, wie Lenin sagte, auf Disziplin nur rechnen, wenn sich die breiten Massen durch eigene Erfahrung von der Richtigkeit der von der Leitung angewandten Politik, Strategie und Taktik überzeugen. »Ohne diese Bedingung«, fährt Lenin fort, »wird der Versuch, Disziplin zu schaffen, unvermeidlich zu einer Fiktion, zu einer Phrase, zu einer Groteske«. Zu diesen Grundsätzen bekenne ich mich heute wie 1906 und 1915. Meine Stellung dazu hat sich nicht geändert, wohl aber die der Parteileitung.

Um die Auseinandersetzung und Klärung dieser politischen Fragen geht es und nicht um Fragen formaler Disziplin, die in der Stunde nicht mehr bestehen, in der die grundsätzlichen Fragen geklärt werden. Im übrigen habe ich oft gefordert und ich wiederhole diese Forderung, den Konflikt mit allen Details in der Oeffentlichkeit, in Mitgliederversammlungen, Funktionärsitzungen und Parteikonferenzen oder vor einem internationalen Komitee führender Antifaschisten zu erörtern. Ich erkläre ausdrücklich, dass ich zu jeder Stunde bereit bin, vor jedem öffentlichen Forum alle Akten aufzulegen.[9]

Ich habe geglaubt, die Anerkennung dieser politischen Prinzipien innerhalb der Kommunistischen Partei, wenigstens eine freie und öffentliche Diskussion in ihrem Rahmen erreichen zu können. Ich habe mich geirrt. Nach einem Konflikt von über zwei Jahren habe ich eingesehen, dass dies unmöglich ist. Es wird verhindert durch eine Organisationsform, die mit der der ursprünglichen Partei wenig gemeinsam hat, durch das Uebergewicht eines bürokratischen Apparates, der das Parteileben beherrscht und durch eine Leitung, die sich trotz aller Niederlagen seit 1933 unfehlbar und unersetzbar dünkt.

Ich trenne mich von dieser Leitung und ihrem Apparat, aber ich trenne mich nicht von den Hunderten, vielleicht

183

Tausenden, die willkürlich, ohne Grund, ohne Verfahren, ohne die Möglichkeit einer Verteidigung widerrechtlich von anonymen Stellen entfernt, »abgesägt«, »abgehängt« und ausgeschlossen wurden. Ich trenne mich nicht von den Tausenden, mit denen ich seit 1906 zuerst in der sozialistischen und später in der kommunistischen Bewegung gekämpft habe und die heute in Deutschland mit den im täglichen Kampf neu entstehenden jungen Kadern illegal weiterarbeiten. Ich ändere meine Stellung nicht zu der Sowjetunion, dem ersten Land eines sozialistischen Aufbaus, dem grossen Friedensgaranten und dem wichtigsten Verbündeten für den Kampf und den Aufbau eines neuen Deutschlands, von dem Land, für das ich 1921 und später in einem so grossen Masse tätig sein konnte.

Ich gedenke weder eine Fraktion in der Partei zu schaffen, noch meine Tätigkeit auf eine Gruppe zu beschränken. Ich werde fortfahren, wie bisher, mit allen mir zur Verfügung stehenden Kräften für die Schaffung einer grossen, umfassenden Einheitspartei und für die Entfachung einer breiten mächtigen Volksbewegung zu arbeiten, die stark genug ist, das Hitlersystem zu stürzen und ein neues Deutschland zu schaffen. Und so behalte ich den Platz, den ich seit 1906 neben Karl Liebknecht, später neben Rosa Luxemburg, Klara Zetkin und 1915 neben Lenin gewählt habe, den Platz in den Kampfreihen des revolutionären Sozialismus.

1939
Der Verräter, Stalin, bist Du!

»Don't mind Hitler/Take Your Holiday/Book here.«

(Reklame des Reisebüros LONDON COASTAL COACH im sonnigen Sommer 1939)[1]

In diesen Bilderbuch-Sommer 1939 fällt Willi Münzenbergs fünfzigster Geburtstag. Ein halbes Jahrhundert individuellen Daseins böte Grund zur Feier. Münzenberg schätzt fröhliche Feste. Wie also begeht er das Lebensjubiläum vom 14. August 1939? Da offizielle Nachrichten völlig fehlen, da gedruckte Gratulationen nicht vorliegen, da die diversen Memoirenschreiber an dem Tag vermutlich gefehlt haben, da sogar Babette Gross das runde Wiegenfest in ihren Erinnerungen an den Gefährten ausläßt, hat das Ereignis in der bisherigen Münzenberg-Literatur keine Rolle gespielt. Doch die Neugier wie die Not macht erfinderisch. Für assoziative Fahnder halten auch alte Akten Überraschungen bereit. Ein Zufallsfund setzt uns ins Bild. Sehen wir, wie ein Augenzeuge seiner fernen Freundin die Feier zu Münzenbergs Fünfzigstem beschreibt.

»Mein liebes Hascherl«, beginnt der mit »P. den 15. 8. 39« datierte und auf einer deutschen Schreibmaschine getippte Brief. »Soeben bin ich von meinem Meeresausflug wieder zurück gekehrt. Ich sollte noch bis morgen früh dort bleiben, da wir dann zusammen mit dem Wagen fahren würden, doch ich wollte doch schon heute hier sein, damit ich die verschiedenen Sachen in Ordnung bringen konnte. Ein sehr netter und im engsten Kreise gefeierter Geburtstag und er hatte eine Laune, wie lange nicht. Er hat aber auch sehr viel bekommen. Doch vor allem kommt es darauf an, wie es gegeben wird. Gestern abend haben wir dann im Garten einen grossen Scheiterhaufen errichtet und beim Scheine desselben wurden Lieder gesungen. Heute früh bin ich mit ihm ans Meer auf wilden Pfaden gewandert. Da nun seit Tagen endlich ein wahres Sommerwetter herrscht, so waren die Seeorte infolge der drei Feiertage stark besucht... Heute nach dem Mittagessen und den dazu gehörigen Skat wurde ich zur Bahn gefahren und ab ging es nach Paris...«[2]

Wer ist das »Hascherl«? Wer hat den Brief geschrieben? Und wer hatte »eine Laune, wie lange nicht«? In der Akte hat auf der Fotokopie (!) des Briefes jemand mit dickem Bleistift einen Pfeilstrich vom »Er« des Satzes »Er hat aber auch sehr viel bekommen.« bis an den oberen Rand des Fotopapiers gezogen und dort unübersehbar den Namen Münzenberg hingeschrieben. Der Mann mit dem fetten Bleistift wird der Kriminalsekretär Kling gewesen sein, ein Mitarbeiter der GESTAPO in Berlin. Kling bearbeitet den Fall der Johanna Engel, einer am 1. August 1908 geborenen Berliner Telefonistin, die in Mahlsdorf, Briesener Weg 31, bei ihren Eltern wohnt und vor 1933 beim Münzenberg-»Konzern« in der Berliner Wilhelmstraße 48 gearbeitet hat. Johanna Engel ist das Hascherl. Und getippt hat den Brief der weltgewandte Charmeur und Chauffeur Emil Berger, der als Urberliner auch prompt die angestammte Dativ-Akkusativ-Schwäche in seinen Briefen offenbart.

Wie kommt die GESTAPO an eine Fotokopie des Briefes von Emil Berger in Paris an seine Berliner Freundin

186

Johanna Engel? Die Engel-Akte der GESTAPO gibt Auskunft. Am 28. Juli 1939 hat das GEHEIME STAATSPOLIZEIAMT Berlin »Geheim!« verfügt, daß »auf Grund der Verordnung des Herrn Reichspräsidenten zum Schutze von Volk und Staat v. 28. 2. 33, § 1« – man sieht, wie nützlich der Reichstagsbrand auch 1939 noch für die Nazis ist – »die gesamten Briefsendungen, die für ›Enke‹ postlagernd beim Postamt Berlin-Halensee 1, Katharinenstr. 27, bestimmt sind, polizeilich beschlagnahmt« werden.[3] »Grund: Unter dieser postlagernden Deckadresse erhält die der Münzenberg-Gruppe angehörende Telefonistin Johanna Engel Post aus dem Auslande (Russland bzw. Frankreich).« Seit den ersten August-Tagen 1939 sichert die GESTAPO-Dienststelle II G, wie ein Beamter namens Döring am 4. August 1939 auf dem Aktenstück bestätigt, daß die für »Enke«/Engel ankommende Post lückenlos abgefangen, fotokopiert und dann, als sei nichts geschehen, an die Empfängerin ausgegeben wird. Die Kopien heftet Kling in seiner »Ermittlungsakte« »Münzenberg-Gruppe (Engel u. Andere)« ab. Da sie den Krieg und die Nachkriegszeit überdauert, hat die Postschnüffelei wenigstens einen positiven Effekt: Sie schafft ungewollt eine zusätzliche geschichtliche Quelle in Sachen Willi Münzenberg.[4]

Vermutlich am 7. August 1939 schreibt Emil: »Meine liebe Hanni. Na endlich kommt mal wieder etwas Lesbares an. Trotzdem habe ich mich sehr darüber gefreut. Am 24. dann am 26. (gemeint ist offenbar Juli 1939 – *H. W.*) ging ein Brief an Dich, dann am 29. eine Karte und eine Drucks. endlich am 31. Brief und Drucks. Als Antwort habe ich dafür am 28. einen Brief und dann heute diesen 2. Brief. Für anspruchsvolle Menschen wäre das eine Hungernahrung, doch für bescheidene Gemüter, zu denen ich mich rechne, muss dies reichen…«[5] GESTAPO-Ermittler Kling hat die Daten der vielen Postsachen mit Bleistift unterstrichen, vermutlich nicht ohne Ärger darüber, daß ihm soviel entgangen ist. Von all den erwähnten Kommunikationsstücken besitzt er nur die am 29. Juli 1939 in Paris aufgegebene kuvertierte Karte mit Emil Bergers Geburtstagsglückwunsch für Johanna Engel.[6] Der Gratulation, gewidmet »Unserer lieben Puppe/Daheim« auf einer beziehungsreichen Karte mit dem Porträt der schönen und klugen Marquise de Maintenon (Geliebte, Beraterin und zweite Frau Ludwigs XIV.), schließen sich »Onkel + Tante« an, womit Willi Münzenberg und Babette Gross gemeint sind.

Auf Babette und ihren Sohn Peter Gross beziehen sich aus Emils Brief vom 7. August 1939 die folgenden Sätze: »Tante hat das Hemdchen nicht bekommen. Sie lässt sich nochmals bedanken. Gesternfrüh ist sie mit Pet. nach den Schlössern der Loire gefahren. Zu Onkels Geburtstag werden wir höchstwahrscheinlich am Sonnabend nach dem Häuschen fahren, und da am Dienstag ein Feiertag ist, wahrscheinlich an diesen Tag abends zurückkehren.«[7] Am 11. August 1939 tippt Emil wieder einen Brief an Johanna Engel, in dem es über Münzenberg, Babette Gross und ihren Sohn aus erster Ehe heißt: »Mittags fuhren Tante, Onkel und Pet. nach dem Häuschen am Meer und werden bis Mittwoch dort bleiben. Kurz darauf rief Tante telefonisch noch einmal an und bat mich doch von zu Hause das Besteck zu holen, da es Ha. der erst am Nachmittag mit der Eisenbahn nachfuhr, mitbringen soll... Zu Onkels 50. scheint sich allerlei zu tun. Jedenfalls soll ich am Montag früh mit dem D-Zug nach dort kommen.«[8] Am Sonntag, dem 13. August 1939 setzt Berger den Brief fort und vermerkt, daß er noch »zum Dicken gegangen« ist, »um etwas für den Geburtstag Onkels zu fabrizieren.«[9]

Mit »Ha.« ist Münzenbergs Sekretär Hans Schulz gemeint, der also schon am Freitag, dem 11. August 1939, mit »dem Besteck« losfährt, um im »Häuschen am Meer«

das Münzenberg-Jubiläum vorzubereiten. Mit »dem Dik-
ken« – so wird Kurt Kersten genannt – »fabriziert« Emil
Berger indes erst am Sonntagnachmittag ein Geburtstags-
geschenk. So ist anzunehmen, daß am Montag, dem
14. August 1939, an der Feier zu Münzenbergs Fünfzigstem außer dem Jubilar sowie Babette und Peter Gross zumindest Kurt Kersten, Hans Schulz und Emil Berger teilnehmen. Die Art der An- und Abreise der Gäste läßt gewisse Rückschlüsse auf die Größe des »Häuschens am
Meer« wie auch des Autos zu. Vermutlich bietet die
»Hütte« nicht genug Übernachtungsmöglichkeiten. Und
vielleicht bettet Emil Berger, der Chauffeur, der mit der
Bahn fahren muß, sein müdes Haupt in der Nacht zum
Dienstag auf den Polstersitzen des »kleinen Ford«. Ziemlich sicher ist, daß Babette Gross den Wagen von der Seine
ans Meer und dann zurück nach Paris steuert. Wahrscheinlich ist es die letzte längere Tour vor Ausbruch des
zweiten Weltkrieges.

Ein Mann aus dem angestammten »engsten Kreis« um
Münzenberg fehlt beim gemeinsamen Gesang am Freudenfeuer in der Sommernacht: Kurt Sauerland. Emil Berger denkt unwillkürlich an ihn, als er seiner Johanna von
den Geburtstagsvorbereitungen »beim Dicken« berichtet.
»Heute ist übrigens ein herrlicher Tag«, heißt es in Bergers Brief vom 11./13. August 1939, »und wie abgezirkelt,
denn der eigentliche Pariser Urlaub beginnt am 15. August. Gestern habe ich einen Brief von Walter Fried. erhalten, der mir mitteilte, dass es der ›Mausi‹ Friedel Sauer.
sehr schlecht geht. Der 2jährige Junge ist mehr dem Sterben als dem Leben nahe.«[10] Kriminalsekretär Kling
glaubt die abgekürzten Namen durchschaut zu haben.
Mit seinem fetten Bleistift zieht er Verbindungslinien von
»Walter Fried.« und von »Friedel Sauer.« zum Rand der
Fotokopie und notiert dort: »Kurt Sauerland« und »Friedel Sauerland«.[11]

189

Doch auch die GESTAPO ist eben nicht allwissend. Kurt Sauerland kann im August 1939 keine Briefe mehr schreiben, weil er seit 22. März 1938 tot ist – zum Tode durch Erschießen verurteilt und umgebracht von Stalins mörderischer Geheimpolizei.[12] Mit der Abkürzung »Walter Fried.« kann also nicht Kurt Sauerland, wohl aber Dr. Walter Andreas Friedländer gemeint sein – der jüdische Rechtsanwalt, Mitbegründer und bis 1933 Vorstandsmitglied der ARBEITERWOHLFAHRT in Berlin, Autor verschiedener Bücher über Sozial- und Jugendfürsorge, aktiv in der DEUTSCHEN FRIEDENSGESELLSCHAFT und in der INTERNATIONALEN LIGA FÜR MENSCHENRECHTE. Friedländer, 1936 von Paris in die USA übergesiedelt, kümmert sich um bedürftige Kinder von Emigranten. So ist es schon möglich, daß sich Friedel Sauerland, die Witwe des in der Sowjetunion ermordeten deutschen Kommunisten Kurt Sauerland, wegen ihres zweijährigen Jungen hilfesuchend an Friedländer gewandt hat – und daß Friedländer, von solchen Schicksalen schockiert, die Hiobsbotschaft Emil Berger zukommen ließ, damit der sie Münzenberg beibringe. Was mag das »Geburtstagskind« denken und fühlen, wenn ihm sein Chauffeur bei der Wanderung »auf wilden Pfaden« am Meer berichtet, daß Sauerlands Sohn »dem Sterben« näher ist als »dem Leben«? Münzenberg, der passionierte Kinderfreund, dessen IAH 1921 Zehntausende Kinder in Sowjetrußland vor dem Hungertod bewahrte, muß nun ihn ohnmächtiger Wut erleben, daß Stalins Terrorapparat sogar die Frauen und Kinder seiner politischen Opfer nicht schont. Doch vor einer öffentlichen Stellungnahme gegen Stalin schreckt Münzenberg immer noch zurück...

Und Johanna Engel? Was mag ihr durch den Kopf gehen, wenn sie Mitte August 1939 in einer Mittagspause auf dem Weg vom Postamt Halensee zurück zu ihrer Ar-

beitsstelle (in der Telefonzentrale der VEREINIGUNG
DER DEUTSCHEN HERSTELLER VON STAHL-
VEREDELUNGSMETALLEN, Berlin W, Kurfürstendamm 142/143) Emil Bergers Brief überfliegt und vom
bedrohten Kinderleben erfährt? Johanna Engel ist eine
kluge junge Frau. Ginge es nach Fähigkeiten und Leistung
statt nach Geschlecht und Gesinnung, säße diese »Heilige
Johanna der Kommunikation« längst am Vorstandstisch
einer großen Gewerkschaft oder im Aufsichtsrat eines
Großunternehmens und nicht mehr am Stöpselschrank
einer kleinen Telefonzentrale. Solch ein Charakter- und
Leistungsbild von Johanna Engel bietet jedenfalls die GE-
STAPO-Akte über sie – und das zweifellos absolut unfrei-
willig. Seit dem 8. Juli 1939, als sich die Telefonistin gegen
18 Uhr 15 im Café TRUMPF am Kurfürstendamm, Ecke
Kantstraße mit einem Ehepaar aus New York traf, das für
Münzenberg einen Kurierdienst leistete, aber von einem
GESTAPO-Spitzel enttarnt worden war,[13] wird Johanna
Engel rund um die Uhr von mehreren Kriminalbeamten
der GESTAPO beschattet. Sie schreiben alles auf, was sie
sehen und hören, beispielsweise wann und wie lange und
mit welchem Effekt die junge Frau bei welchem Frisör
ist.[14] Gelegentlich werden auch ihre Telefongespräche ab-
gehört.[15] Die observierenden Beamten haben alle ein Paß-
bild, das sich die GESTAPO beim zuständigen Polizeirevier in Mahlsdorf besorgt hat.[16] Dort weiß man auch
Näheres über Johanna Engels Paß für Auslandsreisen.

Schon im Frühsommer 1933 hat die Verlobte des Chauffeurs von Willi Münzenberg ihren Emil, aber auch Babette Gross in Paris besucht. Danach, heißt es in einer
GESTAPO-Studie weiter, »hat die E. sich während ihres
Urlaubs verschiedentlich mit ihrem Verlobten getroffen.
So u. a. in Prag, 1936 in Moskau (offiziell war sie damals
in Riga, hat dann den Pass mit dem russischen Visum
bzw. Einreisevermerk verbrannt, dem Polizeirevier als

›verloren‹ gemeldet und auch einen neuen Pass erhalten)
und im Winter 1938 in Paris. Sie will ihn auch jetzt Ende
August in Paris besuchen und evtl. gleich dort bleiben.
Im Geschäft will sie mit Hilfe eines ärztlichen Attests
1/4 Jahr Urlaub nehmen und damit kündigen.«[17] Um es vor-
weg zu sagen: Johanna Engels Urlaubspläne werden ins
Wasser fallen. Hitlers neuer Weltkrieg zieht herauf. Die
Telefonistin hat einen Ausbildungskurs als Nachrichten-
helferin beim Heereswaffenamt absolvieren müssen – mit
professionellem Erfolg; denn ihr Gestellungsbefehl verpflichtet sie, sich gleich am ersten Mobilmachungstag bei
der Wehrmacht einzufinden. Und selbst dann, wenn Johanna Engel dem Slogan des britischen Reisebüros folgen
würde – Kümmere Dich nicht um Hitler/Nimm Deinen
Urlaub! –, mit Stalin hätte sie, wie wir noch sehen werden,
dennoch zu rechnen.

Nachdem ein observierender Kriminalassistent mit Namen Schumann am 22. Juli 1939 »gegen 13.10 Uhr« beobachtet hat, daß Johanna Engel im Postamt Halensee beim
Schalter für postlagernde Sendungen vorsprach, ergrün-
det die GESTAPO die postalischen Geheimisse der Telefonistin. Man kopiert nicht nur die Post aus Paris, ab Anfang August 1939 – wie wir wissen, sondern forscht auch
Johannas personales Umfeld aus. Ergebnis – festgehalten
in der GESTAPO-Studie vom 28. Juli 1939: »Johanna Engel kommt u. a. mit einem Ehepaar Urban zusammen.
Frau Urban hat s. Zt. mit dem Motorrad Zeitungen für
Münzenberg ausgefahren und besitzt jetzt eine Heissman-
gel. Weiter verkehrt die E. mit einem Karl Klein und
Frau, die vor kurzem wegen Vergehen nach § 218 verurteilt wurden, sowie deren Tochter, die bei ›Fromms Act‹
beschäftigt ist. Für die Vorgenannten und andere Leute erhält die E. Post aus Russland via Paris. Diese Post und
eigene direkte Post aus Frankreich erhält die Engel postlagernd. Früher unter Buchstabenchiffre an die Postämter

Marburger, Friedrich Wilhelm- und Mauerstr., jetzt unter dem Namen ›Enke‹ an das Postamt Bln.-Halensee...«[18] Trotz des ungewöhnlich großen Ermittlungsaufwandes gelingt es der GESTAPO zunächst nicht, einen der von Johanna Engel geschriebenen und abgeschickten Briefe abzufangen.[19]

Doch unter dem beziehungsvollen Datum »24. 8. 1939« glaubt Kriminalsekretär Kling der Engel-Akte eine wichtige neue »Erkenntnis« anvertrauen zu müssen: »Die Engel war in Moskau zusammen und hat weiter brieflichen Verkehr mit der Frau des ehemaligen KPD.-Abgeordneten Wilhelm Koenen, der von seiner Frau getrennt zuletzt in Prag lebte. Der Sohn des Koenen ist mit einer Tochter der Eheleute Klein (s. Bericht vom 28. 7. 39) verheiratet.«[20] Klings Atennotiz ist in personaler Hinsicht unscharf. Welche Koenen-Frau genau? Martha oder Emmy Koenen, Wilhelm Koenens erste oder zweite Frau? Oder gar Bernard Koenens Frau Frieda? Wie dem auch sei – wenn Johanna Engel tatsächlich im Sommer 1936 in Moskau war und dort ihren »Emilio« sowie Babette Gross, Willi Münzenberg und eine Frau der Gebrüder Koenen getroffen hat, dann kennt sie sich auch in den Tragödien aus, die das Ergebnis der monströsen Prozesse und anderen Repressionen gegen die eigenen Genossen sind. Und dann versteht die Telefonistin auch sogleich, was Emil Berger mit dem Hinweis auf das traurige Schicksal »der ›Mausi‹ Friedel Sauer.« und ihres zweijährigen Jungen meint.

Der Name Koenen ist ein Schlüsselwort für die Haltung der in Moskau sitzenden KPD-Führung zu den Moskauer Prozessen und zu den willkürlichen Verhaftungen von deutschen antifaschistischen Emigranten in der Sowjetunion. Am 25. August 1936 hatten die Moskauer KPD-Repräsentanten eine Erklärung zum Sinowjew-Prozeß veröffentlicht, in der sie sich mit schrecklichem Eifer hinter die Todesurteile stellten und forderten, »alle noch vorhande-

nen Überreste des Gesindels unschädlich zu machen«[21].
Obgleich Münzenberg, damals noch Mitglied des ZK der
KPD, vermutlich nicht gefragt worden war, distanzierte
er sich nicht von dieser im Namen des ZK der KPD abgegebenen Erklärung, sondern brachte seine Vorbehalte gegenüber dem Prozeß in vorsichtiger Form in persönlichen
Gesprächen, aber auch in der internen Aussprache mit
Vertretern der SAP vom 10. November 1936 zum Ausdruck.[22] Ähnlich doppelbödig verhielt er sich zu der
menschlich wie politisch unverantwortlichen Praxis der
in Moskau agierenden KPD-Führungsriege, alle von Stalins Geheimdienst verhafteten deutschen Kommunisten
prompt, gleichsam automatisch aus der KPD auszuschließen.[23] Dafür mochte Münzenberg 1936, nach dem Sinowjew-Prozeß, seine Gründe gehabt haben. Doch auch gegen die massenhaften Parteiausschlüsse – jeweils nach
willkürlichen Verhaftungen – der Jahre 1937 und 1938
hatte Münzenberg nicht öffentlich protestiert.[24]

Wilhelm Pieck indes raffte sich am 20. April 1938, nachdem er von der Kaderabteilung der KI-Exekutive eine
neue Liste mit den Namen verhafteter deutscher Kommunisten erhalten hatte, zu einer Intervention auf. In einem
Brief an Dimitroff schrieb er: »Von einer Anzahl dieser
Personen, die in der Liste unter 1 bis 8 genannt sind, ist
das Sekretariat des ZK der KPD fest überzeugt, daß sie
sich keiner verbrecherischen Handlung gegen den Sowjet-
staat schuldig gemacht und auch keine Verbindungen mit
sowjetfeindlichen Elementen unterhalten haben.«[25] Pieck
verlangte die Freilassung der verhafteten Kommunisten.
Im Falle Bernard Koenens – auf der Liste unter seinem
Decknamen Heinrich Stafford an zweiter Stelle vermerkt[26] – hatte Pieck Erfolg. Koenen kam frei und berichtete dem »Sekretariat des ZK der KPD«, daß er in der
NKWD-Haft gefoltert wurde, damit er falsche »Geständnisse« ablege.[27] Koenen war auch damit einverstanden,

daß seine Angaben über die NKWD-Vernehmer »dem Büro Stalins übergeben« wurden.[28] Nachdem das offenbar geschehen war, wurde er erneut verhaftet. Herbert Wehner erinnert sich, daß Pieck, Florin und Ulbricht »einige Schritte für einige verhaftete Personen« unternahmen, daß aber über das ganze Drama »zurückhaltend« gesprochen wurde.[29]

Inwieweit Münzenberg von den Interventionen der Troika Pieck, Florin und Ulbricht 1938/39 erfahren hat, wissen wir nicht. Außer Zweifel steht jedoch, daß sich Bernard Koenens Folter-Bericht in der Emigrantengruppe in Moskau herumgesprochen hat. Und da noch im Sommer 1939 Vertrauenspersonen von Münzenberg als Kuriere zwischen Paris und Moskau pendeln – gelegentlich sogar über Berlin reisen und Johanna Engel »Guten Tag« sagen –[30], dürfte die Kunde von Koenens Kerker-Erfahrungen auch zu Münzenberg und seinen Berliner Freunden gedrungen sein. Spätestens seit Koenens erneuter Verhaftung muß aber den Eingeweihten klar sein, daß für die Verbrechen an den eigenen Genossen in erster Linie der KPdSU(B)-Generalsekretär Stalin und der inzwischen von Berija geführte sowjetische Geheimdienst verantwortlich sind. Gerade mit denen möchte sich Münzenberg zuallerletzt anlegen. Ehe er Stalin selbst öffentlich anklagt, werden auch jetzt, Mitte August 1939, noch ein paar Wochen vergehen. Dabei ist Münzenberg nun schon fast ein halbes Jahre nicht mehr Mitglied der KPD.

Die GESTAPO, die natürlich im Frühjahr 1939 Münzenbergs öffentlichen Austritt aus der KPD zur Kenntnis genommen hat, kann es noch im Sommer 1939 einfach nicht glauben, daß dieser Kommunist seiner Partei den Rücken gekehrt hat und daß KOMINTERN und KPD solch einen fähigen Kommunisten einfach gehen lassen. In einer offensichtlich für die Nazi-Führung bestimmten Analyse unter dem Titel »Illegale Münzenberg-Gruppe«

berichtet die GESTAPO über ihre Anstrengungen, »durch Mittelspersonen zu einem Kreise Münzenbergs Anschluss zu bekommen, um in seine politischen Machenschaften Einblick zu erhalten«[31]. »In der Folgezeit«, so heißt es im Bericht über den Frühsommer 1939, »gelang es der hier zur Verfügung stehenden V-Person ›S 12‹, über die ehemalige Reichstagsabgeordnete Anna Siemsen die Verbindung mit der Sekretärin von Münzenberg Babette Gross herzustellen.«[32] »Die Verbindung« – das klingt hochtrabend, wenn man schaut, was die »V-Person« mit dem Geheimzeichen »S 12«, deren Identität leider nicht zu ermitteln ist[32a], »in Erfahrung gebracht« hat.

Spitzel »S 12«, der vermutlich zu Anna Siemsen in die Schweiz und dann nach Paris reisen durfte, hat herausgefunden, »dass die Zeitschrift ›Die Zukunft‹ von Münzenberg redigiert und herausgegeben wird. Das Hauptbüro des Münzenberg, dem die Sekretärin Babette Gross vorsteht, befindet sich in Paris IX, Boulevard Hausmann 41, diesem Büro auch der Sebastian Brand-Verlag, früher Strassburg, jetzt Paris, angegliedert ist. Die Privatadresse von Babette Gross und Willi Münzenberg ist Issy les Moulineaux (Seine), 8 Rue Claude Matrat. Ihre Deckadresse ist Mrs. M. Hoffer, 14a Eton Road, London N. W. 3. Sowohl von Anna Siemsen als auch von Babette Gross wird behauptet, dass Münzenberg's Austritt aus der KP. nur eine Tarnung ist, um desto wirksamer für diese und die Volksfront arbeiten zu können, da er in der illegalen Arbeit als der gerissenste und geschulteste Emigrant gilt.«[33] Diese Informationen sind so dürftig bzw. so ungenau, daß zu bezweifeln ist, ob »S 12« überhaupt mit Babette Gross persönlich hat sprechen können. Allerdings gelingt es »S 12« offenbar, sich bei einer bislang nicht identifizierten Person aus dem Umfeld Münzenbergs als »illegal arbeitender Genosse aus Deutschland« anzubiedern, der die Möglichkeit habe, illegale Literatur zu verteilen.

Vermutlich daher rührt das Vertrauen, das »S 12« Anfang Juli 1939 bei dem durchreisenden nordamerikanischen Ehepaar besitzt und das der ahnungslosen Johanna Engel zum Verhängnis wird.[34]

Münzenbergs Austritt aus der KPD »nur eine Tarnung«? Das kann Babette Gross jedenfalls im Frühsommer 1939 nicht ernsthaft behauptet haben. Kaum einer weiß doch besser als sie, wie sehr es Münzenberg im März 1939 darauf angelegt hat, einem Ausschluß aus der KPD mit seinem Austritt aus der Partei zuvorzukommen. Die Vorgänge im Februar, März und April 1939 lassen sich mit Hilfe der Münzenberg-Akte Wilhelm Piecks und einiger damaliger Zeitungen ziemlich genau rekonstruieren. Das Szenario setzt am 10. Februar 1939 ein. An diesem Tag brachten Willi Münzenberg in Paris und Walter Ulbricht in Moskau unabhängig voneinander Texte zu Papier. Münzenbergs Text war kurz: »Werte Genossen, Ich frage an, ob Ihr glaubt, dass die Möglichkeit besteht, dass ich im Laufe der nächsten Woche einen verantwortlichen Genossen in der Frage meines Parteiverhältnisses sprechen kann. Mit komm. Gruss Willi Münzenberg«[35].

Ulbrichts Text vom gleichen Tage füllte fünfeinhalb Seiten in engster Maschinenschrift und wiederholte all die Vorwürfe, die seit 1936 immer wieder gegen Münzenberg erhoben wurden. Formell gab sich der Ulbricht-Text wie eine Antwort auf jenes Schreiben, mit dem Münzenberg am 30. August 1938 beim EKKI Einspruch (»Rekurs«) gegen seinen Ausschluß aus dem ZK der KPD erhoben hatte. Real war Ulbrichts Papier darauf gerichtet, dem EKKI und der IKK »Beine zu machen«. Dazu mußte jedes Mittel recht sein. Unter »1. Zum Kampf gegen den Trotzkismus« war zu lesen: »Wir erhielten Kenntnis von Briefwechsel zwischen verschiedenen Sozialdemokraten worin mitgeteilt wurde, dass Münzenberg wegen ›unvorsichtiger Aeusserungen‹ über den Moskauer Prozess nach

197

der Sowjetunion versetzt werden solle. Dazu schreibt der sozialdemokratische Funktionär seinem Freund: ›Münzenberg war in seinen Aeusserungen über den Prozess tatsächlich leichtsinnig‹. In einem Brief wird mitgeteilt, dass sich Münzenberg zu dem Trotzkisten Dr. Brupbacher gegen den Sinowjewprozess geäussert habe. Münzenbergs Mitarbeiter Emonts, der für ihn die organisatorischen Aufträge für die ›Freiheitspartei‹ erledigte wandte sich bei einer Vernehmung gegen den Prozess gegen den Spion Radek. Aus dem engen Freundeskreis von Münzenberg kamen ›Anfragen‹ über die Verhaftung von Remmele und Neumann in Moskau...‹[36]

Das war der »Stil« (Originalton und Originalorthographie), in dem Ulbricht Dimitroff und Togliatti unter Druck setzte. Pieck schickte Ulbrichts Text am 11. Februar 1939 »streng vertraulich« »An den Generalsekretär der Komintern Genossen Dimitroff./An die Internationale Kontrollkommission«.[37] In seinem eigenen Text zur Sache stellte Pieck sich hinter Ulbricht und hob hervor, Münzenberg habe selbst gesagt, er wolle notfalls »eine von Moskau unabhängige Kommunistische Partei« gründen.[38] Pieck war aber vorsichtig genug, von Dimitroff und der IKK nicht den Ausschluß Münzenbergs aus der Partei zu fordern. Das sollte wohl die IKK aus eigenem Antrieb tun. Doch es muß ein wochenlanges Gerangel hinter den Kulissen gegeben haben; denn offiziell hieß es, die IKK habe sich am 20. Januar und 16. Februar 1939 mit dem »Fall Münzenberg« befaßt.[39] Die IKK-Sitzung vom 20. Januar kann für Ulbricht nicht befriedigend ausgegangen sein; sonst hätte er am 10. Februar nicht erneut einen Text aufsetzen müssen. Und auch die IKK-Sitzung vom 16. Februar brachte wohl noch keine Entscheidung; denn am 26. Februar sah sich Pieck veranlaßt, zehn Punkte »Zur Begründung der Massnahmen gegen Münzenberg« zu Papier zu bringen.[40] Und »Der Beschluß der IKK im

Fall Münzenberg« erschien in der Presse erst Anfang April 1939.[41]

Was beschloß die IKK? Sie hält »den Ausschluss Münzenbergs aus dem ZK der KPD und seine Begründung für vollständig berechtigt«. Und: »Es ist die Angelegenheit des ZK der KPD, die sich daraus ergebenden Beschlüsse in Bezug auf die Parteimitgliedschaft Münzenbergs zu fassen.«[42] Also: Die IKK schloß Münzenberg nicht aus der KPD aus. Vielmehr beschied sie, das sei Sache des Zentralkomitees der KPD. Und wie schon ein Jahr zuvor beim Ausschluß Münzenbergs aus dem ZK der KPD maßte sich das in Moskau amtierende KPD-Sekretariat erneut an, im Namen des gesamten Zentralkomitees der KPD zu entscheiden: »Das ZK der KPD beschliesst, Münzenberg wegen prinzipienlosen und doppelzüngerischen Verhaltens, wegen…« (folgen weitere unbewiesene Vorwürfe) »Verbindung mit Trotzkisten und anderen Feinden der Arbeiterbewegung, was alles einem Verrat an der Partei und der Arbeiterbewegung gleichkommt, aus den Reihen der Kommunistischen Partei Deutschlands auszustossen.«[43] In Wilhelm Piecks Akte findet sich das maschinenschriftliche Original des »ZK-Beschlusses«. Im Gegensatz zu den Presseveröffentlichungen ist es datiert: »Marz 1939«. Handschriftlich wurde vor »Marz 1939« eine 6 mit Punkt gesetzt. Demnach wäre der »ZK-Beschluß« am 6. März 1939 gefaßt worden.[44] Doch in einem Vorspann, mit dem die DEUTSCHE VOLKSZEITUNG den »ZK-Beschluß« am 9. April 1939 (!) veröffentlichte, stand eine ganz andere Version der Datierung.

Offenbar zur Begründung des späten Veröffentlichungstermins behauptete die DVZ, »alle Mitglieder des ZK der KPD« hätten Stellung genommen, »wobei eine Reihe von Mitgliedern nicht sofort erreichbar waren«. Danach habe sich der »einstimmige Beschluss« des ZK der KPD »ergeben«.[45] Abgesehen davon, daß die Pieck-Akte keine

199

»Stellungnahmen« und »Rückäußerungen« von regulären ZK-Mitgliedern enthält, gebietet die Logik: Entweder ist der »Beschluß« am 6. März 1939 gefaßt worden, ohne daß »alle« ZK-Mitglieder sich äußern konnten – oder es konnten sich auch »nicht sofort erreichbare« ZK-Mitglieder noch äußern, dann wäre der »Beschluß« nicht am 6. März gefaßt worden. Die wahrscheinlichste Lösung des Widerspruchs besteht allerdings in der Annahme, daß die IKK den ganzen März 1939 über ihre Zustimmung zum Beschluß des KPD-Sekretariats hinauszögerte und daß die KPD-Spitze, als sie dann ihren Beschluß endlich in ihrer Zeitung drucken durfte, hilflos bestrebt war, den Beschluß zurückzudatieren, weil sie es nicht verkraften konnte, daß Münzenberg dem Ausschluß mit seiner am 10. März 1939 veröffentlichten Austrittserklärung zuvorgekommen war.[46]

Münzenbergs Erklärung befindet sich in einem maschinenschriftlichen Original – allerdings ohne Datum und Unterschrift – in Piecks persönlicher Akte.[47] Da Münzenberg schon im Interesse der Volksfrontidee sichtlich bemüht war, die Trennung, so sie denn unvermeidlich geworden war, möglichst »geräuschlos« und ohne viel Wirbel zu vollziehen, wird er die Erklärung dem Pariser KPD-Bevollmächtigten zugestellt haben, bevor er sie in DIE ZUKUNFT drucken ließ. Das könnte am Montag, dem 6. März 1939, geschehen sein – was wiederum die nachträglich und handschriftlich eingefügte 6 mit Punkt im Beschluß des KPD-Sekretariats erklären würde. Der ganze Prestigerummel um Austritt oder Ausschluß – veranstaltet von Parteiführern, die es nicht ertragen können, daß eine einzelnes Mitglied seinen eigenen Kopf und Willen behält – wirkt um so gespenstischer, wenn man bedenkt, daß just in diesen März-Tagen 1939 Hitlers Truppen in die ČSR einmarschierten, womit Europa an den Rand eines neuen Krieges rückte, der knapp ein halbes

Jahr später ausbrechen und weite Landstriche unserer Erde mit Not und Tod überziehen sollte.[48]

Das Münzenberg-Memorandum von Anfang März 1939 ist – zumal aus der Sicht und mit den politischen Erfahrungen der achtziger und neunziger Jahre des 20. Jahrhunderts bewertet – ein programmatisches Dokument von geschichtlichem Gewicht. Indem der talentierteste und erfolgreichste Aufklärer und Propagandist der KPD in schier auswegloser Situation sich auf den Marxschen Grundsatz der Selbstbestimmung und Selbstverwirklichung des menschlichen Individuums besinnt, indem er eine sozialistische Partei postuliert, die unabhängig, d. h. frei von äußerer Bevormundung ist und in der den Mitgliedern die Priorität gegenüber dem Parteiapparat zukommt, entsteht in groben Zügen, aber um so weitersichtig das Konzept einer humanen und humanistischen Alternative zum bürokratischen Sozialismus/Kommunismus, ein Entwurf der Reinkarnation des Freiheitswillens der revolutionären Arbeiterbewegung, ein Programm der Renaissance der humanen und demokratischen Traditionen des Kommunismus, die Münzenberg in den Personen Karl Liebknecht, Rosa Luxemburg, Clara Zetkin und (!) Wladimir Iljitsch Lenin verkörpert sieht.[49] In eigentümlichem Gegensatz zur geschichtlichen Tragweite des Münzenberg-Memorandums steht die Tatsache, daß es bis auf den heutigen Tag weitestgehend unbekannt geblieben ist und im öffentlichen Bewußtsein so gut wie keine Rolle gespielt hat. Sowohl das etablierte Bürgertum als auch die etablierten »Realsozialisten« fanden und finden keinen Gefallen an Münzenbergs alternativem Denken.[50] Für Moden aller Art ist Münzenbergs Memorandum zu ungefällig, unbequem und unhandlich.

Bereits im Frühjahr 1939 wurde Münzenbergs Alternative kaum zur Kenntnis genommen. Gewiß, man konnte die Austrittserklärung in der Wochenzeitung DIE ZU-

Senny Marx. 1913.

Die Zukunft

Jahrbuch der sozialdemokrat. Jugendorganisation Zürich

:: :: Mit Beiträgen von :: ::
**Max Bock, Max Barthel
Robert Gast, Dr. Betty
Ostersetzer, Rob. Seidel
J. Sigg, L. Wulfsohn** u. a.

Nebst zahlreichen Bildern

Zusammengestellt von

W. Münzenberg

Verlag:
Jugendorganisation Zürich
1913

*Für seine letzte Zeitung
greift Münzenberg auf einen Titel von 1913 zurück:
DIE ZUKUNFT*

JOURNAL ANTI-HITLERIEN

Die Zukunft

Ein neues Deutschland: Ein neues Europa!

Organe de l'Union Franco-Allemande   Organ der Deutsch-Französischen Union

l'Avenir, Journal hebdomadaire

Nr. 4 — 27. Januar 1939 — 12 S.
Preis 1.50 frs.   II. Jahrgang
Redaktion, Expedition und Verwaltung:
Paris 9e, 41, Bd. Haussmann.

Konzentrationslager Deutschland

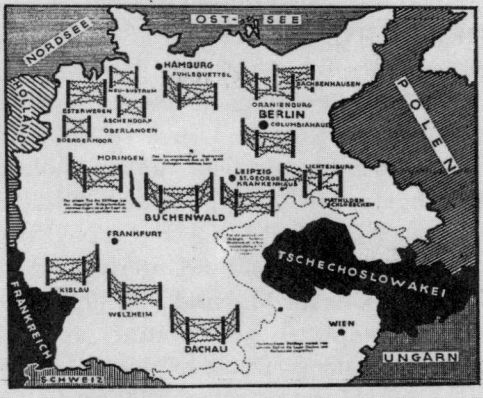

Seit der Errichtung des Dritten Reiches will die Welt nicht zur Ruhe kommen. Immer wieder wird sie mit Kriegsalarm erfüllt und dazu durch einen ununterbrochenen Flüchtlingsstrom geängstigt, der ständig zunimmt. Der allein Schuldige ist die nationalsozialistische Diktatur in Deutschland. Sie hat Europa und der Welt ein Wettrüsten aufgezwungen, das Milliarden und Abermilliarden verschlingt, den Wohlstand der Völker vernichtet und die Gefahr einer allgemeinen Wirtschaftskrise heraufbeschwört. Sie hat das Gleichgewicht Europas erschüttert durch die Okkupation Oesterreichs, die Zerstückelung der Tschechoslowakei. Sie hat es Mussolini ermöglicht, Abessinien zu erobern und im Bunde mit ihm den Kriegsbrand in Spanien entfesselt. Der Raubzug Japans nach China wäre ohne die europäischen Komplizen in der Achse Berlin-Rom unmöglich gewesen. Ueberall, wo in der Welt Unruhe herrscht, wo Millitärrebellionen und Bürgerkrieg ausbrechen, wo Rassen und Völker gegeneinandergehetzt wurden, in Palästina, in Südamerika und anderwärts, hatte und hat das Dritte Reich die Hand im Spiele. Am furchtbarsten aber belastet ist das Schuldkonto dieser Diktatur dem deutschen Volke selbst gegenüber, das, zur Staatssklaverei verurteilt, die grössten Opfer für ein von einer barbarischen Ideologie getragenes und dazu noch tief korruptes Herrschaftssystem bringen muss. Ein System, das Christen (Katholiken und Protestanten, Bibelforscher und andere Sekten) und Juden, Deutschnationale und Pazifisten, Demokraten und Monarchisten, Sozialisten und Kommunisten grausam und blutig verfolgt, den Geist unterdrückt und das moralische Bewusstsein verfälscht und vernichtet. Ein System, das Hunderttausende über die Grenze jagt und andere Hunderttausende, Männer und Frauen, Greise und selbst Kinder verhaftet und einkerkert, in grausamen Konzentrationslagern viehischen Henkersknechten ausliefert, blutig foltert und tötet. Aber nicht nur für diese Opfer, für das ganze Volk ist Deutschland ein einziges riesengrosses Konzentrationslager und eine Riesenkaserne geworden. Gegen dieses System und diese Fülle der Grausamkeit, gegen diese Schändung des deutschen Namens und diese Bedrohung der ganzen Welt erheben wir feierlich Protest. Diesem System sagen wir unerbitterlichen Kampf an und für diesen Kampf rechnen wir auf die Hilfe aller Menschen, die die Freiheit lieben und vor dem Recht Achtung haben.

DIE ZUKUNFT vom 27. Januar 1939 –
im Herbst wird die Zeitung
Münzenbergs Bannfluch gegen Stalin drucken

KUNFT lesen. Doch wer konnte schon DIE ZUKUNFT lesen? Wie hoch war ihre Auflage? Wie groß das Verbreitungsgebiet? Wie stark ihre Resonanz? Diese Fragen sind schwer zu beantworten, weil sie kaum erforscht wurden und weil die Quellenlage kompliziert bleibt.[51] Kaum waren die ersten Ausgaben der letzten von Münzenberg gegründeten Zeitung erschienen,[52] da geriet deren Auflagenhöhe bereits in eine – durchaus werbende, aber wenig aufschlußreiche – Pressepolemik: Die britische Zeitung THE TRIBUNE hatte behauptet, von der ZUKUNFT würden 500000 Exemplare illegal in Deutschland vertrieben; die DEUTSCHE VOLKS-ZEITUNG höhnte, das sei typisch Münzenbergsche Aufschneiderei; Münzenberg erklärte daraufhin, die Zahlenangabe stamme weder von der Redaktion noch von der Druckerei der ZUKUNFT – allerdings gab er die wirkliche Auflagenhöhe nicht preis.[53] Die Hamburger Historikerin Tania Schlie, die in bislang unerforschte Akten der ARCHIVES NATIONALES in Paris einsehen konnte, fand in Unterlagen der ZUKUNFT die Auflagenhöhe für Mai und Juni 1939 mit durchschnittlich 8800 Exemplaren pro Nummer angegeben.[54] Nach der Gründung der Zeitung sei deren Auflage »sehr schnell« auf eine Höhe von etwa 12000 gekommen, heißt es in einem vertraulichen Brief des ZUKUNFT-Chefredakteurs Werner Thormann, eines linken katholischen Journalisten aus Österreich, an den Vizepräsidenten des Auswärtigen Ausschusses der Französischen Nationalversammlung.[55]

Arthur Koestler, der zeitweilig in der Leitung der ZUKUNFT-Redaktion eine entscheidende Rolle spielte, hatte im November 1938 den Londoner Korrespondenten der Zeitung geschrieben, DIE ZUKUNFT habe allein in Frankreich 3600 Abonnenten.[56] Demgegenüber umfaßt jene Liste der ständigen ZUKUNFT-Bezieher in Frankreich, die der GESTAPO-Agent »V49« in Paris »besorgte« und die am 10. Mai 1939 in der GESTAPO-Zentrale einging, die Namen und Adressen von nur 269 Beziehern.[57] Es sieht so aus, als habe das Interesse an der Zeitung trotz eines verheißungsvollen Starts im Herbst 1938 mit der Zeit nachgelassen. Es war ja auch keine Zeitung im strengen Sinne, sondern ein Meinungsbildungsblatt, eine Art Diskussionsforum, auf dem so gut wie alle Träger von bekannten Namen in der deutschen und österreichischen Emigration zu Wort kamen.[58] Für solch eine offene, tolerante und plurale geistige Institution waren die Zeiten nicht günstig, und der heraufziehende zweite Weltkrieg mußte ihr das Lebenslicht ausblasen.

Willi Münzenberg, der aus dem Hintergrund alle Fäden, zumal die organisatorischen, der ZUKUNFT zog, strebte eine weltweite Verbreitung der Zeitung an. In die Ausgabe vom 11. November 1938 wurde zur Eigenwerbung eine Annonce eingerückt, der die Bezugspreise in 25 Ländern zu entnehmen waren.[59] Doch nach der »Klarstellung« der KPD-Spitze vom 25. Oktober 1938 war ein Vertrieb unter deutschen und österreichischen Emigranten in der Sowjetunion illusorisch geworden. Nach dem unsäglichen Münchener Abkommen, das am 29. September 1938 in die Vorbereitungsphase der ZUKUNFT »hagelte« und zu einschneidenden inhaltlichen Änderungen an der ersten Ausgabe zwang, fielen auch die meisten potentiellen deutschsprachigen Leser in der ČSR aus. Und natürlich waren die illegal in Nazideutschland wirkenden KPD-Gruppen gehalten, die Verbreitung der ZUKUNFT nicht zu unterstützen. Tania Schlie fand allerdings in den ARCHIVES NATIONALES einen KPD-Bericht vom 24. Februar 1939 aus New York, in dem es hieß, DIE ZUKUNFT habe in den USA deshalb »einen so großen Erfolg«, weil das alte Adressenmaterial der A-I-Z verwendet werde.[60]

Die GESTAPO beobachtete DIE ZUKUNFT mit Argusaugen. Am 15. Mai 1939 verschickte die GESTAPO-Zentrale eine »Geheime Reichssache« an die Leiter aller »Staatspolizeileit- und Staatspolizeistellen«, in der ausführlich vor der ZUKUNFT, »ein Unternehmen des Kommunisten Münzenberg«, gewarnt wird. Münzenberg versuche mit der Zeitung »das mißlungene Experiment der ›Deutschen Volksfront in Paris‹ ohne die KPD zu wiederholen«, »nach dem ihn die KPD wegen seiner eigenmächtigen und der Komintern nicht genehmen bürgerlichen Volksfrontpolitik aus dem Z. K. ausgeschlossen hat«[61]. Münzenberg selbst sei »kürzlich aus der KPD ausgetreten«[62]. Besonders bemerkenswert in der »Geheimen Reichssache« ist folgende Passage: »Wohl um gegen die Kolonialforderungen des Reiches Stimmung zu machen, wurden verschiedene Ausgaben dieser Zeitung mehreren Deutschen in Südwestafrika zugesandt. Sie hat jedoch dort nicht überall die erhoffte Aufnahme gefunden, sondern öffentlich Abfuhr erlitten. Eine als ›deutsch-englische Sondernummer‹ bezeichnete Ausgabe war vollständig ausgefüllt mit Artikeln über das Los der ins Ausland gegangenen ›Verfolgten‹, besonders der jüdischen Elemente. Doch scheint auch ›Die Zukunft‹, trotz ihrer sich rühmenden Beziehungen zum Ausland keinen entscheidenden Einfluss auf das Problem der Unterbringung der Emigranten ausüben zu können.«[63]

DIE ZUKUNFT an der Seite der »jüdischen Elemente«! DIE ZUKUNFT in »Südwestafrika«, dem ehemaligen »Deutsch-Südwest« und späteren Namibia! – Münzenberg, dessen Eigenmächtigkeit der GESTAPO offensichtlich ebenso zuwider war wie der KPD-Spitze, blieb auch in schwierigster Zeit ein Propagandist und Organisator der Solidarität mit den (seit der »Reichskristallnacht« am 9./10. November 1938 besonders brutal verfolgten und vertriebenen) deutschen Juden und den kolonial unterdrückten Völkern. Dieweil die europäische Politik immer nervöser in Aggressionswut und Aggressionsangst verfiel, sich »Wahn-Europa 1939« fast nur noch mit sich selbst beschäftigte, behielt Münzenberg die großen geschichtlichen Determinanten im Auge, zu denen der Freiheitsdrang der Mehrheit der Weltbevölkerung – in Asien, Afrika und Lateinamerika – unweigerlich gehörte und heute erst recht gehört. Eigenmächtig war Münzenberg schon, aber eigenmächtig weitsichtig.[64]

Nach dem 1. Mai 1939 gab es ein paar Wochen, in denen die GESTAPO-Führung auf DIE ZUKUNFT starrte wie ein Kaninchen auf die Schlange. Der »Emigrantenschriftsteller Ernst Glaeser«, der »mit Genehmigung des Geheimen Staatspolizeiamts und im Einvernehmen mit den sonst beteiligten Behörden aus der Schweiz nach Deutschland zurückgekehrt« war,[65] hatte an diesem »Tag der Arbeit« die GESTAPO u. a. wissen lassen: »Dieser Münzenberg-Konzern ist wohl das Interessanteste. Willi Münzenberg ist aus der KPD ausgetreten. Er weigerte sich einem Befehl, nach Moskau zu kommen, stattzugeben. Stattdessen ging er in ein Sanatorium. Kurz darnach erschien die ›Zukunft‹. Nach absolut sicheren Informationen, die ich von B. v. Brentano habe, wird diese Wochenzeitschrift von Mr. Eden, dem früheren englischen Minister finanziert, unter der Bedingung, dass von jeder Nummer 20 000 Exemplare in den ehemaligen deutschen Kolonien gratis verteilt werden.«[66]

Wahrheit oder Dichtung? Literaten-Latein? Oder ein Münzenberg-Gerücht – vorsätzlich in Paris ausgestreut, um Berlin zu irritieren? Oder ein raffiniertes Projekt – mit britischen Gegnern der Londoner Appeasement-Politik ernsthaft erwogen? – Einerseits gibt es außer Glaesers Aussage kein Indiz dafür, daß DIE ZUKUNFT britisch finanziert wurde. Andererseits paßte die Aussage genau in die politische Szene. Am 27. Januar 1939 hatte das OKW (Oberkommando der Hitler-Wehrmacht) »Über den

Stand der kolonialen Vorarbeiten« einen geheimen Bericht erstattet.[67] Danach sollte sofort mit den »grundlegenden Vorarbeiten für die Aufstellung von einsatzbereiten kolonialen Truppen« begonnen werden, wobei das OKW für die »Schutztruppen«, das Kolonialpolitische Amt in München für die »Polizeitruppen in zukünftigem kolonialen Neubesitz« verantwortlich gemacht wurden.[68] Und Robert Anthony Eden, später Churchills Nachfolger als britischer Premier und Führer der Konservativen, war 1938 als britischer Außenminister zurückgetreten, weil er Chamberlains Beschwichtigungspolitik gegenüber Hitler nicht mittragen wollte. So sahen sich die Nazi-Führer in ihrem Drang nach »zukünftigem kolonialen Neubesitz« mit einer ebenso unheimlichen wie unheiligen Allianz von Eden und Münzenberg konfrontiert, die sie – zunächst jedenfalls – unbedingt ernst nehmen mußten.

Mögen sich britische und nordamerikanische Geldquellen der ZUKUNFT in Zukunft auch noch erweisen – die französische Finanzierung steht seit Herbst 1989 außer Frage: Tania Schlie fand in Paris einen ziemlich eindeutigen Beleg dafür, daß DIE ZUKUNFT aus Mitteln des Quai d'Orsay eine monatliche Subvention in Höhe von 50 000 Francs erhielt, die allerdings bei Kriegsbeginn kurioserweise auf die Hälfte gekürzt wurde.[69] War es richtig und politisch vertretbar, von der Pressestelle des französischen Außenministeriums Geld zu nehmen? Schade, daß die von Tania Schlie herangezogenen Subventionsbelege einem Mann wie Franz Dahlem zeitlebens nicht zugänglich waren. Wie hätte er sie bewertet? Als Beweise des »immer schon« vermuteten Verrats? In der Pieck-Akte gibt es einen Bericht Dahlems vom 26. Dezember 1938 mit drei in unserem Zusammenhang wichtigen Aussagen: 1. Münzenberg habe »gegen die Parteiführung direkt« »keine uns bekannt gewordenen Schritte unternommen«; 2. Münzenbergs »Finanzquellen sind uns nicht bekannt«;

3. über »das Verhältnis von M. zum Quai d'Orsay/Presse-
abteilung, zum 2ten Büro liegen eine Reihe von Mitteilungen vor... Hier beginnt ein Kapitel unübersehbarer und
unkontrollierbarer Verbindungen von Münzenberg.«[70]

Charakteristisch für die damalige Denkungsart von
Dahlem wie vieler anderer deutscher Kommunisten ist in
Punkt 3 die grammatische Reihung »zum Quai d'Orsay/
Presseabteilung, zum 2ten Büro«, die eine inhaltliche
Gleichsetzung ausdrückt: Wer Verbindungen zum Quai
d'Orsay hat, der hat auch Verbindungen zum 2ten Büro,
wie der französische militärische Geheimdienst genannt
wurde. Diese Gleichsetzung war absolut spekulativ. Natürlich gab es Journalisten, die Verbindungen sowohl zum
Quai d'Orsay als auch zum Geheimdienst hatten. Doch
da die Mehrheit der französischen Zeitungen vom Quai
d'Orsay bzw. von anderen Ministerien subventioniert
wurde,[71] waren solche »Verbindungen« zum Quai d'Orsay keineswegs identisch mit einer Zuarbeit zum französischen Geheimdienst. Und Münzenberg war auf die Subventionen angewiesen. Das wußte Dahlem; denn auch er
bekam eine am 9. März 1939 vom Pariser KPD-Kassierer
Walter Beling geschriebene Information: Das Erscheinen
der nächsten Ausgabe der ZUKUNFT sei fraglich, da
Münzenberg der Druckerei 35 000 Francs schulde und da
sich der Druckereibesitzer nach Münzenbergs Austritt
aus der KPD weigere, ihm künftig Kredit zu geben.[72] Hat
jemand, der finanzielle Abhängigkeit nutzt, um Gesinnungsdruck auf den Abhängigen auszuüben, irgendein
moralisches Recht, dem Abhängigen Verrat vorzuwerfen,
sofern sich der Abhängige, um dem Gesinnungsdruck wi-
derstehen zu können, in eine andere finanzielle Abhängigkeit begibt?

Es gibt keinen »Verrat an sich«. Vielmehr ist Verrat die
Abkehr von jeweils konkreten Ideen, Personen und Sachen. War mit den Subventionen vom Quai d'Orsay sol-

cher Verrat verbunden? Es gibt keinen Anhaltspunkt dafür, daß Münzenberg seinen neuen Geldgebern als Gegen-
leistung Personen und Sachen preisgegeben hätte. Hat er
seine Ideen, seine Überzeugungen geopfert? Ist er sich
selbst untreu geworden? Hat er sein politisches Credo verraten? Offensichtlich nicht. DIE ZUKUNFT war eine
durch und durch antifaschistische Zeitung. Sie gab Antifaschisten aller Couleur ein öffentliches Forum. In der
ZUKUNFT kamen so gut wie alle herausragenden antifaschistischen deutschen Journalisten, Wissenschaftler und
Künstler zu Wort. Auch Franz Dahlem hätte für DIE ZU-
KUNFT schreiben können.[73] Tania Schlie hat nach
Durchsicht der Pariser Akten den Eindruck gewonnen,
daß Münzenberg dem Quai d'Orsay zwei nennenswerte
Zugeständnisse machen mußte: Erstens hatte er Werner
Thormann, der das besondere Vertrauen der Pressestelle
des Quai d'Orsay genoß, als Chefredakteur zu akzeptieren; und zweitens durfte er sich, wie während des ganzen Pariser Exils seit 1933, nicht in die innere französische
Politik einmischen, was beispielsweise bedeutete, eigene
Kritik an der Appeasement-Politik der Daladier-Regie-
rung zurückzuhalten. Doch natürlich fand der gewiefte
Münzenberg Mittel und Wege, solche Kritik zu artikulieren: Er ließ sie von französischen und britischen Autoren
vorbringen.[74] Doch auf den Ablauf der politischen Ereignisse im Sommer 1939 hatten Münzenbergs Aktivitäten
keinerlei Einfluß mehr.

Die Geschichte kennt seltsame Zufälle. Zeitliches Zusammentreffen von völlig verschiedenen Ereignissen ist
bisweilen so eigentümlich, daß es mystisch anmutet. Aus
Emil Bergers Brief an sein Mahlsdorfer »Hascherl« wissen wir, daß die Feier zu Münzenbergs Fünfzigstem am
14. August 1939 mit gemeinsamem Gesang an einem
Feuer im Garten ausklang. Münzenberg freute sich. Die
schlechte Laune der zurückliegenden Wochen und Mo-

nate war momentan verflogen. Doch eigentlich hätte er weinen müssen; denn just in dem Moment, da er mit den Gästen sang, bahnte sich zwischen Berlin und Moskau Schlimmes an. »Montag, der 14. August, wurde ein entscheidender Tag für die Deutschen«, schreibt der amerikanische Publizist William L. Shirer in seinem großen Buch über »Aufstieg und Fall der Dritten Republik«, »um 22 Uhr 53 sandte Ribbentrop ein ausführliches ›sehr dringliches‹ Telegramm ›an den Botschafter persönlich‹. Er wies Schulenburg an, Molotow den Inhalt in Form einer Verbalnote zur Kenntnis zu bringen. Eine ›rasche Klärung der deutsch-russischen Beziehungen‹ sei nötig, drahtete er, ebenso eine Vereinbarung über ›territoriale Fragen in Europa. Da sich ... diese Klärung über die normalen diplomatischen Kanäle nur langsam herbeiführen läßt, bin ich zu einem kurzen Besuch in Moskau bereit, um Herrn Stalin die Ansichten des Führers zu erläutern. Es sollte nicht unmöglich sein, hierbei das Fundament für eine endgültige Bereinigung der deutsch-russischen Beziehungen zu legen.‹«[75] »Zwischen Ostsee und Schwarzem Meer«, so hieß es in der telegraphischen Offerte des Nazi-Außenministers Ribbentrop an Molotow und Stalin anzüglich, gebe es keine Frage, »die nicht zur vollen Zufriedenheit beider Länder geregelt werden könnte. Zu diesen Fragen gehören: Ostsee, Baltikum, Polen, Südost...«[76]

Während also Münzenberg beim »Häuschen am Meer« Jugend- und Kampflieder aus bewegten Zeiten sang, bot Hitler Stalin einen Vertrag an, der dem sowjetischen Diktator territoriale Gewinne im Baltikum, in Polen und auf dem Balkan in Aussicht stellte, sofern Stalin dem Nazi-Diktator freie Hand im Aggressionskrieg gegen Polen lasse, zu dem die militärischen Vorbereitungen längst abgeschlossen waren. Da die Verhandlungen Woroschilows mit der in Moskau anwesenden britischen und französischen Militärmission am gleichen Tage, ebenfalls an Münzenbergs Fünfzigstem, praktisch gescheitert waren (vor allem deshalb, weil die britischen und französischen Militärs keine definitiven Vollmachten hatten), nahm Stalin Hitlers Offerte an: In der Nacht vom 23. zum 24. August 1939 wurde in Moskau jener Deutsch-Sowjetische-Nichtangriffsvertrag unterzeichnet, der Hitler einen scheinbar risikolosen Eroberungskrieg gegen Polen verhieß und der insofern zum Ausbruch des zweiten Weltkrieges in den Morgenstunden des 1. September 1939 nicht unwesentlich beigetragen hat.[77]

Wir wissen nicht, wann genau Münzenberg zur Gewißheit wurde, daß die schlimmste aller politischen Möglichkeiten eintritt: der Teufelspakt Stalins mit Hitler. Doch eine Ahnung spricht aus dem Brief, den Emil Berger unter der Datumszeile »Paris, den 22. August 1939« und mit der Anrede »Mein liebes, einziges Hascherl!« handschriftlich zu Papier bringt.[78] »Was meinen Urlaub betrifft, so weiß ich noch nicht genau, ob es geht, denn die pol. Lage ist jetzt so seltsam, das man nicht weiß, was morgen ist. Man darf überhaupt nicht mehr denken, sonst verzweifelt man«, schreibt »Emilio«, der sich auf den 39er Urlaub, möglichst gemeinsam mit seinem »Hascherl«, so sehr gefreut hat. Wehmütig fragt er: »Erinnerst Du Dich noch des 24. August vor 3 Jahren, als wir mit Elfriede + Hein auf der Wiese lagen und ... nein, nur nicht mehr denken.« Diesen Satz hat GESTAPO-Kling in voyeuristischer Lust mit seinem fetten Stift auf der Fotokopie unterstrichen.[79] Und als ob Emil Berger ahnen könnte, daß sein Brief durch fremde Hände gehen wird, bricht er am 22. August 1939 an dieser Stelle ab, um am nächsten Tag weiterzuschreiben: »23. Mein Lieb! Ich wollte diesen eigentlich schon gestern absenden. Doch ich weiß nicht recht, was mich davon abgehalten hat. Jedenfalls sieht es sehr dunkel aus. Langsam verschwindet bei mir auch jede Hoffnung auf eine wieder ruhige Zeit. Es ist weit gekommen.«[80] Und: »Ich möchte Dich nun bitten, erst zu schreiben, wenn ich das nächste mal geschrieben habe, sonst liegt die Post hier so lange und kommt in andere Hände. Ich will jedenfalls hoffen, dass alles wieder in Frieden gelöst wird. Und so grüße und küsse ich Dich herzlichst u. innigst und verbleibe in großer Sehnsucht Dein...«[81]

»Emilio« wird bei Kriegsausbruch, vermutlich schon in den ersten Septembertagen 1939, von den französischen Behörden interniert. Wie ihm ergeht es den meisten männlichen deutschen Emigranten. Auch Franz Dahlem läßt sich internieren. Am 7. September 1939 befolgt er die Aufforderung der französischen Behörden an alle Ausländer, sich zur »Registrierung« im Stadion von Colombes einzufinden. Dort wird er – wie auch Paul Merker, Walter Beling und Alexander Abusch – festgehalten und am 12. Oktober 1939 in das berüchtigte Lager von Vernet im Departement Ariège überführt.[82] Am 12. September 1939 schreibt Dahlem aus Colombes einen Brief an den französischen Ministerpräsidenten und Minister für Nationale Verteidigung Edouard Daladier. Der Brief, in dem gegen die Behandlung deutscher Kommunisten im Stadion von Colombes protestiert und um die Möglichkeit einer »unabhängigen politischen Arbeit gegen das Hitlerregime« gebeten wird, ist von rührender politischer Naivität und soll Dahlem später, im Mai 1953, großen Ärger einbringen.[83] Daladier tut 1939 auch deshalb nichts für die in Colombes drangsalierten Kommunisten, weil ihr Sprecher Dahlem den Teufelspakt Stalins mit Hitler selbst bei einem Verhör in der Pariser Préfecture »begrüßt«.[84] Und im Mai 1953 wird Dahlem aus dem ZK der SED ausgeschlossen, weil er angeblich 1939 diesen Teufelspakt nicht gehörig verteidigt hat und nach Colombes gegangen ist, statt einem Ruf nach Moskau zu folgen.[85] Schwierigkeiten mit dem Teufelspakt hat natürlich

213

auch Johanna Engel in Berlin. In einem Spitzelbericht vom 31. August 1939 für die GESTAPO heißt es: »Obwohl die E. im letzten Pariser Brief Anweisung erhalten hat, vorläufig nicht zu schreiben, da die Zukunft dunkel sei, hat sie dennoch am 25. bezw. 26. 8. nach Paris geschrieben und um Rat gebeten, weil in ihren Kreisen infolge der durch den ›Russenpakt‹ entstandenen Lage eine allgemeine Verstörung eingetreten ist. Sie hat jedoch diesen Brief, in dem sie eine Deckadresse als Absender angegeben hatte, zurückerhalten.«[86] Dank der Deckadresse gelangt der zurückgekommene Brief nicht in GESTAPO-Hände, wohl aber die Abschrift eines Briefes, den Johanna Engel am 8. September 1939 über Anna Siemsen in der Schweiz an Babette Gross in Paris richtet. Es ist nicht klar, ob Anna Siemsen selbst diesen Postweg blockiert, und wenn ja, aus welchen Gründen. Jedenfalls denkt Johanna Engel darüber nach, über welche Vertrauensperson in der Schweiz sie künftig mit ihren Pariser Freunden postalische Verbindung halten kann. »Meine liebe Betty!« lautet die Anrede des Briefes von Johanna Engel. »Lange habe ich von Dir nichts gehört. Dein letztes Schreiben datiert von Ende August. Ich glaube es war der 23.« Damit deutet die Berlinerin am 8. September 1939 an, daß sie Emil Bergers Handschreiben vom 22./23. August 1939 noch bekommen hat. Sie helfe nun ihren Eltern im Mahlsdorfer Garten, schreibt die Telefonistin weiter, »aber viel lieber würde ich doch bei Dir sein. Nun auch die Tage werden vorübergehen, und es wird ein schöner Urlaub folgen, den ich ja zur Zeit nicht nehmen kann.«[87] Also hat Johanna Engel die Absicht, ihrem Emil in die Emigration zu folgen, trotz Kriegsausbruch nicht aufgegeben. Sie wisse nicht, »ob Du den Brief erhältst, denn die Bahnverbindungen sind ja überall sehr schlecht, ausserdem ist ja auch die Zeit anders, aber es wäre doch wunderschön, wenn Du die Zeilen bekommst. Und wie steht es

mit Deiner Antwort? Denkst Du nicht manchmal an
Theo? Ich glaube, es wäre doch bestimmt sehr schön.
Meine Adresse hat sich nicht verändert.«[88] Johanna
Engel grüßt Babette Gross und alle Bekannten »auf
das Innigste« als »Dein alter treuer Kamerad ›das
Hascherle – Murkel‹« und bestellt besondere Grüße »an
Emilio«.[89]

Ja, »die Zeit ist anders« – nicht nur wegen des Krieges,
sondern auch wegen des »Russenpaktes«, der die antifaschistische Emigration endgültig spaltet und paralysiert.
Möglich, daß der nun aufgebrochene abgrundtiefe Dissens zwischen Pakt-Gegnern und Pakt-Verteidigern unter
ehemaligen Genossen auch die jahrelang bewährten illegalen Postwege zusammenbrechen läßt. Die »alte Treue«
der ehemaligen Münzenberg-Mitarbeiter indes, ihre innere Verbundenheit mit dem einst so erfolgreichen kommunistischen »Konzern« in der Berliner Wilhelmstraße
48, ihr »Korpsgeist« halten der Belastungsprobe des Teu-
felspaktes stand. Johanna Engel, die trotz GESTAPO-
Observation freundschaftliche Beziehungen zu verschiedenen ehemaligen »Münzenbergianern« in Berlin hält,
drückt im Brief vom 8. September 1939 deren Solidarität
mit ihrem ehemaligen »Chef« deutlich aus, indem sie
»herzliche Grüße« »von uns allen« ausrichtet.[90] Das ist
um so bemerkenswerter, als zu diesem Zeitpunkt auch
unter Berliner Antifaschisten klar sein dürfte, daß Willi
Münzenberg den am 23./24. August 1939 in Moskau
unterzeichneten Vertrag rigoros ablehnt.

DIE ZUKUNFT hat am 28. August 1939 einen von
Münzenberg und anderen FREUNDEN DER SOZIALI-
STISCHEN EINHEIT DEUTSCHLANDS unterzeich-
neten Offenen Brief veröffentlicht, in dem unter der Zwi-
schenzeile »Wir verwerfen den Hitler-Stalin-Pakt« zu lesen ist, daß sich die Unterzeichner »klar und unzweideu-
tig gegen den abgeschlossenen Vertrag« erklären, »ihn

aufs schärfste« zurückweisen und ihn »als den ersten Schlag gegen die internationale Friedensfront und die internationale Arbeiterklasse vor den Schaffenden der ganzen Welt verurteilen«.[91] Zwei Hauptargumente führen Münzenberg und seine Freunde gegen den Teufelspakt ins Feld: erstens seine kriegsbefördernde Wirkung und zweitens seinen Verrat an den Antifaschisten in aller Welt. »Wenn heute«, heißt es im Offenen Brief wörtlich, »am 28. August 1939, fünf Tage nach der Unterzeichnung des angeblichen Friedenspaktes, die Welt fast unrettbar vor dem Abgrund des Krieges steht, so treffen die volle Schwere und ungeteilte Verantwortung dafür die Unterzeichner des Vertrages Hitler und Stalin.« Und: »Der Pakt versetzt der illegalen Friedensfront und illegalen Arbeit in Deutschland den schwersten Schlag. Sein Abschluss, wie seine propagandistische Auswirkung hemmen, schwächen die illegale Propaganda, machen sie vorübergehend ziellos und damit sinnlos.« Und: »Der Pakt hat die kommunistische Bewegung in allen Ländern bereits aufs schwerste getroffen, und er wird die Stärke und Schlagkraft der gesamten Arbeiterbewegung ... empfindlich schwächen.« Und: »Der Pakt sprengt nicht, vernichtet nicht die Antikomintern, sondern sprengt und vernichtet die Komintern.«[92]

Während sich deutsche Kommunisten und andere Antifaschisten im Reich und in der Emigration erbittert über den Teufelspakt streiten,[93] während die SS in den Konzentrationslagern die einsitzenden Kommunisten mit dem Pakt verhöhnt,[94] während in den westlichen Ländern der Pakt zum Vorwand für eine beispiellose antikommunistische Hetz- und Verfolgungswelle genutzt wird, exerziert Hitler seinen Blitzkrieg gegen Polen, dessen Regierung bereits am 17./18. September 1939 außer Landes gehen muß und nach Rumänien flieht. Da wird deutlich, daß es zum Deutsch-Sowjetischen-Nichtangriffsvertrag vom 23./

24. August 1939 geheime zusätzliche Vereinbarungen geben muß, die eine neue Teilung Polens betreffen. Als am 17. September 1939 sowjetische Truppen von Osten her in Polen einfallen, erkennt Münzenberg die ganze Ungeheuerlichkeit des machtpolitischen Kalküls von Josef Stalin. Von Empörung und grenzenloser Wut erfaßt, läßt Münzenberg alle Rücksichten auf Stalin endgültig fallen und schreibt für DIE ZUKUNFT vom 22. September 1939 den berühmten Artikel »Der russische Dolchstoß«, der einer publizistischen Kanonade gleichkommt und in dem beinahe biblischen Bannfluch endet: »Heute stehen in allen Ländern Millionen auf, sie recken den Arm und rufen, nach dem Osten deutend: ›Der Verräter, Stalin, bist Du.‹ «[95]

Der Bannfluch ist für den Verfluchenden lebensgefährlicher als für den Verfluchten. Was macht Münzenberg Weihnachten 1939? Darf er noch ins »Häuschen am Meer«? Es liegt an der Kanalküste in Dièppe und ist, wie die GESTAPO herausfindet, »als Unterschlupf für ›kritische Tage‹ gedacht«.[96] Wird es Willi Münzenberg 1940 helfen?

1940
War es Mord oder Selbstmord?

*»Wir haben ihn am Waldesrand gefunden. Er hatte sich erhängt. Seine
Nerven hatten der Belastung dieser Tage nicht standgehalten.«
(Wilhelm Leo im Frühjahr 1945 zu seinem Sohn Gerhard)* [1]

*»Muß man nicht vielmehr den Verdacht äußern, daß stalinistische
Agenten ihre Hand im Spiele hatten und den Auftrag, Münzenberg
›umzulegen‹, ausführten, wie man fast zur gleichen Zeit in Mexiko
Trotzkij ermordete?«
(Kurt Kersten 1957 in DEUTSCHE RUNDSCHAU)* [2]

Am Nachmittag des 17. Oktober 1940 finden die Bauern
Georges Argoud und Victor Gobertier bei der Jagd – vermutlich auf Krammetsvögel – im Wald Le Caugnet nördlich des Dorfes Montagne nahe der Stadt St. Marcellin,
Arrondissement de Grenoble, Département de l'Isère,
Frankreich, eine stark verweste männliche Leiche. Die
beiden Landwirte aus Montagne, mit den örtlichen Gege-
benheiten gut vertraut, melden den grausigen Fund noch
am gleichen Tag. Am nächsten Morgen erscheinen Beamte
der Gendarmerie Nationale aus St. Marcellin vor Ort und
untersuchen die Sache. Bei der Leiche gefundene Papiere
– vor allem eine Carte d'Identité, aber auch eine P. E. N.-
Mitgliedskarte, eine Karte des Instituts für Geschichte
zeitgenössischer politischer Emigration sowie eine von
Babette Gross aus dem Lager Gurs an Willi Münzenberg
im Lager Chambaran gerichtete Postkarte vom 18. Juni
1940 – lassen keinen Zweifel: Es ist die Leiche eines deutschen Flüchtlings mit dem Namen Willi Münzenberg.
    Wenn irgendwo auf der Welt Polizisten eine Leiche vor-

finden, dann haben sie – gegebenenfalls unter Hinzuziehung einschlägiger Fachleute – außer der Identität auch die Todesursache festzustellen. Besteht auch nur der Verdacht, daß der Tote durch fremde Gewalteinwirkung umgekommen ist, laufen mehr oder weniger automatisch Prozeduren an, die neben der kriminalistischen Untersuchung eine Fahndung nach dem Täter und die übliche Strafverfolgung umfassen. Die Prozeduren mögen von Land zu Land bzw. von Zeit zu Zeit unterschiedlich sein – im Wesen der Sache aber setzt der Verdacht auf Mord und Totschlag jede staatliche Ordnungsbehörde unter Handlungszwang – es sei denn, daß ein staatliches oder behördliches Vertuschungsinteresse zu vorsätzlicher Untätigkeit führt. Letzteres ist zu diesem Zeitpunkt im unbesetzten Teil Frankreichs und im Falle Münzenbergs nicht nur nicht nachweisbar, sondern auch in hohem Maße unwahrscheinlich. Die Gendarmerie Nationale von St. Marcellin, so ist anzunehmen, untersucht an diesem Freitag, dem 18. Oktober 1940, die mit der Auffindung der Leiche gegebenen Tatbestände objektiv und professionell vorschriftsmäßig.

Die Gendarmerie kommt zu dem Ergebnis, daß ein Selbstmord vorliegt. Dafür scheinen ihr mehrere Indizien zu sprechen – besonders die Teile eines gerissenen Stricks am Hals des Toten wie an einem Ast der Eiche, unter der die Leiche gefunden wurde. Die beim Ortstermin anwesenden Zeugen aus Montagne behalten offenbar für sich, worüber im Dorf gemunkelt wird: Der Tote könne einer jener Flüchtlinge sein, die im Sommer, als der Kanonendonner des deutschen Vormarsches schon zu hören war, in Montagne einen Wagen kaufen wollten, aber dann zu Fuß weiterziehen mußten. Die Gendarmerie setzt ein Protokoll auf, gibt die Leiche zur Beerdigung frei und deponiert die bei der Leiche gefundenen »Papiere und Gegenstände« zunächst auf dem Bürgermeisteramt von Montagne. Wahrscheinlich am Sonntag, dem 20. Okto-

219

ber 1940, werden die sterblichen Überreste von Willi Münzenberg auf dem Dorffriedhof in Montagne beigesetzt. Etwa zwanzig Einwohner des Dorfes geben dem Toten, den im Ort niemand näher kennt und der fern seiner Angehörigen starb, ein letztes Geleit.[3] Eine Woche später holt die Gendarmerie Nationale von St. Marcellin die bei der Leiche gefundenen »Papiere und Gegenstände« in Montagne ab. Eine auf »St. Marcellin, den 27. Oktober 1940« datierte und vom stellvertretenden Polizeichef Mous unterzeichnete Quittung wird auf der Mairie de Montagne hinterlegt, wo man sie gut aufhebt – was sich in den kommenden Jahren und Jahrzehnten als nützlich erweisen soll.[4] In dieser Quittung wird »Munzenberg/ Wilhelm« als »deutscher politischer Flüchtling« bezeichnet. Inzwischen hat nämlich die Presse vom Leichenfund berichtet. Und der Gendarmerie ist wohl gesagt worden, daß der Tote nicht »irgendeiner«, sondern eine Person des öffentlichen Interesses war.

Die Meldung, die am 22. Oktober 1940 veröffentlicht wurde, hat folgenden Wortlaut: »Saint Marcellin. Zwei Bergjäger fanden am Fuß einer Eiche im Wald von Caugnet die Leiche eines Mannes. Der Tod scheint schon vor mehreren Monaten eingetreten zu sein. Der Unbekannte hat sich wahrscheinlich erhängt, da noch ein Teil eines Strickes um seinen Hals geschlungen war. Die Gendarmerie von Saint Marcellin untersuchte den Fall und stellte fest, daß der Tote ein gewisser Willi Münzenberg war, 51 Jahre alt, ein in Erfurt geborener Schriftsteller.«[5] Wo diese von Babette Gross überlieferte Meldung zuerst gedruckt worden ist und welche Zeitungen oder Nachrichtenagenturen oder Rundfunkstationen sie übernommen haben, wissen wir nicht. Dazu stehen spezielle Forschungen in lokalen und regionalen Archiven von St. Marcellin und Grenoble noch aus. Wir dürfen allerdings annehmen, daß die Kommunikation innerhalb des in einen besetzten und einen »unbesetzten« Teil getrennten Landes sowie zwischen Frankreich und anderen Ländern auch Ende 1940 nicht viel besser ist als während Hitlers Blitzkrieg im Mai und Juni 1940. Deshalb erreicht die Meldung aus St. Marcellin die verschiedenen Interessenten zumeist verspätet und nicht in originaler Form, so daß von Anfang an viel Raum für Gerüchte und Spekulationen bleibt.[5a]

Gustav Regler beispielsweise, der ja mit Münzenberg eng verbunden war, schreibt am 25. Juni 1940 in New York in sein Tagebuch, Münzenberg solle in Portugal (und also gerettet) sein.[6] Erst am 15. Dezember 1940 erfährt er von Münzenbergs Tod und notiert im Tagebuch unter »News« (!) den Namen »Willy« mit einem Kreuz.[7] Vermutlich hat Regler die »Neuigkeit« von Jeanne Stern erfahren, die als gebürtige Französin noch im besetzten Paris lebt und auf eine Ausreisemöglichkeit wartet.[8]

Wann und wo die Meldung aus St. Marcellin Münzenbergs Gefährtin erreicht hat, ist nicht klar. In ihrem Buch der Erinnerung an Münzenberg schreibt sie: »Nachdem ich vergeblich versucht hatte, Münzenberg über eine verabredete Adresse zu finden, gelang es mir noch 1940, nach Portugal und dann weiter nach Mexiko zu entkommen.«[9] Ein etwas genaueres Datum ihrer Flucht aus Frankreich kann man einem bislang in der Forschung unbeachteten Brief von Babette Gross an den Bürgermeister von St. Marcellin entnehmen: »Ich verließ Frankreich auf der Suche nach meinem Lieben etwa Mitte August 40 in Unkenntnis seines Todes.« Dieser Brief in französischer Sprache ist am 8. Juni 1941 (fast ein ganzes Jahr nach Münzenbergs Tod!) in Mexico City geschrieben.[10] Deshalb vermuten wir, daß Babette Gross die Nachricht aus St. Marcellin (vom 21./22. Oktober 1940) erst in Mexiko-Stadt zu Gesicht bekommen hat – vielleicht sogar erst Ende Mai/Anfang Juni 1941. Solcher Zeitverzug wäre nicht unnatürlich, ginge man davon aus, daß

Münzenbergs Gefährtin sich nach ihrer Ankunft in Mexiko erneut an die verabredete Adresse in Frankreich gewandt und von dort einen Zeitungsausschnitt mit der Meldung erhalten hat. Und da in der Meldung zwar St. Marcellin, nicht aber das Dorf Montagne erwähnt ist, schreibt Babette Gross im Juni 1941 eben an den Bürgermeister von St. Marcellin und nicht an die Mairie de Montagne.

Jene Münzenberg-Gegner, die sich im Herbst 1940 in Vichy-Frankreich in Internierungslagern befinden oder in Westeuropa illegal arbeiten, haben also einen Informationsvorsprung vor Babette Gross, den sie zu teils ziemlich gehässigen Interpretationen der Meldung aus St. Marcellin nutzen. »Die Kommunisten«, schreibt Münzenbergs Gefährtin in ihrem Buch recht pauschal, »deuteten das Rätsel um den Tod Münzenbergs auf ihre Weise. Sie verbreiteten bereits im November-Dezember 1940, nachdem die Meldung über die Auffindung der Leiche bekannt geworden war, Münzenberg sei von ehemaligen Kameraden, die er bei der Polizei denunziert habe, umgebracht worden. Diese Version setzten sie gleichzeitig in den französischen Internierungslagern, in London und in New York in Umlauf.«[11]

Besonderen Eifer bei der Verbreitung solcher Gerüchte entwickelt offenbar die nach Nordamerika geflohene französische Starjournalistin Geneviève Tabouis. Sie, die ihre Aufsätze gerne in Münzenbergs Zeitung DIE ZUKUNFT drucken ließ und auch zu den ständigen Beziehern des Blattes zählte,[12] möchte nun wohl von ihren ehemals guten Beziehungen zu Münzenberg dadurch ablenken, daß sie ihn mit eilfertiger Intensität beschimpft und verunglimpft. Die Tabouis kolportiert in einer New-Yorker Zeitung wie später in ihrem Buch »Ils l'ont appelée Cassandre« die rufmörderische Behauptung, »ganz Paris« habe gewußt, »daß Münzenberg ein Polizeiagent war, der

ihr die Liste aller deutschen Antifaschisten in Paris geliefert und zahlreiche Verhaftungen veranlaßt hatte. Später
habe ich nacheinander gehört, einmal, daß Münzenberg
ein trauriges Ende gefunden habe, ein andermal, daß er
davongekommen sei. Manche erzählten, daß er während
des Krieges, als die Flüchtlinge aller politischen Richtun-
gen ohne Unterschied interniert wurden, sich im gleichen
Lager befunden habe wie mehrere deutsche Emigranten,
deren Verhaftung er veranlaßt hatte. Es sei ihm gelungen,
aus dem Lager zu fliehen, aber einige Tage später hätten
ihn die Behörden gefunden, erstochen von seinen ehemaligen Freunden.«[13]
Babette Gross findet die Tabouis-Vorwürfe so ungeheu-
erlich, daß sie es auch 1967 in ihrem Münzenberg-Buch
für unter ihrer Würde hält, die Unsinnigkeit der rufmörde-
rischen Behauptungen vorzuführen. Da aber Franz Dahlem in seinen Erinnerungen die Tabouis-Vorwürfe wiederholt und Münzenberg einen »gewissenlosen Denunzian-
ten« nennt, der »mit der französischen Polizei zusammenarbeitete«,[14] ist es nötig, die Vorwürfe auf einen möglichen
Wahrheitswert abzuklopfen. Zunächst: Von den legal in
Frankreich lebenden antifaschistischen deutschen und
österreichischen Emigranten hatte die französische Polizei vollständigere Listen, als Münzenberg sie überhaupt
hätte haben können. Ferner: Zu Beginn des Krieges forderten die französischen Behörden die Emigranten mit
einer Plakataktion auf, sich an bestimmten Plätzen – vor
allem im Sportstadion Colombes – einzufinden; und, wie
wir gesehen haben, gingen Dahlem und andere Vertreter
der illegalen KPD-Leitung nicht nur selbst freiwillig ins
Stadion, sondern sie forderten auch ihre Genossen auf,
den Anordnungen der Behörden Folge zu leisten.[15] Die Logik dieser Tatsachen – mitgeteilt im zweiten Band der
Dahlem-Erinnerungen – widerspricht dem Denunziationsvorwurf gegen Münzenberg – erhoben im ersten

Band der Dahlem-Erinnerungen. Im übrigen hat niemand von den Münzenberg-Rufmördern auch nur einen einzigen konkreten Beleg für die Behauptung angeführt, Münzenberg habe der französischen Polizei deutsche oder andere Antifaschisten denunziert.

Wie wenig der Denunziationsvorwurf begründet ist, muß auch Dahlem gefühlt haben. Nicht umsonst bemüht er sich so sehr, wenigstens einen konkreten Fall von »Denunziation« nachzuweisen. Das Ergebnis ist kaum überzeugend: Münzenberg habe Rudolf Leonhard, auf dessen »Notizen« Dahlem »Einfluß nahm«, aus den deutschsprachigen Sendungen des französischen Rundfunks gedrängt, indem er ihn »als ›Stalinisten‹ den französischen Behörden denunzierte«.[16] Doch erstens ist für den Rundfunk nicht die Polizei zuständig gewesen; zweitens brauchten die Franzosen gewiß nicht Münzenberg, um Leonhards Sendungen nach mit Dahlem abgestimmten »Notizen« als getarnte KPD-Sendungen zu erkennen, die sie nach dem Pakt zwischen Moskau und Berlin einfach nicht mehr haben wollten; und drittens bleibt Dahlem jeden definitiven Beleg dafür schuldig, daß Münzenberg »denunziatorisch« damit zu tun gehabt hat. Die Tabouis, mit allen Wassern des Revolverjournalismus gewaschen, wußte schon, warum sie Vorwürfe erhob, die sie nicht belegen konnte: Nach dem Rezept des »Approaching Label«, des Anhängens eines Etiketts, bleibt »immer etwas hängen«. Und – wie das seit Münzenbergs Tod verstrichene halbe Jahrhundert gezeigt hat – griffen immer wieder der Münzenberg-Gegner gerne auf das Tabouis-Etikett zurück, um ihre politischen Aversionen und ihr schlechtes Gewissen damit zu unterlegen.

Dabei war die Tabouis Ende 1940 noch nicht einmal originell. Sie kopierte im Falle Münzenberg jene Diffamierungsmethode, die Stalins Geheimdienst bei der Ermordung Leo Trotzkis praktiziert hatte. Trotzki-Mörder »Jac-

ques Mornard« alias Ramon Mercader, von Berijas Bütteln erpreßt, hatte sich als »Geliebter« einer begeisterten
Trotzki-Anhängerin das Vertrauen des großen Stalin-
Kontrahenten erschlichen. Als Mercader am 20. August
1940 Trotzki in dessen Arbeitszimmer im streng geschützten, festungsartig ausgebauten Haus in Mexiko-Stadt mit
einem Eispickel tödlich verletzte, trug er einen offenbar
von seinen Moskauer Auftraggebern verfaßten »Rechtfertigungstext« bei sich, in dem als Hauptmotiv angegeben
war, er, der Mörder, habe sich als gutgläubiger Trotzkist
von Trotzki enttäuscht und verraten gefühlt.[17] Die Konstruktion einer »Trotzkismus-immanenten Enttäuschung« als Mordmotiv hatte etwas Diabolisches an sich:
Sie sollte nicht nur dem Ermordeten die Schuld zuschieben und die Mörder entschuldigen, sondern auch verhindern, daß der Gemeuchelte zum Märtyrer werde.

Indem die Tabouis dieses Diffamierungsschema von
der Trotzki-Ermordung auf den Münzenberg-Tod übertrug, beging sie (vielleicht in Übereinstimmung mit ihren
mutmaßlichen geheimen Hintermännern?) insofern einen
psychologischen Fehler, als ja von Willi Münzenberg eigentlich nur Kommunisten Stalinscher Orientierung enttäuscht sein konnten, womit der Mord an Münzenberg
(so es denn Mord und nicht Selbstmord war) ziemlich eindeutig Anhängern der KPD, der Komintern und des Berija-Geheimdienstes angelastet wurde. Franz Dahlem,
dem mörderischer individueller Terror persönlich gewiß
zuwider war, hat sich denn auch in seinen Erinnerungen
geradezu krampfhaft bemüht, die diabolische Logik des
»Mordes aus immanenter Enttäuschung« zu durchbrechen. Münzenberg sei bereits vor seinem Tode, schreibt
Dahlem, für die Komintern »ein politischer Leichnam«
gewesen. »Ihn physisch vernichten zu wollen, wäre eine
absurde Idee gewesen, deren Ausführung ihn zu einem
Märtyrer gestempelt hätte, woran nun wirklich von unse-

rer Seite keinerlei Interesse bestand.«[18] Daß Dahlem daran kein Interesse gehabt hat, soll nicht bestritten werden. Doch wenn Berija den Auftrag und die Möglichkeiten zur Ermordung Münzenbergs gehabt hätte, wären Dahlem, Pieck und andere führende KPD-Genossen natürlich nicht gefragt worden. Und vor »absurden Ideen« schreckten Stalin und Berija bekanntlich keineswegs zurück. Mord zum Zwecke der Machtdemonstration wirkt eben leider nicht auf alle barbarisch und absurd. So ist es nicht verwunderlich, daß sich gelegentlich Angehörige des Berija-Geheimdienstes, aber auch des ehemaligen geheimen Militär- und Abwehr-Apparates der KPD damit brüsteten, Münzenberg »erledigt« zu haben.[19]

Theoretisch betrachtet gibt es vier Möglichkeiten, wie Willi Münzenberg Ende Juni 1940 zu Tode gekommen ist: Erstens könnte er in jenen turbulenten Tagen einem ordinären Raubmord zum Opfer gefallen sein; zweitens könnten ihn GESTAPO-Agenten aufgespürt und, weil er sich wehrte, erdrosselt haben; drittens könnten ihn NKWD-Agenten im längerfristigen Auftrag liquidiert haben; und viertens kommt ein Selbstmord im Zustand verzweifelter Ausweglosigkeit in Betracht. Die erste der vier Möglichkeiten scheidet deshalb aus, weil im Oktober bei der Leiche die Papiere und auch Gegenstände von Wert gefunden wurden. Obgleich über den Verbleib von 2000 Franken, die Münzenberg nach Aussagen von Hans Siemsen noch am 20./21. Juni bei sich gehabt haben soll, nichts bekanntgeworden ist, wurde in der bisherigen Literatur ein bloßer Raubmord auch kaum in Erwägung gezogen.[20]

Die zweite Möglichkeit – GESTAPO-Mord – konnte bislang nicht zwingend ausgeschlossen werden. Die Wut der Nazis auf Münzenberg war 1939/40, nach dessen vehementer Kritik am Pakt zwischen Berlin und Moskau, eher noch gewachsen. Bei der Vorbereitung der GESTAPO-Fahndung, die mit dem Westfeldzug ab 10. Mai

1940 in Frankreich und den BENELUX-Ländern einsetzen sollte, legten die Herren in der Berliner Prinz-Albrecht-Straße größten Wert darauf, sämtliche Münzenberg-Leute lückenlos auf den Listen zu haben.[21] Doch die Möglichkeit eines GESTAPO-Mordes war immer insofern unwahrscheinlich, als es den Nazis auf einen lebenden Münzenberg in ihrer Gewalt ankam. Im Gegensatz zum NKWD, der Münzenberg hätte zum Schweigen bringen sollen, lag es im Interesse der GESTAPO und des SD, Münzenberg zum Reden zu bringen. Und da Tote bekanntlich nicht mehr reden, war ein GESTAPO-Mord im Wald bei Montagne unwahrscheinlich. Nach dem Studium einer Reihe von erhaltenen GESTAPO-Akten können wir heute zudem die zweite Möglichkeit des Münzenberg-Todes mit ziemlicher Sicherheit ausschließen. Wir fanden eine am 21. August 1940 auf den letzten Stand gebrachte Liste »Deutsche marxistische Emigranten, die sich zuletzt in Frankreich aufhielten und die nach hier zu überführen sind«, auf der unter Nr. 38 »Münzenberg, Willi (Wilhelm), 14. 8. 89 Erfurt geb.« mit seiner Pariser Adresse vermerkt ist.[22] Wir fanden ferner Auszüge aus dem Münzenberg-Karteiblatt der GESTAPO von Juli/August 1940 und von Dezember 1941/Januar 1942. Im Blatt vom Sommer 1940, das operativen Fahndungszwekken diente, wird Münzenberg als wichtiger lebender Gegner des Nazi-Regimes behandelt.[23] Erst Ende 1941/Anfang 1942, nach der Vernehmung von Rudolf Breitscheid, wird das Karteiblatt mit dem Vermerk ergänzt: »angebl. im Herbst 1940 in der Nähe von St. Marcellin im Walde erhängt aufgefunden«[24].

Bleiben also die dritte und vierte Möglichkeit: NKWD-Mord oder Selbstmord. Das bislang entschiedenste Plädoyer für die dritte Möglichkeit hat 1957 Münzenbergs Freund Kurt Kersten mit seinem Aufsatz »Das Ende Willi Münzenbergs« geliefert.[25] Außer Babette Gross und Hans

Schulz war wohl niemand stärker motiviert, die Umstände des Todes von Willi Münzenberg zu untersuchen, als Dr. phil. Kurt Kersten, der 1891 in Hessen geborene und 1962 in New York gestorbene linke Publizist und Kulturhistoriker. Schon in den zwanziger Jahren hatte Kersten für Münzenbergs Blätter geschrieben. Und in den letzten Jahren des französischen Exils war Kersten der engste geistige Weggefährte von Willi Münzenberg. Ohne Kerstens Hilfe wäre Münzenbergs letztes Buch, die Abhandlung »Propaganda als Waffe«, kaum denkbar gewesen. Kersten stand Pate bei der Gründung der ZUKUNFT. Kersten war beim abendlichen Freudenfeuer zu Münzenbergs Fünfzigstem dabei. Und bei Berliner Verwandten von Kerstens Gefährtin Martha David, geb. Kristeller, wurde noch im August 1939 eine Kiste mit Büchern und Haushaltsgegenständen aufgehoben, die Münzenberg und Babette Gross gehörten. Als der zweite Weltkrieg ausbrach, war die frühere Münzenberg-Telefonistin Johanna Engel gerade dabei, diese Kiste nach Paris zu expedieren.[26]

»Der Dicke«, wie Kersten im Münzenberg-Kreis genannt wurde, soll nach Kriegsausbruch versucht haben, in die französische Fremdenlegion aufgenommen zu werden. Er wurde aber, wie auch Münzenbergs Fahrer Emil Berger, interniert und später, nach einem mißglückten Fluchtversuch, auf die Insel Martinique deportiert, von wo er 1946 in die USA ging. Daß Kersten ein starkes Interesse an der Aufklärung des Münzenberg-Todes hatte, ist also nicht verwunderlich. Begreiflich ist auch, daß Kersten verbittert war über die Undurchsichtigkeit der Todesumstände gerade Willi Münzenbergs. Doch Kerstens Möglichkeiten zur Aufhellung des »Schwarzen Loches« bei St. Marcellin waren in den fünfziger Jahren in New York begrenzt. Und so ist Kerstens Aufsatz stark in der Aufdeckung von Mord-Motiven des Berija-Apparats, aber wenig überzeugend im Beibringen tatsächlicher Inidizien, geschweige denn von dokumentarischen Belegen.

Nüchtern betrachtet gibt es bislang außer der berühmten Quittung auf der Mairie de Montagne, der Zeitungsmeldung aus St. Marcellin und dem Grab in Montagne keine geschichtlichen »Primärquellen« zum Tod von Münzenberg.[27] Alle anderen bisher herangezogenen Informationen entstammen der »Oral History«, der mündlichen Überlieferung von Zeitzeugen, deren Erinnerungsvermögen erfahrungsgemäß relativ und deren Erinnerungen subjektiv gefärbt sind. Zudem war nicht ein einziger dieser geschichtlichen Informanten Zeuge der letzten Momente im Leben von Willi Münzenberg. Will man dennoch der Wahrheit möglichst nahe kommen, ist der gemeinsame Nenner der Überlieferungen von Zeitzeugen zu suchen und in das Koordinatensystem gesicherter zeitlicher und räumlicher Rahmenbedingungen zu stellen. Im Unterschied zu Kurt Kersten, der sich fast ausschließlich auf die Informationen von Hans Siemsen stützte, wandte Babette Gross in ihrem Münzenberg-Buch schon weitgehend eine objektive Betrachtungsmethode an, indem sie die Erinnerungen mehrerer Zeugen miteinander verglich.

Was scheint gesichert zu sein im Ablauf der Ereignisse bis zu jenem Tag, an dem Münzenbergs kampferfülltes Leben nahe dem Dorf Montagne sein Ende fand? Als Hitlers Wehrmacht am 10. Mai 1940 in die BENELUX-Staaten einfiel, als sie den seit Anfang September 1939 an der deutschen Westgrenze geführten Sitzkrieg beendete und zum Blitzkrieg überging, sah sich auch Münzenberg, dem im September 1939 die Internierung erspart geblieben war, genötigt, der Aufforderung der französischen Behörden an alle deutschen und österreichischen Staatsbürger zur Internierung Folge zu leisten. »Es schien ratsam«, meint Babette Gross, »in die Internierungslager zu gehen, weil deren Insassen aus Paris nach dem Süden abtransportiert wurden.«[28] So habe sie »an einem der nächsten Tage« nach dem 10. Mai 1940 Münzenberg zum »Stade de Colombes« begleitet und sich dort von ihm verabschiedet.[29] Arthur Koestler glaubt sich zwar daran zu erinnern, daß es das Buffalo-Stadion war,[30] doch solche Gedächtnisdifferenz ist unerheblich. Außer Zweifel steht indes, daß Münzenberg Mitte Mai, während Babette Gross in das frühere Kriegsgefangenenlager Gurs an den Pyrenäen verschickt wurde, zu einer Gruppe von hundert Internierten kam, die von Paris zum Lager Chambaran, einem alten Übungsplatz der französischen Artillerie, gebracht wurde, um dort als eine Art »Arbeitskompanie« des 143. französischen Infanterieregiments eingesetzt zu werden.

In den Wochen zwischen Mitte Mai und Mitte Juni 1940 müssen Münzenberg südöstlich von Lyon und Babette Gross nördlich der Pyrenäen trotz Stacheldraht und Wachhunden eine Möglichkeit zur Kommunikation gefunden haben. So erfuhr Babette, daß Münzenberg nicht zur Waldarbeit in den Vorbergen des Vercors, des größten Bergmassivs der französischen Alpen, sondern zu Gartenarbeiten im Lager herangezogen wurde, daß es ihm leidlich gut ging und daß er im Lager vor interessierten Zuhörern politische Vorträge halten konnte.[31] Noch Mitte Juni offenbar erhielt Babette Gross vom internierten Lebensgefährten aufmunternde telegrafische Grüße.[32] Doch während sich die beiden Internierten anfangs »weit vom Schuß« und vor dem Zugriff der GESTAPO sicher fühlen konnten, gelang den Hitler-Truppen ein Eroberungsfeldzug von bis dahin unvorstellbarem Tempo, ein Blitzkrieg, mit dem niemand – selbst das OKW in seinen kühnsten Siegeserwartungen nicht – so hatte rechnen können. Schlagkraft und Schnelligkeit der Hitler-Truppen sowie die Führungsschwächen und die Demoralisation der französischen Armee machten alle Kalkulationen zunichte.

Nach der Kriegserklärung Italiens am 10. Juni und nach dem Einmarsch in Paris am 13./14. Juni 1940 war Münzenberg im Südosten Frankreichs urplötzlich nicht mehr »weit vom Schuß«.

Als am 17. Juni 1940 Henry Philippe Pétain, der 84jährige (!) Marschall mit profaschistischen Neigungen, Frankreichs Regierungsgeschäfte übernimmt und sogleich um Waffenstillstand bittet, für den Hitler harte Bedingungen stellt, dieweil seine Truppen Stunde um Stunde unaufhaltsam weiter nach Süden vordringen – die Kanalküste entlang, aber auch im Tal der Rhône –, erfaßt die antifaschistischen Internierten am Plateau de Chambarand Furcht und Schrecken. Sie, die seit über sieben Jahren auf der Flucht vor GESTAPO-Henkern sind, wollen den Nazis nicht in die Hände fallen. Sie bestürmen den französischen Lagerkommandanten, das vom Nazi-Vormarsch bedrohte Gebiet zu verlassen. Münzenberg hat sich eine Michelinkarte des Bezirks beschafft und bedrängt den mit ihm internierten Gewerkschafter Valentin Hartig, der in Münzenbergs Alter ist, eine gemeinsame Flucht in die Schweiz zu versuchen.[33]

Eine Karte des territorialen Dreiecks zwischen Lyon, Grenoble und Valence ist nicht nur 1940 für Münzenberg, sondern auch fünfzig Jahre später für denjenigen nützlich, der die Ereignisse im Zusammenhang mit Münzenbergs Tod sachgerecht bewerten will. Am 20. Juni 1940 um drei Uhr morgens gibt der Lagerkommandant den Befehl zum Aufbruch – in südwestlicher Richtung, nach Tournon, wo man die Rhône von Ost nach West überschreiten will, um nach le Cheylard, einem kleinen Ort etwa 35 Kilometer westlich der Rhône, zu gelangen, wo sich ein weiteres Lager befindet.[34] Die Marschleistung der Internierten läßt schon nachmittags sichtlich nach; denn Hans Siemsen berichtet Kurt Kersten später von einer Rast nahe St. Antoine, während andere Zeugen Babette Gross berichten,

man habe am Abend »unter den Bäumen von Charmes«
ein Nachtlager aufgeschlagen. Zwischen St. Antoine und
Charmes liegen knapp zehn Kilometer. Vermutlich
kommt man deshalb nur zögerlich voran, weil motorisierte Wehrmachtseinheiten im Rhône-Tal nach Süden
vorstoßen und weil man nicht weiß, ob man bei Tournon
oder südlicher bei Valence noch über die Rhône kommt,
bevor die Brücken von deutschen Panzern blockiert sind.
Es ist ein höchst ungleicher Wettlauf älterer Männer zu
Fuß mit der modern motorisierten Deutschen Wehrmacht.

In dieser aussichtslosen und demoralisierenden Situation spricht Münzenberg mit Leopold Schwarzschild,
Hans Siemsen, Kurt Wolf, Paul Westheim und Clément
Korth – wie die Betreffenden ziemlich übereinstimmend
später berichten –, um Weggefährten für eine Flucht auf
eigene Faust zu gewinnen. Doch die Angesprochenen wollen lieber bei der großen Gruppe Fliehender bleiben. Obwohl die Internierten am Morgen des 20. Juni 1940 gegen
den Willen des Lagerkommandanten die Ausgabe ihrer
Papiere durchgesetzt haben, fühlen sie sich unter französischen »Fittichen« sicherer als bei einer einsamen Flucht
ins Ungewisse. Münzenberg vertraut Siemsen an, daß er
2 000 Franken hat, mit denen er in einem von Hartig er-
kundeten Dorf einen Wagen erstehen wolle, der einigen
Internierten eine raschere Flucht ermöglichen könne. Die
Sache mit dem Auto erfährt auch Schwarzschild. Doch in
der Nacht zum 21. ertönt plötzlich die Stimme des französischen Kommandanten: »Fertigmachen zum Weiter-
marsch! Die Deutschen rücken näher!«

Ob die Marschkolonne von Charmes aus weiter nach
Westen oder – um den im Rhône-Tal vermuteten Deutschen auszuweichen – nach Süden bzw. Südsüdwesten gezogen ist, wissen wir nicht. Entweder schon in der Nacht
zum 21. oder am »späten Nachmittag des 21. Juni 1940«,

wie Siemsen Kurt Kersten später berichtet, setzt sich Münzenberg von der Kolonne ab. Zwei jüngere Internierte, über die Babette Gross und Kurt Kersten von ihren Zeugen des Geschehens nichts Näheres erfahren werden, sollen mit Münzenberg bzw. ihm vorausgegangen sein.[35] Da das Trio, wie ältere Dorfbewohner sich erinnern, in Montagne anlangt und dort einen fahrbaren Untersatz zu erstehen sucht, ist die Fluchtrichtung erkennbar: Münzenberg und Begleiter kommen von Charmes und wollen nach Voiron, fliehen also nicht in westlicher, nicht in südwestlicher und nicht in südlicher, sondern eindeutig in nordöstlicher Richtung. Mit einem Auto oder einer Pferdekutsche könnten sie auf der Straße nach Grenoble rasch um das Vercorsmassiv mit seinen rund zweitausend Meter hohen Bergen herum in die Haupstadt des Arrondissements und von dort ins nur rund hundert Kilometer entfernte Genf gelangen. In der Schweiz haben Babette Gross und Münzenberg Geld auf der Bank sowie verschiedene gute Freunde.[36] Der Fluchtweg von Charmes in die Schweiz läßt keine Kollisionen mit den im Rhône-Tal von Norden vordringenden deutschen und den im Süden, entlang der Mittelmeerküste einfallenden italienischen Truppen befürchten.

Während Münzenberg und seine Begleiter einen Wagen suchen, werden an diesem 21. Juni 1940 gegen 15 Uhr 40 in Compiègne, in dem berühmten Salonwagen der Unterzeichnung des Waffenstillstands von 1918, in Anwesenheit von Hitler persönlich den französischen Militärs die Waffenstillstandsbedingungen von 1940 diktiert. Unterzeichnet wird der Waffenstillstand am 22. Juni. In Kraft tritt er aber erst Tage später, nachdem die Franzosen auch die italienischen Forderungen erfüllt haben. Über Rundfunk kann man am 21./22. Juni 1940 zwar den Tatbestand der französischen Kapitulation erfahren, nichts aber von einem Ende der Kampfhandlungen und von einer künfti-

233

gen »unbesetzten« Zone Frankreichs. Eine fatale Informationslage![37] Und da der Kanonendonner bis nach Montagne zu hören ist, muß sich Münzenberg in der Falle fühlen. Ohne Wagen scheint kein Entkommen mehr möglich. Unvorstellbar für den über Fünfzigjährigen, die Zweitausender des Vercors zu bewältigen. Das können jüngere Leute versuchen, nicht er!

In Kurt Kerstens Abhandlung von 1957, die literarisch zum Besten gehört, was über Münzenberg geschrieben wurde, tut sich ein eigenartiger Widerspruch auf: Einerseits entwirft Kersten das Psychogramm eines hochsensiblen Mannes, der »stets Stimmungsschwankungen rasch ergeben« und »zuweilen Depressionen verfallen« war, der »mit großer Skepsis, wie die meisten politischen Emigranten, aber auch voller Unruhe die allgemeine politische und militärische Lage ansah«[38] – und andererseits meint Kersten, offensichtlich um »die These vom Selbstmord« »mit Sicherheit ausschalten« zu können, zuletzt habe Münzenberg »einen aktiven, zuversichtlichen Eindruck gemacht«.[39] »War es nicht eine verlorene Sache«, schreibt Kersten an einer Stelle, »für die man sich eingesetzt hatte? In Augenblicken brach damals nicht etwa nur in Münzenberg ein niederwerfendes Gefühl von Verzweiflung durch... In Augenblicken tiefster Depressionen mögen bei manchen sogar Gedanken aufgetaucht sein, seinem Leben ein Ende zu bereiten und nicht gleich einem Don Quichote lächerlich vor der Welt zu erscheinen.«[40] Aber an anderer Stelle fragt Kersten: »Welchen Grund hätte Münzenberg gehabt, gerade in einem Augenblick Selbstmord zu verüben, da er die ersehnte Freiheit wieder gewonnen hatte, Handlungsfreiheit besaß...«[41]

Handlungsfreiheit? Was ist das für eine Handlungsfreiheit, wenn die Panzer der Todfeinde von mehreren Seiten immer näher kommen und der einzige Fluchtweg über die Pässe eines Hochgebirgsmassivs führt? Es ist die »Frei-

heit« einer Maus in der Falle. Münzenberg ist an diesem
21. Juni 1940, nachdem kein Wagen aufzutreiben war, so
unfrei wie nie zuvor in seinem Leben. Selbst gut zwei Jahrzehnte früher im schweizerischen Zuchthaus war er, weil
nicht vom Tode bedroht, freier als nun im Wald bei Montagne. Kersten weist zu Recht auf den Umstand hin, daß
Münzenberg die französische Sprache überhaupt nicht
beherrscht. Würde er ohne Dolmetscher einen Franzosen
ansprechen, dann könnte der ihn leicht für einen deutschen Spion halten. Münzenberg ist schon deshalb auf
Valentin Hartig angewiesen, mit dem er sich bei der Gar-
tenarbeit im Internierungslager angefreundet hat und der
akzentfrei französisch spricht. Doch Hartig, so will Kersten von einem Emigranten auf Martinique gehört haben,[42] soll sich zwar mit Münzenberg und zwei weiteren
Internierten von der Marschkolonne abgesetzt, aber am
späten Abend des 21. Juni wieder bei den Resten der »Arbeitskompanie« eingefunden haben. Und was wäre, wenn
Hartig mit Münzenbergs Geld in der Tasche noch einmal
aufgebrochen war, um Pferd und Wagen zu besorgen, und
die beiden Männer haben sich dann verfehlt?

Ein Selbstmord als Möglichkeit ist jedenfalls nicht
grundsätzlich auszuschließen. Kersten liefert eigentlich
mehr Argumente für diese Möglichkeit als gegen sie.
Außerdem wird an Kerstens Bemühen, einen Selbstmord
»mit Sicherheit auszuschalten«, die Absicht als störend
empfunden, einen NKWD-Fememord wahrscheinlicher
erscheinen zu lassen. Beide Möglichkeiten – Selbstmord
oder NKWD-Mord – existieren zwar als theoretische
Möglichkeiten alternativ. Aber logischerweise läßt sich
jeweils das eine nicht dadurch beweisen, daß man das
andere ausschließt. Beide Möglichkeiten haben ihre
eigene Kausalität, die jeweils aufzudecken und an den Tatsachen zu verifizieren ist. Und hinsichtlich eines Mordes
von der Hand »stalinistischer Agenten« und dessen

eigener Kausalität bringt Kersten herzlich wenig Anhaltspunkte.

»Münzenberg wußte zuviel«, schreibt Kersten, »und
Stalin hat gewiß in ihm einen gefährlichen Feind gesehen,
den er beseitigt haben wollte.«[43] Das ist unbedingt richtig.
Spätestens Anfang 1940, nachdem DIE ZUKUNFT die
40 Namen umfassende Liste deutscher Kommunisten
veröffentlicht hat, die in der Sowjetunion umgebracht
worden sind – die erste Liste solcher Art überhaupt, die
zudem noch von LE PEUPLE in Brüssel übernommen
worden ist –[44], müssen im Berija-Apparat die Femegelüste
hinsichtlich Münzenbergs akute Formen angenommen
haben. Doch der Wille zur Tat ist eben noch nicht die Tat.
Kersten hat auch unbedingt recht, wenn er auf die Existenz eines »gut getarnten« »Femeapparats Stalins« ver-
weist und bemerkt: »In den Lagern gab es auch zuweilen
solche Agenten vom Femeapparat.«[45] Zuweilen! Um
Münzenberg nach dem 10. Mai 1940 mit einiger Sicherheit »liquidieren« zu können, hätte Berijas Geheimdienst
in Dutzenden von Lagern »solche Agenten des Femeapparats« und die dazu nötige geheimdienstliche »Infrastruk-
tur« haben müssen. Und das hieße, diesen gewiß »volumi-
nösen« Apparat maßlos zu überschätzen.

Kerstens Hauptargument ist die Analogie zur Ermordung Trotzkis. Doch die Fälle Trotzki und Münzenberg
liegen nur scheinbar analog. Ähnlich mögen die Absichten zur »Abrechnung« sein, wenn auch Stalins Interesse
an der »Beseitigung« Trotzkis weit größer ist als das am
Tode Münzenbergs. Völlig verschieden indes sind 1940
die Möglichkeiten, die analogen Absichten auch zu ver-
wirklichen. Leo Trotzki lebt in Mexiko an einem festen
Platz. Er hat ein relativ stabiles personales Umfeld. Man
kennt seine Gewohnheiten, den Tagesablauf, sogar sein
Hobby – die Kaninchenzucht. Dort langfristig einen oder
mehrere potentielle Mörder als »Trotzki-Freunde« zu eta-

blieren, übersteigt die »logistischen Künste« des Berija-Apparates nicht. Da der Apparat den Ramon Mercader fest in der Hand hat – seine Mutter in Moskau figuriert gleichsam als Geisel –, läßt sich Trotzkis Ermordung von Berijas Zentrale aus genau kalkulieren und planmäßig inszenieren. Berijas Agenten arbeiten ja im Prinzip nicht auf eigene Faust, sondern »nach Weisung«. Zufällen ist dieser Apparat von seinem Wesen her kaum gewachsen.

Willi Münzenbergs Befindlichkeiten indes bilden seit dem 10. Mai 1940 eine Kette von unvorhersehbaren und kaum kalkulierbaren Zufällen. Nicht vorhersehbar ist, daß Münzenberg bei Beginn des Westfeldzuges ins Internierungs-Stadion geht, daß er von dort schon nach wenigen Tagen abtransportiert wird, daß er nach Chambaran nahe dem Städtchen La Tour du Pin kommt, daß er im Garten und nicht im Wald arbeitet, daß man am 20. Juni 1940 zur Flucht aufbricht, daß man nach le Cheylard will, daß Münzenberg sich absetzt, daß er kein Auto findet usw. Unvorhersehbar und unkalkulierbar wie selten sind auch so gut wie alle politischen, militärischen, kommunikativen und transporttechnischen Rahmenbedingungen. Niemand kann am 10. Mai 1940 ahnen, geschweige denn damit rechnen, daß dieser Feldzug schon in ein paar Wochen beendet sein wird. Unter diesen total turbulenten Umständen könnte Berija Münzenberg nur umbringen, wenn ihm der Zufall zur Hilfe käme – etwa wenn ein manipulierbarer Killer zufällig ins gleiche Lager wie Münzenberg geraten würde und der Agentenführer des Killers mit diesem zufällig Verbindung halten könnte und zufällig die Genehmigung zur eigenen Entscheidung hätte.

Diesem hypothetischen Mordbuben, der sein Opfer wie ein Sandkorn im Wüstensturm zu suchen hätte, käme es ihm nicht zufällig unters Auge, ähnelt jener mysteriöse »rothaarige Mann von etwa 25 Jahren, der in den Tagen kurz vor der Auflösung des Lagers Chambaran hartnäckig und schließlich mit Erfolg versucht hatte, in die Baracke, die auch Münzenberg bewohnte, aufgenommen zu werden«, wie Babette Gross unter Berufung auf Augenzeugen wie Valentin Hartig und Clément Korth berichtet.[46] Niemand habe den Rothaarigen gekannt. »Er war nicht mit den anderen aus Paris gekommen, sondern hatte sich, als die Transporte von dort eintrafen, bereits im Lager befunden, woraus gefolgert wurde, daß er vorher in der Umgebung von Lyon gelebt haben müsse.«[47] In den letzten Tagen von Chambaran und auf dem Marsch habe sich dieser junge Mann Münzenberg eng angeschlossen. Auch habe er Münzenbergs Plan der Flucht auf eigene Faust »lebhaftesten Beifall gespendet«. »Von dem Augenblick an, da Münzenberg von keinem seiner Kameraden mehr gesehen wurde, war auch der junge Mann verschwunden. Er erschien weder im Lager Le Cheylard, noch hat man ihn später in Marseille getroffen, wo sich die meisten der den vormarschierenden deutschen Truppen entkommenen Emigranten schließlich zusammenfanden.«[48]

Babette Gross ist nüchtern genug, in dem Rothaarigen, den man nur aus der Erinnerung einiger Internierter kennt, keinen Raubmörder oder bestellten Mörder irgendeines geheimen Apparates zu sehen. Sie erfüllt nur ihre Chronistenpflicht, wenn sie die diesbezüglichen Erinnerungen von Augenzeugen wiedergibt und von einer »geheimnisvollen und bis zum heutigen Tag nicht geklärten Rolle« des Rothaarigen spricht. Natürlich regt solch eine mysteriöse Gestalt, die gleichsam aus dem Nichts auftaucht und ins Nichts verschwindet, die Phantasie an. Und so war der geheimnisvolle Rothaarige auch Gegenstand kollektiver Spekulation, als sich die Teilnehmer eines internationalen Münzenberg-Kolloquiums im Herbst 1989 in Zürich zum Abschluß ihrer Tagung bei einer sonntäglichen Dampferfahrt auf dem Zürcher See im Plausch ergingen. Ein aus dem fernen Neuseeland angereister Münzenberg-Freund, der 1940 in Grenoble lebte, meinte, der Fall des Rothaarigen sei überhaupt nicht mysteriös, wenn man sich vorstelle, der junge Mann habe als deutscher Emigrant in Grenoble gewohnt, sei von dort zur Internierung nach Chambaran gebracht worden und bei der ersten besten Gelegenheit geflohen – in Richtung Grenoble, in dessen alpiner Umgebung ein junger Mann sich gut verstecken könne. Im Vercors habe es ja später relativ große Einheiten von Partisanen gegeben. – So könnte es gewesen sein. Doch natürlich kann es auch ganz anders gewesen sein.

Auf der Zürcher Münzenberg-Tagung, die Theo Pinkus zum 100. Geburtstag Willi Münzenbergs arrangiert hatte, spielte ein Erinnerungsbuch eine Rolle, das kurz zuvor in Berlin erschienen war: Gerhard Leos »Frühzug nach Toulouse«.[49] Dort berichtet Leo jun., daß sein Vater Dr. Wilhelm Leo im Juni 1940 einer der beiden letzten Weggefährten Willi Münzenbergs gewesen ist. Leo sen., linksliberaler Anwalt aus jüdischer Familie, hatte 1933 aus Deutschland fliehen müssen und im Pariser Exil eine kleine Deutsch-Französische Buchhandlung betrieben, bis er bei Kriegsbeginn interniert wurde, nach Chambaran kam, 1944 im Pariser Komitee FREIES DEUTSCHLAND aktiv wurde und 1945 in Paris starb. Was Vater Leo im Frühjahr 1945 seinem aus dem Maquis nach Paris zurückgekehrten Sohn gelegentlich erzählte, hat Gerhard Leo seinem Erinnerungsbuch wörtlich anvertraut.

»Auf der Flucht vor den deutschen Invasionstruppen«, so berichtete Dr. Wilhelm Leo, »sind wir mit Willi Münzenberg in einem kleinen Ort am Fuß der Alpen angelangt. Wir waren zu dritt, hatten uns von der Masse der Internierten abgesondert, weil wir der Meinung waren, so den Faschisten besser entkommen zu können. Unser Kamerad Münzenberg, äußerst demoralisiert, war über-

239

zeugt, die Nazis würden uns einholen und fangen. Wir versuchten, ihm Mut zu machen. Bei einer Rast in einem Gasthof schlug er uns vor, schon vorauszugehen, er würde später zu uns stoßen. Er brauche noch etwa eine Stunde Ruhe. Die tagelangen Fußmärsche hatten ihn erschöpft, und er konnte kaum noch laufen. Wir wollten nicht länger verweilen, weil Spähtrupps der Wehrmacht jeden Augenblick im Ort eintreffen konnten. Wir haben dann im Wald auf ihn gewartet, wie verabredet. Als er nach zwei Stunden noch nicht da war, sind wir ihm entgegengegangen. Wir haben ihn am Waldesrand gefunden. Er hatte sich erhängt. Seine Nerven hatten der Belastung dieser Tage nicht standgehalten.«[50]

Gerhard Leo, der 1984 Montagne besuchte, um am Ort des geschichtlichen Geschehens mögliche Zeitzeugen zu befragen, kommentiert den Bericht des Vaters: »Meinem Vater, dem erfahrenen Strafverteidiger, wäre kaum ein Indiz für einen Mord entgangen. Er hatte Willi Münzenberg als Sekretär des vorbereitenden Volksfrontausschusses in Paris, dem er selbst angehört hatte, kennengelernt und schätzte ihn als antifaschistischen Bundesgenossen.[51] Gegen die Erinnerungen Gerhard Leos an die Erinnerungen seines Vaters sind schon auf der Zürcher Münzenberg-Tagung verschiedene Einwände vorgebracht worden, von denen einige auch Hermann Weber in der zweiten Auflage seiner »›Weißen Flecken‹ in der Geschichte« geltend macht.

Mit skeptischem Unterton wurde gefragt, wieso Gerhard Leo die Erinnerungen seines Vaters erst 1988 wieder eingefallen sind. Nun, wieder einfallen mußten sie ihm wohl nicht. Die Frage wäre, warum er erst 1988 damit hervorgetreten ist. Dafür gibt es ziemlich einleuchtende Gründe. Nachdem Anfang der fünfziger Jahre zahlreiche antifaschistische Westemigranten in der DDR Verdächtigungen und Verfolgungen ausgesetzt waren, schien es bis

Anfang der siebziger Jahre wenig ratsam zu sein, mit Erinnerungen an die Westemigration publizistisch hervorzutreten. Und Münzenberg gar galt in der DDR bis in die achtziger Jahre als »Unperson«, zumindest als ein »ehemals verdienter Kommunist, der zum Verräter wurde«. Und solange die Ost-West-Konfrontation eine vorurteilsfreie Erörterung des Endes von Willi Münzenberg behinderte, wollte Gerhard Leo seinen Vater offenbar auch nicht der Verdächtigung aussetzen, er sei unter den Münzenberg-Mördern gewesen.

Hermann Weber findet es »erstaunlich, daß sich Wilhelm Leo, früher Sozialdemokrat, aber in der Emigration Kommunist, mit einem ›Parteifeind‹ zusammengetan haben will«[52]. Das ist so erstaunlich nicht, wenn man den liberalen Geist kennt, der in dieser Familie traditionell gepflegt wird. Wilhelm Leo kannte Münzenberg aus dem Volksfrontausschuß und aus ihrem gemeinsamen Interesse an der Verbreitung antifaschistischer Literatur. Was die Toleranz Andersdenkenden gegenüber betrifft, standen sich Leo und Münzenberg jederzeit näher als etwa Leo und Ulbricht. Erstaunlicher als die gemeinsame Flucht von Leo und Münzenberg könnte man die Vorstellung finden, alle Kommunisten seien gleich. Zugegeben: Das »einheitliche und geschlossene« Auftreten von KPD- und SED-Mitgliedern hat lange Zeit den Blick auf die individuellen Züge von Kommunisten und SED-Sozialisten verstellt – doch vorhanden waren und sind solche Züge allemal, und es ist wissenschaftlich wenig hilfreich, gerade da zu pauschalisieren.

In einem anderen Punkt des Leo-Berichts fällt es mir schwer, Hermann Webers Erstaunen nicht zu teilen: hinsichtlich der Konsequenz des Berichtes nämlich, daß »die beiden Flüchtlinge (wer war der andere?) demnach Münzenbergs Leiche zwar fanden, aber einfach liegenließen«[53], wie Weber schreibt. Daß die beiden Flüchtlinge

241

den toten Fluchtkameraden unberührt ließen, um es genauer zu sagen, ist in der Tat unbegreiflich. Doch vielleicht können wir uns überhaupt zu wenig in die damalige Situation versetzen. Vielleicht blieb den beiden nichts andres übrig, als das Vorgefundene unberührt zu lassen und das Weite zu suchen? Zur Gendarmerie konnten sie nicht gehen. Und der Strafverteidiger Leo wußte, daß man am Tatort nichts verändern soll.

Es gibt weitere, bislang nicht geäußerte Zweifel am Leo-Bericht: Ende Juni pflegen auf den Feldern weder Garben zu stehen noch »dünne Hanfschnur«-Stücke herumzuliegen, die Gerhard Leo als Mittel des Selbstmordes bemüht.[54] Und wenn der Leichnam erst im Oktober gefunden wurde, kann er kaum am Waldrand gelegen haben. Doch diese und andere möglichen Einwände zeigen vor allem, daß mündlich überlieferte Geschichte immer relativ und skeptisch zu betrachten ist. Der Wilhelm-Leo-Bericht ist ein Augenzeugen-Bericht ohne die Chance des Nachfragens. Er wurde 1945 von Gerhard Leo entgegengenommen, also von einem jungen Mann, der in damaliger Unkenntnis der Zusammenhänge auch nicht nachfragen konnte. Es ist schade, daß damals Babette Gross und Kurt Kersten und Hans Schulz keine Gelegenheit hatten, Wilhelm Leo zu befragen. Vielleicht hätten sie von ihm mehr erfahren als in den nachfolgenden Jahren von Hans Siemsen, Valentin Hartig und anderen Zeugen des Geschehens.

Hermann Weber schreibt zum Leo-Bericht weiter: »Es gibt hingegen Beweise, daß Münzenberg keineswegs ›verzweifelt‹ war, befand er sich doch auf dem Wege zu seinem engen Freund Valeriu Marcu, wo er Hilfe zu erwarten hatte. Auch das widerspricht der Selbstmordtheorie.«[55] Beweise gibt es eben leider nicht, weder dafür, daß Münzenberg am 21. Juni 1940 auf dem Wege zu Valeriu Marcu in Nizza war, noch dafür, daß er sich nach den gescheiterten Auto- und Pferdewagen-Plänen in einer guten Stimmung befand. Vielmehr mußte Münzenberg am 21./ 22. Juni 1940 befürchten, Mussolini werde vor ihm in Nizza sein. Und hinsichtlich der Gemütslage Münzenbergs in den letzten seiner Tage überwiegen in den Berichten der Zeitzeugen, wie wir sogar bei Kurt Kersten gesehen haben, eher die Erinnerungen an Münzenbergs psychische Labilität und Depressionen.

Es ist bitter, daß auch am 50. Todestag Willi Münzenbergs die genauen Umstände seines Endes im Dunkeln liegen. Wie 1957 gilt 1990 das, was Kurt Kersten feststellte: »Das Todesurteil war in Moskau in jedem Fall über Münzenberg verhängt, aber ob es nun auch tatsächlich im Walde von Caugnet vollstreckt worden ist, läßt sich heute noch nicht klar beweisen.«[56] Und Babette Gross, die am 8. Februar 1990 bei einem Besuch in Berlin 92jährig starb, hat recht behalten mit ihrem Resümee von 1967: »Der Tod Münzenbergs, dieser ungewöhnliche Abschluß eines ungewöhnlichen Lebens, wird indessen ein Rätsel bleiben, das nicht gelöst werden kann, solange nicht die verschwundenen Unterlagen (aus St. Marcellin – *H. W.*) oder aber neue, bisher unbekannte Beweismittel auftauchen.«[57]

Mit den »verschwundenen Unterlagen« meinte Münzenbergs Lebensgefährtin das am 18. Oktober 1940 von der Gendarmerie Nationale aus St. Marcellin in Montagne aufgesetzte Untersuchungsprotokoll samt dem ärztlichen Befund zur Todesursache.[58] Die Unterlagen waren Babette Gross im August 1947 – nach ihrer Rückkehr aus Mexiko, bei einem Besuch in St. Marcellin – gezeigt, vorgelesen, aber nicht ausgehändigt worden. Im Frühjahr 1951, bei einem neuen Besuch in St. Marcellin, waren die Unterlagen »nicht mehr auffindbar«[59].

Mit »neuen, bisher unbekannten Beweismitteln« meinte Babette Gross – wie bei ihrem letzten Berlin-Be-

243

such deutlich wurde – geheimdienstliche Unterlagen wie
etwa jene Fahndungslisten der GESTAPO, die, wie wir
sahen, mit an Sicherheit grenzender Wahrscheinlichkeit
ausschließen, daß Münzenberg von Nazi-Agenten umgebracht wurde. Vergleichbare Unterlagen anderer Geheimdienste, besonders des damaligen Berija-Apparates,
konnten bis heute noch nicht eingesehen und ausgewertet
werden. Vielleicht bringen sie eines Tages Licht in das
Dunkel, das die letzten Stunden im Leben Willi Münzenbergs umgibt.

Bei der momentanen Quellenlage scheint die Möglichkeit des Selbstmords in depressiver Ausweglosigkeit die
wahrscheinlichste zu sein.[60] Dabei kann es überhaupt
keine Zweifel daran geben, daß die moralische Schuld am
frühen Tod Münzenbergs und die politische Verantwortung für sein trauriges Ende eindeutig bei jenen politischen Kräften liegen, die diesen Pionier der sozialen Freiheit und der geistigen Aufklärung 1933 außer Landes trieben, ihn für »staatenlos« erklärten und mit ihren Panzern
bis in die Täler der Rhône und Isère verfolgten – wie auch
bei denen, die seinen wirksamen antifaschistischen Einsatz durch ideologische Borniertheit, politische Inkompe-
tenz, kleinkarierte Besserwisserei, feige Unterwerfung unter Stalins Terrorapparat und infame Ausgrenzung eines
ihrer besten Genossen behinderten, die ihn aus der Partei
drängten und öffentlich drohten, ihn zu »erledigen«. Willi
Münzenberg ist ein Opfer im Widerstandskampf gegen
Hitler und Stalin.

»War es nicht eine verlorene Sache, für die man sich eingesetzt hatte?« Das ist die Frage, von der Kurt Kersten
meint, Münzenberg habe sie sich in den Juni-Tagen 1940
vorgelegt. Es ist eine Frage genereller Art, die sich früher
oder später, je nach den Höhen und Tiefen der Zeitläufe
jeder gesellschaftskritisch denkende und sozial verantwor-
tungsbewußt handelnde Mensch stellt. Das uralte Bild

des Sisyphos scheint herauf, dessen immer neuer Versuch, den Felsbrocken den Berg hinaufzurollen, nur scheinbar vergeblich ist. Ohne immer neue Versuche der Annäherung an die Utopie würde es zumindest in Sachen sozialer Freiheit und geistiger Selbstbestimmung kaum Fortschritte geben...

Wie Kurt Tucholsky in Schweden erhielt auch Willi Münzenberg einen Grabstein erst nach Ende des zweiten Weltkrieges. Hans Schulz, sein treuer Sekretär, vor allem aber Babette Gross sorgten sich um Münzenbergs letzte Ruhestätte auf dem Friedhof von Montagne. Jene »Letzte Bitte« allerdings erfüllten sie nicht, die der gerade 25jährige Münzenberg 1915 in einem kleinen Poem geäußert hatte: »Und schreibt auf meinen Grabstein/In dunkelroter Schrift:/›Mit Hirn und Herz er strebte,/Wenn nutzlos auch, zum Licht‹.« Vielleicht kannten Babette Gross und Hans Schulz die frühen Verse nicht. Doch wenn sie von der »Letzten Bitte« wußten, dann mögen sie den Wunsch aus gutem Grund unerfüllt gelassen haben: Sie glaubten nicht, daß Willi Münzenbergs lebenslanges Streben nutzlos war.

Quellennachweise
und Anmerkungen

Hinweis zur Zitierweise: Da bei den Zitaten aus Akten die textliche Originalität (einschließlich aller orthographischen, grammatischen und sprachlichen Besonderheiten) von Belang ist, wurde grundsätzlich auf jede Veränderung (auch Berichtigung und Modernisierung) der zitierten Texte verzichtet. Was bisweilen wie ein Druckfehler wirken mag, ist tatsächlich authentische Wiedergabe des Originals. Da beispielsweise die Schreibmaschinen in bestimmten westlichen Ländern keine Typen für Umlaute hatten, schrieben deutsche Emigranten in diesen Ländern maschinenschriftlich Muenzenberg statt Münzenberg. Auch in solchen Fällen blieben wir bei der Originalfassung, da sie eben auch Aufschluß über benutzte Maschinen gibt.

1933: Zwischen Fiasko und Triumph

1 Das mit »Einige ergänzende Feststellungen zu den Behauptungen von Münzenberg« überschriebene Papier umfaßt drei Blätter mit maschinenschriftlichem Text; auf Blatt 1 findet sich eine Korrektur von Walter Ulbrichts Hand; auf Blatt 3 ist links unter dem Text das Datum »15. 4. 38« vermerkt, darunter ist festgehalten, daß das Papier nur »2x« existiert;

rechts unter dem Text steht in Maschinenschrift »Walter«, darunter von unbekannter Hand »(Ulbricht)«. Das Ulbricht-Papier, das offenbar nur für Pieck und eventuell für Dimitroff bestimmt war, ohne daß Münzenberg Gelegenheit gehabt hätte, zu den Anwürfen eine Gegendarstellung zu geben, wirft ein bezeichnendes Licht auf den intrigantenhaften Stil innerparteilicher Auseinandersetzungen in der gerade durch die Moskauer Prozesse besonders stalinistisch vergifteten politischen Atmosphäre. Das Ulbricht-Papier fand sich Anfang 1990 in einer bisher nicht öffentlich ausgewerteten Akte aus dem »Bestand Wilhelm Pieck« »Zur Entwicklung und Festigung der Partei/Organisations- und Kaderfragen/ Münzenberg, Willi/(1917), 1935–1940«, IfGA/ZPA, NL 36/ 515, Bl. 164–166.

2 »Der Name dieses Chauffeurs muß sich aus der Münzenberg-Akte feststellen lassen«, schrieb im Sommer 1939 ein höherer Gestapo-Mann an den Rand eines Gestapo-Berichts vom 28. Juli 1939 über die in Berlin-Mahlsdorf lebende »Johanna Engel (Münzenberg-Gruppe)«, in dem es hieß, »die Engel« sei früher als Telefonistin »im Münzenberg-Konzern« tätig gewesen und sei »die Braut des damaligen Chauffeurs des Münzenberg«. »Dieser Chauffeur«, so gab der Gestapo-Bericht »Informationen« von »V-Leuten« wieder, »war erst in Prag, dann in Frankreich, wurde dort wegen illegaler Tätigkeit ausgewiesen, ging dann nach Russland und schliesslich nach Spanien. Dort wurde er verwundet und befindet sich z. Zt. wieder in Paris bei Münzenberg.« Am 14. August 1939 hatte Kriminalsekretär Kling endlich die Identität des Münzenberg-Fahrers herausgefunden: »Bei dem Kraftwagenführer des M. handelt es sich um den Kraftfahrer Emil Berger, 14.2.97 Lindenberg geb., der zusammen mit Münzenberg und Babette Gross in die Emigration gegangen ist. Berger wird als ein Mann geschildert, der vor nichts zurückschreckt, mehrere Sprachen beherrscht und auf den sich Münzenberg unbedingt verlassen kann. Die Angehörigen des Berger wohnten 1933/34 noch in Bernau...« – Zitiert nach der Akte »Reichssicherheitshauptamt Abteilung IV/Geheimes Staatspolizeiamt in Berlin/Ermittlungsakten

247

Münzenberg-Gruppe (Engel u. Andere)«, IfGA/ZPA, St 3/424, Bl. 57 und 58.

3 Babette Gross: Willi Münzenberg/Eine politische Biographie/Mit einem Vorwort von Arthur Koestler, Frankfurt a. Main/Wien/Zürich 1969, Seite 246.

4 Paul Schäfer, am 15. September 1894 in Erfurt geboren und am 9. März 1937 als Interbrigadist bei Guadalajara in Spanien gefallen, gehörte schon vor dem ersten Weltkrieg in Erfurt zu den politischen Freunden Willi Münzenbergs. Schäfer, Schuhfabrikarbeiter wie Münzenberg, gehörte 1925 zur ersten deutschen Arbeiterdelegation, die in die UdSSR reiste. 1933 war er IAH-Sekretär in Frankfurt/Main.

5 Es muß die Berliner Nummer 4382 gewesen sein, wie im Protokoll des Reichstagsbrand-Prozesses auf eine kuriose Art aktenkundig wurde: Dimitroff hatte in seinem Notizbuch Telefonnummern auf schlichte Weise »verschlüsselt«, z. B. »Al Jäger 8243«, was nach der »Analyse eines Sachverständigen« keinen Sinn ergab. Stellte man aber die zweiten zwei Ziffern vor die ersten beiden, dann kam die richtige Telefonnummer von richtigen Leuten heraus, in diesem Falle die Nummer des Anschlusses von Willi Münzenberg: 4382! Vgl. Der Reichstagsbrandprozeß und Georgi Dimitroff/Dokumente/Band 2/21. September bis 23. Dezember 1933, Berlin 1989, Seiten 200 und 201.

6 Babette Gross, a. a. O., Seite 247.

7 Vgl. Der Reichstagsbrandprozeß und Georgi Dimitroff/Dokumente/Band 1/27. Februar bis 20. September 1933, Berlin 1982, Seiten 20 bis 24, 33 und 34 sowie 50 und 51.

8 Ebenda, Seite 20.

9 Ebenda.

10 Ebenda, Seiten 22 und 23.

11 Vgl. Klaus Haupt/Harald Wessel: Kisch war hier/Reportagen über den »Rasenden Reporter«, Berlin 1985, Seiten 194 bis 200.

12 Der Reichstagsbrandprozeß.../Band 1..., a. a. O., Seite 33.

13 Ebenda, Seite 51. Bis zu dieser Veröffentlichung der vollständigen Namensliste der festzunehmenden Kommunisten waren aus der Namensliste des Polizei-Funkspruches nur ausge-

wählte Namen in der Literatur genannt worden. Münzenbergs Name blieb, soweit wir sehen konnten, bis 1982 immer unerwähnt. Abgebildet wurde das Original des Polizei-Fahndungs-Funkspruches bisher nur bis »12) nieter wilhelm florin, 16.3.94 koeln-poll geb. berlin werneuchenerstr 17 als mieter«; als Archivquelle ist im Dokumentenband »Der Reichstagsbrandprozeß...« die Signatur »IML, ZPA, Berlin, St 65/202« angegeben.

14 Babette Gross (a.a.O., Seite 279) verdanken wir die Information, daß »die große Limousine aus Berliner Tagen« etwa im Herbst 1933 »in Antwerpen auf ein sowjetisches Schiff verladen« und der Moskauer IAH-Vertretung »als willkommenes Geschenk« überlassen wurde. »Für den Gegenwert von 500 Mark kauften wir jetzt einen uralten Ford und traten Anfang Februar 1934 unsere erste Reise quer durch Frankreich an«, schreibt Babette Gross weiter. Was mit der »großen Limousine« wurde, als sich die IAH auf Beschluß der sowjetischen Parteiführung aufzulösen hatte, ist nicht bekannt.

15 Zu Diels und seiner eigenartigen Entwicklung geben Eugen Kogon: Der SS-Staat/Das System der deutschen Konzentrationslager, Berlin 1947, Seiten 25 ff., sowie Herbert Wehner: Zeugnis/Persönliche Notizen 1929–1942, Köln 1985, Seiten 76 f., zeitbezogene Eindrücke und Ansichten. Diels, im Hitler-Staat zuletzt SS-Oberführer und Regierungspräsident, soll die Kriegs- und Nachkriegsjahre unbeschadet überstanden haben, aber 1957 bei Hannover tödlich verunglückt sein – vgl. Heinz Höhne: Der Orden unter dem Totenkopf/Die Geschichte der SS. In: DER SPIEGEL, Nr. 11/1967, Seite 64.

16 IfGA/ZPA, St 4/8, Bd. 1, Bl. 163.

17 Ebenda, Bl. 159.

18 Vgl. ebenda, Bl. 160, 161, 162.

19 Ebenda, Bl. 2.

20 Babette Gross, a.a.O., Seite 246.

21 Klaus Haupt/Harald Wessel, a.a.O., Seite 199.

22 Der Reichstagsbrandprozeß.../Band 1..., a.a.O., Seite 22.

23 Akte »Durchsuchung der IAH und des ›Neuen Deutschen Verlages‹ am 1. September 1932« im Bestand des Geheimen Staatsarchivs Berlin-Dahlem; Rep 219, Nr. 147.

24 Vgl. ebenda, Bl. 77.

25 Ebenda, Bl. 69.

26 Vgl. Babette Gross, a. a. O., Seite 249.

27 Zitiert bei Babette Gross, a. a. O., Seite 248.

28 IfGA/ZPA, St 4/8, Bd. 1, Bl. 163.

29 Ebenda, Bl. 165.

30 Ebenda, Bl. 168.

31 Ebenda, Bl. 171/172.

32 Ebenda, Bl. 195.

33 Ebenda, Bl. 194.

34 Ebenda, Bd. 2–4, Bl. 53.

35 Babette Gross, a. a. O., S. 248.

36 Ebenda.

37 So wurde Maria Reese, eine vor Hitlers Machtergreifung von
der SPD in die KPD übergewechselte Reichstagsabgeordnete, Ende 1933 deshalb aus der KPD ausgeschlossen, weil
sie, wie DER GEGEN-ANGRIFF am 12. November 1933 berichtete, vom »tiefsten Unglauben an die Kraft der deutschen Arbeiterklasse« erfüllt gewesen sei und »von einer
›schmachvollen Niederlage‹ der deutschen Arbeiter faselte«.
Herbert Wehner, a. a. O., Seite 88, erinnert sich: »Maria
Reese beschwerte sich in einem illegal transportierten Brief,
daß die Partei nicht ihre Berliner Wohnung geräumt und ihr
Eigentum in Sicherheit gebracht habe.« Beim Ausschluß hat
vermutlich auch jene Meldung eine Rolle gespielt, die am
31. März 1933 in der BERLINER BÖRSEN-ZEITUNG zu
lesen war und derzufolge Maria Reese bei Vernehmungen in
Stockholm erklärt hatte, »daß sie nicht die Absicht habe,
nach Sowjetrußland zu fahren«. Die Nachrichtensammelstelle im Berliner Reichsministerium des Inneren hielt diese
kolportierte Reese-Äußerung für so wichtig, daß sie in einem
Aktenvermerk vom 10. Mai 1933 das gerade entstandene
Reichsministerium für Volksaufklärung und Propaganda
ausdrücklich auf die Reese-Äußerung hinwies; doch das
Goebbels-Ministerium hatte »kein Interesse« (IfGA/ZPA,
St 10/192, Bl. 384 – Akte des Reichsministeriums des Innern:
Reisen und Tätigkeit deutscher Kommunisten im Ausland
mit Ausnahme der Sowjetunion/Febr. 1930–Sept. 1934). Am

20. Mai 1933 hatten Agenturen berichtet, Maria Reese sei
doch von Stockholm nach Leningrad abgereist. Am 7. Dezember 1933 hingegen berichtete die Deutsche Gesandtschaft in Stockholm nach Berlin, die Reese, die sich jetzt
angeblich in Paris aufhalte, habe ein Gesuch an die schwedische Regierung gerichtet, den Ausweisungsbeschluß aufzuheben, damit sie nach Schweden zurückkehren könne
(ebenda, Bl. 389).

38 Vgl. den Anhang zu Horst Schumacher: Die Kommunistische Internationale (1919-1943), 2. Auflage, Berlin 1989,
Seite 289; ferner die bislang informativste Bucharin-Biographie des Amerikaners Stephen F. Cohen: Bukharin and the
Bolshevik Revolution/A Political Biography/1888–1938,
New York 1975, Seiten 291 bis 295, 300 und 309 bis 311. Schon
am 10. Februar 1929 konnte Stalin es sich auf einer Tagung
des Komintern-Präsidiums leisten, bei einer Meinungsverschiedenheit dem Schweizer Kommunisten Jules Humbert-Droz zuzurufen: »Geh zur Hölle!« (Ebenda, Seite 309.)

39 J. W. Stalin: Rechenschaftsbericht an den XVII. Parteitag/
Über die Arbeit des ZK der KPdSU(B)/Am 26. Januar 1934.
In: Fragen des Leninismus, Moskau 1947, Seite 522 (in deutscher Sprache). Eine andere deutschsprachige Fassung der
Stalin-Rede (XVII. Parteitag der KP(B)dSU Bericht des
Gen. Stalin über die Arbeit des ZK der KP(B)dSU und die
Beschlüsse des XVII. Parteitags der KP(B)dSU. Deutscher
Parteiverlag, Engels 1934, Seite 16) verschärft noch die
Schuldzuweisung an die SPD, indem statt »als Ergebnis der
Verrätereien an der Arbeiterklasse seitens der Sozialdemokratie« definitiver vom »Ergebnis des Verrats der Sozialdemokratie an ihr« (der Arbeiterklasse) gesprochen wird. Stalin beharrte mit dieser Schuldzuweisung an die SPD auf der
verhängnisvollen »Sozialfaschismus«-These, die er einige
Jahre zuvor gegen Bucharin in der Komintern durchgesetzt
hatte. Im übrigen spielte der Sieg des Faschismus in Deutschland auf dem XVII. KPdSU(B)-Parteitag nur am Rande
eine Rolle – der Sieg des Faschismus paßte nicht zum »Parteitag des Sieges«, als den Stalin den XVII. KPdSU(B)-Parteitag gewertet sehen wollte. Im Bewußtsein der Sowjetbürger

stand ohnehin die Versorgungslage im Vordergrund, die sich nun, nach der Hungersnot von 1932/33, wieder gebessert hatte.

40 In seinem namentlich gezeichneten Artikel »Alles für den Kongreß« (am 4. und 5. Juni in Paris) im GEGEN-ANGRIFF vom 1. Juni 1933 schrieb Münzenberg – ganz auf der Stalinschen Kominternlinie – wörtlich: »Das Regime des Hitlerfaschismus in Deutschland hat der Welt eine Gefahr signalisiert. Sie zeigt den Punkt an, da die herrschenden Klassen nicht mehr imstande sind, auf die alte Weise weiter zu regieren... Die Zuspitzung der Klassengegensätze signalisiert den Untergang der bürgerlichen Gesellschaft...«

41 Die PR(Public Relations)-Qualitäten Willi Münzenbergs können hier nicht näher erörtert werden. Sie sind eine gesonderte Studie wert, weil Münzenberg als einer der wenigen in der gesamten linken Presselandschaft ein sozialistisch-humanistisches Credo mit psychologischem Gespür verband und daher einige Medien zu schaffen vermochte, die aufklärerisch, aber nicht didaktisch, bildend, aber nicht belehrend, parteilich, aber nicht scholastisch indoktrinierend waren. Rolf Surmann: Die Münzenberg-Legende/Zur Publizistik der revolutionären deutschen Arbeiterbewegung 1921–1933, Köln 1983, bietet einen ersten Einstieg in das Thema der PR-Qualitäten und -Erfahrungen Willi Münzenbergs.

42 Vgl. Babette Gross, a. a. O., Seite 250.

43 Vgl. ebenda, Seite 249.

44 Vgl. ebenda, Seiten 252 und 254. Paul Nizan (1905–1940), der linke französische Schriftsteller und außenpolitische Leitartikler der Führung der Kommunistischen Partei Frankreichs, hatte ein ähnliches Schicksal wie Münzenberg: Kritik am Deutsch-Sowjetischen-Nichtangriffsvertrag (Hitler-Stalin-Pakt) vom August 1939 entzweite ihn vollends von seiner Partei, die sich lieber von einem großen Talent trennte, als dessen Kritik an Stalin zu tolerieren. Verfemt von seinen ehemaligen Genossen und ohnehin totgeschwiegen von der französischen Rechten, geriet Nizans literarisches Werk in Vergessenheit, bis Jean-Paul Sartre im März 1960 das berühmte, anklagende Vorwort zur Neuauflage von Nizans »Aden, Ara-

bie« veröffentlichte – ein Rehabilitierungs-Plädoyer, das es in sich hat und das in gewisser Hinsicht auch einem Mann wie Münzenberg gewidmet sein könnte (vgl. Jean-Paul Sartre: Porträts und Perspektiven, Hamburg 1971, Seiten 105 bis 151).

45 Bruno Frei, der Prager Chefredakteur des GEGEN-AN-GRIFF reklamiert die Idee zu diesem Zeitungstitel für sich (siehe sein Geleitwort zum Reprint von DER GEGEN-ANGRIFF, Leipzig 1982, erster Band, Seite V), während Babette Gross (a. a. O., Seite 255) die Idee eher Münzenberg zuschreibt. Auf Bruno Freis Charakterbild beim Ausschluß-verfahren gegen Münzenberg wird noch zurückzukommen sein.

46 Vgl. Kunst und Literatur im antifaschistischen Exil 1933 bis 1945/Band 7/Exil in Frankreich. Zusammengestellt von Dieter Schiller, Karlheinz Pech, Regine Herrmann, Manfred Hahn, Leipzig 1981, Seite 51.

47 Vgl. DER GEGEN-ANGRIFF vom 1. Juni, 15. Juni und 15. Juli 1933.

48 In der Ankündigung steht »Hitler-Terror« vor »Reichstags-brand«, während im Titel des erschienenen Buches der »Reichstagsbrand« nach vorn gerückt ist.

49 Vgl. Der Reichstagsbrandprozeß.../Band 2..., a. a. O., Seite 878.

50 Vgl. beispielsweise Alexander Abusch: Die große Wahrheit des Braunbuches über den Reichstagsbrand. Nachwort zum Faksimile-Nachdruck des Braunbuches über Reichstags-brand und Hitlerterror, Röderberg-Verlag, Frankfurt/Main 1973; dort entsteht der Eindruck, als sei das Braunbuch von Abusch, André Simone, Rudolf Feistmann, Albert Norden und Max Schröder (richtig: Schroeder) geschaffen worden, während es über Münzenberg ebenso lakonisch wie gram-matisch unklar heißt: »Willi Münzenberg, der damals noch nicht zum Antikommunismus übergegangen war, arbeitete auch mit dem Weltkomitee für die Opfer des Hitlerfaschis-mus im Auftrag der illegalen KPD, deren Reichstagsabge-ordneter er war; André Simone leistete dabei das Entschei-dende.«

Als der Röderberg-Verlag 1978 seinen Braunbuch-Reprint in zweiter Auflage herausgab, blieb das Abusch-Nachwort weg. Dennoch behielt es eine Art sprachregelnde Funktion: In Lothar Bertholds und Dieter Langes Nachwort zum DDR-Reprint des Braunbuches (als Band 2 der verdienstvollen Reihe »Antifaschistische Literatur in der Bewährung«, Reprints im Akademie-Verlag Berlin, Berlin 1980) werden als Urheber des Braunbuches die gleichen Namen wie bei Abusch genannt: Abusch, Simone, Feistmann, Norden und Schroeder; als Zuarbeiter sind erwähnt: Bruno Frei, Bodo Uhse, Friedrich Wolf und Wilhelm Koenen. Münzenberg kommt nur indirekt ins Spiel: »Außer dem Sekretariat des Zentralkomitees der Internationalen Arbeiterhilfe in Paris, dessen Generalsekretär Willi Münzenberg war, damals noch nicht auf antikommunistische und antisowjetische Positionen abgeglitten, spielte auch der Pariser Verlag ›Editions du Carrefour‹ bei der Übersetzung, dem Druck und bei dem Vertrieb des Braunbuches eine wichtige Rolle...« (Seite 399).

Sogar Klaus Sohl ging in seiner fundierten Monographie »Entstehung und Verbreitung des Braunbuchs über Reichstagsbrand und Hitlerterror 1933/34« (mit drei bibliographischen Übersichten, Jahrbuch für Geschichte 21, Berlin 1980, Seiten 289 bis 327) hinsichtlich der Urheber und Autoren des Braunbuches nur wenig über Abuschs Vorgaben hinaus.

Abusch selbst blieb auch in seinem Memoiren-Band »Der Deckname« (Berlin 1981) bei seiner Urheber-Version von 1973; was über Münzenberg zusätzlich gesagt wird (Seiten 324 und 355), reduziert dessen Rolle auf die eines »sprunghaften« und politisch unzuverlässigen »Geldgebers«.

51 Vgl. besonders Bruno Frei: Der Papiersäbel/Autobiographie, Frankfurt/Main 1972, Seiten 174 ff.; aber auch Heinz Willmann: Steine klopft man mit dem Kopf/Lebenserinnerungen, Berlin 1977, Seite 127. Frei von eher persönlichen Antipathien ist hingegen Heinz Willmann: Geschichte der Arbeiter-Illustrierten Zeitung 1921–1938, Berlin 1974. Allerdings sind in dem Bildband Münzenbergs Verdienste um die A-I-Z karg bemessen (Seiten 20, 36 und 125), und in einer Fußnote

(Seite 20) wird ihm ein »prinzipienloser Kampf gegen die KPD und die Kommunistische Internationale« nachgesagt.

52 Vgl. Prozess gegen die Leitung des staatsfeindlichen Verschwörerzentrums mit Rudolf Slánský an der Spitze, Justizministerium 1953, Orbis Prag (in deutscher Sprache!), Seiten 253 ff.; dort »gesteht« Simone, bereits 1926/27 von Erwin Piscator (!) und Willi Münzenberg auf eine »trotzkistische Plattform« gebracht worden zu sein, die KPD bewußt geschädigt zu haben, indem er Münzenbergs »diktatorische Leitungsmethoden in der Internationalen Arbeiterhilfe« unterstützt habe, und nach 1933 gemeinsam mit Münzenberg Verbindungen zu »feindlichen Gruppen der deutschen Emigration« unterhalten zu haben.

Auf der 13. Tagung des ZK der SED vom 13./14. Mai 1953 (also nach Stalins Tod, aber vor Berijas Sturz!) wurden »Schlußfolgerungen« aus dem Prager Slánský-Prozeß für die SED gezogen, wobei eine Reihe von Genossen, die in »Westemigration« gewesen waren, neuerlich »mangelnder Wachsamkeit« verdächtigt und somit politisch diffamiert wurden – vgl. Hermann Matern: Über die Durchführung des Beschlusses des ZK der SED »Lehren aus dem Prozeß gegen das Verschwörerzentrum Slansky«, Berlin 1953, Seiten 13 ff., 29 ff. und Seite 85, wo (in einer Erklärung des ZK und der ZPKK vom 24. August 1950) ein kriminalisierender Bezug zu Willi Münzenberg hergestellt worden war.

Rückblickend entsteht der Eindruck, daß bestimmte Personen in der damaligen SED-Führung vor allem Paul Merker und Franz Dahlem per Repression daran hindern wollten, sich zur KPD-Geschichte in den dreißiger Jahren kritisch zu äußern. Als ND-Reporter war der Verfasser am Montag, dem 15. Januar 1962, Zeuge eines kurzen Dialogs zwischen Franz Dahlem und Walter Ulbricht, der ins damalige Staatssekretariat für Hoch- und Fachschulwesen in der ehemaligen Wilhelmstraße gekommen war, um Dahlem zu dessen 70. Geburtstag den Karl-Marx-Orden an die Brust zu heften. Dahlem: »Mit 70 möchte man seine Erinnerungen festhalten, Geschichte schreiben.« Ulbricht: »Erst machen wir Geschichte, dann schreiben wir Geschichte.« Dahlem: »Ich

denke an unseren gemeinsamen Kampf in den zwanziger...«
Ulbricht: »Warte mal unsere Parteigeschichte ab.« So ge-
schah es dann – erst nach Abschluß der achtbändigen »Ge-
schichte der deutschen Arbeiterbewegung«, Berlin 1966, Vor-
sitzender des Autorenkollektivs: Walter Ulbricht, konnte
Dahlem »Geschichte schreiben« – vgl. Franz Dahlem: Am
Vorabend des zweiten Weltkrieges/1938 bis August 1939/
Erinnerungen, Berlin 1977, sowie Franz Dahlem: Jugend-
jahre/Vom katholischen Arbeiterjungen zum proletarischen
Revolutionär, Berlin 1982. Dahlems »Erinnerungen« an den
Münzenberg-Dissens sind denn auch, wie noch zu zeigen
sein wird, von Ulbrichts Ansichten beeinflußt.

53 Vgl. Revision von Prozessen in der CSSR. In: NEUES
DEUTSCHLAND vom 24. August 1963, Seite 5.

54 Der Begriff »Weiße Flecken in der Geschichte« bezieht sich –
in Analogie zu den weißen Flecken auf geographischen Kar-
ten – eher auf noch unbekanntes, unerforschtes geschicht-
liches Terrain, während für solche geschichtlichen Vorgänge,
die durchaus bekannt und partiell sogar erforscht sind, aber
in den bzw. aus den Geschichtsbüchern und Memoiren (im
doppelten Wortsinn) verdrängt wurden, der aus der Astro-
physik geläufige Begriff »Schwarze Löcher« in Analogie pas-
send erscheinen könnte: Schwarze Löcher haben wegen ihrer
enormen Massendichte eine extrem hohe Gravitationskraft,
bleiben aber trotz ihres »Gewichts« »im Dunkeln«, weil sie
keine Lichtwellen abstrahlen. Da das geschichtlich Verdrängte erfahrungsgemäß eine psychologisch bohrende An-
ziehungskraft entwickelt, obgleich es nicht aufgehellt ist,
wäre der Begriff »Schwarze Löcher« angemessen. Neben
»Weißen Flecken« und »Schwarzen Löchern« gibt es die
»Grauzonen« der Geschichte, in denen sich Unerforschtes
mit »Unaussprechlichem« und Verdrängtem mischt.

55 Vgl. Bruno Frei, a. a. O., Seite 173.

56 Ebenda, Seite 177.

57 Ebenda, Seite 178.

58 Arthur Koestler: Als Zeuge der Zeit/Das Abenteuer meines
Lebens, Frankfurt/Main 1986, Seite 191.

59 Ebenda, Seite 194.

60 Ebenda, Seiten 194/195.
61 Vgl. Der Reichstagsbrandprozeß.../Band 1..., a.a.O., Seiten 228/229.
62 Vgl. ebenda, Seiten 302/303.
63 Vgl. Der Reichstagsbrandprozeß.../Band 2..., a.a.O., Seite 39.
64 Vgl. Babette Gross, a.a.O., Seite 254.
65 Der 1882 geborene Ossip (Jossif) Aronowitsch Pjatnitzki war ein enger Freund Lenins; in der verfügbaren Literatur wird als Todesjahr auch 1938 angegeben.
66 Gustav Regler: Das Ohr des Malchus/Eine Lebensgeschichte, Köln 1985, Seiten 211 bis 213.
67 Ebenda, Seite 221.
68 Ebenda, Seiten 221/222.
69 Herbert Wehner, a.a.O., Seite 88. Es ist verwunderlich, daß Wehner weder die besondere Gefährdung Münzenbergs noch dessen vorwiegend internationale politische Aufgaben in Betracht zieht. Die Gefährdung Münzenbergs, die der Gefährdung Thälmanns zumindest nicht nachstand, wurde im Frühjahr 1933 öffentlich erörtert. So schrieb die Baseler RUNDSCHAU ÜBER POLITIK, WIRTSCHAFT UND ARBEITERBEWEGUNG am 18. März 1933 auf Seite 111: »Bekanntlich wurde Münzenberg in den amtlichen Kundgebungen über den Reichstagsbrand als ›der geistige Leiter‹ jener Organisation der KPD bezeichnet, die gefälschte Briefe der SA und SS verfertigte und Anweisungen über Vergiftung von Brunnen und Lebensmitteln ausgab. Mit derartigen Behauptungen wollte die NSDAP die tatsächliche Existenz der SA-Aufmarschpläne für die Reichstagswahlen verwischen. Auf Münzenberg konzentrierte sich auch die behördliche und außerbehördliche Hetze in ganz besonderem Maße. So erklärte unter anderem Göring, daß er es bedauere, den ›Millionär Münzenberg‹ nicht aufgeknüpft zu haben. Unter diesen Umständen ist es selbstverständlich, daß Münzenberg der Auftrag erteilt wurde, ins Ausland zu gehen.« Für die regelmäßigen Leser der Baseler RUNDSCHAU kann Münzenbergs Flucht aus Nazi-Deutschland auch deshalb keine Überraschung gewesen sein, weil sie von Münzen-

bergs vorwiegend international angelegten Aktivitäten unterrichtet waren. So hatte die RUNDSCHAU am 1. Januar 1933 (auf den Seiten 17/18) über die Tagung des Weltkomitees zum Kampf gegen den Krieg informiert, die vom 21. bis 24. Dezember 1932 in Paris stattgefunden hatte. Auf der Tagung war auch Münzenberg als Redner aufgetreten: Er »brandmarkte die Politik der Unterstützung des Krieges durch die Führer der II. Internationale und betonte die Notwendigkeit, alle zu gewinnen, die ehrlich gegen den Krieg kämpfen wollen, zuerst jedoch die Arbeitermassen, die die Hauptbasis der Bewegung bilden« (Seite 17). Am 1. Februar 1933 hatte die RUNDSCHAU von der Pariser Tagung ergänzend berichtet, daß das Weltkomitee gegen den Krieg eine Reihe neuer Aktivitäten plant: Entsendung einer Kommission nach dem Krisengebiet im Fernen Osten für Ende Februar 1933, die Abhaltung eines asiatischen Antikriegskongresses in Schanghai im Frühjahr 1933 nach »dem Muster des Amsterdamer Kongresses« vom August 1932, die Entsendung einer Kommission nach Lateinamerika mit Teilnahme am Antikriegskongreß am 28. Februar 1933 in Montevideo, die Abhaltung eines Landeskongresses gegen den Krieg im März 1933 in London, Gebietsfriedenskongresse der skandinavischen, der baltischen und der Balkan-Länder, einen Antikriegskongreß der Jugend für den Sommer 1933 in Paris usw. In der Ausgabe vom 1. März 1933 hatte die RUNDSCHAU zudem über »Eine wichtige Sitzung des Erweiterten Internationalen Sekretariats der Liga gegen Imperialismus« (Münzenbergs antikoloniale Liga, 1927 auf dem Brüsseler Kongreß entstanden) Anfang Februar 1933 in Frankfurt/Main informiert, auf der festgestellt worden war: »Die Erfahrung eines sechsjährigen nationalrevolutionären antiimperialistischen Kampfes und eines dauernden Kontaktes mit fast allen Ländern Europas, Amerikas und der Kolonialwelt begünstigte die Entwicklung der Liga zu einer wirklich revolutionären Organisation auf fester Basis« (Seite 68). Das war vermutlich eine geschönte Bilanz, doch es liegt auf der Hand, daß Münzenberg, der gleichsam die Seele sowohl des Weltkomitees gegen den Krieg als auch der antikolonialen Liga

war, die in diesen internationalen Gremien 1932/33 übernommenen Verpflichtungen niemals von einem illegalen
Quartier in Berlin aus hätte erfüllen können.

70 Vgl. Babette Gross, a. a. O., Seite 251. Für eine solche Absprache mit Pjatnizki gab es einleuchtende Gründe: Münzenbergs unmittelbare »Anbindung« an die Komintern-Führung sowie der Charakter seiner weltweit angelegten Aktivitäten. Gemäß den hierarchischen Regeln der Komintern als
»Überpartei« machte eine Absprache mit Pjatnizki entsprechende Anträge auf Erlaubnis zur Emigration bei Ulbricht
und Wehner gegenstandslos.

1934: Ein mörderisches Jahr

1 Der Text zum Münzenberg-Foto auf dem Innentitel des Buches »Die Dritte Front/Aufzeichnungen aus 15 Jahren proletarischer Jugendbewegung von Willi Münzenberg«, Berlin
1930, stammt mit an Sicherheit grenzender Wahrscheinlichkeit von der Hand der Nichte Willi Münzenbergs Else Merkel, geb. Blankenburg. Else Merkel war eine Tochter aus erster Ehe von Emmy Blankenburg, später Suckert, geb. Münzenberg (30. April 1876 bis 1944), der Lieblingsschwester
Willi Münzenbergs, die in Erfurt, Schmidtstedter Straße,
einen Gemüseladen betrieb. Der Innentitel mit eingeklebtem
Foto und der Eintragung mit blauer Tinte war als Illustra-
tion abgebildet zu des Verfassers Serie »Willi Münzenberg –
seine frühen Jahre in Thüringen«, die anläßlich des 100. Ge-
burtstages Willi Münzenbergs am 14. August 1989 in
NEUES DEUTSCHLAND erscheinen konnte – zum vierten
und letzten Teil der Serie im ND vom 19./20. August 1989,
Seite 9. Das Buch, das sich im Familienbesitz befindet,
wurde dem Verfasser 1989 zur wissenschaftlichen Auswer-
tung freundlicherweise zugänglich gemacht, wofür den in der
DDR lebenden Münzenberg-Verwandten hier in aller Form
gedankt sei. Wie Else Merkel dazu kam, in das Buch zu
schreiben, ihr Onkel sei 1934 in Frankreich von der Gestapo
umgebracht worden, ist nicht genau bekannt. Nach 1945 war
den Verwandten Willi Münzenbergs, die in der DDR politisch tätig wurden, von der SED der wohlmeinende Rat ge-

geben worden, möglichst nicht über ihre Verwandtschaft mit Münzenberg zu reden. Münzenbergs Bücher standen zwar zu keiner Zeit auf irgendeinem Index der DDR-Bibliotheken; doch da die »Deutsche Verwaltung für Volksbildung in der sowjetischen Besatzungszone« am 1. April 1946 gemäß Kontrollratsbeschluß vom 1. Oktober 1945 eine »Liste der auszusondernden Literatur« herauszugeben hatte, in deren »Erstem Nachtrag nach dem Stand vom 1. Januar 1947« (Seite 153) »Trotzki, Leo: Sämtliche Schriften« vermerkt waren, und da Münzenberg lange Zeit in der DDR als »Trotzkist« abgestempelt wurde, schien es vielen Bibliothekaren ratsam zu sein, Münzenberg-Schriften ebenfalls in die »Giftschränke« zu verbannen. Unter diesen Umständen kann die Eintragung Else Merkels auch zu dem Zweck entstanden sein, nach 1945 das wertvolle Buch zu schützen, von dem viele Exemplare schon am 10. Mai 1933 auf den Scheiterhaufen der Nazis vernichtet worden waren.

2 Der Leitartikler des GEGEN-ANGRIFF bezog sich im Silvester-Artikel 1933 unausgesprochen, aber offensichtlich auf das politisch-fiktive Buch »Wahn-Europa 1934« von Hans Gobsch, das 1931 im Berliner Fackelreiter-Verlag erschienen und von Walther Karsch in DIE WELTBÜHNE vom 10. November 1931 relativ ausführlich besprochen worden war. Gobsch hatte literarisch vorgeführt, wie Europa im Jahre 1934 in einen neuen verheerenden Krieg stürzt. Der Titel »Wahn-Europa 1934« wiederum war offenbar eine Anspielung auf den Bestseller »Pan-Europa«, den Richard N. Coudenhove-Kalergi 1924 im Auftrage der Paneuropäischen Union verfaßt hatte, um »der Jugend Europas« die Idee eines vereinigten Europas nahezubringen. »Wahn-Europa 1934« wollte zeigen, was zehn Jahre später aus dem schönen Traum eines Europas der friedlichen Kooperation real werden würde. Doch die Befürchtung, Europa könne 1934 in einen neuen Weltkrieg schlittern, hegte nicht nur Hans Gobsch. Auch der berühmte nordamerikanische Publizist und Europa-Kenner H. R. Knickerbocker gab 1934 bei Rowohlt in Berlin die deutsche Übersetzung von »Will War Come in Europe?« heraus: »Kommt Krieg in Europa?« Knik-

kerbockers Antwort: »Deutschland wird in diesem Jahr keinen beabsichtigten Krieg führen. Frankreich wird keinen
Präventivkrieg führen. Einen gewollten Krieg wird es 1934 in
Europa nicht geben. Ein ungewollter Krieg könnte schon
morgen ausbrechen.« (Seite 158.)

3 Paul Bildt (geboren am 19. Mai 1885) überstand Nazizeit
und Krieg. Er wirkte als Schauspieler und Regisseur, spielte
in DDR-Filmen wie »Rat der Götter« und »Unser täglich
Brot«, erhielt den Nationalpreis der DDR und starb am
13. März 1957 in Berlin.

4 Vgl. Curt Trepte/Jutta Wardetzky: Hans Otto/Schauspieler
und Revolutionär, Berlin 1970, Seiten 74 ff.

5 Geneviève Tabouis (etwa Jahrgang 1892) hatte den Ehrgeiz,
als französische »Kassandra« der berühmten nordamerikanischen Journalistin Dorothy Thompson (1894 bis 1961),
Markenzeichen: »Kassandra spricht« (1939), den Rang ab-
zulaufen. Spätestens ab 1938/39 war in der Gestapo-Zentrale
ein Karteiblatt über die Tabouis angelegt worden (vgl. IfGA/
ZPA, St 3/347/2, Bl. 183/184), auf dem es hieß, »die berüchtigte Aussenpolitikerin einer Pariser Zeitung« sei eine
»Hauptbeteiligte an der Hetzkampagne gegen Deutschland«. Und: »Die Greuelmärchen, die sie erfand und propa-
gierte, sind ungezählt.« Laut Gestapo-Karteiblatt schrieb
die Tabouis Anfang 1939 mehrere antifaschistische Aufsätze
für Willi Münzenbergs Zeitschrift DIE ZUKUNFT. Babette
Gross allerdings bezweifelte die antifaschistische Lauterkeit
der Tabouis, die über ihren Freund André Simone Materialien des sowjetischen Geheimdienstes erhalten und gegen
Entgelt in die französische Presse gebracht habe (vgl. Babette Gross, a. a. O., Seite 321). Nach ihrer Flucht aus dem
1940 von Hitlers Wehrmacht besetzten Frankreich in die
USA habe die Tabouis sich besonders an der Kampagne der
Komintern zur Diffamierung Münzenbergs beteiligt (vgl.
ebenda, Seite 333).

6 Auch über Roland Köster (oder: Koester), von 1932 bis zu
seinem Tode am 31. Dezember 1935 deutscher Botschafter in
Paris, führte die Gestapo ein Karteiblatt (vgl. IfGA/ZPA, St 3/
347/2, Bl. 294), auf dem Kösters Kontakte mit SPD-Emi-

granten und die Warnung vermerkt waren, K. habe sich »im Beisein von Ausländern verschiedentlich sehr abfällig über den Nationalsozialismus geäussert«.

7 Geneviève Tabouis: Ils l'ont appelée Cassandre, New York 1942, Seite 137; zitiert nach »Geschichte in Diplomatie«, Moskau 1947, dritter Band, Seite 585 (in deutscher Sprache).

8 Engelbert Dollfuß (1892 bis 1934), der die österreichische Arbeiterbewegung blutig unterdrückte, hatte mit Mussolinis Hilfe versucht, den Anschluß Österreichs an Hitlers Drittes Reich zu verhindern, der dann im März 1938 vollzogen wurde.

9 Frankreichs Außenminister Jean Louis Barthou (1862 bis 1934) war außerordentlich aktiv in dem Bestreben, Hitlers Einfluß auf dem Balkan zu bremsen. König Alexander (1888 bis 1934) war ihm dabei ein wichtiger Partner.

10 Zitiert nach André Simone: Der Untergang der Dritten Republik, Berlin 1948, Seite 65.

11 Vgl. etwa die Liste der 1930 von Nazis erschossenen, erstochenen oder erschlagenen Kommunisten in der Schrift: Volksrevolution gegen faschistische Diktatur/Referat des Reichstagsabgeordneten Willi Münzenberg – Berlin auf dem I. Kampfkongress gegen den Faschismus. (20. und 21. Dezember 1930 in Düsseldorf), Düsseldorf 1931, Seite 30.

12 Auf Antrag des Bruders van der Lubbes hatte das zuständige Landgericht Berlin (West) im April 1967 das Urteil des Reichsgerichts vom 23. Dezember 1933 dahingehend geändert, daß van der Lubbe wegen »menschengefährdender Brandstiftung« zu einer Gesamtstrafe von acht Jahren Zuchthaus zu verurteilen gewesen wäre. Im Dezember 1980 erkannte das gleiche Gericht – wiederum im Wiedergutmachungsinteresse des Bruders – sogar auf Freispruch. Allerdings soll dann (im Dezember 1982) das zuständige Kammergericht entschieden haben, Wiederaufnahmeverfahren in Sachen van der Lubbe seien überhaupt unzulässig – vgl. FRANKFURTER ALLGEMEINE ZEITUNG FÜR DEUTSCHLAND vom 11. Januar 1983, Seite 2, aber auch DER SPIEGEL, Nr. 1-2/ 1981, Seiten 68 bis 70, sowie (speziell für Juristen) BGH, St 31, Seiten 365 bis 373.

13 Wie begründet die Sorge war, belegen einige inzwischen veröffentlichte Dokumente in: Der Reichstagsbrandprozeß.../
    Band 2..., a. a. O., Seiten 868/869, 872, 873, 875.
14 Vgl. Babette Gross, a. a. O., Seite 279.
15 Über Hergang und Ort des vierfachen Mordes gibt es in der
    Literatur unterschiedliche Angaben. Wahrscheinlich ist, daß
    die vier Kommunisten ins Gestapo-Hauptquartier in der
    Berliner Prinz-Albrecht-Straße gebracht, dort rücksichtslos
    gefoltert, dann mehr tot als lebendig zum Kilometerberg am
    Wannsee transportiert und an geeigneter Stelle »auf der
    Flucht erschossen« wurden. Dieser Mordort lag auf dem
    Wege nach Nowawes bei Potsdam, wo der mutmaßliche Gestapo-Spitzel (in Thälmanns Mitarbeiter-Stab!) Alfred Kattner von einem Unbekannten erschossen worden war und wohin John Schehr und Genossen angeblich zu einer Gegenüberstellung gebracht werden sollten. Über Kattner vgl.
    Herbert Wehner, a. a. O., Seiten 73, 79, 100, 105 und 146 bis
    149.
16 DER GEGEN-ANGRIFF, Titelseite der Ausgabe vom 10. Februar 1934.
    Vor allem Silvia Schlenstedt verdanken wir die erstaunlich
    vollständige Reprintausgabe der in Originalen so selten gewordenen und an verschiedenen Orten verstreuten Exilzeitung: DER GEGEN-ANGRIFF/Antifaschistische Wochenschrift. Mit einem Geleitwort von Bruno Frei und einer Einleitung von Silvia Schlenstedt, drei Leinen-Bände (Band 1
    von April 1933 bis März 1934, Band 2 von April 1934 bis Dezember 1934, Band 3 von Januar 1935 bis März 1936), Leipzig 1982.
17 Zu John Schehr (1896 bis 1934) vgl. Geschichte der deutschen Arbeiterbewegung/Biographisches Lexikon, Berlin
    1970, Seiten 393 bis 395; ferner Herbert Wehner, a. a. O.,
    Seite 86; sowie die Sammlung: Deutsche Widerstandskämpfer 1933–1945, Band 2, Berlin 1970, Seiten 147 bis 149.
18 Walter Schönstedt (1909 in Berlin geboren), früh Mitglied
    des KJVD, war 1932 mit dem literarischen Report »Kämpfende Jugend« und 1933 mit einem Roman »Motiv unbekannt« hervorgetreten. In der literarischen Szene der Pariser

Emigration spielte er eine politisch aktive Rolle, bis er 1938 in die USA übersiedelte, sich von seinen kommunistischen Überzeugungen löste und in Anonymität versank.

19 Vgl. Babette Gross, a.a.O., Seiten 93/94, die sich auf Albrechts Angaben in Karl I. Albrecht: Der verratene Sozialismus/Zehn Jahre als hoher Staatsbeamter in der Sowjetunion, Berlin 1938, beruft. Münzenberg selbst hat die Gefahren auf dem Gefangenentransport geschildert, ohne Albrecht zu erwähnen – vgl. Willi Münzenberg: Die Dritte Front..., a.a.O., Seiten 282 bis 284.

20 Vgl. Peter Boris: Im Zickzack durch die Zeit/Aus dem Leben des Vizefeldwebels, Försters, Offiziers der Roten Armee, Gemüsehändlers, SS-Hauptsturmführers und Schriftstellers Karl Albrecht. In: DIE ZEIT, Hamburg, vom 9. September 1988, Seite 44. Peter Boris standen gewisse, nicht näher bestimmte Personalunterlagen zur Verfügung, die etwa 1944 bei der SS über Albrecht angelegt wurden; dennoch bleibt Albrechts wahre Rolle zwischen 1932 und 1938 im dunkeln.

21 Vgl. Karl I. Albrecht: Der verratene Sozialismus..., Elfte Auflage, vom September 1941, die eine Höhe von 250 000 Exemplaren hatte, nachdem die zehn Auflagen zwischen November 1938 und August 1939 insgesamt 100 000 Exemplare umfaßt hatten. Damit das Buch 1938 in Nazideutschland erscheinen konnte, mußte es antisemitische Töne anschlagen und die Zustände in Gestapo-Kerkern schönfärben (ebenda, Seiten 631 ff.), ein Umstand, der deutsche Antifaschisten und besonders die Verfolgten des Nationalsozialismus gegen Albrecht aufbrachte, wenngleich es wahrscheinlich ist, daß die betreffenden Passagen im Goebbels-Ministerium ins Albrecht-Buch eingefügt wurden, wie auch Babette Gross (a.a.O., Seite 94) vermutet. Goebbels selbst war sich natürlich über den antisowjetisch tendenziösen Charakter der Albrecht-Schrift im klaren: Da die Drucksache das Verhältnis zwischen Berlin und Moskau nach dem Abschluß des Deutsch-Sowjetischen-Nichtangriffsvertrages vom 23./24. August 1939 hätte belasten können, wurde sie umgehend aus dem Verkehr gezogen und erst im Sommer 1941, nach Hitlers Angriff auf die Sowjetunion, wieder unter die Leute

gebracht – in gleich 250 000 Exemplaren! Im »Geleitwort des Verfassers zur Volksausgabe« (ab 11. Auflage kam das Machwerk verbilligt und broschiert heraus) vom Juli 1941 meinte Albrecht wörtlich: »Wir, als Deutsche, kämpfen vor allem für die Sicherung unseres eigenen Volkes vor der furchtbaren Bedrohung aus dem Osten. Wir kämpfen unter der genialen Führung Adolf Hitlers, der nicht nur Feldherr und Staatsmann, sondern auch der größte Sozialist aller Zeiten ist.« (Seite 5.)

Willi Münzenberg, dem die Albrecht-Ducksache vermutlich schon 1938 nicht entgangen ist, muß besonders empört gewesen sein über die infame Art, in der Albrecht Clara Zetkins demokratischen und humanistischen Kommunismus zu mißbrauchen versuchte (Seiten 321 ff.), wie über das geradezu hündische Kapitel »Ein Mann von der ›IAH‹« (Seiten 572 ff.), in dem Albrecht behauptet, im GPU-Gefängnis habe ihm der Mithäftling Franz Balzer von den »Saufgelagen« und »Unterschlagungen« in der Moskauer Filiale der Münzenbergschen Solidaritätsorganisation berichtet. Münzenberg (seit seinen Kindheitserlebnissen mit dem alkoholisierten Vater ein entschiedener Abstinenzler) konnte in diesen Albrecht-»Enthüllungen« eine gezielte geheimdienstliche Provokation vermuten, die Stalins Aversionen gegen die IAH bestärkte.

22 Im ersten Band der genannten Reprintausgabe.
23 Der Bericht (erste Aufmachung des GEGEN-ANGRIFF am 4. Februar 1934) referierte und zitierte Stalins (natürlich kritische) Bemerkungen über den Nationalsozialismus in Deutschland, mit denen der Generalsekretär des ZK der KPdSU(B) auf der von der XIII. Tagung des EKKI (28. November bis 12. Dezember 1933 in Moskau) beschlossenen Linie blieb. Nicht wiedergegeben wurde im GEGEN-ANGRIFF indes Stalins »Offerte« in Richtung Berlin: »Manche deutschen Politiker« redeten davon, »daß die Sowjetunion sich jetzt auf Frankreich und Polen orientiere, daß sie aus einem Gegner des Versailler Vertrags zu dessen Anhänger geworden sei, daß diese Änderung sich aus der Aufrichtung des faschistischen Regimes in Deutschland erkläre. Das ist nicht

265

richtig. Gewiß, wir sind weit davon entfernt, von dem faschistischen Regime in Deutschland entzückt zu sein. Doch handelt es sich hier nicht um den Faschismus, wie allein die Tatsache zeigt, daß der Faschismus z. B. in Italien für die Sowjetunion kein Hindernis war, die besten Beziehungen zu diesem Lande herzustellen... Wir orientierten uns in der Vergangenheit und orientieren uns in der Gegenwart auf die Sowjetunion und nur auf die Sowjetunion. (Stürmischer Beifall.)« – Vgl. J. W. Stalin: Rechenschaftsbericht an den XVII. Parteitag..., a. a. O., Seiten 528/529.

24 Zitiert nach Silvia Schlenstedt: Einleitung (zum Reprint DER GEGEN-ANGRIFF). In: DER GEGEN-ANGRIFF/ Antifaschistische Wochenschrift, a. a. O., Band 1, Seite VII.

25 Viele Kommunisten innerhalb und außerhalb der Sowjetunion erwarteten vom XVII. Parteitag der KPdSU(B) eine kritische Analyse der Politik der Kollektivierung und der Ursachen der Hungersnot von 1932/33 in der UdSSR. Stalin wußte das zu verhindern. Zwar führte er im Rechenschaftsbericht Zahlen über die katastrophal gesunkenen Viehbestände an, doch eine marxistische sozialökonomische und politische Analyse unterblieb. Und nachdem Kirow am Vorabend des Parteitages Stalin als »den großen Organisator der von uns errungenen gigantischen Siege« gefeiert hatte (vgl. Josef Wissarionowitsch Stalin/Kurze Lebensbeschreibung, Moskau 1947, Seite 148 – in deutscher Sprache), wagte kaum noch jemand, von der Hungersnot und den dafür Verantwortlichen zu reden.

Die Art, in der Münzenbergs GEGEN-ANGRIFF im Vorfeld des Parteitages über die Sowjetunion berichtete, war durchaus eigensinnig, um nicht zu sagen: spitzbübisch und durchtrieben. Am 10. Dezember 1933 druckte das Blatt einen mit »Dein Micha« gezeichneten »Moskauer Brief« eines etwas lebensfremden »jungen deutschen Intellektuellen«, der nach einem halben Jahr in Moskau begeistert war. Dieser »Brief« mußte jenen Brief geradezu provozieren, der in der Silvesterausgabe unter dem Titel »Was soll ein ›Moskauer Brief‹ enthalten?« erschien und in dem es hieß, ein »Moskauer Brief« solle Informationen darüber enthalten: »Wie beschafft man sich Lebensmittel?« Und: Wer den Micha-Brief gelesen habe, könne sich kein richtiges Bild machen; angesichts der Realitäten sei er dann »wie vor den Kopf geschlagen«. Am 7. Januar 1934 schließlich war Münzenberg und seinem Freund Michael Kolzow ein besonderer Trick gelungen, den Hunger in der Sowjetunion doch noch öffentlich zu thematisieren: Kolzow hatte dem in Paris erscheinenden Weißgardistenblatt RUSSISCHE RENAISSANCE einen fingierten Leserbrief aus Rußland zukommen lassen mit allzu deutlich überzogenen Hungerklagen. Die RENAISSANCE druckte den Brief als echten Brief, und Kolzow präsentierte die ganze Sache am 7. Dezember 1933 in der Moskauer PRAWDA, woraus DER GEGEN-ANGRIFF wiederum nachdruckte. So wurde den Weißgardisten eins ausgewischt und zugleich die Lebensmittelkrise thematisiert. Daß Münzenberg und Kolzow sich mit solchem Journalismus in der Partei nicht nur Freunde machten, liegt auf der Hand.

26 Vgl. Winfried Garscha/Hans Hauptmann: Februar 1934 in Österreich, Berlin 1984, Seiten 144 ff.

27 Zu Lincoln Steffens (1866 bis 1936) vgl. dessen ebenso voluminöse wie turbulente Autobiographie: Die Geschichte meines Lebens, Zürich 1948. In dem 900-Seiten-Buch wird Münzenberg zwar nicht erwähnt, doch zeigt es eben, was für eine moralische Autorität der radikale, unbestechliche und eigenwillige Publizist Steffens verkörperte.

28 IfGA/ZPA, St 4/8, Bd. 2/Bl. 14.

29 Ebenda, Bl. 17.

30 Jürgen Schebera war auf einer USA-Reise 1989 so freundlich, alte Zeitungsbände nach Berichten über Münzenbergs Auftreten 1934 durchzusehen; ihm gebührt unser Dank.

31 Dr. jur. Kurt Rosenfeld (1877 bis 1943) war als Strafverteidiger von Rosa Luxemburg, Kurt Eisner, Georg Ledebour und namentlich von Carl v. Ossietzky in der Weimarer Republik bekannt geworden. Er war auf dem linken Flügel Mitglied der SPD, dann Mitbegründer der SAPD und näherte sich 1933 der KPD. Münzenberg hatte ein langjährig gutes Verhältnis zu Rosenfeld wie auch (bis zu dessen Tod) zu Paul Levi. Rosenfelds juristische Kompetenz hatte bereits dem

Londoner Gegenprozeß zum Erfolg verholfen. Deshalb lag es nahe, daß Rosenfeld Münzenberg in die USA begleitete.

32 Ernst Torgler (1893 bis 1963) wurde 1935 aus der KPD ausgeschlossen, weil er sich nach dem Reichstagsbrand selbst der Polizei gestellt und im Reichstagsbrand-Prozeß die Verhaltensdirektiven seiner Partei mißachtet hatte – vgl. Herbert Wehner, a. a. O., Seiten 71 bis 76, sowie Biographisches Lexikon, a. a. O., Seite 463.

33 Franklin Delano Roosevelt (1882 bis 1945), USA-Präsident von 1933 bis 1945, stand für eine liberale Reformpolitik zur Behebung der schlimmen sozialen Folgen der Weltwirtschaftskrise. Er war Antifaschist, ohne sich in den USA auch entsprechend durchsetzen zu können.

34 Vgl. die Presseübersicht im GEGEN-ANGRIFF vom 15. Juli 1934 (in Band 2 der Reprint-Ausgabe) sowie »Weißbuch über die Erschießungen des 30. Juni 1934/Authentische Darstellung der deutschen Bartholomäusnacht«, das Münzenbergs Exilverlag EDITIONS DU CARREFOUR noch 1934 herausbrachte.

35 Vgl. Babette Gross, a. a. O., Seiten 280/281. Die USA-Behörden waren, wie wir inzwischen wissen, über Münzenbergs politische Gesinnung, über seine politischen Bindungen und Qualitäten sowie über seine politischen Absichten in Nordamerika ziemlich gut informiert. Im Auftrag der britischen Geheimdienste MI6 und MI5 hatte ein gewisser Captain Guy Liddell seit den frühen zwanziger Jahren Münzenbergs Aktivitäten ausgeforscht. Damals interessierten den britischen Geheimdienst besonders Münzenbergs IAH sowie deren Einfluß in Großbritannien und im britischen Kolonialreich. Spätestens ab Mai 1933 gingen Münzenberg betreffende Informationen von MI5 auch an die Amerikaner. Am 7. Juni 1934 ließ Liddell die Londoner US-Botschaft wissen, daß Münzenberg und Louis Gibarti eine Reise durch die Vereinigten Staaten planen, um dort antifaschistische Propaganda zu treiben und Ableger der antifaschistischen Front zu gründen – vgl. John Costello: Mask of Treachery, New York 1990, Seiten 279 und 623.

In seiner bisweilen spekulativ anmutenden, aber insgesamt

solide recherchierten Enthüllungsschrift über die Masken des Verrats im anglo-amerikanischen Geheimdienstmilieu führt Costello Belege dafür an, daß Münzenbergs Korrespondenz mit britischen linken Künstlern und Freunden der Sowjetunion bereits in den zwanziger Jahren in London geheimdienstlich überwacht wurde (vgl. ebenda, Seiten 154 und 619). Bezeugt ist ferner Münzenbergs Verdacht, er habe in der britischen Abwehr einen besonders engagierten Gegner (ebenda, Seite 281), was die spezifischen Schwierigkeiten im Zusammenhang mit dem Londoner Gegenprozeß von 1933 erklären würde.

36 Zu Egon Erwin Kischs Erfahrungen bei der Einreise in die USA 1929 und 1939 vgl. Harald Wessel: Kisch im »Paradies Amerika«. Und: Auch im Hafen New York »Eintritt verboten«. In: Klaus Haupt/Harald Wessel. a. a. O., Seiten 137 ff. und 237 ff.

Anmerkung des Verfassers: Bei meiner Reise auf den Spuren von John Reed im Frühjahr 1977 hatte ich als Mitarbeiter von NEUES DEUTSCHLAND keine Schwierigkeiten, ein nordamerikanisches Besuchervisum zu erhalten. Die US-Botschaft in Ostberlin war vielmehr bestrebt, rasch und unbürokratisch zu helfen. Auch bei der Einreise in die Staaten am 29. April 1977 in El Paso zeigen sich die Mitarbeiter von U. S. Immigration Check Point ELP unbürokratisch und hilfreich kooperativ – vgl. Harald Wessel: Roter Reporter aus dem Wilden Westen – John Reed, Berlin 1979 und 1985, Seiten 107 ff. und 115.

37 Babette Gross, a. a. O., Seite 281.

38 Dank der freundlichen Hilfe von Professor John Haag, Department of History, The University of Georgia, Athens/Georgia, U. S. A., sowie der rührigen Bibliothek der Universität von Georgia in der Stadt mit dem klassischen Namen Athens im US-Bundesstaat Georgia verfügen wir über Kopien von seltenen nordamerikanischen Zeitungen aus dem Sommer 1934. Nicht nur solch eine große, überregionale bürgerliche Zeitung wie die NEW YORK TIMES und der kommunistische DAILY WORKER haben ausführlich über Münzenbergs propagandistische Auftritte berichtet, sondern auch

zahlreiche kleinere radikale sowie regionale und lokale Blätter. Der New-Yorker YOUNG WORKER beispielsweise, eine professionell sehr gut gemachte Zeitung der Liga Junger Kommunisten, brachte am 3. Juli und am 17. Juli 1934 ausführliche Berichte über den Kampf um Thälmanns Befreiung. Das Blatt erinnerte daran, daß Münzenberg einer der Gründer der KJI und Organisator der Berner Jugendkonferenz gegen den Krieg im Jahre 1915 war. Die Jugendzeitung berichtete auch von einem Vorfall an Amerikas berühmter Harvard University in Boston: Dort sollte der Auslandspressechef der NSDAP und Harvard-Absolvent von 1909, der Hitler-Freund Ernst Franz Sedgwick Hanfstaengl an einem Absolvententreffen teilnehmen; Studenten und junge Arbeiter protestierten während der Feier und mit einer abendlichen Demonstration gegen die Anwesenheit dieses »prominenten Mitgliedes des mörderischen Hitler-Regimes« (vgl. YOUNG WORKER vom 3. Juli 1934, Seite 3).

Von besonderem Interesse sind die Berichte über Münzenbergs USA-Reise in der deutschsprachigen New-Yorker Wochenzeitung DER ARBEITER, der Münzenberg sogar einen Exklusiv-Leitartikel schrieb: »Hoechste Gefahr fuer Ernst Thaelmann und Hundert Antifaschisten! Fuer den ›Arbeiter‹ geschrieben von Willi Muenzenberg« (DER ARBEITER, Nr. 30/1934, vom 22. Juli 1934, Seite 1.) Einen langen Artikel aus Münzenbergs Feder erhielt auch das legendäre linke New-Yorker Magazin NEW MASSES. Auf fünfeinhalb Druckseiten beantwortete Münzenberg die Frage »Was kommt nach Hitler?« (Vgl. NEW MASSES, Nr. 5/1934 vom 31. Juli 1934, Seiten 12 bis 17.) Der Aufsatz zeigt, welche Illusionen über ein schnelles Ende der Hitler-Herrschaft Münzenberg nach dem 30. Juni 1934 hatte. Und es kann nicht verwundern, daß der Beitrag zu NEW MASSES den Anlaß bot zur (soweit wir sehen) einzigen Polemik gegen Münzenberg während seiner USA-Reise. Der Artikel »Münzenberg in einem Geflecht von Widersprüchen« erschien am 1. September 1934 in THE MILITANT, der Wochenzeitung der nordamerikanischen Freunde Leo Trotzkis. Der Aufsatz war nicht gezeichnet, stammte aber offensichtlich von einem Autor, der

sich in den Dingen der deutschen Arbeiterbewegung gut aus-
kannte. Er hielt Münzenberg Zitate aus dem Jahre 1932 vor,
um zu beweisen, daß Stalin und die KPD-Führung mit der
Politik des Kampfes gegen den »Sozialfaschismus« der SPD
die Machtergreifung des Hitler-Faschismus begünstigten
und folglich für die Niederlage der deutschen Arbeiterbewegung mitverantwortlich sind. Der MILITANT-Artikel gegen
Münzenberg schloß mit der Feststellung: »Während der
Weltkongreß der Komintern – so er überhaupt stattfindet –
darauf angewiesen ist, den kriminellen Betrug an den deutschen Arbeitern zu verschleiern, werden die Arbeiter von
New York und der ganzen Welt bald ihre Antwort geben der
Stalintern – dem Organisator von Niederlagen.« (Vgl.
Muenzenberg in a Web Of Contradictions. In: THE MILI-
TANT vom 1. September 1934, Seite 3.) Es ist nicht ausge-
schlossen, daß Leo Trotzki selbst den Artikel im MILITANT
geschrieben hat. Und da die Polemik Münzenberg gewiß in
Paris unter die Augen gekommen ist, dürfte sie seine ableh-
nende Haltung zu Trotzki und dessen Anhängern zunächst
noch verhärtet haben.

39 Die Korrespondenzen im GEGEN-ANGRIFF über Münzenbergs Kampf um Thälmanns Befreiung in den USA verraten Münzenbergs »Handschrift« – zumindest die Kern-
sätze der Berichte entsprechen dem politisch pointierten,
hämmernden, aber trotz aller Emotionalität rational treffen-
den Stil Willi Münzenbergs. Ein Spezialkorrespondent des
GEGEN-ANGRIFF ist auch in der Reisegruppe bzw. in
ihrem Umfeld kaum auszumachen. Und zu befürchten
bleibt, daß gewisse Überzeichnungen der Rolle Münzenbergs in den Berichten durch pure Nachlässigkeit des Pariser
Redakteurs entstanden sind, der sich natürlich nachträglich
damit herausreden konnte, ihm habe es nicht zugestanden,
die Kabeltelegramme seines »Herausgebers« zu »zensurie-
ren«.

40 Earl Browder (1891 bis 1973) und Willi Münzenberg schätzten einander. Browder, zu der Zeit auch »Kandidat des Präsidiums des EKKI«, geriet dann (wie Münzenberg) bald mehr
und mehr in Kollision mit der Moskauer Kominternführung,

wurde als »Revisionist und Renegat« diffamiert und 1946 aus der KPUSA ausgeschlossen. Im Prager Slánský-Prozeß 1952 belastete André Simone sowohl Slánský als auch (indirekt) Browder, indem er »gestand«, Slánský habe sich besonders für »die Affäre des gewesenen Generalsekretärs der Kommunistischen Partei der Vereinigten Staaten, Browder, der i.J. 1944 als Verräter und Feind des werktätigen Volkes entlarvt wurde, weil er die Kommunistische Partei der Vereinigten Staaten auflöste«, interessiert. Der »Logik« der Vorwürfe gegen Browder zufolge hätte auch Stalin als »trotzkistischer Verräter« aus seiner Partei ausgeschlossen werden müssen, weil er am 22. Mai 1943 die ganze Kommunistische Internationale auflösen ließ. Vgl. Prozess gegen die Leitung des staatsfeindlichen Verschwörerzentrums mit Rudolf Slánský an der Spitze, a. a. O., Seiten 262/263.

41 »5 Versammlungen an einem Tag« – das war nicht übertrieben, wenn man den Veranstaltungskalender im DAILY WORKER vom 21. Juli 1934 anschaut. Nachdem Münzenberg, Rosenfeld und der britische Labour-Politiker Aneurin Bevan vom 21. bis 26. Juli u. a. in Cleveland, Milwaukee und Chicago täglich jeweils mehrere Veranstaltungen bestritten hatten, trennte sich das Trio: Während Münzenberg zum großen Abschiedsmeeting am 27. Juli nach New York zurückfuhr, begaben sich Rosenfeld und Bevan auf eine »Western Tour« – St. Louis (27. Juli), Kansas City (28. Juli), Denver (30. Juli), Los Angeles (2. und 3. August), San Francisco (4. und 5. August), Portland/Oregon (7. August), Seattle (8. August), dann ein Abstecher nach Kanada und zurück über Minneapolis, St. Paul und eine Anzahl weiterer Städte.

42 Vgl. Hiesige Kommunisten klagen Hitler an. In: NEW YORK TIMES vom 28. Juli 1934, Seite 3, sowie Gruss dem Weltkongress der Frauen gegen Krieg und Faschismus! In: DER GEGEN-ANGRIFF vom 2. August 1934, Seite 3 (Band 2 der Reprint-Ausgabe), sowie Hitler interveniert/Ein offizieller Schritt in Washington gegen die Versammlungstournee von Willi Münzenberg. In: DER GEGEN-ANGRIFF vom 9. (und 3.!) August 1934, letzte Seite (Band 2 der Reprint-Ausgabe).

272

43 Babette Gross, a. a. O., Seite 281.

44 Vgl. Willi Münzenberg: USA in Front – Die Aktion für die Befreiung Thälmanns wird in Amerika zu einer Volksbewegung. In: DER GEGEN-ANGRIFF vom 23./26. August 1934, Seite 8 (Band 2 der Reprint-Ausgabe); Münzenberg nennt in seinem Bilanzartikel Namen der Unterzeichner.

45 Vgl. Gustav Regler, a. a. O., Seite 221.

46 Vgl. PRAWDA vom 2. Juli 1934, zitiert in: DER GEGEN-ANGRIFF vom 12./15. Juli 1934 (Band 2 der Reprint-Ausgabe) sowie die in der gleichen Ausgabe des GEGEN-ANGRIFF abgedruckte Erklärung des ZK der KPD: »Rätedeutschland wird sozialistische Ordnung schaffen«.

47 Kurt Sauerland (1905 bis 1938) hatte es beispielsweise für richtig gehalten, in sein 1932 in Münzenbergs NEUEM DEUTSCHEN VERLAG erschienenes Buch »Der dialektische Materialismus« die eilfertige Floskel aufzunehmen, er versuche, »die Anweisungen Stalins« (in dessen Brief »Zu einigen Fragen der Geschichte des Bolschewismus« vom Herbst 1931) »auf dem Gebiete des dialektischen Materialismus anzuwenden« – vgl. Rudolf Feistmann: Der Brief Stalins und die Kampfaufgaben der dialektischen Materialisten. In: DER ROTE AUFBAU, Heft 12/1932 vom 15. Juni 1932, Seiten 554 ff. Sauerland wie Feistmann fielen später dem Stalin-Terror zum Opfer. »Der Brief Stalins« aber, der den »Kampf gegen den Luxemburgismus« einleitete, ist bis heute nicht in aller Entschiedenheit als unmarxistische und diffamierende Einmischung in die Angelegenheiten der deutschen Arbeiterbewegung zurückgewiesen worden.

48 Vgl. die Polemik im GEGEN-ANGRIFF vom 24. Dezember 1933, Seite 4, vom 31. Dezember 1933, Seite 4, vom 7. Januar 1934, Seite 6, und in zahlreichen weiteren Ausgaben (Band 1 der Reprint-Ausgabe).

49 Babette Gross, a. a. O., Seite 282.

50 Vgl. Margarete Buber-Neumann: Kriegsschauplätze der Weltrevolution/Ein Bericht aus der Praxis der Komintern 1919–1943, Stuttgart 1967, Seite 244 ff. Margarete Buber-Neumann gehörte zu jenen Kommunisten, die nach dem Abschluß des Deutsch-Sowjetischen-Nichtangriffsvertrages

vom 23./24. August 1939 an Hitler-Deutschland ausgeliefert wurden; am 3. Februar 1940 vollzog sich die Übergabe, die sie aus dem Straflager Stalins in das KZ Hitlers brachte (vgl. ebenda, Seite 489).

51 Vgl. etwa DER GEGEN-ANGRIFF vom 19. Dezember 1934, der auf Seite 6 einen größeren Artikel »Der Mordversuch an Heinz Neumann/Ein Unschuldiger soll den Henkern des Dritten Reiches ausgeliefert werden« brachte, oder Fritz Heckert: Heinz Neumann in Todesgefahr. In: DIE ARBEITERZEITUNG, Saarbrücken vom 18. Dezember 1934, Seite 6.

52 Vgl. Walter Wimmer: ... unter falschen Anschuldigungen verhaftet/Zum Schicksal deutscher Kommunisten im sowjetischen Exil. In: NEUES DEUTSCHLAND vom 2./3. Dezember 1989, Seite 13.

53 Zum Fall Kirow, dessen Ermordung Stalin zum Vorwand der nachfolgenden Massenrepressalien diente, vgl. Chruschtschows Geheimrede auf dem XX. Parteitag der KPdSU am 25. Februar 1956 in: SED und Stalinismus/Dokumente aus dem Jahre 1956, Berlin 1990, Seiten 23 ff., sowie N. S. Chruschtschow: Schlußwort zur Diskussion über Rechenschaftsbericht und Programmentwurf (auf dem XXII. Parteitag der KPdSU). In: NEUES DEUTSCHLAND vom 29. Oktober 1961. Eine Übersicht über das Schicksal der auf dem XVII. Parteitag der KPdSU(B) 1934 gewählten Mitglieder und Kandidaten des ZK der KPdSU(B) veröffentlichte MOSKOWSKI NOWOSTI am 10. Juli 1988, Seite 16.

1935: Danton vom Tusch übertönt

1 Herbert Wehner: Zeugnis..., a. a. O., Seiten 171/172.

2 Vgl. Gustav Regler: Das Ohr des Malchus..., a. a. O., Seite 310.

3 Der schöne alte Gasthof »Stiefel« existiert bis heute in Saarbrückens Zentrum, das sich 1985, fünf Jahrzehnte nach der Abstimmung vom 13. Januar 1935, ungemein anziehend ausnahm und dessen ästhetisch wie ökologisch gelungene Rekonstruktion mit dem Namen Oskar Lafontaine, seinerzeit Oberbürgermeister der Stadt, verbunden bleiben wird.

4 Gustav Regler, a. a. O.

5 Vgl. bei Ralph Schock: Haltet die Saar, Genossen! Antifaschistische Schriftsteller im Abstimmungskampf 1935, Berlin/ Bonn 1984, Seite 15.

Eine aufschlußreiche Karte des Saargebietes mit den Abstimmungsergebnissen der einzelnen Wahlkreise ist abgebildet in dem Katalog: Erinnerungsarbeit/Die Saar '33–'35/ Ausstellung zur 50jährigen Wiederkehr der Saarabstimmung vom 13. Januar 1935, Saarbrücken/St. Ingbert 1985, Seite 8.

6 Gustav Regler, a. a. O.

7 Vgl. ebenda, Seite 223.

8 Vgl. Gustav Regler: Im Kreuzfeuer/Ein Saar-Roman. Neudruck in der FISCHER-Taschenbuch-Reihe »Verboten und verbrannt/Exil«, Frankfurt am Main 1986.

Die Erstausgabe erschien Ende Juni/Anfang Juli 1934 in Münzenbergs EDITIONS DU CARREFOUR in Paris (Anzeige im GEGEN-ANGRIFF vom 23. Juni 1934); das Buch »jetzt zu lesen«, empfahl eine große Verlagsanzeige im GEGEN-ANGRIFF vom 28. November 1934. Schon das Erstererscheinungsdatum (vor dem Einheitsfront-Abkommen zwischen KPD/Saar und SPD/Saar vom 2. Juli 1934) läßt das vermuten, was ein Blick ins Buch bestätigt: Reglers Polit-Roman ist nicht frei von jenen sektiererischen »Wahrheiten«, die nach dem 2. Juli 1934 neuen »Wahrheiten« wichen (vgl. Anmerkung 11).

9 Gustav Regler: Das Ohr des Malchus…, a. a. O., Seite 311.

Ob L. M. Kaganowitsch (Jahrgang 1893), von 1924 bis 1957 Mitglied des ZK der KPdSU und Vertrauter Stalins, mit Regler doch noch ein Fest gefeiert hat, ist nicht bekannt, aber unwahrscheinlich, da Regler wegen eines Buches über Ignatius von Loyola (etwa 1491 bis 1556; Begründer des Jesuitenordens) mit L. B. Kamenew (1883 bis 1936), dem Kampfgefährten Lenins, zusammenarbeitete; und Kamenew wurde während Reglers nächstem längerem Aufenthalt in Moskau ab Frühsommer 1936 verhaftet, vor Gericht gestellt, zum Tode verurteilt und hingerichtet – vgl. Gustav Regler, a. a. O., Seiten 311 bis 358 (aber auch unser Kapitel: »1936: Monströses aus Moskau«).

10 Vgl. Ralph Schock, a. a. O., Seite 16. Zum Thema Nazi-KZ im Saarland vgl. Raja Bernard/Dietmar Renger: Neue Bremm/Ein KZ in Saarbrücken. Mit einem Vorwort von Oskar Lafontaine, Frankfurt am Main 1984.

11 Gustav Regler, a. a. O., Seite 305.

12 Die Formel »Rätedeutschland« bzw. »Sowjetdeutschland« war als KPD-Zielvorstellung allgemein verbreitet, und noch auf der XIII. Tagung des EKKI im Dezember 1933 gab Wilhelm Pieck die »feste Versicherung« ab, die KPD werde alle ihre Kräfte einsetzen für die Aufgabe, »die Fristen der faschistischen Diktatur in Deutschland beschleunigt abzukürzen und im industriellen Herzen Europas das Banner der Rätemacht aufzurichten« – vgl. Wilhelm Pieck: XIII. Plenum des EKKI/Dezember 1933/Wir kämpfen für ein Rätedeutschland/Der revolutionäre Kampf der deutschen Arbeiterklasse unter Führung der Kommunistischen Partei Deutschlands gegen die faschistische Diktatur/Bericht über die Tätigkeit der Kommunistischen Partei Deutschlands, Moskau/Leningrad 1934, Seite 75.
Solange die KPD-Führung an der Illusion des schnellen Sturzes Hitlers und der baldigen revolutionären Schaffung »Rätedeutschlands« festhielt, war die Formel von der »Roten Saar im roten Rätedeutschland« logisch folgerichtig, wenn auch nicht minder illusionär und sektiererisch. Es macht daher wenig Sinn, darüber zu spekulieren, wer der extremste Verfechter bzw. »Einpeitscher« der illusionären Saar-Losung gewesen ist: Ulbricht, Wehner, Otto Niebergall oder Paul Lorenz von der KPD/Saar (vgl. Luitwin Bies: Klassenkampf an der Saar 1919–1935/Die KPD im Saargebiet im Ringen um die soziale und nationale Befreiung des Volkes, Frankfurt am Main 1978, Seiten 72/73). Vielleicht mit Ausnahme von Münzenberg, der schon 1933 nicht an ein schnelles Ende Hitlers glauben konnte, haben alle Kommunisten an der Saar zunächst mehr oder weniger nachdrücklich für den Anschluß an ein »Rätedeutschland« plädiert.

13 Vgl. Max Braun: Major Hennessy. Abgedruckt bei Ralph Schock, a. a. O., Seiten 185 bis 189. Der britische Major Hennessy war in der letzten Phase des Saarkampfes Polizeichef

276

der Völkerbundregierung, dessen ordnungs- und sicherheitspolitische Entscheidungen die Nazis auffällig begünstigten; während der Major sich von Gräfin Vera Roedern, offensichtlich eine talentierte Nazi-Agentin, verwöhnen ließ, konnten von ihm gedeckte Nazis durch einen Kellergang an die zentral gesammelten Wahlurnen im Saarbrücker Haus »Wartburg«, wo sechzehn Stunden Zeit zum Austauschen von Urnen gewesen wäre. Max Brauns Wahlfälschungsvermutungen sind nie bestätigt, aber auch nie widerlegt worden.

14 Vgl. PRAWDA vom 16. Januar 1935, deutsch abgedruckt in: RUNDSCHAU ÜBER POLITIK, WIRTSCHAFT UND ARBEITERBEWEGUNG, Basel, Nr. 3/1935 vom 17. Januar 1935, Seiten 123/124.

15 Vgl. Ernst Bayer (Alexander Abusch): Die Saar»abstimmung« der Reichstagsbrandstifter. In: RUNDSCHAU ÜBER POLITIK..., Nr. 4/1935 vom 24. Januar 1935, Seiten 190 ff.

Wenn souveräne Selbstkritik ein Gütezeichen für Memoiren ist, dann haben Abuschs Erinnerungen (vgl. Der Deckname/Memoiren, a. a. O., Seite 373) nicht den höchsten Qualitätsstandard erreicht; Abusch nennt seinen RUNDSCHAU-Beitrag vom 24. Januar 1935 rückblickend »den analytischen Artikel für die Baseler ›Rundschau‹, den Genosse Alpári zur Information der internationalen Öffentlichkeit dringlich von mir angefordert hatte«, zitiert aber aus dem so bedeutenden Aufsatz nicht einen Satz, geschweige denn die Wendung von der »Trunkenheit der Massen«. Vergleicht man etwa mit Abuschs RUNDSCHAU-Abhandlung den sehr viel kürzeren, schlichteren, aber informativeren und insofern analytisch anregenderen Beitrag von Theodor Balk: Für diese Niederlage war ich nicht verantwortlich. Abgedruckt bei Ralph Schock, a. a. O., Seiten 261/262, so fällt wieder einmal auf, daß eigenständiges Denken die souveräne Selbstkritik ungemein erleichtert.

Vgl. auch Hier spricht die Saar/Ein Land wird interviewt von Theodor Balk. Mit einem Nachwort von Ralph Schock, neu gedruckt, St. Ingbert 1984. Dieser im Stil der Neuen Sachlichkeit geschriebene Reportagenband war Ende 1934

277

im RING-VERLAG, Zürich, zuerst erschienen. Der Band war indes in der Saarbrücker sozialdemokratischen Druckerei der VOLKSSTIMME in kürzester Zeit hergestellt worden (in vier bis sechs Wochen); mehrere Zeitungen druckten Auszüge aus dem Buch, das auch heute noch solide soziologisch-psychologische Einblicke gibt in die Stimmungen »der Szene«, beispielsweise in die Gerüchtetechnologie, mit der die Nazis die Rentner an der Saar um ihre Renten fürchten ließen für den Fall, daß der Anschluß an Nazideutschland nicht erfolge (vgl. ebenda, Seiten 72 ff).

16 Als Ende des vorigen Jahrhunderts die sogenannte Psychologie der Massen entstand (vgl. vor allem Scipio Sighele: Die verbrecherische Masse, 1892; Gabriel Tarde: Die soziale Logik, 1894; Gustave Le Bon: Psychologie der Massen, 1895), wurde sie von den Theoretikern der deutschen Sozialdemokratie zumeist ignoriert. Eduard Bernstein immerhin setzte sich mit Sigheles »Psychologie des Auflaufs und der Massenverbrechen« auseinander (vgl. Eduard Bernstein: Die Menge und das Verbrechen. In: DIE NEUE ZEIT, Heft 8/ 1897/98, Seiten 229 bis 237), allerdings nur derart, daß er die organisierte Arbeiterbewegung als Massenbewegung gegen den Vorwurf verteidigte, ihre Streiks und Demonstrationen folgten den gleichen unberechenbaren Verhaltensmustern wie die eines gewöhnlichen Auflaufs. Karl Kautskys NEUE ZEIT-Redaktion hielt sogar für nötig, Bernsteins diesbezügliche Bemerkungen mit einer schulmeisterlichen Fußnote zu unterstreichen (ebenda, Seite 235). Was aber selbst Bernstein völlig übersah, waren die bei allen drei Massenpsychologen – Le Bon (1841 bis 1931), Sighele (1868 bis 1913) und Tarde (1834 bis 1904) – entwickelten Denkansätze hinsichtlich der tiefenpsychologischen Manipulierbarkeit von Menschen. Und auch als die Psychoanalyse Sigmund Freuds (1856 bis 1939) nähere Einblicke gab in unbewußte menschliche Regungen, blieben die meisten Theoretiker sowohl der SPD als auch der KPD bei dem eher schlichten Credo: Wir wollen nicht manipulieren, sondern überzeugen, deshalb haben wir damit nichts zu tun. Erst die extreme massenhafte Manipulation großer deutscher Bevölkerungskreise durch

die Nazipropaganda mit ihren Appellen an niederste Instinkte
brachte einzelne sozialistische Theoretiker zu der Einsicht,
daß man die Psychologie der Verführbarkeit kennen muß,
um massenhafte Verführungen verhindern zu können. In den
sechziger Jahren gab es in der DDR Versuche, das Psycholo-
gie-Defizit abzubauen, doch noch im Frühjahr 1989 wurde in
der Agitationskommission des ZK der SED vor versammelten Chefredakteuren kategorisch erklärt: »Wir brauchen für
unsere Medien keine Psychologie; für uns ist die politische
Linie der Parteiführung maßgebend.« (Zitiert aus einem Notizbuch des Verfassers.)

17 Vgl. Willi Münzenberg: Propaganda als Waffe, 9. Sonderband der Jahresreihe 1937/274. Band der UNIVERSUM
BÜCHEREI, (Copyright by EDITIONS DU CARRE-
FOUR), Basel 1937; ferner Wilhelm Reich: Die Massenpsy-
chologie des Faschismus, Köln/Berlin 1971 (eine englische
Ausgabe war 1933/34 erschienen, allerdings im Eigenver-
lag!); ferner Alice Rühle-Gerstel: Freud und Adler/Elemen-
tare Einführung in Psychoanalyse und Individualpsycholo-
gie, Dresden 1928.
Die drei deutschen Kommunisten Rühle-Gerstel (1894 bis
1943), Reich (1897 bis 1957) und Münzenberg (1889 bis
1940) wurden wegen ihrer psychologisch orientierten Bücher
von KPD-Theoretikern gleichermaßen ideologisch verdächtigt, alle drei wurden in der Verbreitung ihrer auf Neuerung
zielenden Gedanken behindert und schließlich aus der Partei
ausgeschlossen, alle drei erlitten einen tragischen Tod.

18 Ernst Bloch, der große marxistische Philosoph, hat in seinem
literarisch blendenden Hauptwerk »Das Prinzip Hoffnung«
(drei Bände, zuerst Berlin 1954/1959) den bislang geistig
schlüssigsten Versuch unternommen, moderne psychologische Einsichten zur Vertiefung des Marxschen Menschenbil-
des heranzuziehen, beispielsweise im Begriff des »antizipato-
rischen Bewußtseins« (vorausschauendes, vorausahnendes
und traumhaft vorwegnehmendes Bewußtsein und Unterbewußtsein – das »Noch-nicht-Bewußte«) oder in seiner histo-
risch-dialektisch aufgefaßten Theorie der wechselnden
Grundtriebe und Grundbedürfnisse, derzufolge die erfüllten

Triebe und Bedürfnisse für das Glücksempfinden an Bedeutung verlieren, dieweil die unerfüllten wichtiger werden. Man hätte es bei Ernst Bloch lesen können, daß soziale Sicherheit – so wichtig sie ist, wenn sie vermißt wird – nicht als Entschuldigung für eingeschränkte Reisefreiheit herangezogen werden kann.

19 Interessante Ansätze dazu bietet zweifellos Gerhard Paul: »Deutsche Mutter – heim zu Dir«/Oder warum es mißlang, Hitler an der Saar zu schlagen/Der Saarkampf 1933–1935, Köln 1984.

20 Das zeigt eindrucksvoll der Sammelband von Ralph Schock: Haltet die Saar, Genossen!..., a. a. O., – Fast alle linken Literaten waren damals an der Saar.

21 Zitiert nach ebenda, Seiten 57 bis 59.

22 Babette Gross, a. a. O., Seite 285.

23 Vgl. Meldung des Geheimen Staatspolizeiamts. Berlin, den 14. Juli 1933, IfGA/ZPA, St 3/132, Blätter 30 bis 34.

24 Vgl. die Briefe und Berichte in IfGA/ZPA, St 3/760, Blätter 155, 157, 159, 160, 163.

25 IfGA/ZPA, St 3/132, Blätter 33 und 34.

26 Vgl. Babette Gross, a. a. O., sowie Internationale Arbeiterhilfe/Das proletarische Kinderhilfswerk der Internationalen Arbeiterhilfe an der Saar/Von Paula. In: RUNDSCHAU ÜBER POLITIK..., Nr. 3/1935 vom 17. Januar 1935, Seiten 150/151.

27 Das ist zumindest für die beliebten Erich-Weinert-Abende verbürgt (vgl. Ralph Schock: Haltet die Saar, Genossen!..., a. a. O., Seite 21), bei denen zwischen den vom Dichter vorgetragenen politischen Versen regelmäßig »ein Redner für den Eintritt in die IAH« warb. Erich Weinert (1890 bis 1953) war einer der aktivsten und wirksamsten Künstler im Saarkampf, der mit seiner gekonnten und zündenden politischen Gebrauchslyrik schon 1933 in den Saar-Ring gestiegen war und daher in seinen Liedern und Gedichten auch den politischen Kurswechsel der KPD 1934 poetisch zu bewältigen hatte; so lautet der Refrain des vor dem Einheitsfrontabkommen entstandenen Poems »Das rote Saarlied«: »Nehmt den Hammer und die Sichel zur Hand!/Macht die Befreiung wahr!/Und

schafft im roten deutschen Räteland/Eine freie, rote Saar!«
bzw. ».../Und schafft ein rotes deutsches Räteland, eine freie
rote Saar.« (Vgl. ebenda, Seiten 162, 22 und 23.)

28 Vgl. Babette Gross, a. a. O., Seite 287. »Als das russische ZK
die Liquidation beschloß«, heißt es da etwas vage – in bezug
auf das Moskauer Büro der IAH bzw. die ganze IAH-Orga-
nisation –, »nahm er (Münzenberg) diesen Beschluß zwar
hin, empfand ihn aber als persönlichen Prestigeverlust.« Als
Babette Gross 1966/67 ihre Erinnerungen an Münzenberg
festhielt, lagen die Memoiren des von der Komintern bestall-
ten IAH-Liquidators Karl Hofmaier noch nicht vor, die
etwas mehr Licht in die beschämenden Vorgänge bringen
(vgl. Anmerkung 57).

29 Zitiert nach Ralph Schock, a. a. O., Seite 109.

30 Vgl. Willi Münzenberg: Propaganda als Waffe, a. a. O., Seite
239.

31 Außer Gustav Regler waren auch Arthur Koestler, Alexander Abusch und André Simone auf Münzenbergs direkten
Wunsch an die Saar gegangen. – Da sowohl die Protokolle
der Übergabe der IAH-Vermögen an die Parteien der einzelnen Länder bzw. an die Internationale ROTE HILFE (Ende
1935) als auch die ausführlichen »Abschlußberichte, Bilan-
zen und Abrechnungen«, die Münzenberg ein Jahr später für
alle ihm noch »unterstehenden« Komitees, Redaktionen und
Verlage anfertigen ließ und der Komintern übergab (vgl. Babette Gross, a. a. O., Seite 302), bisher nicht gefunden wurden, liegen die Finanzierungsgrundsätze der seinerzeitigen
politischen Kampagnen noch weitgehend im dunkeln, was
übrigens nicht nur für die kommunistisch initiierten/gelenk-
ten Kampagnen zutrifft.

32 Gustav Regler: Das Ohr des Malchus..., a. a. O., Seiten 309/
310.

33 Der Komintern-Kassenbericht wurde als Anhang zum Bericht der Internationalen Kontrollkommission der Komintern für die Jahre 1928 bis 1934 vor dem VII. Weltkongreß für
dessen Delegierte veröffentlicht – vgl. Die Kommunistische
Internationale vor dem VII. Weltkongreß/Materialien, Mos-
kau/Leningrad 1935, Seiten 714 bis 718.

Der Beschluß, mit dem der VII. Weltkongreß der Komintern »den Kassenbericht für die Zeit vom VI. bis zum VII. Weltkongreß der Kommunistischen Internationale« bestätigte, ist abgedruckt in: VII. Weltkongress der Kommunistischen Internationale/Resolutionen und Beschlüsse, Moskau/Leningrad 1935, Seite 8.

34 Vgl. Heinz Sommer: Im Zeichen der Solidarität/Bibliographie von Veröffentlichungen der Internationalen Arbeiterhilfe in Deutschland 1921–1933, Berlin 1986. Diese bislang umfassendste Übersicht über das Schrifttum der IAH gibt auch das bisher vollständigste Register jener Personen, die Münzenberg bei der Entstehung und Entwicklung der IAH so oder so unterstützten.

Vgl. auch Willi Münzenberg: Solidarität/Zehn Jahre Internationale Arbeiterhilfe 1921–1931, Berlin 1931. Dieser 528 Seiten mit zahlreichen Abbildungen umfassende Bericht, obschon uneinheitlich im Stil und nicht ohne Überschneidungen, ist ein einmaliges kulturgeschichtliches Dokument, das es verdienen würde, in dieser reprintreichen Zeit wenigstens für die Bibliotheken reproduziert zu werden; wurde es doch am 10. Mai 1933 auf die Scheiterhaufen der Nazis geworfen und fand nach 1945 auch nicht die Aufmerksamkeit, die ihm gebührt hätte.

35 DER GEGEN-ANGRIFF vom 1. Juni 1935, Band 3 der Reprintausgabe, a. a. O.

Münzenbergs Artikel, der auch in der RUNDSCHAU ÜBER POLITIK..., Nr. 25/1935, Seiten 1258 ff., erschien, muß damals so großes Aufsehen erregt haben, daß er Bruno Frei noch nach Jahrzehnten fest im Gedächtnis geblieben war – vgl. Bruno Frei: Der Papiersäbel..., a. a. O., Seite 178.

Hier ist auch anzumerken, daß Babette Gross sich in ihren Erinnerungen (a. a. O., Seite 287) getäuscht haben muß, wenn sie meint, Münzenberg habe sich nach 1933 von der Arbeit für die IAH zurückgezogen. Ein Blick in die Reprintbände des GEGEN-ANGRIFF (die Babette Gross 1967 noch nicht zur Verfügung stehen konnten) oder in die Jahresinhaltsverzeichnisse der Baseler RUNDSCHAU (die auch sehr selten geworden ist) zeigt, daß Münzenberg mehr oder weniger regelmäßig zu allen wichtigen IAH-Aktivitäten öffentlich Stellung nahm. Mag sein, daß er die organisatorisch-administrative Arbeit in stärkerem Maße als in Berlin vor 1933 anderen Personen überließ, doch auch das kann für die Jahre 1933 bis 1935 nicht generell gelten – die Organisation des Solidaritätstages 1935 trägt eindeutig Münzenbergs souveräne politische Handschrift.

36 Vgl. DER GEGEN-ANGRIFF vom 26. Mai 1935. Dort wird berichtet, daß die sowjetischen Gewerkschaften »gemeinsam mit der Vertretung des ZK der IAH in der UdSSR« in »sämtlichen Industriegebieten Versammlungen und Kundgebungen internationalen Charakters abhalten«. In Swerdlowsk habe am 7. und 8. April »eine Konferenz der Betriebe der Metallindustrie des Ostens« stattgefunden, »die sich eingehend mit der Vorbereitung des diesjährigen Solidaritätstages befaßte«. Ein von der amerikanischen IAH gestiftetes Ehrenbanner, so sei dort beschlossen worden, solle am Solidaritätstag dem Sieger im Wettbewerb überreicht werden. Es ist klar, daß solche »Versammlungen und Kundgebungen internationalen Charakters« nicht von allen politischen Kräften in der UdSSR mit traditionellem Wohlgefallen betrachtet wurden. Nachdem im Januar 1935 der erste Prozeß gegen das sogenannte Moskauer Zentrum stattgefunden hatte, in dem Sinowjew, Kamenew und andere ehemalige Lenin-Genossen der Beteiligung am Kirow-Mord verdächtigt wurden, begann sich eine Spionagefurcht im Lande auszubreiten, die sich zur Spionage- und Sabotage-Hysterie steigerte und in der auch Kommunisten aus anderen Ländern beargwöhnt wurden. Versammlungen »internationalen Charakters« waren spätestens von da ab dem stalinistischen Sicherheitsapparat suspekt. – Auf Sinowjew und die Prozesse gegen ihn wird ausführlicher zurückzukommen sein (vgl. unser Kapitel »1936: Monströses aus Moskau«).

37 Der GEGEN-ANGRIFF-Bericht über die Pariser Kundgebung stand als erste Aufmachung auf der Titelseite der Zeitung und hatte unmißverständliche Schlagzeilen: »Paris als Vorbild/Kommunisten, Sozialisten, Radikalsozialisten, zu

einer Solidaritätskundgebung vereinigt, fordern deutsche Einheitsfront gegen Hitler«. Die Konzeption der Kundgebung wie des Berichts über sie trägt insofern Münzenbergs Handschrift, als sie die Radikalsozialisten gleichberechtigt neben Kommunisten und Sozialisten stellt und damit bündnispolitisch über die Einheitsfront (worunter ein Bündnis von KPD und SPD verstanden wurde) hinausweist – zur Volksfront (in der neben den Arbeiterparteien auch bürgerliche Antifaschisten vertreten sein sollten). Bemerkenswert ist auch, daß im GEGEN-ANGRIFF-Bericht die Teilnahme der (damals »reformistisch« genannten) CGT-Gewerkschaften an der Solidaritätskundgebung hervorgehoben wird, obgleich das Pariser Gewerkschaftskartell im Januar 1935 entschieden gegen die Prozesse protestiert hatte, mit denen man in der Sowjetunion die vermeintlichen Kirow-Mörder überführen und verurteilen wollte. Der Pariser Gewerkschaftsprotest gegen die Todes- und Gefängnisurteile in der Sowjetunion führte dort zu heftigen Gegenprotesten auf Versammlungen und in der Presse, wobei man mit den französischen Gewerkschaften nicht zimperlich umging – vgl. die schlimmen Polemiken in der RUNDSCHAU ÜBER POLITIK..., Nr. 4/1935 vom 24. Januar 1935, Seiten 234 bis 236 (dort, Seite 236, ist auch das Urteil des ersten Sinowjew-Prozesses abgedruckt) sowie Nr. 5/1935 vom 31. Januar 1935, Seiten 280/281. Während die PRAWDA am 21. Januar 1935 die CGT-Führer »bezahlte Lakaien der Kapitalisten, Diener der Bourgeoisie, Feinde des Proletariats« und Verteidiger »der weißgardistischen Mörder« Kirows zu titulieren beliebte, vermerkte DER GEGEN-ANGRIFF am 29. Juni 1935 positiv, daß gerade diese Gewerkschaftsführer ihre Anhänger zur Teilnahme an der Massenkundgebung zum Solidaritätstag der IAH aufgerufen hatten – hier tat sich ein fundamentaler Widerspruch auf, der Münzenberg im kommenden Jahr in einen zunehmenden Dissens mit Moskau bringen sollte.

38 Der Verlauf des Kongresses und die wichtigen Reden sind weitgehend rekonstruiert in dem Band: Paris 1935/Erster Internationaler Schriftstellerkongreß zur Verteidigung der Kultur/Reden und Dokumente/Mit Materialien der Londoner

Schriftstellerkonferenz 1936. Einleitung und Anhang von Wolfgang Klein, Berlin 1982.

39 Vgl. Rosemarie Schumann: Amsterdam 1932/Der Weltkongreß gegen den imperialistischen Krieg, Berlin 1985. In dieser Monographie wurden Münzenbergs Verdienste erstmalig in der DDR-Literatur ausführlicher und ohne pauschale Verdikte gewürdigt.

40 Romain Rolland/Stefan Zweig: Briefwechsel 1910–1940. Zweiter Band 1924–1940, Berlin 1987, Seite 475.

41 Vgl. Paris 1935/Erster Internationaler Schriftstellerkongreß..., a.a.O., Seiten 9 bis 31.

42 Vgl. ebenda, Seite 471.

43 Ebenda, Seite 129. Bertold Brecht, der am gleichen Abend nach Gide sprach, trug durchaus eigenwillige Gedanken vor: Er thematisierte vor allem die Gefahr der Abstumpfung gegenüber dem Terror (»Wenn die Untat kommt, wie der Regen fällt, dann ruft niemand mehr halt.« – Ebenda, Seite 138), die Pflicht des Schriftstellers, den Erscheinungen des Inhumanen auf den Grund zu gehen (»Kameraden, denken wir nach über die Wurzel der Übel.« – Ebenda, Seite 140), sowie die humanistische Notwendigkeit, die überkommenen Eigentumsverhältnisse zu verändern (vgl. ebenda, Seiten 140/141), womit Brecht natürlich und absichtlich zur Polarisierung der auf dem Kongreß vereinten künstlerischen Kräfte beitrug. Durchaus problematisch war Brechts These, die faschistischen Greuel seien »zur Aufrechterhaltung der herrschenden Eigentumsverhältnisse« tatsächlich nötig (ebenda).

44 Vgl. André Gide: Retour de l'U.R.S.S., Paris 1936. Die Reisereportage »Zurück aus der UdSSR« fehlte in allen Gide-Ausgaben in der DDR – vgl. André Gide: Erzählungen, Berlin 1981, sowie André Gide: Die Falschmünzer, Berlin 1987 – dort, im Nachwort von Brigitte Sändig, wird Gides Enttäuschung von der UdSSR wenigstens angeschnitten (Seiten 386/387).

45 Vgl. Gustav Regler: Das Ohr des Malchus..., a.a.O., Seite 312. Reglers Angaben werden bestätigt in: Paris 1935/Erster Internationaler Schriftstellerkongreß..., a.a.O., Seite 497.

46 Vgl. Gustav Regler, ebenda, Seite 313. Anderen Quellen zu-

folge sollen die Kongreßteilnehmer beim Singen der Internationale sogar die Faust zum »Rot-Front«-Gruß erhoben haben (vgl. Annie Cohen-Solal: Sartre 1905–1980, Hamburg 1988, Seite 195). Was den Literaten vermutlich eher ein Ausdruck provokativer Emotionalität als ein ideologisches Bekenntnis war, konnte Gegnern des Kongresses natürlich als Argument gegen den Kongreß dienen. Als am 19. Februar 1933 in der Berliner Krolloper ein von namhaften deutschen Intellektuellen einberufener Kongreß »Das freie Wort« bald nach seiner Eröffnung vom »diensthabenden Kriminalbeamten« für aufgelöst erklärt worden war und die Teilnehmer darauf emotional reagiert hatten, war am nächsten Tag in der BERLINER BÖRSENZEITUNG (vom 20. Februar 1933) zu lesen gewesen: »Die anwesenden Intellektuellen veranstalteten einen ungeheuren Tumult und entfernten sich – es ist sehr bezeichnend (im Original ›bezeichend‹ – *H. W.*) für den von Olden (Dr. Rudolf Olden – *H. W.*) beschworenen Geist dieses Kongresses – unter Absingen der Internationale . . .« (Sperrung im Original).

47 Vgl. Egon Erwin Kisch: Landung in Australien. Band IV der Gesammelten Werke in Einzelausgaben, herausgegeben von Bode Uhse und Gisela Kisch, 3. Auflage, Berlin 1978. In dieser Ausgabe kann man nachlesen, wie Kisch seinen Freund Münzenberg gleichsam in die Weltliteratur einführte, mit einem herrlichen Jux nämlich, indem er schildert, wie bei der notariellen Identitätsfeststellung an Bord der STRATHAIRD eine Mrs. Arens bestätigt, sie kenne Kisch von einer Begegnung im Januar 1932 in Berlin »aus der Wohnung des Abgeordneten Münzenberg in der Friedrichstraße«, woraufhin Kisch sich (natürlich verabredungsgemäß!) dunkel erinnert: »Das ist ja Mrs. Arens, nicht wahr? Und er sei mit ihr in der Wohnung des Abgeordneten Willy Münzenberg in der Berliner Friedrichstraße beisammen gewesen... Unser Mann ist behördlich als derjenige agnosziert, der er wirklich ist, obwohl er ebensogut im Januar 1932 in Schanghai statt in Berlin gewesen sein könne und Herr Willy Münzenberg möglicherweise niemals in der Friedrichstraße gewohnt hat.« (Seiten 348/349.) Der Witz der ganzen Sache bestand darin,

daß die wahrhaftige Identifizierung mangels korrekter Möglichkeiten mit Hilfe einer abgesprochenen Falschaussage vor sich ging, die Kisch in seinem Australienbuch natürlich nicht offen zugeben konnte, weshalb er den »Abgeordneten Willy Münzenberg« notariell wie literarisch bemühte, von dem viele Kisch-Stammleser wußten, daß er tatsächlich nie in der Friedrichstraße gewohnt hatte. Um so absurder mußte deshalb die verlegerische Praxis erscheinen, aus dem Kisch-Text den Namen der »Unperson« Münzenberg zu entfernen. In der ersten DDR-Ausgabe von »Landung in Australien«, die 1948, nach Kischs Tod, im Aufbau-Verlag erschien, steht statt »Münzenberg« immer nur »M« (vgl. in der 1948er Ausgabe die Seite 55), was Müller und Meyer hätte bedeuten können, von denen es in der Friedrichstraße, wie überall in Deutschland, nur so wimmelte – ein Segen, daß Kisch diese Dummheit nicht mehr erleben mußte. Der Aufbau-Verlag blieb jahrelang bei seiner Praxis der Verballhornung Kischs und der Eliminierung Münzenbergs – vgl. die Ausgabe in der »Bibliothek fortschrittlicher deutscher Schriftsteller« (Leitung: Willi Bredel), Berlin 1950, Seite 55; ferner die Ausgabe Berlin 1951, Seite 53; auch die Ausgabe Berlin 1953, Seite 57. Es ist hier nicht der Raum festzustellen, in wieviel Tausenden von Exemplaren die »Landung in Australien« verballhornt unter die Leute gebracht wurde.

48 Vgl. Harald Wessel: Kein Glück hat Kisch bei launischen Ladys in Gottes eignem Land. In: Klaus Haupt/Harald Wessel: Kisch war hier..., a.a.O., Seite 246 der reich bebilderten »großen« Ausgabe und Seite 189 der Taschenbuch-Ausgabe.
Auf Seite 249 der reich illustrierten Ausgabe von »Kisch war hier« ist jene Karikatur von Gea Augsbourg reproduziert, die zum Pariser Kongreß in LA BETE NOIRE erschien und auf der 32 Kongreßteilnehmer dargestellt sind, wobei die Nummer 16 unbesetzt blieb. Sollte als Nummer 16 Münzenberg eingezeichnet werden? Und blieb er ausgespart, weil er nicht am Kongreß teilnahm? Kisch ist (mit Nr. 8) ganz prominent karikiert, im grimmigen Dialog mit Ilja Ehrenburg (Nr. 13), der zwei Hunde an der Leine hat, dieweil

sich Kisch wegen des australischen Beinbruchs auf einen Stock stützt.

49 Vgl. die Arbeiten in: Egon Erwin Kisch: Mein Leben für die Zeitung/1926–1947/Journalistische Texte 2. Band IX der Gesammelten Werke in Einzelausgaben, herausgegeben von Bode Uhse und Gisela Kisch/Fortgeführt von Fritz Hofmann und Josef Poláček, Berlin und Weimar 1983, Seiten 394 bis 412.

50 Vgl. Egon Erwin Kisch: André Gide macht kehrt. In: Mein Leben für die Zeitung..., a.a.O., Seiten 423 bis 427, sowie Egon Erwin Kisch: Ein Held unserer Zeit. In: Ebenda, Seite 462 bis 466.

Da Kischs »Landung in Australien« erst Ende 1936 in Druck ging, hat Kisch Münzenberg zu einem Zeitpunkt »in die Weltliteratur eingeführt«, als dessen Dissens mit der KPD-Führung schon ein offenes Geheimnis war. Und »Landung in Australien« erschien nicht in EDITIONS DU CARRE-FOUR Paris, sondern im Verlag ALLERT DE LANGE Amsterdam.

51 Vgl. Romain Rolland/Stefan Zweig: Briefwechsel..., a.a.O., Seite 603.

52 Vgl. Volkskommissariat für Justizwesen der UdSSR: Prozessbericht über die Strafsache des Antisowjetischen »Blocks der Rechten und Trotzkisten«/Verhandelt vor dem Militärkollegium des Obersten Gerichtshofes der UdSSR vom 2.–13. März 1938 gegen N.I.Bucharin, A.I.Rykow, G.G.Jagoda... Vollständiger stenographischer Bericht, Moskau 1938, Seite 626 (in deutscher Sprache).

53 Babette Gross, a.a.O., Seite 286.

54 Vgl. ebenda. Über den Zeitpunkt der Verhaftung Otto Ungers (1893 bei Halle geboren, 1912 Mitglied der SPD, 1919 KPD, Buchhändler und Leiter des von Münzenberg mitbegründeten Berliner Verlages JUNGE GARDE, nach 1933 in der UdSSR Leiter der VERLAGSGENOSSENSCHAFT AUSLÄNDISCHER ARBEITER) gibt es verschiedene Versionen: Während Babette Gross (ebenda) andeutet, Unger sei bereits 1935 verhaftet worden, nennt Hermann Weber (»Weiße Flecken« in der Geschichte/Die KPD-Opfer der Stalinschen Säuberungen und ihre Rehabilitierung. Erwei-

terte Neuauflage, Frankfurt am Main 1990, Seite 97) den November 1937 als Verhaftungstermin, der jüngst auch von sowjetischen Quellen bestätigt wurde – vgl. In den Fängen des NKWD/Deutsche Opfer des stalinistischen Terrors in der UdSSR. Herausgegeben vom Institut für Geschichte der Arbeiterbewegung Berlin, Berlin 1990. Seiten 242/243.

55 In den verschiedenen Broschüren und »Protokoll«-Bänden mit Referaten und Diskussionsbeiträgen vom VII. Weltkongreß der Komintern taucht Münzenberg nicht als Redner auf. Auch Babette Gross erwähnt eine etwaige Diskussionsrede nicht. Da genaue Listen mit den Klarnamen der Kongreßteilnehmer und der Kongreßredner bislang nicht zugänglich sind, läßt sich nur vermuten, daß Münzenberg auf dem Kongreß gesprochen hat. Münzenberg-Forscher haben denn auch (soweit wir sehen) nur gesprächsweise die Vermutung geäußert, der in einigen Berichten vom VII. Weltkongreß angeführte »Genosse Max (Deutschland)« sei mit Willi Münzenberg identisch. Da wir diese Vermutung teilen, sollen hier einige Gründe angeführt werden, die für solch eine Annahme sprechen.

Der mysteriöse »Genosse Max (Deutschland)« taucht bereits in der Baseler RUNDSCHAU ÜBER POLITIK..., Nr. 41/1935, vom 22. August 1935, Seite 1884, in einem Kurzbericht von der Vormittagssitzung des VII. Weltkongresses am 15. August 1935 auf. Dort wird als vierter Diskussionsredner dieses Vormittags »Max (Weltkomitee gegen Krieg und Faschismus)« aufgeführt. Da von Münzenbergs Weltkomitee kaum mehrere Vertreter am Moskauer Kongreß teilgenommen haben dürften, spricht der Hinweis auf das Weltkomitee dafür, daß »Max« als Deckname für Münzenberg eingesetzt wurde. Das entspräche der Geheimniskrämerei, die damals in der illegalen KPD üblich war, wenn auch nicht konsequent und im Falle Münzenbergs eher komisch als einleuchtend. Wieso, fragt man sich, wurde Münzenberg in den Presseberichten zum »Max«, dieweil Pieck mit seinem Klarnamen auftauchte? Ein Sinn könnte darin bestanden haben, den populären und international bekannten Münzenberg herunterzuspielen, indem man ihm Publizität unter seinem eigenen

Namen verweigerte und diese Weigerung mit den »Erfordernissen des illegalen Kampfes« begründete.

Laut RUNDSCHAU vom 22. August 1935 soll »Max« am 15. August dem Kongreß folgenden Vorschlag unterbreitet haben: »Um der demagogischen Expansionspropaganda (der Nazis – *H. W.*) entgegenzutreten, schlage ich vor, daß die kommunistischen Parteien aller jener Länder, in denen es deutschbevölkerte Gebiete gibt, die Initiative zur Bildung zentralisierter gemeinsamer Abwehrstellen gegen die Nazipropaganda ergreifen.« Der Vorschlag soll mit Beifall aufgenommen worden sein. Doch im »ausführlichen Bericht« der RUNDSCHAU über die Diskussionsreden des 15. August 1935 wird dem »Genossen Max (Deutschland)« zwar eine ganze Zeitungsseite eingeräumt, doch ohne Erwähnung des brisanten Vorschlages »zentralisierter gemeinsamer Abwehrstellen gegen die Nazipropaganda« und auch ohne den Namenszusatz »Weltkomitee gegen Krieg und Faschismus« (vgl. RUNDSCHAU, Nr. 72/35 vom 11. Dezember 1935, Seiten 2781 und 2782). Da es in der Sowjetunion damals »deutschbevölkerte Gebiete« mit eigener Administration gab, die in »Maxens« Vorschlag nicht ausgenommen waren, müssen Moskauer Stellen antifaschistische »Reinredereien« befürchtet und die Initiative von »Max (Weltkomitee gegen Krieg und Faschismus)« bzw. »Max (Deutschland)« zurückgewiesen und aus der ausführlicheren Veröffentlichung der Rede gestrichen haben.

Spricht schon die Kühnheit des Max-Vorschlages für einen Urheber vom Format Willi Münzenbergs, so erhärtet sich die Vermutung, Max sei mit Münzenberg identisch, wenn man die in der RUNDSCHAU veröffentlichten Gedanken der Max-Rede mit bestimmten Argumentationslinien in Münzenbergs Buch »Propaganda als Waffe« vergleicht. Es ist hier nicht der Raum, die Übereinstimmungen von Gedankengängen, Begriffsbildungen und Zitaten in der Max-Rede vom 15. August 1935 und dem Münzenberg-Buch von 1937 detailliert vorzuführen. Sie sind frappierend. So geht Max 1935 bereits auf jene internen Analysen des »Psychologischen Laboratoriums« der Deutschen Wehrmacht ein, die in

»Propaganda als Waffe« eine entscheidende Rolle spielen (vgl. unser Kapitel »1937: Ein Herz für Propaganda?«).

56 Vgl. etwa die »Telegraphischen Tagungsberichte« in der RUNDSCHAU ÜBER POLITIK..., Nr. 34 bis 43/1935. »Ovationen« mit Tusch wurden nicht nur Stalin, sondern auch anderen Komintern-Funktionären zuteil, allerdings in abgeschwächter Form, so daß der Kult um Stalin mit einem Phonometer genau hätte gemessen werden können.

57 Vgl. die »Kurzbiographie Pjatnitzkis« bei Karl Hofmaier: Memoiren eines Schweizer Kommunisten..., a.a.O., Seiten 31/32.

58 Vgl. ebenda, Seiten 76 bis 78. Hofmaier berichtet dort, er habe »nach Abschluß des Kongresses« »im Einverständnis mit Willy Münzenberg« die Tätigkeit der Moskauer IAH »auf Anfang November« definitiv abgeschlossen, was nicht heißen muß, daß Münzenberg »nach Abschluß des Kongresses« oder gar noch Anfang November in Moskau anwesend gewesen ist; das »Einverständnis mit Willy Münzenberg« kann auch während des VII. Weltkongresses erzielt worden sein. Im November dann, so Hofmaier weiter, sei er nach Paris gereist, »um mit Willy Münzenberg die Überführung der einzelnen nationalen Sektionen der IAH in die entsprechenden Kommunistischen Parteien in die Wege zu leiten«, wobei er Münzenberg geholfen habe, den IAH-Verlag EDITIONS DU CARREFOUR von der Übergabe an die französische Partei auszunehmen und damit Münzenberg zu erhalten. Natürlich war die Übergabe der IAH-Sektionen an die einzelnen kommunistischen Parteien politisch reinstes Sektierertum, das den Beschlüssen des VII. Weltkongresses diametral widersprach. Die Idee der internationalen Solidarität und damit ein wesentliches Element des sozialistischen Humanismus in der kommunistischen Bewegung wurden ihrer bis dahin effektivsten Organisation beraubt – aus reinen machtpolitischen Erwägungen, um Münzenbergs eigenständigen »internationalen Verbindungsapparat« zu »liquidieren«, wie es wörtlich in einer »streng vertraulichen« Stellungnahme der Moskauer KPD-Führung an »den Generalsekretär der Komintern Genossen Dimitroff« und an »die

Internationale Kontrollkommission« der KI hieß, die am 11. Februar 1939 von Wilhelm Pieck in sechs Exemplaren verbreitet wurde (vgl. IfGA/ZPA, NL 36/515, Bl. 205 bis 210).

59 Vgl. Babette Gross, a.a.O., Seite 289. Das bestätigt auch Klaus Mammach: Die Brüsseler Konferenz der KPD (Oktober 1935). In: BZG, Heft 5/1975, Seiten 774/775. Mammach hat dort eine Liste der Namen der Delegierten zur »Brüsseler« Konferenz veröffentlicht, auf der Münzenberg fehlt.

60 IfGA/ZPA, Bestand KPD/Parteitage, I 1/1/44, Bl. 1.

61 Auf der Tagung des Lutetia-Kreises am 22. November 1935 in Paris hatte Münzenberg zunächst darauf aufmerksam gemacht, »daß beschlossen wurde, die Verhandlungen vertraulich zu halten, keine Berichte in die Presse zu geben«, damit keine entstellten Ansichten publiziert würden. An diese Abmachung haben sich fast alle der mindestens 27 Teilnehmer so strikt gehalten, daß aus der einschlägigen Literatur kaum Näheres über diese wichtige Sitzung zur Vorbereitung einer deutschen Volksfront zu erfahren ist. Die Vertreter der SAP auf der Pariser November-Tagung haben indes ein vier Schreibmaschinen-Seiten langes Gedächtnisprotokoll angefertigt, das sich im SAP-Archiv im Archiv der Arbeiterbewegung in Oslo befindet (Box 6: Volksfront, Moskauer Prozesse), aber leider bis heute nicht veröffentlicht worden ist. Dem Protokoll zufolge hat Münzenberg zur Eröffnung der Tagung/Sitzung sehr offen, selbstkritisch und mit viel Konsensfähigkeit in bezug auf alle Hitlergegner gesprochen. Heinrich Mann hat dann die Debatte eröffnet und offenbar gefragt, ob es Einwände gegen Münzenbergs Darlegungen gebe. »Da niemand sich meldet«, heißt es im Protokoll wörtlich, konstatiert Heinrich Mann, »daß alle Anwesenden mit Münzenberg einverstanden sind«. Daraufhin nimmt der Vertreter der SAP das Wort und wendet sich gegen Münzenbergs Meinung, daß die antifaschistische Volksfront auch nach Hitlers Sturz noch eine Weile »mit diktatorischen Vollmachten« zur Niederhaltung des Faschismus bestehen müsse, bevor neue Wahlen zu einer Nationalversammlung stattfinden könnten. Gegen diese SAP-Einlassung wandten sich dann verschiedene Redner. Im Schlußwort habe Mün-

292

zenberg betont, bevor »jede Partei ihre Fahne entrollen« könne, müsse Hitler erst einmal gestürzt werden. Dann wörtlich im SAP-Protokoll: »Münzenberg endet mit einem Schwall agitatorischer Phrasen.« Trotz der Polemik mit der SAP blieb der Lutetia-Kreis bestehen. Und, wie andere Unterlagen im SAP-Archiv zeigen, zwischen Münzenberg und führenden SAP-Vertretern entwickelte sich in der Folgezeit ein gutes Verhältnis.

1936: Monströses aus Moskau

1 IfGA/ZPA, NL 36/515, Blatt 152. Der Verfasser des Memorandums, das offenbar der Beeinflussung der Komintern-Führung und anderer Instanzen dienen sollte, ist nicht feststellbar. Daß gleich in der ersten maschinenschriftlichen Zeile der Tippfehler »Müzenberg« statt »Münzenberg« auftaucht, mag als »Freudsche Fehlleistung« angesehen werden, als unbewußte Kompensation der Verstrickung in eine offensichtliche und unangenehme Denunziation und Intrige: »Müze« (Mütze) ist da sympathischer gefärbt als »Münze«. Mit »Mo« ist natürlich Moskau gemeint – Chiffrierspielerei oder Ausdruck des verinnerlichten Respekts vor dem »Unaussprechlichen«, dem Sitz des »Übervaters«? In der Sache ist die Zäsur vom Herbst 1936 richtig beobachtet.

2 IfGA/ZPA, St 4/8, Band 2, Bl. 38.

3 Aus Gründen des Schutzes der Personenrechte ist der in den Akten genannte richtige Familienname hier durch einen ähnlich klingenden fiktiven Namen ersetzt worden. Ähnlich wurde im Falle der Vermieterin verfahren. Alle anderen Angaben entsprechen denen in den Akten. Für Forschungszwecke können die Klarnamen beim Verfasser erfragt werden – vgl. ebenda, Blatt 44.

4 Vgl. ebenda, Blatt 46.

5 Ebenda, Blatt 40.

6 Ebenda, Blätter 42 und 43.

7 Vgl. ebenda, Blätter 44, 45 und 47.

8 Victor Schiff (1895 bis 1953) war von 1920 bis 1933 außenpolitischer Redakteur des sozialdemokratischen VORWÄRTS gewesen und seit Oktober 1933 in französischer Emigration,

wo er sich gemeinsam mit Breitscheid (1874 bis 1944) und Münzenberg (1889 bis 1940) initiativreich für die Deutsche Volksfront einsetzte. Schiff war ein entschiedener Gegner des Versailler Vertrages, später auch der These von der deutschen Kollektivschuld und galt als Wortführer des »sozialpatriotischen« Flügels in der SPD.

Emil Kirschmann (1888 bis 1948) war von 1924 bis 1933 sozialdemokratischer Reichstagsabgeordneter, 1919 bis 1926 Redakteur in Köln, dann Ministerialbeamter im Preußischen Innenministerium, 1933 bis 1935 aktiv im Saarkampf, Freund von Max Braun. Nach dem zweiten Weltkrieg trat Kirschmann mutig gegen die Demontagepolitik der Siegermächte in Deutschland auf.

Max Brauer (1887 bis 1973) gehörte der SPD seit 1903 an und war von 1924 bis 1933 Oberbürgermeister von Altona, nach dem Krieg 1. Bürgermeister von Hamburg. Da Brauer 1936 von Paris in die USA ging, nahm er an den Münzenberg-Bemühungen um die Deutsche Volksfront nur wenige Monate direkt teil.

Philipp Dengel (1888 bis 1948), seit 1919 Mitglied der KPD, Redakteur an verschiedenen kommunistischen Zeitungen, 1928/29 Chefredakteur der ROTEN FAHNE, von 1925 bis 1935 Mitglied des ZK der KPD, 1935 in die IKK der Komintern gewählt, schrieb später eine gehässige Kritik zu Münzenbergs Buch »Propaganda als Waffe«.

Wilhelm Koenen (1886 bis 1963), ab 1903 Mitglied der SPD, 1919/1920 führend in der USPD, dann KPD, von 1920 bis 1932 Mitglied des Reichstages, 1933 Emigration ins Saargebiet, dann nach Paris und Prag, Mitarbeiter am Braunbuch, Zeuge im Londoner Gegenprozeß, später Emigration in Großbritannien und den USA, ab 1946 bis zum Tode Mitglied des ZK der SED.

Hans Beimler (geb. 1895 in München, gefallen am 1. Dezember 1936 bei Madrid) war im April 1933 von den Nazis verhaftet und brutal gefoltert worden, konnte aber im Mai 1933 aus dem KZ Dachau fliehen, Emigration in der ČSR, Schweiz und in Frankreich. Beimler war von der Gründung der KPD an deren Mitglied.

9 Rudolf Claus (geboren 1893 bei Braunschweig, hingerichtet am 17. Dezember 1935 in Plötzensee) gehörte seit 1920 der KPD an, war im April 1921 wegen seiner Teilnahme an den bewaffneten Märzkämpfen zu lebenslänglichem Zuchthaus verurteilt, dann aber amnestiert worden. Die Nazis machten, nachdem sie ihn 1934 zum zweitenmal verhaftet hatten, kurzen Prozeß mit ihm (vgl. Deutsche Widerstandskämpfer 1933–1945/Biographien und Briefe, Band 1, Berlin 1970, Seiten 175 bis 178).

10 Einen konzentrierten Einblick in die Entstehung und Entwicklung des Lutetia-Kreises sowie des aus ihm hervorgegangenen Ausschusses zur Vorbereitung der Deutschen Volksfront gibt Karlheinz Pech im ersten Kapitel des Reclam-Bandes von Dieter Schiller/Karlheinz Pech/Regine Herrmann/Manfred Hahn: Exil in Frankreich. Kunst und Literatur im antifaschistischen Exil 1933–1945 in sieben Bänden, Band 7, Leipzig 1981, Seite 83 bis 123. Die Skizze stützt sich auf eine für die damaligen DDR-Verhältnisse erstaunlich breite Quellengrundlage, die allerdings aus heutiger Sicht eingeengt wirkt – vgl. etwa Wolfgang Klein: Träumte vom Sieg der Vernunft/Fast vergessene Texte Heinrich Manns. In: WOCHENPOST, Nr. 17/1990, Seite 14, wo Klein andeutet, daß sich im Heinrich-Mann-Archiv der Akademie der Künste der DDR Dokumente befinden, die bislang »verdrängt« wurden. Wichtige zusätzlich aufschlußreiche Unterlagen bietet das SAP-Archiv, das allerdings erst 1987/88 bekannt und zugänglich wurde – vgl. Einhart Lorenz: Das SAP-Archiv im Archiv der norwegischen Arbeiterbewegung. In: INTERNATIONALE WISSENSCHAFTLICHE KORRESPONDENZ ZUR GESCHICHTE DER DEUTSCHEN ARBEITERBEWEGUNG (IWK), Heft 2/1988, vom Juni 1988, Seite 234 bis 244. Auch das in der DDR nicht erschienene Standardwerk zur Deutschen Volksfront (Ursula Langkau-Alex: Volksfront für Deutschland? Band 1/Vorgeschichte und Gründung des Ausschusses zur Vorbereitung einer deutschen Volksfront/1933–1936, Frankfurt am Main 1977) hat zeitbedingte Quellen-Lücken.

Eine namentliche Liste der Teilnehmer an der Lutetia-

Tagung vom 26. September 1935 findet man bei Karlheinz Pech, a.a.O., Seiten 520 bis 522. Dort (Seiten 91/92) wird über die Tagung vom 22. November 1935 nur gesagt, es hätten »11 Sozialdemokraten, 6 Funktionäre der KPD, 2 SAP-Mitglieder sowie mehrere bürgerliche Politiker und antifaschistisch gesinnte Schriftsteller, insgesamt 44 Personen«, teilgenommen. Das erwähnte Tagungs-Kurzprotokoll aus dem SAP-Archiv nennt einige Teilnehmer namentlich: »Anwesend u.a.: Heinrich Mann, Feuchtwanger, Rud. Leonhard, Prof. Salomon, Schwarzschild, Georg Bernhard, Hallgarten, Pfarrer Lieb, Bönheim, Hugo Simon, Kantorowitsch/Münzenberg, Koenen, Maslowski, Schreiner u.a./ Victor Schiff, Kuttner, Brauer-Altona, Hoffmann, Hans Siemsen/Glaser, Böchel, Schiffrin, S. Schwarz, Max Braun/ Kiefer/ISK-Weib«. Gemeint sind:

Heinrich Mann (1871 bis 1950); Lion Feuchtwanger (1884 bis 1958); Rudolf Leonhard (1889 bis 1953); Professor Gottfried Salomon (---); Leopold Schwarzschild (1891 bis 1950), Herausgeber von DAS NEUE TAGEBUCH, Paris; Georg Bernhard (1875 bis 1944), Gründer von PARISER TAGEBLATT und PARISER TAGESZEITUNG; Georg Wolfgang Hallgarten (1901 bis 1975), Historiker/; Fritz Lieb (geb. 1892), Theologe/Publizist; Dr. med. Felix Boenheim (1890 bis 1960); Hugo Simon (1880 bis 1950), Bankier/ Kunstförderer; Alfred Kantorowicz (geb 1899), Herausgeber/Publizist; Willi Münzenberg; Wilhelm Koenen; Peter Markus Maslowski (geb. 1893), Mitbegründer der KPD, Journalist; Albert Schreiner (1892 bis 1979), KPD-Mitbegründer, Historiker; Victor Schiff; Erich Kuttner (1887 bis 1942/Mauthausen), SPD/Journalist; Max Brauer; Max Moritz Hofmann (1891 bis 1951), SPD/Journalist; Hans Siemsen (1891 bis ?), Bruder von Anna und August Siemsen, Publizist; Dr. med. Kurt Glaser (geb. 1892), in der DEUTSCHEN LIGA FÜR MENSCHENRECHTE aktiv/ Sozialdemokrat; Karl Böchel (1884 bis 1946), Publizist, Mitglied des SPD-Parteivorstandes im Exil; Alexander Schiffrin (1901 bis 1950 oder 1951), SPD/Publizist; »S. Schwarz«??; Max Braun (1892 bis 1945), SPD/Saar; Wilhelm Kiefer (geb. 1890), christlich-bürgerlicher Journalist; »ISK-Weib«??

11 DER GEGEN-ANGRIFF vom 25. Januar 1936 veröffentlichte die Erklärung von Heinrich Mann nicht nur demonstrativ abwertend auf seiner letzten Seite, sondern offenbar auch um wesentliche Sätze gekürzt, so daß Karlheinz Pech, a. a. O., Seiten 92 und 522, nicht nach der Zeitung, sondern nach einer Buchveröffentlichung zitiert, die sich offenbar auf ein Manuskript im Heinrich-Mann-Nachlaß stützt – Heinrich Mann: Verteidigung der Kultur/Antifaschistische Streitschriften und Essays, Berlin/Weimar 1973, Seiten 181 f.

Im GEGEN-ANGRIFF, dessen Redakteure zu der Zeit mehr und mehr unter Ulbrichts Einfluß geraten waren, fehlen z. B. nach der Feststellung, der gemeinsame Protest sei der erste gemeinsame Schritt deutscher Sozialdemokraten und Kommunisten, die wertenden Sätze: »Er geschah am 20. Dezember 1935, vermerken wir den Tag, den spätere Geschichtsberichte nennen werden. An ihm vollzog sich tatsächlich die Einheitsfront der Sozialisten...« – Es ist aber auch möglich, daß die GEGEN-ANGRIFF-Redakteure den Heinrich-Mann-Satz mit dem Protest-Datum 20. Dezember 1935 nur deshalb gestrichen haben, weil sie ihren Lesern die Frage »ersparen« wollten, warum der »Gemeinsame Protest« vom 20. Dezember 1935 nicht schon im GEGEN-ANGRIFF vom 21. Dezember, sondern erst in der Ausgabe vom 28. Dezember 1935 veröffentlicht wurde, was unter damaligen Kommunikationsbedingungen auch technische Gründe gehabt haben kann, obgleich die Plazierung der Heinrich-Mann-Erklärung am 25. Januar 1936 auf der letzten Seite zweifellos eine »parteiliche« Redaktionsentscheidung im Sinne Ulbrichts war, der die Pariser Erfolge so gerne nicht sah.

12 Vgl. Babette Gross, a. a. O., Seite 293. Münzenbergs Gefährtin erinnert sich dort, daß die Vorbesprechung, an der außer Vertretern von SPD, KPD und SAP auch solche der »Revolutionären Sozialisten« teilgenommen hätten, »unter Vorsitz Breitscheids« stattgefunden hat. Herbert Wehner (a. a. O., Seiten 182/183) bestätigt indirekt die Rolle Rudolf Breitscheids bei den gesonderten Besprechungen von Vertretern

sozialistischer Parteien und Gruppen. Ein im SAP-Archiv erhalten gebliebener Briefwechsel zwischen Münzenberg und Walcher beweist ebenfalls, daß Ende Januar 1936 die Idee aufkam, daß sich die »sozialistischen und kommunistischen Freunde vorher treffen« (Brief Münzenbergs vom 22. Januar 1936 an Walcher). Doch ob die erste dieser Vorbesprechungen tatsächlich am 1. Februar 1936 stattgefunden hat, läßt sich anhand der Münzenberg-Walcher-Korrespondenz nicht entscheiden. Zwar begrüßt Walcher (Brief vom 25. Januar 1936 an Münzenberg) die Idee der Vorbesprechungen. Doch erst im März 1936 lassen die Briefe (Walcher an Breitscheid am 19. März, Münzenberg an Walcher am 31. März sowie Münzenberg und Breitscheid gemeinsam an Walcher am 31. März 1936) eine definitive Vereinbarung über eine Vorbesprechung »der sozialistischen und kommunistischen Vertreter des Lutetia-Kreises« erkennen, die auf den 8. April 1936, um acht Uhr im Salle Oval des Hotels LUTETIA, angesetzt ist. Walcher hatte übrigens im Brief an Breitscheid vom 19. März 1936 darum gebeten, für die Vorbesprechungen ein Lokal auszuwählen, »das unseren Finanzverhältnissen entspricht«.

Eine relativ genaue Vorstellung von den Terminen und Modalitäten der Volksfrontzusammenkünfte in den ersten Februartagen 1936 in Paris geben die zeitgenössischen Briefe von Victor Schiff in Paris an Ernst Reuter in Ankara und an Friedrich Stampfer in Prag. »Wissen Sie«, schreibt Schiff am 27. Januar 1936 an das Mitglied des Prager Exil-Parteivorstandes der SPD Friedrich Stampfer (1874 bis 1957), »was ich täte, wenn ich an Ihrer Stelle wäre? Beim Empfang dieses Briefes würde ich mich in den Zug setzen, um in Paris am Sonnabend zu sein, wo eine neue soz-kom Zusammenkunft stattfindet, an der, wie ich höre, auf unserer Seite viel mehr Leute in ehemals führenden Stellungen teilnehmen dürften als bisher. Am Sonntag ist dann eine größere Zusammenkunft der ›Volksfront‹, deren Tagesordnung als wichtigsten Punkt einen Vorstoß für Amnestie vorsieht ...« (Mit dem Gesicht nach Deutschland/Eine Dokumentation über die sozialdemokratische Emigration/Aus dem Nachlaß von Friedrich Stampfer, ergänzt durch andere Überlieferungen/Herausgegeben im Auftrage der Kommission für Geschichte des Parlamentarismus und der politischen Parteien von Erich Matthias, bearbeitet von Werner Link, Düsseldorf 1968, Seite 260.) Der von Schiff gemeinte Sonnabend war der 1. Februar 1936, der Sonntag der 2. Februar. Am 6. Februar 1936 teilt Schiff Stampfer mit, wie die Sache an dem historisch herausragenden Wochenende gelaufen ist: »Inzwischen haben zwischen Freitag und Montag mehrfache Besprechungen stattgefunden, teils zwischen Angehörigen sämtlicher Arbeiterparteien, teils in dem ganz großen Gremium einschl. Bürgerlicher, teils nur zwischen Sozialdemokraten (ohne ›revolutionäre Linke‹)...« (Ebenda, Seiten 261/262.) Aus dieser Information geht hervor, daß die für Sonnabend, den 1. Februar 1936, in Paris geplante »neue soz-kom Zusammenkunft« als neuerliches Treffen von Sozialdemokraten und Kommunisten nicht stattfand, sondern eine Besprechung von »Angehörigen sämtlicher Arbeiterparteien« als eine Art Vorsprechung der Linken vor der »größeren Zusammenkunft« des Volksfrontausschusses einschließlich seiner bürgerlichen Kräfte am 2. Februar 1936.

Wie sehr das verunglückte Gespräch Ulbrichts mit den SPD-Vertretern in Prag die Atmosphäre auch in Paris belastet hat, geht aus einem längeren, zwischen 7. und 10. Januar 1936 geschriebenen Brief von Schiff an Ernst Reuter (1889 bis 1953) hervor. Reuter (früher KPD-Führer, aber ab 1922 SPD-Funktionär) hatte dem »Gemeinsamen Protest deutscher Sozialdemokraten und Kommunisten gegen den Justizmord an Rudolf Claus« demonstrativ zugestimmt. Schiff knüpft daran an und schreibt: »In bezug auf die Kommunisten brauche ich mir von niemandem erst erzählen zu lassen, was sie in der Vergangenheit verbrochen haben. Aber ich habe in jetzt viermonatelangen persönlichen Verhandlungen mit Münzenberg die Überzeugung gewonnen, daß es diesem und einigen anderen absolut ernst ist, wenn sie den Willen bekunden, den vergangenen Kampf ein für allemal ruhen zu lassen und die Kräfte des Antifaschismus, einschließlich der dazu bereiten bürgerlichen Elemente zu konzentrieren. Wir sind uns in

letzter Zeit immer näher gekommen und besonders Willy M.,
aber auch ein jüngeres Mitglied des KPD-Politbureaus
›Kurt‹ (gemeint ist Wehner – *H.W.*), hat auf uns (d. h. Breitscheid, Kuttner, Braun und mich) den Eindruck ehrlicher
Verständigungsbereitschaft ohne Manöver pp. gemacht.
Allerdings ist inzwischen auch in Prag verhandelt worden,
wie Sie vielleicht gelesen haben, und für unsere Prager (Exil-
vorstand der SPD – *H.W.*) war der Verlauf dieser Verhandlungen … und vor allem ihr Nachspiel (einseitige Veröffentlichung im Gegen-Angriff mit starken ›Entlarvungs‹-Tenden-
zen) ein gefundenes Fressen. Sie konnten triumphierend darauf hinweisen, daß die KPD-Leute die alten geblieben seien
usw.« (Ebenda, Seite 255.) Münzenberg sei dadurch zunächst deprimiert gewesen und habe »seine Mission für beendet« erklären wollen.

13 Kurt Kersten: Das Ende Willi Münzenbergs. In: DEUT-
SCHE RUNDSCHAU, Heft 5/1957, Seite 489. Kurt Kersten
(1891 bis 1962), emsiger linker Journalist bereits in den zwanziger Jahren und Verfasser historischer Bücher, war bis zuletzt ein guter Freund Willi Münzenbergs.

14 Die Ab- und Ausgrenzungspolitik der KPD, aber auch der
SPD hatte zur Gründung zahlreicher Parteien und anderer
Organisationen im politischen Spektrum zwischen SPD und
KPD geführt. Besonders in der 1931 entstandenen SOZIA-
LISTISCHEN ARBEITERPARTEI DEUTSCHLANDS
(SAP oder SAPD) waren linke ehemalige Sozialdemokraten
mit ehemaligen Kommunisten »rechter Abweichung« ver-
eint. Im INTERNATIONALEN SOZIALISTISCHEN
KAMPFBUND (ISK) hatten sich bereit 1925 intellektuelle
Sozialdemokraten organisiert, die aus der SPD ausgeschlos-
sen worden waren. Die 1933 entstandene Gruppe NEUBE-
GINNEN umfaßte ebenfalls ehemalige Kommunisten und
linksoppositionelle Sozialdemokraten. Aus NEUBEGIN-
NEN gingen 1935 in Anlehnung an die REVOLUTIONÄ-
REN SOZIALISTEN ÖSTERREICHS die deutschen RE-
VOLUTIONÄREN SOZIALISTEN hervor.

15 Vgl. J. W. Stalin: Zur internationalen Lage. In: Werke, Bd. 6,
Berlin 1952, Seite 253.

16 Rudolf Breitscheid hatte an den ersten beiden Lutetia-Tagungen nicht teilgenommen, weil er sich mit einer Teilnahme in einen Gegensatz zum SPD-Parteivorstand gebracht hätte. Diesen Gegensatz riskierte der führende Sozialdemokrat erst im Dezember 1935, nachdem Münzenbergs Haltung das Beispiel eines Einheitswillens über alle Gräben der Vergangenheit hinweg gegeben hatte.

17 Babette Gross, a. a. O., Seite 293.

18 DER NEUE VORWÄRTS, Zeitung des SPD-Vorstandes in Prag, hatte beispielsweise den »Gemeinsamen Protest« von Breitscheid, Münzenberg usw. demonstrativ nicht veröffentlicht (vgl. DER GEGEN-ANGRIFF vom 11. Januar 1936). Vielmehr bestand der SPD-Vorstand im Exil auf seiner Ansicht, zu keinerlei Einheitsfront-Aktivitäten legitimiert zu sein, solange kein ordentlicher SPD-Parteitag entsprechende Beschlüsse gefaßt habe, was unter den Bedingungen der Illegalität und des Exils unmöglich sei.

Die Tatsache, daß die Goebbels-Presse das Scheitern der Prager Verhandlungen zwischen SPD und KPD höhnend kommentierte (vgl. DER GEGEN-ANGRIFF vom 18. Januar 1936), wird auf Breitscheids Entschluß, nun doch am Lutetia-Kreis teilzunehmen, nicht ohne Einfluß gewesen sein.

19 Vgl. Herbert Wehner, a. a. O., Seite 173 bis 181; ferner Alfred Freudenhammer/Karlheinz Vater: Herbert Wehner/Ein Leben mit der deutschen Frage, München 1978, Seiten 65 ff.

20 Herbert Wehner, a. a. O., Seite 181.

21 Vgl. Hans-Albert Walter: Asylpraxis und Lebensbedingungen in Europa/Deutsche Exilliteratur 1933–1950, Band 2, Darmstadt 1972, Seiten 77 und 192.

22 Vgl. ebenda, Seite 197.

23 Herbert Wehner, a. a. O., Seite 181.

24 Ebenda, Seiten 182/183.

25 Vgl. Der zweite Kongreß der Kommunistischen Internationale/Protokoll der Verhandlungen vom 19. Juli in Petrograd und vom 23. Juli bis zum 7. August (1920) in Moskau, Petrograd 1921, Seiten 361 bis 367. Die Leitsätze gingen auf Sinowjew, den damaligen Vorsitzenden des Exekutivkomitees der Kommunistischen Internationale, zurück und waren von

ihm auch begründet worden (vgl. ebenda, Seiten 219 bis 244).

26 Es gab in der Arbeiterbewegung immer unterschiedliche Akzentuierungen auf das momentan Machbare (Reformismus) einerseits oder auf das generell Erstrebte (Revolutionarismus/Aktionismus) andererseits. Sofern die aktuelle Reformpolitik das Fernziel aus dem Auge verlor, wurde von Revisionismus gesprochen, aber auch von Opportunismus. Da diesem Begriff vom Wortursprung, dem lateinischen Adjektiv opportunus (bequem, günstig gelegen, vorteilhaft, geschickt, gewandt), her außer der pragmatischen auch eine moralische Bedeutung anhaftet (bequem, vorteilhaft), diente der Begriff mehr und mehr der Herabsetzung jener Kräfte der Arbeiterbewegung, die sich auf das momentan Machbare im Kampf um soziale Befreiung konzentrierten. Das Wort Opportunist (eigentlich nur: einer, der die Gelegenheit nutzt) tendierte zum Bedeutungsgehalt der deutschen Begriffe Konjunkturritter, Dünnbrettbohrer, Gesinnungslump und »Jemand, der seinen Mantel nach dem Wind hängt«. Solche moralischen Bewertungen sind in angelsächsischen Ländern weit weniger verbreitet als in Deutschland. Sie verstellen auch den Blick für den praktischen, pragmatischen Inhalt und Zweck einer Ansicht bzw. der Änderung von Ansichten. Im übrigen hat die moralische Entrüstung über einen Menschen, der seine Meinung ändert, letztlich immer etwas Scholastisches, auch Unduldsames an sich; die Entrüstung wäre erkenntnistheoretisch ja auch nur legitim, wenn es »ewige Wahrheiten« gäbe.

27 Vgl. Der zweite Kongress..., a.a.O., Seiten 284 und 327.

28 Vgl. Mit Bomben und Granaten/Zwei Aufsätze von Maxim Gorki/Gegen die imperialistische Kriegshetze und die heuchlerischen Humanisten/Aufruf des Internationalen Verteidigungskomitees, Berlin 1931. Die vier Vorsitzenden des internationalen Komitees zur Verteidigung der Sowjetunion gegen die verstärkte antisowjetische Propaganda waren: Maxim Gorki, Upton Sinclair, Henri Barbusse und Willi Münzenberg. Am 3. Dezember 1930 hatte Münzenberg auf einer IAH-Massenkundgebung im großen Saal nahe dem Mär-

chenbrunnen im Berliner Friedrichshain über »Das Volksgericht in Moskau gegen die Saboteure« gesprochen und dabei die Bildung des Verteidigungskomitees verkündet, dem sich jeder anschließen könne. Nach Münzenberg sprachen auf der Kundgebung auch der Schriftsteller Arthur Holitscher (1869 bis 1941), der Reporter Egon Erwin Kisch und zwei ausländische Redner. DIE ROTE FAHNE und DIE WELT AM ABEND brachten am 4. Dezember 1930 ausführliche, stark emotionalisierte Berichte.

In Münzenbergs NEUEM DEUTSCHEN VERLAG erschien denn auch: Spione und Saboteure vor dem Volksgericht in Moskau/Bericht über den Hochverratsprozess gegen Ramsin und Genossen vom 25. November bis 7. Dezember 1930 im Gewerkschaftshaus in Moskau/von Andor Gabor auf Grund der stenografischen Protokolle zusammengestellt, Berlin 1931. Das Vorwort schrieb Paul Friedländer (1891 bis etwa 1941/umgekommen in Auschwitz), damals Redakteur bei DIE WELT AM ABEND, später Ausschluß aus der KPD, weil er 1939 gegen den Hitler-Stalin-Pakt protestiert hatte.

29 Womit Münzenberg natürlich auf die Diktatur des Proletariats anspielte, die zu verhindern hätte, daß Kommunisten, einmal an der Macht, dieselbe je wieder verlieren. Inwieweit diese Vorstellungen von »Diktatur des Proletariats« wirklich auf Karl Marx und Friedrich Engels zurückgeht oder aber in den ersten Jahren der Sowjetmacht in Rußland entstanden ist, bleibt genauer zu untersuchen.

30 Mit Clara Zetkin war Münzenberg bis zu ihrem Tod gut befreundet. Sie hatte viele seiner »Unternehmungen« gefördert. Mit Karl Liebknecht war Münzenberg schon vor dem ersten Weltkrieg bekannt geworden. Und Rosa Luxemburg besuchte Münzenberg noch kurz vor ihrer Ermordung. »Die Arbeit hier entwickelt sich famos«, schrieb Rosa Luxemburg im Dezember 1918 an Clara Zetkin, »das Nähere wird Dir in bester Weise Freund Münzenberg erzählen. Auch über meine und unsere Auffassung in den wichtigsten Fragen.« (Rosa Luxemburg: Gesammelte Briefe, Band 5, Berlin 1984, Seite 423.)

31 Vgl. unter den betreffenden Namen Babette Gross, a.a.O. Nehru war von Münzenberg so beeindruckt, daß er es 1955 für richtig hielt, in der Eröffnungsansprache der Bandung-Konferenz jener Verdienste zu gedenken, die sich Münzenberg in der Frühzeit der antikolonialen Befreiungsbewegung erworben hatte (vgl. ebenda, Seite 204).

32 Marta Feuchtwanger: Nur eine Frau/Jahre Tage Stunden, Berlin 1984, Seiten 262/263.

33 Vgl. Karlheinz Pech, a.a.O., Seiten 95/96.

34 Vgl. Herbert Wehner, a.a.O., Seite 188. Wie Wehner sich erinnert, hatte Ulbricht einige Angehörige des aufgelösten früheren Sicherheitsapparates der KPD in Prag in seine Dienste gestellt und nutzte deren spezielles Wissen besonders für seine Kaderpolitik.

35 Vgl. etwa die bei Karlheinz Pech, a.a.O., Seiten 522 bis 526, abgedruckten programmatischen Entwürfe von Emil Julius Gumbel (1891 bis 1966) und Heinrich Mann.

36 Vgl. Wilhelm Pieck: Gesammelte Reden und Schriften, Band V/Februar 1933 bis August 1939, Berlin 1972, Seiten 356 bis 373 und 644.

37 Vgl. Karlheinz Pech, a.a.O., Seite 102.

38 »Die Olympiade ist in Hitlerdeutschland unmöglich!« Unter diesem Motto gab es 1935 namentlich in den USA eine Bewegung, die unter Hinweis auf die antisemitischen Exzesse in Nazideutschland die olympischen Sommerspiele 1936 in Berlin verhindern wollte. Zu diesem Zwecke hatte das COMMITTEE ON FAIR PLAY IN SPORTS New York eine Dokumentation herausgegeben, deren deutsche Übersetzung »Fair Play/Für ehrliches Spiel« Ende 1935 in Münzenbergs EDITIONS DU CARREFOUR in Paris erschien.

39 Vgl. People's Commissariat of Justice of the U.S.S.R./Report of Court Proceedings/The Case of the Trotskyite-Zinovievite Terrorist Centre/Heard before the Military Collegium of the Supreme Court of the U.S.S.R./Moscow, August 19 – 24, 1936... Moscow 1936. Reprint der RED STAR PRESS LTD, London 1976, Seiten 174 bis 180. Die »Protokolle« der drei Moskauer Prozesse 1936/1937/1938 erschienen seinerzeit relativ rasch, in einheitlicher Aufmachung und in mehreren

Sprachen; vom Prozeß 1936 steht uns nur die englische Version zur Verfügung.

40 Vgl. A.J.Wyschinski: Gerichtsreden, Berlin 1951, Seiten 491 bis 544. Dort ist die monströse Anklagerede des Staatsanwalts Wyschinski vollständig abgedruckt.

41 Vgl. People's Commissariat of Justice..., a.a.O., Seite 100.

42 Vgl. Schweden, Norwegen/Die Reiserouten durch Dänemark nebst Island und Spitzbergen/Handbuch für Reisende von Karl Baedeker. Dreizehnte Auflage, Leipzig 1914, Seite 10, wo das Hotel BRISTOL als erstes der Gasthäuser am Rathausplatz, in der Nähe des Kopenhagener Hauptbahnhofes aufgeführt ist; während man in der vierzehnten Auflage des gleichen Reisehandbuches ein BRISTOL vergeblich sucht – vgl. Norwegen/Dänemark/Island/Spitzbergen/ Handbuch für Reisende von Karl Baedeker, vierzehnte Auflage, Leipzig 1931, Seite 20. Tatsächlich hat das BRISTOL, das 1914 als das modernste Hotel am Platze galt, schon 1917 schließen müssen. Das Gebäude ist bald darauf abgerissen worden.

Nachdem die Kopenhagener Zeitung SOCIALDEMO-KRATEN am 1.September 1936 die Nichtexistenz des BRISTOL im Jahre 1932 öffentlich nachgewiesen und damit die Glaubwürdigkeit des Moskauer Prozesses in einem entscheidenden Punkt erschüttert hatte, wurde das mysteriöse BRISTOL zu einer Art »Orient-Expreß der kommunistischen Bewegung«, zum geflügelten Wort erbitterter Auseinandersetzungen und zum Stichwort des Zweifels an den »Geständnissen« der Moskauer Prozesse. Leo Trotzkis Sohn Leo Sedow hat die BRISTOL-»Panne« mit Nachlässigkeit des Stalinschen Geheimdienstes zu erklären versucht: »Vielleicht ist Golzman (die Schreibweisen des Namens Holzmann oder Holzman sind in den verschiedenen Übersetzungen des offiziellen Moskauer Prozeß-›Protokolls‹ nicht einheitlich – Sedow folgt hier der deutschsprachigen Fassung des ›Protokolls‹, in der Holzmann zu Golzman verballhornt wurde – H.W.) oder einer der Untersuchungsbeamten in den Jahren vor der Revolution in Kopenhagen gewesen und dort im Hotel Bristol abgestiegen. Vielleicht haben die Untersuchungsrichter angenommen, es könne in Europa keine Grosstadt ohne Hotel Bristol geben. Mag sein... Doch die Nichtsnutze und Faulenzer von Untersuchungsrichtern hätten besser getan, sich die Mühe zu geben, zuerst die nötigen Nachprüfungen vorzunehmen.« (Leo Sedow: Rotbuch über den Moskauer Prozeß 1936/Trotzkis Sohn klagt an. Reprint der deutschsprachigen Ausgabe, die 1937 in Antwerpen erschien, Frankfurt/Main 1988, Seite 72.)

Denkbar ist natürlich auch, daß ein NKWD-Funktionär oder Holzmann selbst die BRISTOL-»Panne« absichtlich in das Holzmann-»Geständnis« eingebaut haben, um der außersowjetischen Öffentlichkeit ein sicheres Indiz für die Unhaltbarkeit der »Geständnisse« zu liefern. Diese Taktik eines versteckten, nur für wenige Sachkundige erkennbaren Dementis bzw. Widerrufs des »Geständnisses« wird jedenfalls André Simone zugeschrieben: Er soll im Prager Prozeß gegen Rudolf Slánský »gestanden« haben, Slánský habe ihn beauftragt, ein »trotzkistisches Buch« über seine (Slánskýs) herausragende Rolle bei den Ereignissen im Februar 1948 in der ČSR zu schreiben, ein Buch nach dem Modell von »John Reeds Buch ›Zehn Tage, die die Welt erschütterten‹«, »das bekanntlich im trotzkistischen Geist geschrieben ist«. (Zitiert nach »Ich bin ein Lump, Herr Staatsanwalt!«/Gehenkte machen Revolution/Vom Schicksal der Laszlo Rajk, Traitscho Kostoff, Rudolf Slansky und anderer geehrter Toter. In: DER SPIEGEL, Nr. 51/1956 vom 19. Dezember 1956, Seite 40.) Eingeweihte wußten, daß John Reeds Buch ein von Lenin wärmstens empfohlenes Werk war, das »trotzkistisch« zu nennen völlig absurd wirkte – so absurd wie die meisten anderen »Geständnisse« der Angeklagten im Slánský-Prozeß von 1952 wie im Sinowjew-Prozeß von 1936. Im deutschsprachigen offiziellen »Gerichtsprotokoll« vom Slánský-Prozeß ist der entlarvende Bezug auf John Reeds »im trotzkistischen Geist« geschriebenes Buch gestrichen – vgl. Prozess gegen die Leitung..., a.a.O., Seite 267. Ein geschichtskundiger und zugleich wachsamer Redakteur muß Simones verdeckte Taktik des Widerrufs durchschaut haben.

Ob die BRISTOL-»Panne« ebenfalls der Taktik des Geständnis-Widerrufs entsprungen ist, sei dahingestellt. Während Trotzkis Sohn die Sache mit NKWD-Schlamperei zu erklären versucht, meint Trotzkis Frau Natalja Iwanowna Sedowa: »Man könnte annehmen, daß er (Holzmann – *H.W.*) wissentlich eine falsche Aussage über das Hotel Bristol gemacht hat, um die Schmach des gesamten Prozesses zu demaskieren.« (Zitiert nach Victor Serge: Leo Trotzki/Leben und Tod, Wien/München/Zürich 1973, Seite 255.)

43 Victor Serge, a. a. O., Seite 252.

44 Ebenda, Seite 251/252.

45 Vgl. People's Commissariat of Justice..., a. a. O., Seite 114.

46 Vgl. Babette Gross, a. a. O., Seite 300.

47 Hätte es doch bedeutet, sich den Unwägbarkeiten auszusetzen, die mit dem Sinowjew-Prozeß erschreckend deutlich geworden waren. Als Begründung für die Absage an Dimitroff verwies Münzenberg auf seine Verpflichtungen bei der Hilfe für das republikanische Spanien.

48 Die »Resolution des ZK der KPD zu den konterrevolutionären trotzkistisch-sinowjewistischen Verbrechen gegen die Arbeiterklasse« ist abgedruckt bei Hermann Weber: »Weiße Flecken« in der Geschichte/Die KPD-Opfer der Stalinschen Säuberungen und ihre Rehabilitierung. Zweite, überarbeitete und erweiterte Auflage, Frankfurt am Main 1990, Seiten 110/111.

49 Vgl. SAP-Archiv, Box 6, Mappe 51/Volksfront 4, Position 1, Blätter 022828 bis 022831.

50 Die SAP-Vertreter (soweit sich ihre Tarnnamen identifizieren ließen) waren: Paul Frölich (K. Franz), Jacob Walcher (Jim), Rose Wolfstein-Frölich (Martha), Fritz Sternberg (Ungewitter), Walter Fabian (Kurt). Außerdem sind folgende (nicht identifizierte) Tarnnamen vermerkt: Eugen und Richard.
Paul Fröhlich (1884 bis 1953) war Münzenberg bereits seit der internationalen Konferenz der Zimmerwalder Linken vom 24. bis 30. April 1916 im Schweizer Bergdorf Kienthal bekannt, an der Frölich als Vertreter der Bremer Linken und Münzenberg als Vertreter der Schweizer Jungsozialisten teilgenommen hatten. Frölich, seit 1902 in der SPD, lehnte 1914 deren Burgfriedenspolitik ab, wurde natürlich doch zum

Kriegsdienst eingezogen und schwer verwundet, so daß er ab 1916 an der Zeitung der Bremer Linken ARBEITERPOLI-TIK mitwirken und nach Kienthal fahren konnte. Auf Grund der eigenen Erlebnisse war Frölich ein Kriegsgegner, der Münzenbergs damalige pazifistisch gefärbte Kriegsgegnerschaft gewiß gut verstanden hat. Daher rührten auch gewisse Vorbehalte gegenüber Lenins Forderung nach »Umwandlung des Krieges in einen Bürgerkrieg«. Der bewaffnete Aufstand gegen den Weltkrieg, von Lenin verfochten, hatte natürlich im damaligen zaristischen Rußland viel größere Chancen als in Deutschland oder Frankreich, so daß die Meinungsverschiedenheiten in Kienthal eigentlich ganz natürlich waren. Frölich, der Ende 1916 erneut zum Kriegsdienst gezogen und Mitte 1918 wegen seiner antimilitaristischen Agitation in eine Nervenheilanstalt gesteckt worden war, gehörte an der Jahreswende 1918/1919 zu den Mitbegründern der KPD, wurde in die erste KPD-Zentrale gewählt, der er bis 1924 angehörte. Auf dem III. Weltkongreß der Komintern 1921 wurde Frölich ins EKKI gewählt. Doch 1923/24 verlor er seine führenden Funktionen in KPD und Komintern. 1928 gehörte Frölich zu den Gründern der KOMMUNISTISCHEN PARTEI DEUTSCHLANDS/OPPOSITION (KPDO bzw. KPO) und wurde deshalb aus der traditionellen KPD ausgeschlossen. 1932 trat er zur SAP über. Seit 1925 arbeitete er an einer von Lenin angeregten Gesamtausgabe der Arbeiten Rosa Luxemburgs. Münzenberg, der die parteipolitische Entwicklung Frölichs ab 1928 natürlich nicht offiziell billigen konnte, war zugleich problembewußt genug, die objektiven Widersprüche zwischen KPD-Eigenständigkeit und ihrer Komintern-Disziplin als eine wichtige Ursache des »Abfalls« seines Genossen Paul Frölich von der KPD zu erkennen. Nach dem zweiten Weltkrieg gehörte Frölich der SPD an.

Jacob Walcher (1887 bis 1970) muß Münzenberg schon 1918 bekannt gewesen sein, als er aus der Schweiz ausgewiesen wurde und nach Stuttgart ging, wo Walcher im Arbeiter-und-Soldatenrat wirkte. Wie Frölich nahm Walcher am KPD-Gründungskongreß teil, zu dem Münzenberg wegen einer Lungenentzündung nicht fahren konnte. Vor dem Heidelberger Parteitag der KPD (20. bis 23. Oktober 1919) waren Münzenberg und Walcher in der Frage der Teilnahme an Parlamentswahlen aneinandergeraten: Münzenberg vertrat eine radikale antiparlamentarische Linie, die er auf dem Heidelberger Parteitag auch gegen Paul Frölich verteidigte (vgl. Willi Münzenberg: Die Dritte Front/Aufzeichnungen aus 15 Jahren proletarischer Jugendbewegung, Berlin 1930, Seiten 287/288). Walcher, der von 1924 bis 1926 als KPD-Vertreter in der Moskauer Exekutive der ROTEN GEWERKSCHAFTS-INTERNATIONALE tätig war, wandte sich 1928 nach der Wittorf-Affäre gegen Thälmanns Verbleib an der Spitze der KPD. Da Stalin aber auf Thälmanns Verbleib bestand, wurde auch Walcher ausgeschlossen. Er ging zur KPDO, 1932 zur SAP. Nach dem zweiten Weltkrieg kehrte Walcher aus der USA-Emigration nach Berlin zurück, wurde in die KPD, dann in die SED aufgenommen, war zeitweilig Chefredakteur der Gewerkschaftszeitung TRIBÜNE.

Rose Wolfstein-Frölich (1888 bis 1987) wird Münzenberg auf dem II. Weltkongreß der Komintern 1920 in Moskau kennengelernt haben. Obschon Delegierte zum Gründungsparteitag der KPD und von 1921 bis 1923 Mitglied der KPD-Zentrale, legte Rose Wolfstein 1924 aus Protest gegen den ultralinken Kurs der KPD ihre Funktionen nieder und half ihrem Gefährten Paul Frölich bei der Herausgabe der Rosa-Luxemburg-Werke. Nach Rückkehr aus der Emigration war Rose wie Paul Frölich Mitglied der SPD. Bis ins hohe Alter betreute sie die nachgelassenen Rosa-Luxemburg-Arbeiten ihres Mannes. Im »Nachruf auf Rose Frölich« (IWK, Heft 1/1988, Seiten 1/2) hebt Hermann Weber hervor, mit Rose Frölich, die 1917 Delegierte des Gründungsparteitages der USPD und 1918/19 Schriftführerin des Gründungsparteitages der KPD gewesen sei, die 1921 von der Polizei »zweite Rosa Luxemburg« genannt wurde und sich scharf gegen Stalin gewandt habe, sei nicht nur der letzte Mitbegründer der KPD gestorben, sondern auch jene Frau, deren Persönlichkeit sozialistische Kontinuität verkörperte.

Dr. rer. oec. Fritz Sternberg (1895 bis 1963) könnte Münzen-

309

berg von der Zeitschrift DIE WELTBÜHNE her gekannt haben, für die Sternberg oft und Münzenberg gelegentlich schrieben.

Dr. phil. Walter Fabian (1902 geboren) war 1924 der SPD beigetreten, 1931 aber wegen linker Opposition ausgeschlossen worden und 1932 zur SAP gegangen, in deren Pariser Leitung er die stärksten Vorbehalte gegen die Volksfront geltend machte, nachdem er die Materialien der Moskauer Prozesse studiert hatte. Da Fabian in Paris einen Zeitungsausschnitt-Dienst betrieb, kommt er als Mitautor, zumindest als Materiallieferant jener Studien in Betracht, die von der SAP-Leitung über die Moskauer Prozesse angefertigt wurden und sich im SAP-Archiv befinden.

51 Vgl. Die Russische Revolution/Eine kritische Würdigung/ Aus dem Nachlaß von Rosa Luxemburg/Herausgegeben und eingeleitet von Paul Levi, Berlin 1922, sowie Rosa Luxemburg: Gesammelte Werke, Band 4/August 1914 bis Januar 1919, Berlin 1974, Seite 359.

52 Walcher hatte, vermutlich unterstützt von Fabian, alle Berichte über die verschiedenen Prozesse seit dem Kirow-Mord genau verfolgt und war dabei auf zahlreiche Widersprüche gestoßen. Diese fundierte Kritik an den Prozessen war nicht als »antisowjetische Hetze« abzutun.

53 Vgl. Babette Gross, a. a. O., Seiten 300 bis 302.

54 Vgl. ebenda, Seiten 115 bis 128; ferner Willi Münzenberg: Die Dritte Front..., a. a. O., Seiten 345 bis 348. Dort geht Münzenberg recht freundlich mit Sinowjew und Schazkin um, die ihm 1921 die KJI per Intrige entwunden hatten und nun, 1929, als Münzenberg »Die Dritte Front« schrieb, bereits bei Stalin in Ungnade gefallen waren. Es war Münzenbergs Art nicht, auf Personen »einzuschlagen«, die »am Boden lagen« – auch nicht als Revanche!

55 Lasar Schazkin war im Sinowjew-Prozeß nicht unter den Angeklagten, wurde aber während der Verhandlungen mehrfach als Parteifeind bezeichnet (vgl. People's Commissariat of Justice..., a. a. O., Seiten 68 und 72). Er soll sich 1937 das Leben genommen haben.

In jüngster Zeit sind einige Briefe Münzenbergs an Lenin

veröffentlicht worden (vgl. Briefe Deutscher an Lenin/1917 bis 1923/Vertreter der deutschen Arbeiterbewegung im Briefwechsel mit Lenin. Herausgegeben und eingeleitet von Ruth Stoljarowa und Peter Schmalfuß, Berlin 1990, Seiten 108/ 109), die erkennen lassen, wie intensiv Münzenberg um seinen Einfluß auf die KJI gerungen hat und wie wenig ihm Lenin dabei helfen konnte. Ein Brief Schazkins an Lenin vom 23. Juni 1921 ist bis heute nicht veröffentlicht, obgleich er offenbaren würde, welche Rolle Schazkin damals spielte.

56 Vgl. Babette Gross, a. a. O., Seite 302. Bohumil Smeral (1880 bis 1941) war ein gebildeter Kommunist, zeitweilig Vorsitzender der KPČ, hatte Marxens »Kapital« ins Tschechische übersetzt, wurde aber als »Opportunist« diffamiert und hatte sich 1936 längst zu einem »unproblematischen« Vollstrecker von Komintern-Anweisungen entwickelt. Wie Babette Gross sich erinnert, signierten Münzenberg und Smeral die Abrechnungen und Protokolle der Übergabe der Münzenberg-»Unternehmungen« an die Komintern sorgfältig. Eine Kopie für Münzenberg wurde in einem Stahlschrank eines katholischen Pressedienstes aufbewahrt, aber 1940, beim Einmarsch der Hitler-Wehrmacht, von den im Hause lebenden Patres vorsichtshalber verbrannt. Eine Kopie (in Smerals »zierlicher Perlschrift«) war offenbar für das KPD-Archiv bestimmt, das sich beim Einmarsch der Wehrmacht in mehreren Koffern im Hotelzimmer von Friedrich Wolf (1888 bis 1953) befand und dort der Gestapo in die Hände fiel. Diese Kopie ist in den verstreuten und fragmentarisch erhalten gebliebenen Gestapo-Akten bis heute nicht gefunden worden. So besteht nur die Hoffnung, daß sich das Original des Übergabe-Protokolls, das 1936 eigentlich an die Komintern-Führung hätte gehen müssen, doch noch in einem Moskauer Archiv findet.

57 Es ist kein Zufall, daß die GPU (Abkürzung des russischen Namens von »Staatliche Politische Verwaltung«) gerade 1934 in NKWD umbenannt wurde. Die Namensänderung signalisierte den Übergang dieses »Schutzschildes und Schwertes der Revolution« von einem der Sowjetmacht und der Partei dienenden Geheimdienst zu einer Geheimpoli-

zei, die sich über die Sowjets und die Partei zu stellen verstand und Stalin ermöglichte, die traditionelle innerparteiliche Demokratie weitestgehend abzuschaffen.

58 Der Appell, der auch die Unterschrift des jungen SAP-Funktionärs Willy Brandt trägt, wurde seinerzeit in der illegalen ROTEN FAHNE (Nr. 1/1937) veröffentlicht. Auszugsweise ist der Appell als Dokument Nr. 33 im Anhang zu Band 5 der achtbändigen »Geschichte der deutschen Arbeiterbewegung« (Berlin 1966, Seiten 489 bis 491) abgedruckt. Vgl. den vermutlich vollständigen Text in: Die Kommunistische Partei Deutschlands und der VII. Weltkongreß der Kommunistischen Internationale/Dokumente und Materialien/1933 bis 1936. Zusammengestellt und eingeleitet von Karl-Heinz Biernat, Klaus Mammach und Gerhard Nitzsche, Berlin 1966, Seiten 378 bis 381.

59 Vgl. die jüngst erschienene Arbeit von Gerda Raßler: Pariser Tageblatt/Pariser Tageszeitung/1933–1940/Eine Auswahlbibliographie, Berlin und Weimar 1989, Seiten 213/214.

1937: Ein Herz für Propaganda?

1 Vgl. Tribüne der Deutschen Volkszeitung/Zu Willi Münzenbergs Buch »Propaganda als Waffe«. Ganzseitiger Artikel in: DEUTSCHE VOLKS-ZEITUNG vom 7. November 1937, Seite 4. Diese Ausgabe des Ulbricht-Organs ist dem 20. Jahrestag der Oktober-Revolution gewidmet. Auf Seite 3 steht über gleich großen Fotos von Lenin und Stalin die Schlagzeile: »Lang lebe der Genosse Stalin!« Im Keller der Seite wird gegen »eine bestimmte Presse« polemisiert, die Lenins Andenken schände, »indem sie die trotzkistischen Verbrecher als ›Kampfgefährten Lenins‹« bezeichne. Am rechten Rand der »Jubiläumsseite« ist unter der Schlagzeile »Hass und Liebe« ein Auszug aus Lion Feuchtwangers Buch »Moskau 1937« einspaltig plaziert, das gerade bei QUERIDO Amsterdam erschienen war und apologetische Passagen hatte, die 1938 im Bucharin-Prozeß eine für Feuchtwanger nicht gerade ehrenvolle Rolle spielen sollten. Der Artikel gegen Münzenbergs Buch ist nicht gezeichnet, aber als Vorabdruck aus Heft 7/8/1937 der INTERNATIONALE aus-

gewiesen, womit nicht die Komintern-Zeitschrift KOMMU-
NISTISCHE INTERNATIONALE gemeint ist, sondern
die vom ZK der KPD herausgegebene ZEITSCHRIFT
FÜR PRAXIS UND THEORIE DES MARXISMUS, die
sich als Fortführung der im April 1915 von Rosa Luxemburg
und Franz Mehring begründeten Zeitschrift DIE INTER-
NATIONALE/EINE MONATSSCHRIFT FÜR PRAXIS
UND THEORIE DES MARXISMUS verstand – ein Reprint des ersten und damals einzigen Heftes erschien 1965 im
Dietz Verlag Berlin mit einem Kommentar von Heinz Wohl-
gemuth. Der Anti-Münzenberg-Aufsatz in DIE INTERNA-
TIONALE (Heft 7/8/1937, Seiten 121 bis 125) und als Vorabdruck in DEUTSCHE VOLKS-ZEITUNG vom 7. Novem-
ber 1937 war zweifelsfrei von Walter Ulbricht inspiriert und
vermutlich sogar – zumindest in wesentlichen Passagen –
von ihm selbst geschrieben (vgl. Anmerkungen 55 bis 57).
2 Das Foto mit den Friemarer Schülern der Geburtsjahrgänge
1889 bis 1891, das etwa 1897 in Friemar aufgenommen worden sein muß, wurde Anfang August 1989 in der thüringischen Ortschaft auf ungewöhnliche Weise gefunden. Angeregt von einer Artikelfolge über Münzenbergs Kindheit und
Jugend (Harald Wessel: Willi Münzenberg – seine frühen
Jahre in Thüringen. Vier Folgen. In: NEUES DEUTSCH-
LAND vom 29./30. Juli, 5./6. August, 12./13. August und 19./
20. August 1989, Seiten 11 bzw. 9), startete der Friemarer
Ortschronist Georg Sülzenbrück eine Befragung aller älteren
Einwohner. Er fand eine ganze Serie von Schulkinder-Grup-
penfotos, die sich relativ einfach nach Geburtsjahrgängen
ordnen ließen. Nach einem der Raster-Fahndung analogen
Verfahren wurde der kleine Willi Münzenberg identifiziert.
Legt man das Foto von 1897, das bislang nirgends veröffent-
licht werden konnte, neben das älteste Foto mit gesicherter
Münzenberg-Identität (das Gruppenfoto von der ersten
Gaukonferenz der Sozialistischen Jugendorganisationen
Thüringens auf der Treppe des Jenenser Volkshauses 1907,
das in Münzenbergs Buch »Die Dritte Front«, a. a. O., vor
Seite 31 abgebildet ist), so ist die Ähnlichkeit in der Physio-
gnomie und Körperhaltung frappierend. Von Kantor

313

Schneefuß oder Schneeguß ist uns Näheres nicht überliefert.

3 Vgl. Harald Wessel: Willi Münzenberg – seine frühen Jahre in Thüringen. Teil 2 – Eine Kindheit zwischen Dorfschule und Schenke. In: NEUES DEUTSCHLAND vom 5./6. August 1989, Seite 9. Am Hause der »Münz« wurde am 100. Geburtstag von Willi Münzenberg (14. August 1989) die »welterste« Gedenktafel für diesen herausragenden deutschen Kommunisten eingeweiht. Die Initiative dazu ging vom Gemeinderat Friemars aus. Vgl. auch Regine Halentz: Neue Kunde von der »Münz«/Die Bürger von Friemar ehren Willi Münzenberg. In: WOCHENPOST, Nr. 33/1989, Seite 15.

4 Vgl. Willi Münzenberg: Lebenslauf. Nach den Akten des Staatsarchivs des Kantons Zürichs (Signatur P23914, Nr. 524.24) originalgetreu reproduziert, Glashütten im Taunus 1972, Seite 13.

5 Ebenda, Seite 12.

6 Ebenda.

7 Im Schweizerischen Sozialarchiv Zürich gibt es zwei Fotos vom Zimmer Willi Münzenbergs im Hause Werdstraße 40 in Zürich; auf einem der Fotos ist die Weltkarte deutlich zu erkennen – an der Wand im Blickfeld Münzenbergs, wenn er an seinem Stehpult Aufsätze, Briefe, Gedichte und Theaterstücke schrieb. In diesem Zimmer empfing Münzenberg linke Sozialisten aus vielen Ländern, darunter Lenin und Radek. Ins Haus Werdstraße 40 zur Untermiete bei Murbach war Münzenberg am 19. Dezember 1912 gezogen (vgl. Empfangsschein des Quartierbureaus Wiedikon der Stadt Zürich, Stadtarchiv VEc. 45 – 2289). Werdstraße 40 ist als Redaktionsadresse u. a. der im September 1915 von Münzenberg gegründeten Antikriegs-Zeitschrift JUGEND-INTERNATIONALE in die Geschichte der linken Publizistik eingegangen (vgl. Jugend-Internationale/Die elf historischen Nummern der Kriegsausgabe 1915–1918. Mit Beiträgen von N. Lenin, L. Trotzki, H. Sinowjew, Karl Radek, Karl Liebknecht, A. Kollontay, C. Rappoport, J. Höglund, E. Olaussen, W. Münzenberg und anderen/Neudruck/Herausgegeben vom Exekutivkomitee der Kommunistischen Jugend-In-

314

ternationale, Berlin 1921). Zürich, Werdstraße 40 war auch die Adresse jenes von Münzenberg begründeten Büros der INTERNATIONALEN VERBINDUNG SOZIALISTISCHER JUGENDORGANISATIONEN, aus dem 1919 die Kommunistische Jugend-Internationale hervorging. Die Weltkarte vom NORDDEUTSCHEN LLOYD BREMEN war zweifellos eine technische Hilfe für Münzenbergs internationale Denkungsart.

Für freundliche Unterstützung bei der Suche nach Münzenberg-Akten in Zürich haben wir besonders Dr. Urs Rauber (Zürich) zu danken. Bei der Fahndung nach Fotos bzw. seltenen Schriften halfen uns in Zürich Dr. Miroslav Tucek (langjähriger Vorsteher des Schweizerischen Sozialarchivs) und Dr. Pietro Maggi vom Stadtbauarchiv in Zürich, denen wir ebenfalls herzlich danken möchten.

8 Vgl. Willi Münzenberg: Die Dritte Front..., a. a. O., Seite 16, sowie derselbe: Lebenslauf, a. a. O., Seiten 23/24. Dort berichtet Münzenberg auch, daß er mit seinen Erfurter Freunden zunächst zu den Versammlungen des Christlichen Vereins Junger Männer, dann zur Heilsarmee und zu einem eigenen Fußballklub ging. »Dann wollte einer noch etwas lustigeres wie die Heilsarmee entdeckt haben«, schreibt Münzenberg wörtlich in seinen Gefängnisaufzeichnungen, »einen Verein, der sich ›Propaganda‹ nannte. Ein Name, den ich nie gehört hatte und den auszusprechen mir im Anfang viel Mühe machte. Dabei muss ich bemerken, dass ich sehr schwer sprechen gelernt habe und bis zum zwölften Jahre stotterte« (Orthographie und Interpunktion Original Münzenberg, der den Lebenslauf in der Polizeikaserne offenbar selbst in die Schreibmaschine tippte; in seinem Zimmer/ Büro in der Werdstraße 40 muß Münzenberg schon während des ersten Weltkrieges eine Schreibmaschine besessen haben).

9 Willi Münzenberg: Die Dritte Front..., a. a. O., Seite 15.

10 Ebenda.

11 Vgl. ebenda, Seiten 18 und 23.

12 Ebenda, Seiten 19/20.

13 Francis Bacon: Die Lehre von den Idolen. In: Neues Organon. Buch I, Artikel 65. Wir folgen der Übersetzung in: Phi-

losophisches Lesebuch/Texte zur neueren Philosophiege-
schichte. Ausgewählt und erläutert von Hermann Glockner,
Stuttgart 1949, erster Band, Seite 23; vgl. auch Francis Bacon: Das neue Organon (Novum Organon). Herausgegeben
von Manfred Buhr, Berlin 1962, Seite 68.

14 Von Francis Bacon zunächst in lateinischer Sprache »Nam et
ipsa scientia potestas est«, dann in englischer Übersetzung
»For knowledge itself is power« formuliert; im Neuen Organon (vgl. die Buhr-Ausgabe, Seite 41) steht es sinngemäß so:
»Der Menschen Wissen und Macht fallen in eins zusammen,
weil Unkenntnis der Ursache den Erfolg verhindert.« Oder
etwas schlichter: »Wissen und menschliches Können ergän-
zen sich insofern, als Unkenntnis der Ursache die Wirkung
verfehlen läßt.«

15 Immanuel Kant: Was ist Aufklärung? In: BERLINISCHE
MONATSSCHRIFT, 1784; zitiert nach Hermann Glockner,
a. a. O., Seite 170.

16 Die UNIVERSUM-BÜCHEREI FÜR ALLE bot schöngei-
stige Literatur nach einem aufklärerischen Konzept. Da die
UNIVERSUM-Bücher am 10. Mai 1933 auf die Scheiterhau-
fen der Nazis flogen, sind sie komplett nur in ganz wenigen
Bibliotheken der Welt noch vorhanden. 1985/86 wurde an die
damals in der DDR Verantwortlichen die Idee herangetra-
gen, ab 1987 jeweils nach sechs Jahrzehnten die UNIVER-
SUM-Bände von 1927 und der 5 folgenden Jahre vollständig
als Taschenbücher in Jahreskassetten nachzudrucken; der
Vorschlag wurde nicht realisiert (Briefwechsel im Archiv des
Verfassers).
Eine umfassende Studie zur UNIVERSUM-BÜCHEREI
FÜR ALLE steht noch aus; erste Gesichtspunkte bietet Rolf
Surmann: Die Münzenberg-Legende/Zur Publizistik der re-
volutionären deutschen Arbeiterbewegung 1921–1933, Köln
1983, Seiten 93 bis 100.

17 Willi Münzenbergs Propaganda-»Konzern« war das erste
und bislang einzige geistig und wirtschaftlich effektive kommunistische Unternehmen in einem Land mit kapitalistischer Marktwirtschaft. Wenn die zwanziger und frühen dreißiger Jahre in Deutschland »Goldene Jahre« gewesen sind,

dann auch deshalb, weil zu ihrer geistigen Pluralität eben der von Münzenberg materialisierte linke Geist gehörte. Die wachsende Millionenzahl kommunistischer Wähler in Deutschland ist ohne Münzenbergs Propaganda-Erfolge ohnehin nicht denkbar. Vgl. etwa Bärbel Schrader/Jürgen Schebera: Die »Goldenen« Zwanziger Jahre/Kunst und Kultur der Weimarer Republik, Leipzig 1987, sowie Achim Nöllenheidt: Macht und Meinung/Zur Pressegeschichte der zwanziger Jahre. In: Die wilden Zwanziger/Weimar und die Welt 1919–33, Berlin (West) 1986.

18 Ende der fünfziger und Anfang der sechziger Jahre entstand in den USA eine Reklame-kritische Literatur, die ungeschminkt auf die geistigen Gefahren der »geheimen Verführung« hinwies; leider ist diese Literatur inzwischen aus dem Blickfeld geraten – vgl. etwa Vance Packard: The Hidden Persuaders, New York 1957 (deutsch: Die geheimen Verführer/Der Griff nach dem Unbewußten in Jedermann, Düsseldorf 1958); derselbe: The Waste Makers, New York 1960 (deutsch: Die große Verschwendung, Düsseldorf 1961); Martin Mayer: Madison Avenue, U.S.A./The extraordinary business of advertising and the people who run it, New York 1958; Harry Henry: Motivation Research, London 1958 (deutsch: Was der Verbraucher wünscht/Die Praxis der Motivforschung, Düsseldorf 1960).

19 Klaus Scheel: Krieg über Ätherwellen/NS-Rundfunk und Monopole 1933–1945, Berlin 1970, Seite 75. Scheel berichtet auch über die Arbeit des antifaschistischen Senders 29,8, der die technischen Anlagen eines von der Firma Siemens & Schuckert bei Madrid erbauten modernen Kurzwellensenders ab Ende 1936 nutzen konnte (vgl. ebenda, Seiten 95 bis 100). Von der Arbeit dieses Senders scheint Münzenberg weitgehend ferngehalten worden zu sein. Ein Vergleich der Sendungen von 29,8 mit den deutschsprachigen Sendungen von BBC und Radio Beromünster sowie von Radio Moskau steht noch aus; er würde mit ziemlicher Sicherheit das traditionelle Defizit der kommunistischen Propaganda an psychologischer Kriegskunst offenbaren.

20 Klassischer Journalismus/Die Meisterwerke der Zeitung.

317

Gesammelt und herausgegeben von Egon Erwin Kisch. Mit einem Nachwort zur Neuausgabe von Fritz Hofmann, Berlin 1982, Seite 7. Im Nachwort (Seite 577) ist auch dargestellt, wie Kisch selbst die von Bruno Frei als »sehr gefährliche These« bezeichnete Ansicht vom Sieg der »besser verfochtenen Sache« damals relativiert hat: Die bessere Sache müsse auch die besser verfochtene Sache sein!

21 Vgl. Babette Gross, a. a. O., Seite 302.

22 Vgl. Willi Münzenberg: Aufgaben einer Deutschen Volksfront/Erweiterter Sonderdruck aus »New Masses« New-York (Mainummer 1937). Herausgegeben als Sondernummer von »Das freie Deutschland, Mitteilungen der Deutschen Freiheitsbibliothek«, Paris-13ᵉ, 65, Boulevard Arago. Auf dem Titel der Broschüre steht als Motto der Satz: »Durch unsere Uneinigkeit haben wir Deutschland verloren, durch unsere Einigkeit werden wir Deutschland gewinnen.«
Eines der seltenen Exemplare dieser programmatischen Schrift fand sich in der Münzenberg-Akte der Oberreichsanwaltschaft. – Aus einem Brief Walter Ulbrichts an Heinrich Mann vom 25. Mai 1937 geht hervor, daß Münzenbergs langjähriger, treuer Freund und Sekretär Hans Schulz das Bulletin der Freiheitsbibliothek unter dem Titel DAS FREIE DEUTSCHLAND betreute – vgl. Pasaremos/Deutsche Antifaschisten im nationalrevolutionären Krieg des spanischen Volkes/Bilder – Dokumente – Erinnerungen, Berlin 1966, Seite 227. Der auf Münzenberg zurückgehende Titel DAS FREIE DEUTSCHLAND wurde wenige Jahre nach Münzenbergs Tod von deutschen Antifaschisten zunächst in Mexiko und dann in Moskau übernommen.

23 Vgl. TSCHAPAJEFF/Bataillon Tschapajeff/Cordoba Front, Nr. 60 vom 6. Juni 1937. Ein Exemplar der seltenen Frontzeitung befindet sich im IfGA/ZPA, V 237/11/175.

23a Bohumil Smeral, der um diese Zeit in Paris eintraf, um Münzenbergs »Unternehmungen« zu übernehmen, hatte den KI-Auftrag, auch EDITIONS DU CARREFOUR zu »liquidieren« (wörtlich Smeral!). Das geht aus einem 37seitigen Geheimbericht Smerals vom 5. Januar 1938 hervor, der sich 1990 in einem Moskauer Archiv fand, bislang unveröffentlicht ist und mir im November 1990 zur Kenntnis kam.

24 Vgl. Babette Gross, a. a. O., Seite 312.
25 Vgl. Volkskommissariat für Justizwesen der UdSSR: Prozessbericht über die Strafsache des sowjetfeindlichen trotzkistischen Zentrums. Verhandelt vor dem Militärkollegium des Obersten Gerichtshofes der UdSSR vom 23.–30. Januar 1937 gegen J. L. Pjatakow, K. B. Radek, G. J. Sokolnikow, L. P. Serebrjakow, N. I. Muralow, J. A. Liwschitz, J. N. Drobnis, M. S. Boguslawski, I. A. Knjasew, S. A. Rataitschak, B. O. Norkin, A. A. Schestow, M. S. Stroilow, J. D. Turok, I. J. Hrasche, G. J. Puschin und V. W. Arnold/angeklagt des Vaterlandsverrats, der Spionage, Diversionstätigkeit, Schädlingsarbeit und der Vorbereitung terroristischer Akte, d. h. der Verbrechen gemäß Artikel 58 1a, 58 8, 58 9, 58 11 des Strafgesetzbuches der RSFSR/Vollständiger stenographischer Bericht, Moskau 1937, Seiten 629 bis 636.

Besonders bemerkenswert sind jene Passagen des »vollständigen stenographischen Berichts«, in denen Radek Sowjetmarschall Tuchatschewski ins Spiel bringt (Seiten 115/116 sowie Seite 160). Einige Zeitgeschichtler meinen ja, Radek habe Tuchatschewskis Namen aus eigenem Antrieb, abweichend vom »Szenarium« des Schauprozesses, in die Gerichts-»Verhandlung« eingebracht, um Tuchatschewski und andere hohe Militärs zu warnen bzw. zum Widerstand gegen Stalin und seinen Geheimdienst anzuregen. Tatsächlich ist Staatsanwalt Wyschinski etwas verwirrt, als Radek den Namen nennt; der Gerichtsvorsitzende kommt ihm zur Hilfe, indem er eine Pause von zwanzig Minuten verordnet. Erst in der Abendsitzung des 24. Januar 1937 kommt Wyschinski (offenbar nach Konsultation mit Stalin, der den Prozeß sorgsam verfolgte und steuerte) auf Tuchatschewski zurück, und Radek erklärt umständlich, daß Tuchatschewski natürlich nichts mit dem terroristischen Zentrum zu tun hatte. Entweder hat Radek im Prozeß auf eigene Initiative und mit warnender Absicht Tuchatschewskis Namen genannt oder im Auftrag Stalins, der testen wollte, wie die Militärs auf solch eine indirekte Bedrohung reagieren würden. In beiden Fäl-

len machten Radek und Stalin die Rechnung ohne den
»Wirt« – in diesem Falle Hitlers Sicherheitsdienst SD, der
mit ziemlicher Wahrscheinlichkeit gefälschte Dokumente fa-
brizierte, die Tuchatschewski und andere sowjetische Militärs belasteten, und diese Falsifikate über Prag an den sowjetischen Geheimdienst bzw. Stalin selbst gelangen ließ, in der
(erschreckenderweise richtigen) Annahme, Stalin werde den
gefälschten Papieren mehr glauben als seinen Marschällen
und auf diese Weise seine eigene Armee »köpfen«, was dann
(ab Mai 1937) auch geschah – vgl. Ivan Pfaff: Prag und der
Fall Tuchatschewski/Wie Benes den Nationalsozialisten
auf den Leim ging. In: FRANKFURTER ALLGEMEINE
ZEITUNG FÜR DEUTSCHLAND vom 2. Juni 1987, Seiten
11/12 – gekürzte Fassung eines Aufsatzes aus der VIERTEL-
JAHRESSCHRIFT FÜR ZEITGESCHICHTE, Nr. I/1987.

26 Jakob Altmaier: Larissa Reißner. In: DIE WELTBÜHNE,
Heft 15/1926, vom 13. April 1926, Seiten 576/577.

27 Vgl. Larissa Reißner: Junkers. In: DIE WELTBÜHNE, Heft
24/1926, vom 15. Juni 1926, Seiten 921 bis 929.

28 Vgl. Konrad Widerhold: Die Wahrheit über Junkers. In: DIE
WELTBÜHNE, Heft 21/1926, vom 25. Mai 1926, Seiten 806
bis 810. Der Beitrag war aus aktuellem Anlaß einer Krise der
Junkers-Werke geschrieben, die aus einer machtpolitischen
und wirtschaftlich verfehlten Subventionspolitik der Reichsregierung erwachsen war. Professor Hugo Junkers (1859 bis
1935) hatte Patente für den Doppelkolbenmotor und für
Ganzmetallflugzeuge. Seine modernen Passagierflugzeuge
verhalfen der deutschen Zivilluftfahrt nach dem ersten Weltkrieg zu internationaler Geltung, mit der das Reichs-
wehrministerium in seinem Geheimrüstungswahn wenig anzufangen wußte.

29 Vgl. Karl Radek: Pilsudski. In: DIE WELTBÜHNE, Heft
23/1926, vom 8. Juni 1926, Seiten 878 bis 880.
Karl Radek wurde (wie auch Sinowjew, Kamenew, Pjatakow
und andere unter Stalins Terror zu Tode gekommene Kommunisten) im Juni 1988 vom Obersten Gerichtshof der
UdSSR »vor dem Gesetz, dem Staat und dem Volk für nicht
schuldig befunden« und somit juristisch rehabilitiert (vgl.

Moskau rehabilitiert Sinowjew und Kamenew/Opfer der Schauprozesse unter Stalin für unschuldig erklärt. In: FRANKFURTER ALLGEMEINE ZEITUNG FÜR DEUTSCHLAND vom 15.Juni 1988, Seite 6). Die Meldungen über die juristischen Rehabilitierungen von Bucharin, Rykow u.a. (Februar 1988) sowie Sinowjew, Kamenew, Pjatakow, Radek u.a. (Juni 1988) wurden von der DDR-Nachrichtenagentur ADN auf Weisung der damaligen SED-Führung nur vertraulich mit dem Vermerk »Nur zur Information/Interne Dienstmeldung« verbreitet – an einen kleinen Kreis von Chefredakteuren. Selbst in der Redaktion NEUES DEUTSCHLAND gehörten der für Geschichte zuständige »stellvertretende Chefredakteur« sowie der zuständige Abteilungsleiter nicht zum Bezieherkreis solcher »Internen Dienstmeldungen«. Sie erfuhren von den Rehabilitierungen aus der sowjetischen und aus der bundesdeutschen Presse. Nachfragen bei der Parteiführung, warum die Rehabilitierungsmeldungen in der DDR nicht veröffenlicht werden, obgleich beinahe jeder DDR-Bürger sie bei ARD und ZDF hören könne, wurden entweder nicht oder dilatorisch beantwortet.

Da Karl Radek gerade zu Fragen der deutschen Arbeiterbewegung und der deutsch-sowjetischen Beziehungen publizistisch besonders aktiv war, könnten und müßten deutsche Historiker und Verlage einen Beitrag zu seiner geistigen Rehabilitierung leisten, indem sie eine Sammlung von Radeks Publizistik herausgeben. Einen Ansatz dazu gibt Dietrich Möller: Karl Radek in Deutschland/Revolutionär, Intrigant, Diplomat. Mit 37 Radek-Texten und einer ausführlichen Bibliographie, Köln 1976. Einen originellen Versuch, Radeks Motive beim Schauprozeß vom Januar 1937 zu rekonstruieren, unternahmen Jochen Steffen/Adalbert Wiemers: Auf zum letzten Verhör/Erkenntnisse des verantwortlichen Hofnarren der Revolution Karl Radek, München 1977.

30 Es war das der Sammelband, den Münzenberg 1929 wegen der großen Nachfrage erneut herausbringen und diesmal um die Reportage »Hamburg auf den Barrikaden« bereichern wollte – ein Begehren, aus dem der Oberreichsanwalt die Be-

gründung für ein Ermittlungsverfahren wegen »eines fortgesetzten Verbrechens der Vorbereitung zum Hochverrat«
schöpfte (vgl. unser Kapitel »1933: Zwischen Fiasko und
Triumph«).

31 Ignaz Wrobel (d. i. Kurt Tucholsky): Larissa Reissner. In:
DIE WELTBÜHNE, Heft 8/1927, vom 22. Februar 1927,
Seite 298.

32 Ebenda.

33 Vgl. Bertha Lask: Hochverrat der Buchhändler. In: DIE
WELTBÜHNE, Heft 7/1927, vom 15. Februar 1927, Seite
273.

34 Vgl. ebenda.

35 Arthur Seehof: Jagd auf Buchhändler. In: DIE WELT-
BÜHNE, Heft 1/1927, vom 4. Januar 1927, Seite 35.

36 Ignaz Wrobel, a. a. O., Seite 298.

37 Ebenda, Seite 302. Ein prächtiges Bekenntnis Tucholskys zu
Larisa Rejsner findet sich auch im Brief Tucholskys an Marierose Fuchs vom 21. November 1930. Marierose Fuchs, eine
katholische Journalistin, die der Zentrumspartei nahestand,
hatte in einem Zeitungsartikel gegen Tucholskys Arbeiten polemisiert. Er trat mit ihr in einen Briefwechsel, in dem er dem
»lieben Fräulein Fuchs« die Rejsner vorhielt: »Ja, die Reissner ... das ist eine ganz ›Richtige‹. Es ist ein Phänomen –
man hat einmal geklatscht, Radek habe ihr dabei geholfen –
aber das erklärt die Sache noch nicht. Ich besitze alles von
ihr, auch das beschlagnahmte ›Hamburg auf den Barrikaden‹ (darin kommt mein Lieblingssatz vor: ›Hamburg, der
zuckende Fisch an der Nordsee‹) – es ist etwas ganz und gar
Einzigartiges.« (Kurt Tucholsky: Briefe/Auswahl 1913 bis
1935. Herausgegeben von Roland Links, Berlin 1983, Seite
245.)

38 Vgl. Boris Pilnjak: Die Wolga fällt ins Kaspische Meer.
Deutsch von Erwin Honig mit einem Beitrag von Karl Radek, Berlin 1930, sowie derselbe Autor mit demselben Werk
in der UNIVERSUM-BÜCHEREI FÜR ALLE. Auf dem
goldenen Vorsatz des Buches steht: »Dieser Band, als hun-
dertster der Universum-Bücherei ein erster Meilenstein am
Weg, auf dem wir mutig in die Zukunft schreiten, ist ein be-

scheidenes Denkmal der hingebungsvollen Arbeit vieler Tausender ungenannter Mitglieder an der Kulturfront der werktätigen Klasse. Juli 1931«. Die Radek-Betrachtung »Boris Pilnjaks Stellung in der sowjet-russischen Literatur«, die im Band von 1930 als Vorwort stand, ist im Jubiläumsband von 1931 nach hinten gerutscht.

Boris Andreevic Pilnjak (eigentlich: Vogau) (1894 bis 1937) war ein hoffnungsvolles Talent sowjetischer Literatur. Pilnjak ist nach den Worten von Ilja Ehrenburg (Menschen, Jahre, Leben/Memoiren/Band II, Berlin 1978, Seite 24) »1937 als einer der ersten umgekommen«. Ehrenburg (ebenda, Seite 448) erzählt, Egon Erwin Kisch habe ihn im Hotel MAJESTIC in Barcelona damals »flüsternd« gefragt, »ob Pilnjak wirklich japanischer Spion sei«. Leider berichtet Ehrenburg in seinen nach Kischs Tod veröffentlichten Memoiren nicht, was er (Ehrenburg) dem lieben Kollegen Kisch auf die »geflüsterte« Frage geantwortet hat. Wer wäre kompetenter gewesen, Kischs Frage nach den Ursachen des tödlichen Schicksals eines begnadeten Literaten zu beantworten, als Ehrenburg bei seinen guten Beziehungen in Moskau. Schon Pilnjaks wegen wäre es schön, wenn die Bände der UNIVERSUM-BÜCHEREI FÜR ALLE wieder einmal gedruckt würden; in dieser Bibliothek stand Kisch neben Pilnjak.

39 Münzenberg hat verschiedentlich nach Hitlers Machtübernahme versucht, Restbestände des NEUEN DEUTSCHEN VERLAGES, die noch nicht beschlagnahmt waren, illegal in die Schweiz bringen zu lassen, um sie von seiner dortigen Filiale aus vertreiben zu können – vgl. Alexander Broich: Ernst König (1897–1945). Beiträge zur Betriebsgeschichte des VEB Kombinat Pumpen und Verdichter, Stammbetrieb VEB Pumpenwerke Halle, Halle 1989, Seite 20. Dort wird mitgeteilt, daß Ernst König in Münzenbergs Auftrag versucht hat, Bücher von einem Leipziger Buchhändler Klemm nach Zürich zu bringen, was deshalb nicht gelang, weil Klemm sich fürchtete, verbotene Bücher abzugeben. Was Klemm mit den Büchern wollte, bleibt offen.

40 Vgl. Babette Gross, a. a. O., Seite 311.

41 Vgl. Willi Münzenberg: Propaganda als Waffe. 9. Sonderband der Jahresreihe 1937/274. Band der UNIVERSUM-BÜCHEREI FÜR ALLE/Copyright bei EDITIONS DU CARREFOUR Paris, Basel 1937. Es ist das die schönste, aber seltenste Ausgabe des zu einer kostbaren Rarität gewordenen letzten Münzenberg-Buches. Eine nach nicht ganz einsehbaren Gesichtspunkten gekürzte Fassung von »Propaganda als Waffe« findet man in: Willi Münzenberg: Propaganda als Waffe/Ausgewählte Schriften 1919–1940. Herausgegeben von Til Schulz (d. i. ein Neffe des legendären Münzenberg-Sekretärs Hans Schulz), Frankfurt am Main 1972, Seiten 171 bis 315.

Der Titel des Buches ist, wie Münzenberg (Seite 7 der Baseler Ausgabe) selbst mitteilt, einer internen Studie entlehnt, die ein Major Dr. Ing. Albrecht Blau, führender Mitarbeiter des »Psychologischen Laboratoriums des Reichskriegsministeriums«, unter dem gleichen Titel für höhere Offiziere der Hitler-Wehrmacht geschrieben haben soll. Münzenberg wollte mit diesem Titel-»Plagiat« offenbar die besondere Bedeutung unterstreichen, die eine moderne Propaganda im künftigen Krieg gewinnen würde. Hätten sich die KPD- und Komintern-Führungen 1937 mit Münzenbergs Buch produktiv beschäftigt, wären sie 1939 bzw. 1941 der psychologischen Kriegführung der Nazi-Wehrmacht nicht zeitweilig so hilflos ausgeliefert gewesen.

42 Vgl. Babette Gross, a. a. O., Seite 313.

43 SAP-Archiv, Box 6, Mappe 51. – In einem SAP-Brief an Münzenberg vom 4. März 1937 wird darüber geklagt, daß man »in diesem Jahr überhaupt noch nicht zusammengetreten« ist. Es gibt da auch einen Briefwechsel zwischen Wehner und Walcher vom September 1936, aus dem hervorgeht, wie Walcher einer von Wehner vorgeschlagenen Begegnung zwischen Walcher und Ulbricht ausweicht.

Eckdaten zur näheren Bestimmung der Zeit der Arbeit Münzenbergs an »Propaganda als Waffe« sind: Am 22. Januar 1937 erscheint noch der »Neue Spanien-Aufruf der deutschen Opposition« mit Münzenberg unter den Unterzeichnern. Es ist zu vermuten, daß Münzenberg bis 21. Januar 1937 mit diesem Aufruf beschäftigt war. Am 22. März 1937 spricht Münzenberg auf der großen Kundgebung der deutschen Emigration. Und am 13. Mai 1937 ist der Abschluß der Arbeit am Buch in Sicht.

44 Vgl. Pasaremos/Deutsche Antifaschisten im nationalrevolutionären Krieg des spanischen Volkes..., a. a. O., Seiten 226 und 227. Der Band, 1966 im DEUTSCHEN MILITÄR-VERLAG Berlin erschienen, entstand unter dem Patronat des ehemaligen Spanienkämpfers und späteren Ministers für Nationale Verteidigung der DDR Heinz Hoffmann (1910 bis 1985/Verteidigungsminister ab 1960), der auch in anderen Fällen unkonventionell vorging, um den Einsatz deutscher Antifaschisten in Spanien ins rechte Licht zu rücken; so erschien bereits 1960 im VERLAG DES MINISTERIUMS FÜR NATIONALE VERTEIDIGUNG Berlin unter dem Titel »Die Rote Schlacht« das berühmte »Spanische Tagebuch« von Michail Kolzow (1898 bis 1940), der anderswo bis in die achtziger Jahre wie eine »Unperson« behandelt wurde. Die erstaunlichste Edition des unter Heinz Hoffmanns Regie stehenden Verlages war 1966 das Buch »Prolog für ein neues Spanien« von Arthur Gérard London, der 1952 im Prager Prozeß gegen Rudolf Slánský zu lebenslänglicher Haft verurteilt worden war und 1969, nachdem er freigekommen und ins westliche Ausland gelangt war, das berühmte Buch »L'Aveu« schrieb, das 1970 als Vorlage zu dem Film von Costa Gavras »Das Geständnis« diente.

45 Natürlich halfen die dreitägigen bewaffneten Auseinandersetzungen zwischen Truppen der POUM und Einheiten der republikanischen Regierung ab 3. Mai 1937 in Barcelona dem rechtsextremistischen Putsch-General Franco, der erfreut zusehen konnte, wie sich seine Gegner gegenseitig »umbrachten«. Doch die Schuld für den sogenannten POUM-Putsch, für die Kämpfe in Barcelona, die 900 Tote und 2600 Verwundete forderten, lag nicht allein bei der POUM, sondern auch bei den republikanischen Behörden, die nicht imstande waren, einen Konsens zwischen den linken Kräften herzustellen, und sich statt dessen von der antitrotzkistischen Hysterie Stalins und seiner Anhänger beeinflussen lie-

ßen. Den unmittelbaren Anlaß für die Schießereien in Barcelona boten übrigens die republikanischen Behörden, als sie am 3. Mai 1937 die »basisdemokratisch« von POUM-Leuten verwaltete Telefonzentrale in Barcelona in ihre Gewalt bringen wollten – vgl. Arthur Gérard London: Prolog für ein neues Spanien, Berlin 1966, Seite 264.

46 Pasaremos..., a. a. O., Seite 227.

47 Vgl. IfGA/ZPA, NL 36/515, Blatt 36.

48 Ebenda.

49 Ebenda, Blatt 42.

50 Vgl. ebenda, Blatt 46. Vor das Datum »den 6. 7. 37« ist handschriftlich »(Prag)« gesetzt worden, woraus man schließen mag, daß Walter Ulbricht nach seiner Abstimmungsniederlage im Ausschuß zur Vorbereitung/Schaffung der Deutschen Volksfront von Paris nach Prag ging, von wo aus er besser mit den Resten des Sicherheitsapparates der KPD und mit der Moskauer Zentrale zusammenwirken konnte.

51 Ebenda, Blatt 46. Münzenbergs Haupteinwand gegen die Moskau-Reise, den er immer wieder offiziell vorbrachte, bestand in dem Argument, die Gerüchte und Vorwürfe gegen ihn seien in der Pariser Emigration erfunden/erhoben worden (gemeint war: von Ulbricht) und müßten auch dort geklärt werden, bevor er (Münzenberg) nach Moskau reise, wo man die Gerüchte und Vorwürfe ohnehin schwer nachprüfen könne. Die französische Ausgabe von »Propaganda als Waffe« kann Münzenberg im Juni 1937 noch beschäftigt haben. Von einer englischen Ausgabe ist uns nichts bekannt.

52 Ein Zeitungsausschnitt von POSLEDNIJE NOVOSTI (»Poslednija Novosti« ist ein Schreib- oder Druckfehler) befindet sich (wie weitere Pressestimmen) in Piecks Münzenberg-Akte – vgl. ebenda, Blatt 69.

53 Zwischen DEUTSCHE ARBEITERZEITUNG Toronto/Canada und DEUTSCHE ZEITUNG FÜR CANADA ab 4. August 1937 – vgl. Zeitungsausschnitt in Piecks Akte, ebenda, Blatt 82. Die DEUTSCHE ARBEITERZEITUNG wies die Darstellung der DEUTSCHEN ZEITUNG FÜR CANADA zurück, wonach Stalin Münzenberg »unter Drohung nach Moskau zurückbeordert« habe, und druckte

Münzenbergs Erklärung aus der PARISER TAGESZEI-
TUNG vom 24.Juli 1937 nach.

54 IfGA/ZPA, NL36/515, Blatt 81. Von den fünf Männern, die
da in einer Sitzung den ZK-Ausschluß von Münzenberg »beschlossen« haben, werden der Österreicher Franz Kunert
und der KI-Kaderleiter Albert Müller (d.i. Georg Brück-
mann) selbst ein tragisches Schicksal erleiden: Offenbar 1938
vom NKWD verhaftet – Straflager, wo Müller etwa 1942 um-
kommt, während Kunert wohl 1946 freigelassen wird, aber
bald darauf an den Haftfolgen stirbt.

55 Ebenda, Blatt 43. Der Satz über den CARREFOUR-Verlag,
»der uns bekanntlich nicht untersteht«, ist unterstrichen.
Ebenso der Satz über den in der DVZ vom 13.Juni veröffentlichten Auszug. Die letzten beiden Sätze sind durch Anstrei-
chung am Rande hervorgehoben. – Der heutige Betrachter
dieser Papiere mit den vermutlich von Pieck stammenden
persönlichen Anstreichungen und Marginalien wird den Eindruck nicht los, daß ein Absicherungsinteresse ständig mit
im Spiel war. Wäre Pieck von Stalin oder Manuilski oder vom
NKWD gefragt worden: »Wie konnte dieses Buch nur erscheinen?«, hätte er prompt geantwortet: »Es erschien im
Carrefour-Verlag, der uns bekanntlich nicht untersteht.«
Und: »Der Auszug in der DVZ wurde ohne unsere Erlaubnis
gedruckt.« – Das ist der Preis, den eine Partei zahlen muß,
die ihre Führungskräfte nicht entschieden genug nach dem
sozialistischen Prinzip »Jeder nach seinen Fähigkeiten, jedem nach seiner Leistung« auswählt bzw. auszuwählen imstande ist.

56 Die Rezensionsentwürfe von Dengel haben in der Münzenberg-Akte von Pieck die Signaturen NL 36/515, Blätter 48 bis
55 sowie 56 bis 66. Die Komintern-Zeitschrift KOMMUNI-
STISCHE INTERNATIONALE, deren Redaktionsrat
Willi Münzenberg 1920 angehört hatte, erschien 1937 in russischer, französischer, englischer, chinesischer, spanischer
und deutscher Sprache. Zumindest die deutsche Ausgabe
wurde in Strasbourg bei EDITIONS PROMETHEE herausgegeben, einem Verlag, der aus Münzenbergs »Unternehmen« hervorgegangen war.

57 Der Vorabdruck eines politisch problematischen Aufsatzes
   aus einem Journal mit relativ kleiner Auflage in einer Zeitung mit relativ hoher Auflage schafft gleichsam »vollendete
   Tatsachen«, sanktioniert das Vorabgedruckte und nimmt
   dem Aufsatz jenen Diskussionscharakter, der ihm in einer
   Fachzeitschrift anhaftet. Die Technik des Vorabdrucks ist gut
   geeignet, die politische Signalwirkung eines Artikels zu eska-
   lieren. Und mit dem Abdruck des Anti-Münzenberg-Aufsat-
   zes in der Jubiläumsnummer zum 20. Jahrestag der russischen Revolution sollte der Eindruck erweckt werden, als sei
   auch die sowjetische Führung bzw. die Komintern gegen
   Münzenberg, was aber zu diesem Zeitpunkt mit großer
   Wahrscheinlichkeit noch nicht der Fall war. Mit der Vorab-
   druckmethode wollte Ulbricht Dimitroff u. a. gegen Münzenberg festlegen.

58 Das ist zu betonen, weil in Dengels erstem Entwurf der erste
   Satz (!) so lautete: »Der Inhalt des Buches ›Propaganda als
   Waffe‹ ist nicht marxistisch« (IfGA/ZPA, NL 36/515, Blatt
   48). Und Dengels Begründung: »Der Verfasser gebraucht
   durchgehend nicht die marxistische, sondern eine ideali-
   stisch-psychologisierende Methode. An einer Reihe von Stellen des Buches werden Leute wie der französische Psycho-
   loge Le Bou (gemeint ist Le Bon – H. W.), dann Jakob Burck-
   hardt, Treitschke als Kronzeugen herangezogen. Freud wird
   nicht ausdrücklich genannt, aber es gibt viele Stellen, die seinen Einfluß zeigen« (ebenda). Mit der gleichen scholastischen Logik könnte man Marx vorwerfen, daß es bei ihm
   »viele Stellen« gibt, die Hegels Einfluß zeigen.
   Unser Vorwurf an Dengel, er habe »eindimensional« gedacht, bezieht seinen Maßstab von Herbert Marcuse: Der
   eindimensionale Mensch/Studien zur Ideologie der fort-
   geschrittenen Industriegesellschaft, Neuwied/Berlin (West)
   1967. Marcuse begründet dort seine Ansicht, daß die Kon-
   sumgesellschaft nicht die erhoffte Freiheit setzt. An Konsum-
   gesellschaft in modernem Sinne war 1937 natürlich noch
   nicht zu denken. Doch ein Befund Marcuses trifft auch auf
   die Denkungsart in den »geschlossenen Gesellschaften« zen-
   tralistisch verwalteter kommunistischer Parteien bereits in

den dreißiger Jahren zu: »Es ist daher kein Wunder, daß die sozialen Kontrollen in den fortgeschrittensten Bereichen dieser Zivilisation derart introjiziert worden sind, daß selbst individueller Protest in seinen Wurzeln beeinträchtigt wird. Die geistige und gefühlsmäßige Weigerung ›mitzumachen‹ erscheint als neurotisch und ohnmächtig« (ebenda, Seite 29). Schlicht gesagt: Dengel hielt Münzenberg allein deshalb für »neurotisch«, weil er einen eigenen Kopf behalten hatte.

59 Ph. Dengel: Kritik und Bibliographie/»Propaganda als Waffe«. In: KOMMUNISTISCHE INTERNATIONALE, Heft 9, vom 30. September 1937, Seite 15.

60 Zu den in der Sowjetunion ermordeten deutschen Kommunisten und zur Haltung der Moskauer KPD-Führung in dieser Zeit stalinistischer Blutjustiz und geheimpolizeilicher Willkür vgl. Walter Wimmer: »... unter falschen Anschuldigungen verhaftet«/Zum Schicksal deutscher Kommunisten im sowjetischen Exil. In: NEUES DEUTSCHLAND vom 2./ 3. Dezember 1989, Seite 13, sowie Hermann Weber: »Weiße Flecken« in der Geschichte. Die KPD-Opfer der Stalinschen Säuberungen und ihre Rehabilitierung, Frankfurt am Main 1990.

61 Vgl. Gerda Raßler: Pariser Tageblatt/Pariser Tageszeitung/ 1933–1940. Eine Auswahlbibliographie, Berlin und Weimar 1989, Seiten 246, 254 und 255/256.

62 Valeriu Marcu: Die Propaganda. In: DAS NEUE TAGE-BUCH vom 10. Juli 1937, Seite 659.
In seiner Ausgabe vom 24. Juli 1937 brachte DAS NEUE TAGEBUCH einen Drei-Sterne-Aufsatz mit dem Titel »Ein Führerwechsel«. Dort wurde gesagt, Münzenberg, »der als Mitglied des Zentralkomitees der deutschen Partei tatsächlich ihr Spiritus rector war«, sei dieser Stellung in der KPD enthoben worden. Diese Veränderung sei »ohne Zweifel ein Teil jener General-›Säuberung‹, die überall im Gange ist und von der man nur feststellen kann, dass sie in der Mehrzahl Figuren betrifft, die das Unglück hatten, schon vor Stalin ›gross‹ gewesen zu sein« (ebenda, Seite 711). Dann wird behauptet, Ulbricht sei an Münzenbergs Stelle getreten. Und schließlich macht das Emigrantenblatt so gut wie alles

Mögliche und Unmögliche gegen Walter Ulbricht geltend, namentlich Ulbrichts maßgebliche Rolle bei der Teilnahme der KPD am Berliner Verkehrsarbeiter-Streik vom November 1932, der von den Nazis initiiert worden war. Der Drei-Sterne-Autor verheißt unter Ulbricht eine KPD-NSDAP-»Volksfront« – eine makabre Ahnung, wenn man an den Deutsch-Sowjetischen-Nichtangriffsvertrag vom 23./24. August 1939 und an die folgenden Verträge und Geheimverträge denkt.

63 Vgl. Leo Trotzki: Die Enthauptung der Roten Armee. In: Leo Trotzki: Stalins Verbrechen, Berlin 1990, Seiten 293 bis 307.

1938: Kampfbund von Gleichgetrimmten

1 Steffie Spira-Ruschin: Trab der Schaukelpferde/Aufzeichnungen im nachhinein, Berlin 1984, Seite 104.

2 Vgl. Volkskommissariat für Justizwesen der UdSSR/Prozessbericht über die Strafsache des antisowjetischen »Blocks der Rechten und Trotzkisten«/Verhandelt vor dem Militärkollegium des Obersten Gerichtshofes der UdSSR vom 2. bis 13. März 1938 gegen N. I. Bucharin, A. I. Rykow, G. G. Jagoda, N. N. Krestinski, Ch. G. Rakowski, A. P. Rosengolz, W. I. Iwanow, M. A. Tschernow, G. F. Grinko, I. A. Selenski, S. A. Bessonow, A. Ikramow, F. Chodshajew, W. F. Scharangowitsch, P. T. Subarew, P. P. Bulanow, L. G. Lewin, D. D. Pletnjow, I. N. Kasakow, W. A. Maximow-Dikowski und P. P. Krjutschkow/angeklagt der Verbrechen, vorgesehen in den Artikeln 58 1a, 58 2, 58 7, 58 9 und 58 11 des Strafgesetzbuches der RSFSR, und gegen Iwanow, Selenski und Subarew außerdem der Verbrechen gemäß Artikel 58 13 des Strafgesetzbuches der RSFSR./Vollständiger Stenographischer Bericht, Moskau 1938 (in deutscher Sprache; im folgenden kurz als »Bucharin-Prozeß« zitiert).

Timing (Zeitpunktwahl, Zeitpunktbestimmung) spielt in der Politik meist eine größere Rolle, als die geschichtliche Forschung nachzuvollziehen vermag. Das Timing geschichtlicher Vorgänge zu analysieren verhilft oft zu zusätzlichen Einsichten. So haben Leo Trotzki und (gestützt auf ihn) Stephen F. Cohen, der nordamerikanische Verfasser der bislang informativsten Bucharin-Biografie (Stephen F. Cohen: Bukharin and the Bolshevik Revolution/A Political Biographie/1888 bis 1938, New York 1973), nicht ohne Grund auf die zeitliche Nähe des Todesurteils gegen Bucharin am 13. März 1938 mit Hitlers Einmarsch in Österreich am 11. März 1938 hingewiesen – Trotzki, um die fatalen internationalen Aspekte des Stalinschen Kampfes gegen die eigenen Genossen in Betracht zu bringen, Cohen, um seine Leser davon zu informieren, daß die Nachrichten über Hitlers Einfall in Österreich Bucharins Ende aus den Schlagzeilen der internationalen Presse verdrängten (vgl. ebenda, Seite 381). Seltsam mutet an, daß Cohen einen anderen, weit wichtigeren zeitlichen Zusammenhang nicht erwähnt: den Umstand, daß Bucharin, der theoretisch versierte Marxist, möglicherweise am 55. Todestag von Karl Marx erschossen worden ist. Während Hitlers Einmarsch in Österreich von den Moskauer Prozeßplanern nicht vorauszusehen und insofern zufällig war, stand Marxens Todestag am 14. März auf dem offiziellen politischen Kalender der Sowjetunion und der Kommunisten in aller Welt. Zwar wird in der Literatur Bucharins Tod auf den 15. März 1938 festgelegt (vgl. etwa »Unpersonen« wer waren sie wirklich? Bucharin, Rykow, Trotzki, Sinowjew, Kamenew, Berlin 1990, Seite 9). Doch Cohen zufolge (Seite 380) stützt sich dieses Datum auf eine am 15. März 1938 veröffentlichte regierungsamtliche Ankündigung der Urteilsvollstreckung an diesem Tag. Da das Todesurteil am 13. März 1938 früh gegen vier Uhr (nach fünfeinhalbstündiger nächtlicher Beratung des Gerichts!) verkündet wurde und da man bei den früheren Prozessen die Urteile (wie es hieß) »sofort vollstreckte«, sind Zweifel an dem offiziellen Datum »15. März 1938« angebracht. Doch selbst wenn das Datum stimmt, liegt zwischen der Urteilsverkündung am 13. März und der Erschießung am 15. März mit makabrer Symbolik der Todestag von Karl Marx. Und das ist natürlich Münzenberg so wenig entgangen wie seinen Gegnern in der KPD-Führung. Das Timing des Todes von Nikolai Bucharin mußte als psychologischer Tiefschlag gegen überzeugte Marxisten empfunden werden – wie auch Bucharins (gewiß erzwungene) Reue-Erklärung: »Alle sehen die weise Führung des Landes, die durch Stalin gesichert wird.« (Bucharin-Prozeß, Seite 848.)

3 Vgl. IfGA/ZPA, NL 36/515, Blätter 162 und 175.

4 Ebenda, Blatt 162. – Auf Blatt 163 sind Piecks handschriftliche Notizen von Blatt 162 in Maschinenschrift übertragen; die Übertragung trägt das Datum »14. 1. 1964«, woraus zu ersehen ist, daß die Münzenberg-Akte von Pieck bereits 1964 zum Bestand des Berliner Instituts gehörte.

5 Julius Alpári, 1882 geboren, seit 1907 politisch aktiv, hatte in den zwanziger Jahren großen Anteil an der Entwicklung der deutschsprachigen Komintern-Zeitung INTERNATIONALE PRESSE-KORRESPONDENZ, die er ab Sommer 1932 in Gestalt der Baseler RUNDSCHAU weiterführte. 1940 wird Alpári in Paris von der GESTAPO gefaßt und im Juli 1944 im KZ Sachsenhausen ermordet.

6 Siegfried Rädel, 1893 bei Pirna geboren, trat 1912 in die SPD ein, dann in die USPD und KPD, in deren Führung er sich vor allem mit sozialpolitischen Fragen befaßte. 1933 leitete er die illegale KPD-Arbeit in Sachsen, war dann für Grenzstellen verantwortlich und ging später über Prag und die Schweiz nach Paris. Von Vichy-Frankreich 1942 an die GESTAPO ausgeliefert, wurde Rädel am 25. Februar 1943 zum Tode verurteilt und am 10. Mai 1943 im Zuchthaus Brandenburg hingerichtet.

7 Vgl. etwa William L. Shirer: Der Zusammenbruch Frankreichs/Aufstieg und Fall der Dritten Republik, Band 1, München 1978, Seiten 378 bis 394; auch Jacques Duclos: Memoiren I 1896–1939, Berlin 1972, Seiten 644 bis 648; Franz Dahlem: Am Vorabend des zweiten Weltkrieges..., a. a. O. (Band 1), Seiten 81 ff. und 171 ff.

8 Es gibt in der geschichtlichen Erinnerung wie im täglichen Leben bestimmte Vorstellungen von Personen, die man so gut zu kennen glaubt, daß man ihnen charakterloses Verhalten einfach nicht zutraut. Wilhelm Pieck (1876 bis 1960) gehörte zu diesen Menschen mit gutem Leumund. Als er 1949 zum Präsidenten der DDR erkoren wurde, war er in größeren Teilen der Bevölkerung der DDR ausgesprochen populär. Er konnte mit den Leuten reden, zeigte dabei Verständnis und

Humor, seine sonore Stimme wie sein ganzes joviales Auftreten flößten Vertrauen ein. Zusammen mit dem ehemaligen Sozialdemokraten Otto Grotewohl (1894 bis 1964) verkörperte er den seinerzeit in ganz Deutschland geläufigen Wunsch nach einem Ende des Bruderzwistes zwischen den linken Parteien. Als Antifaschist und Kriegsgegner hatte Pieck einen Bonus. Sein Eintreten für die demokratische Einheit Deutschlands wirkte auch nach der Gründung der Bundesrepublik und der DDR glaubwürdig. Piecks Name war mit der Bodenreform und der Schulreform verknüpft, die eine hohe Akzeptanz in der Bevölkerung hatten. Als ihn eine seiner ersten Reisen als Staatspräsident am 23. und 24. November 1949 auch nach Jena, an die kurz zuvor gegründete Arbeiter-und-Bauern-Fakultät der Friedrich-Schiller-Universität führte (bei welcher Gelegenheit der Verfasser ein einziges Mal Wilhelm Pieck aus nächster Nähe erleben konnte), da waren die damals an der Universität nur widerwillig geduldeten Studenten aus Arbeiter- und Bauernfamilien über solchen demonstrativen Beistand des »ersten Mannes im neuen Staate« natürlich begeistert. Dabei »trommelte der Buschfunk«, Pieck setze sich für einen »deutschen Weg zum Sozialismus« und für eine Kompromißlösung in der seinerzeit heiß umstrittenen Frage der neuen deutschen Ostgrenzen ein (»Er möchte nicht, daß seine Geburtsstadt Guben polnisch wird«). Doch in Wirklichkeit ließen Stalins Diktatur und der Kalte Krieg zwischen Ost und West dem DDR-Präsidenten kaum eigenen Handlungsspielraum. Und die Tatsache, daß Pieck 1938 nicht riskiert hat, sich offen hinter Münzenberg und dessen politisches Konzept zu stellen, hat die ohnehin minimalen Initiativ- und Entscheidungsspielräume des ersten Präsidenten der DDR zusätzlich eingeengt.

9 Vgl. Franz Dahlem, a. a. O., Seiten 68 bis 78, 99 bis 102, 131 bis 140 sowie 225 bis 235.

10 Ebenda, Seite 225.

11 Ebenda, Seiten 132/133.

12 Ebenda, Seite 133.

13 Vgl. DEUTSCHE VOLKS-ZEITUNG, Nr. 21/38 vom

22. Mai 1938 – Abschrift in der Pieck-Akte, IfGA/ZPA, NL 36/515, Blatt 176.

14 Vgl. Herbert Wehner, a.a.O., Seite 276, sowie Franz Dahlem, a.a.O., Seiten 137 ff.

15 Vgl. Herbert Wehner, a.a.O., Seite 276. Wehner meint, im Verfahren der IKK gegen Ulbricht sei es vor allem um den »Abfall Münzenbergs« gegangen.

16 Originale Agentur-Meldung in der Pieck-Akte, a.a.O., Blatt 178. Um welche Nachrichtenagentur es sich handelte, ist dem Ausschnitt aus einem Bulletin bzw. Fernschreiben nicht eindeutig zu entnehmen. Es ist zu vermuten, daß ein professionell wendiger Mitarbeiter der DVZ und Anhänger Ulbrichts die Nachricht an die Pariser Agentur gegeben hat. Da der Text der Nachricht Formulierungen aus dem Ausschlußtext vom März enthielt, konnte die Vorausmeldung der Agentur der DVZ als Begründung/Entschuldigung dafür dienen, daß sie nicht den moderaten Mai-Text, sondern den rabiaten März-Text verwendete. Die beiden gleichsam hauptamtlichen Redakteure der DVZ (eine Wochenzeitung mit einer Auflage von 45000 Exemplaren) waren Lex Ende (1899 bis 1951) und Albert Norden (1904 bis 1982).

17 Vgl. Franz Dahlem, a.a.O., Seite 140; Alexander Abusch, a.a.O., Seite 441.

18 Eine Biographie Paul Merkers (1894 bis 1969) mit den Höhen und Tiefen dieses bewegten Lebens eines deutschen Gewerkschafters und Kommunisten muß noch geschrieben werden. Biographische Streiflichter bietet Wolfgang Kießling: Brücken nach Mexiko/Traditionen einer Freundschaft, Berlin 1989, besonders auf den Seiten 458 ff. Merker war ein Mann von staatsmännischem Format, der Münzenbergs intelligenter Politik eigentlich viel näher stand als dem Parolenspiel Ulbrichts. Merkers aus Parteidisziplin halbherzige Versuche von 1938/39, einen Konsens mit Münzenberg zu erhalten, blieben erfolglos, müssen aber noch näher untersucht werden. In den Prozessen gegen Rajk und Slánský wurde Merker ab 1949 durch falsche »Geständnisse« der Spionage bezichtigt und in der DDR in einem Geheimprozeß zu einer hohen Zuchthausstrafe verurteilt. Nach dem XX. Parteitag

der KPdSU rehabilitiert, bescheinigte ihm das ZK der SED im Mai 1969 in einem Nachruf vorbildliche Treue »zur Sache des Volkes und des Sozialismus«.

19 Paul Bertz (1886 bis 1950) war 1910 in die SPD eingetreten, gehörte im Spartakusbund und dann in der KPD zu den linksradikalen Kräften. Nach illegaler Arbeit in Nazi-Deutschland bis Ende 1934 war er Leiter der KPD-Emigranten in der Schweiz, ab 1937 in der KPD-Auslandsleitung in Paris. Nach 1945 in der Sowjetischen Besatzungszone Deutschlands und in der DDR eher untergeordnete Funktionen ausübend, wurde Bertz nach dem Rajk-Prozeß der Spionage bezichtigt und nahm sich das Leben – vgl. besonders Georg Hermann Hodos: Schauprozesse/Stalinistische Säuberungen in Osteuropa 1948–54, Berlin 1990, Seiten 182 ff.

20 Anton Ackermann (1905 bis 1973) arbeitete lange Zeit im Komintern-Apparat in Moskau, entwickelte an der dortigen Lenin-Schule theoretische Neigungen und leitete 1938 bei Paris eine kleine Exil-Parteischule der KPD. Nach 1945 vertrat er in der Sowjetischen Besatzungszone Deutschlands öffentlich den »besonderen deutschen Weg zum Sozialismus«, wurde aber, offensichtlich nach sowjetischen Interventionen, »zurückgepfiffen« und geriet 1953, im Zusammenhang mit der Zaisser-Herrnstadt-Affäre, erneut in Konflikt mit Ulbrichts Parteiführung.

21 Elli Schmidt (Jahrgang 1908), ab 1927 in der KPD, von 1933 bis 1935 Leiterin von illegaler Gewerkschaftsarbeit im Ruhrgebiet, Teilnehmerin am VII. Weltkongreß der Komintern, nach 1939 Emigration in der UdSSR, war eine der wenigen Frauen in der SED-Führung, bis sie 1953, wie ihr Mann Anton Ackermann, mit Ulbricht kollidierte.

22 Gerhart Eisler (1897 bis 1968), 1918 KPÖ, 1920 KPD, schon 1921 als Sekretär der KPD-Zeitschrift DIE INTERNATIONALE parteijournalistisch tätig, 1927 ins ZK der KPD gewählt, beteiligte sich am 26. September 1928 an dem Versuch, Ernst Thälmann wegen der Wittorf-Affäre abzusetzen, und wurde, nachdem sich Stalin hinter Thälmann gestellt hatte, als »Rechter und Versöhnler« gebrandmarkt. Nach der Pari-

ser Emigration ging Eisler in die USA, wo er als »russischer Spion« verfolgt wurde. 1949, nach spektakulärer Flucht aus den USA, wurde Eisler Leiter des Amtes für Information der Regierung der DDR, verlor aber als verdächtigter Westemigrant Anfang der fünfziger Jahre zeitweilig seine Funktionen. Eisler prägte in starkem Maße den Stil der antiwestlichen Agitation der DDR als Antwort auf den primitiven Antikommunismus der Jahre des Kalten Krieges. Eine Vorstellung von Eislers Agitationskunst gibt der Band Gerhart Eisler: Auf der Hauptstraße der Weltgeschichte/Artikel, Reden und Kommentare 1956–1968. Mit einem Nachwort von Hilde Eisler, Berlin 1981.

23 Siehe Anmerkung 16.

24 Siehe Anmerkungen 16 und 51.

25 Erich Jungmann (1907 bis 1986), ab 1928 KPD, langjähriger Funktionär des KOMMUNISTISCHEN JUGENDVERBANDES DEUTSCHLANDS (KJVD), 1938 Mitglied des Pariser Sekretariats des ZK des KJVD, ab 1942 Emigration in Mexiko, an der Seite von Paul Merker, eng befreundet mit Egon Erwin Kisch. Jungmann wurde Ende 1952 in der DDR »zionistischer Abweichungen« beschuldigt und war vom NKWD als Mitangeklagter in einem DDR-Schauprozeß nach dem Muster des Prager Slánský-Prozesses vorgesehen. Trotz Rehabilitierung litt Jungmann bis zu seinem Tode unter den falschen Beschuldigungen. 1984/85 bei Gesprächen über Kisch äußerte Jungmann mir gegenüber vorsichtige Zweifel an der Richtigkeit der offiziellen Geschichtsdarstellung der SED. Er hielt es für notwendig, »gerade Münzenberg Gerechtigkeit widerfahren zu lassen«. Es müsse zu denken geben, daß fast alle jene Genossen, die 1938/39 Münzenberg fallengelassen hätten, in den fünfziger Jahren selbst Opfer falscher Anschuldigungen geworden seien.

26 Vgl. Franz Dahlem, a.a.O., Seiten 225 ff.; Alexander Abusch, a.a.O., Seite 441. – Abusch zufolge unternahm Dahlem »noch einmal den Versuch«, Münzenberg »für die Partei zu retten. Es gelang ihm nicht.« (Ebenda.) Dahlems »unausweichlich letzte Aussprache mit Münzenberg« (Abusch) hat offenbar am 25. August 1936 stattgefunden, so berichtete

Dahlem am 27. Dezember 1938 der KPD-Führung in Moskau (IfGA/ZPA, NL 36/515, Blätter 188 und 193).

27 Vgl. IfGA/ZPA, NL 36/515, Blätter 182 bis 186.

28 Vgl. ebenda, Blatt 211.

29 Münzenberg hat diese Hoffnung auch in seinem Freundeskreis genährt, z. B. gegenüber Jacob Walcher, der am 24. Juni 1938 im Autobus dem bürgerlichen antifaschistischen Publizisten Dr. Hans Ebeling (1897 bis 1968) erzählte: »Willi Münzenberg hat in der letzten Zeit wieder an Boden in der KP gewonnen und Walter Ulbricht soll schon mächtig ausgerutscht sein.« Es sei zu erwarten, daß Münzenberg sich wieder durchsetzen werde, was er (Walcher) begrüße, weil er sich davon eine Besserung der Zusammenarbeit in der Volksfront verspreche. Ebeling wiederum muß Walchers Autobus-Ansichten an einen Kommunisten oder an einen Zuträger weitergegeben haben, denn Walchers Ansichten wurden in einem anonymen Informationsbericht festgehalten, der bis nach Moskau ging, wo er in die Pieck-Akte gelangte (vgl. ebenda, Blatt 179). Auch Dahlem berichtete nach Moskau, Münzenberg rühme sich »seines guten Verhältnisses zu WP und Franz« (ebenda, Blatt 190). Mit WP ist Wilhelm Pieck gemeint.

Wie Dahlem berichtet (a. a. O., Seite 101), hatte Pieck in einem Vier-Augen-Gespräch Ende Januar 1938 in Moskau noch den Eindruck vermittelt, »daß Genosse Pieck und das Präsidium des EKKI noch immer bereit waren, um ihn (Münzenberg – H. W.) zu ringen«. Doch inzwischen – mit den Ausschlußtexten vom März und Mai 1938 – war Pieck eben unwiderruflich von Münzenberg abgerückt.

30 In der Pieck-Akte findet sich Münzenbergs Einspruch beim Sekretariat des EKKI vom 30. August 1938 nicht, wohl aber eine vierzehnseitige (!) maschinenschriftliche Antwort von Pieck und Ulbricht auf Münzenbergs Einspruch (IfGA/ZPA, NL 36/515, Blätter 205 bis 218). Die Antwort ist auf den 11. Februar 1939 datiert, woraus man schließen könnte, daß Dimitroff den an ihn gerichteten Einspruch Münzenbergs vom 30. August 1938 erst Anfang 1939 zur Stellungnahme an Pieck und Ulbricht gab.

31 Vgl. IfGA/ZPA, NL 36/515, Blätter 182 bis 186.

32 Ebenda, Blatt 182.

33 Ebenda.

34 Vgl. Statut der Kommunistischen Partei Deutschlands (Sektion der Kommunistischen Internationale), beschlossen auf dem 11. Parteitag in Essen, 2. bis 7. März 1927. Abgedruckt in: Dokumente zur Geschichte der SED. Band 1, 1847 bis 1945, Berlin 1981, Seiten 214 und 227/228.

35 Ebenda, Seite 227.

36 Ebenda.

37 Vgl. etwa die von Münzenberg ab 1912 in Zürich herausgegebenen Jahrbücher der sozialistischen Jugendorganisation, die zumeist unter dem Titel DIE ZUKUNFT erschienen und jeweils nachprüfbar Rechenschaft über die von Münzenberg geleistete Leitungsarbeit ablegten. Solche öffentliche Rechenschaft folgte vereinsrechtlichen Normen und ermöglichte eine definitive Kontrolle durch die Mitgliedschaft. Regelmäßige Rechenschaft, Kontrolle, demokratische Entlastung alter und Wahl neuer Leitungen versuchte Münzenberg auch in der KJI zur Norm zu machen, was ihm aber in der kurzen Zeit seiner Amtsführung vom Herbst 1919 bis Sommer 1921 kaum gelang.

38 Die IAH führte regelmäßig öffentliche Kongresse durch, veröffentlichte Geschäftsberichte und hatte – namentlich wegen der Spendenmittel, ihre Finanzen offenzulegen. In den Leitungsstrukturen der IAH mischten sich demokratische Elemente der Arbeiterbewegung mit Elementen von Direktionsgewalt nach der Art kapitalistischer Konzerne. Einen guten Einblick in die IAH gibt Willi Münzenberg: Solidarität/ Zehn Jahre Internationale Arbeiterhilfe 1921–1931, Berlin 1931.

39 Daher kamen denn auch berechtigte wie unberechtigte Klagen gewisser Münzenberg-Mitarbeiter über seinen angeblich selbstherrlichen, arroganten und autokratischen Leitungsstil. Solche Klagen sind indes in einem stark leistungsorientierten Unternehmen kaum zu vermeiden.

40 »Richtig ist«, schrieb Münzenberg am 5. April 1938 an Paul Merker (IfGA/ZPA, NL 36/515, Blatt 170), »dass ich bis 1937

einen Platz in der Internationale hatte, der es mir ermöglichte, stets eine Initiative zur selbständigen Arbeit entfalten zu können. Es wusste jeder Genosse, dass ich niemals als bürokratischer Angestellter und Beamter in einem Apparat arbeiten konnte und werde und alle Genossen, Lenin, Stalin, Dimitroff und die Leitung der Komintern haben diesem Arbeitswunsch Rechnung getragen. Das hat sicher Nachteile gehabt, aber vielleicht doch noch grössere Erfolge gezeitigt...«

41 In seiner Austrittserklärung (im Anschluß an unser Kapitel »1938: Kampfbund von Gleichgetrimmten« erstmalig original veröffentlicht) zählt Münzenberg unverletzliche innerparteiliche Demokratie zu »den Grundprinzipien der klassischen Arbeiterbewegung«. Und auf ein scheinbar nebensächliches, aber bei Auseinandersetzungen von Personen mit Apparaten elementar gravierendes Prinzip hatte Münzenberg bereits im Oktober 1937 gepocht: auf das Recht zur Gegendarstellung. »Ich muß fordern«, heißt es in einem Brief, den Münzenberg am 24. Oktober 1937 an Pieck richtete, »dass mir die Moeglichkeit gegeben wird, in den gleichen Kreisen, in denen die ungerechten und falschen Beschuldigungen gemacht wurden, meine Meinung zu den Differenzen und meine Meinung zu der Politik vortragen zu koennen. Das ist ein Recht, das jedem Mitgliede zusteht, wieviel mehr einem Mitglied des Zentralkomitees.« (IfGA/ZPA, NL 36/515, Blatt 111.)

42 Nach Dahlems Erinnerung Ende Januar 1938 – vgl. Franz Dahlem, a. a. O., Seite 93.

43 IfGA/ZPA, NL 36/515, Blatt 146.

44 Vgl. ebenda, Blätter 172 bis 174. Es handelt sich um einen auf »Paris, den 26. April 1938« datierten »Kommissions-Bericht« ohne Unterschrift.

45 Ebenda.

46 Steffie Spira-Ruschin, a. a. O., Seiten 104/105.

47 IfGA/ZPA, NL 36/515, Blatt 174.

48 Karl Marx: Zur Kritik der Hegelschen Rechtsphilosophie. In: Marx/Engels: Werke, Band 1, Berlin 1956, Seite 385.

49 In allen drei spektakulären Moskauer Schauprozessen waren unter die alten Kampfgefährten Lenins mehr oder weniger

leicht erkennbar Spitzel und Provokateure des Geheimdienstes gemischt, die mit ihren »Geständnissen« die »Geständnisse« der alten Bolschewiki gleichsam strafrechtlich komplettierten, d. h. in der Maske von »Komplizen« der alten Bolschewiki eben diese auf schlimmste Weise belasteten. Vermutlich ist diesen Spitzeln und Provokateuren das Leben versprochen worden, ein Versprechen, das, soweit wir sehen, nicht eingehalten wurde. Die Spitzel und Provokateure waren natürlich keine Überzeugungstäter, sondern zumeist erpreßbare Personen, erpreßbar auf Grund ihrer vorrevolutionären Tätigkeit oder einfach wegen krimineller Delikte. Indem solche Personen mit alten Bolschewiki in eine Anklagereihe gesetzt wurden, demonstrierte Stalin den Mitgliedern der KPdSU(B), mit welchen dubiosen »Genossen« (Spitzeln und Provokateuren des NKWD) sie »in den Reihen der Partei« jederzeit rechnen müssen. Darin besteht ein wichtiger, wenn nicht der wichtigste Wesenszug dessen, was man Stalinismus nennt: in der Etablierung geheimdienstlicher Strukturen in der Partei zur Beherrschung der Partei sowie in der schauprozessualen Demonstration der Existenz solcher Strukturen. Solch eine doppelte, definitive und psychologische Bedrohung jedes Parteimitgliedes mußte die Partei und ihre Mitglieder von ihrem eigentlichen politischen Wesen total entfremden. Und im Falle des Bucharin-Prozesses wurde solche Entfremdung dadurch auf die Spitze getrieben, daß neben Bucharin und Rykow der ehemalige GPU-Chef Jagoda saß, der die (vermutlich wirkliche) Ermordung Maxim Gorkis eingestand, um sie Bucharin anzulasten. Zwar hat sich Bucharin im Prozeß gegen diese »Umarmung durch blutige Hände« zu wehren versucht (vgl. Bucharins Schlußwort in: Bucharin-Prozeß, Seiten 834 bis 848), doch die psychologische Repression gegen alle Kommunisten, auch und gerade gegen die deutschen Kommunisten in der Emigration, blieb natürlich. Sie bildet einen wesentlichen Hintergrund für das Verhalten vieler KPD-Mitglieder im Fall Münzenberg.

50 IfGA/ZPA, NL 36/515, Blätter 23 und 24.
51 Ebenda, Blatt 34, Anfang der fünfziger Jahre hatte Norden, ähnlich wie Gerhart Eisler und andere, wegen seiner West-

emigration Schwierigkeiten in der SED. Dann aber stieg er schnell zum Agitationschef Ulbrichts auf. Norden war es vor allem, der eine Reihe erfolgreicher politischer Methoden Münzenbergs in die SED übernahm, besonders in die Propaganda der Weltfriedensbewegung sowie bei der Enthüllung der Nazi-Vergangenheit einiger westdeutscher Politiker, Richter und Militärs. Ab 1971, nach den Beschlüssen des VIII. SED-Parteitages zur »Abgrenzung der DDR von der BRD«, wurden die Enthüllungskampagnen mehr und mehr eingestellt. Im gleichen Maße verlor Norden in der SED-Führung an Gewicht. Im Umgang mit den ihm unterstellten Medien zeigte Norden sich in den sechziger Jahren einfallsreich, professionell beschlagen und ohne kleinliche Bevormundung, natürlich im Rahmen der von der SED vorgegebenen politischen Linie. Eine ausgewogen wertende Biographie Albert Nordens steht noch aus.

52 Ebenda, Blätter 90 und 91.

53 Ebenda, Blatt 90.

54 Ebenda, Blatt 91. Es besteht Grund zu der Annahme, daß Münzenberg nicht nur von »berichtsfreudigen« Mitgliedern seiner Partei observiert wurde, sondern auch von regelrechten Geheimagenten des NKWD. Deren Berichte sind allerdings nicht in der Pieck-Akte zu finden. Sie sind bisher überhaupt unbekannt.

55 Ebenda, Blatt 196.

56 Ebenda, Blatt 190.

57 Ebenda, Blatt 193.

58 Franz Dahlem, a. a. O., Seite 101.

59 Ebenda, Seite 229.

60 Ebenda, Seite 228.

61 Ebenda.

62 Werner Lamberz (1929 bis 1978), auf dem VIII. SED-Parteitag im Mai 1971 zum Mitglied des Politbüros gewählt, war charakterlich wie intellektuell eines der hoffnungsvollsten Talente, welche die Führungen von KPD und SED je aufzuweisen hatten. Sein nie befriedigend aufgeklärter früher Tod bei einem Hubschrauber-Absturz in Libyen beraubte die SED ihrer zweifellos wichtigsten personalen Alternative zum

alternden Generalsekretär Honecker. Anfang der siebziger Jahre war Lamberz ebenso zielstrebig wie vorsichtig bemüht, »Weiße Flecken« oder »Schwarze Löcher« der Parteigeschichte unspektakulär zu thematisieren. Ein Beispiel dafür war der von ihm bewirkte Beschluß des Sekretariats des ZK der SED, im Dezember 1973 im Gebäude der früheren Rosa-Luxemburg-Parteischule der KPD (die von 1929 bis 1933 in Fichtenau bei Berlin existierte) eine Gedenk- und Bildungsstätte einzurichten (vgl. Damals in Fichtenau/Erinnerungen an die zentrale Parteischule der KPD, Berlin 1978). Das sollte eine demonstrative Ehrenerklärung für die Theoretikerin Rosa Luxemburg sein, eine demonstrative Geste auch gegen das anhaltende Gerede vom »ideologisch falschen Luxemburgismus«, das in starkem Maße auf Stalins unsäglichen »Leserbrief« an die PROLETARSKAJA REWOLUZIJA vom Sommer 1931 zurückging. Für dieses Anliegen in Fichtenau gewann Lamberz u. a. Franz Dahlem, der auch zur Eröffnung der Gedenk- und Ausstellungsstätte erschien und (als ehemaliger Lehrer der Parteischule) einen Beitrag für den Erinnerungsband schrieb (vgl. ebenda, Seiten 13 bis 18). In diesem Zusammenhang brachte NEUES DEUTSCHLAND (in der Ausgabe vom 1. Oktober 1974) Dahlems Gedanken zum 25. Gründungstag der DDR. Nach dem Tode von Lamberz verlor die Idee der Vergangenheitsbewältigung ihren Promotor. Kein anderer in der SED-Führung hatte den Schneid, trotz »Stirnrunzeln« der Moskauer Breshnew-Führung Rosa Luxemburgs Ideen demonstrativ zu »rehabilitieren«.

63 In den verschiedenen Briefen und Buchwidmungen, die Dahlem mir in den letzten Jahren seines Lebens geschrieben hat, vermied er jede Erwähnung Münzenbergs. In unseren Gesprächen allerdings ermutigte er mich immerhin, »die guten politischen Erfahrungen Münzenbergs« zu studieren.

64 Vgl. Franz Dahlem: Nachgelassenes, Ausgelassenes. Mit einer Vorbemerkung von Horst Blumberg. In: BZG, Heft 1/ 1990, Seiten 17 bis 25.

65 Vgl. den Leserbrief-Dialog in: SONNTAG, Nr. 33, 36, 41 und 44/1989.

66 Was schon Herbert Wehner (a. a. O., Seiten 246 ff.) in seinen Erinnerungsnotizen festgestellt hatte – daß nämlich Pieck und Ulbricht sich bisweilen für in der Sowjetunion verhaftete deutsche Kommunisten eingesetzt und entsprechende Briefe an Dimitroff, Manuilski und Berija geschrieben haben –, wurde 1989 durch Papiere aus sowjetischen Archiven erhärtet – vgl. etwa Briefe Wilhelm Piecks an Georgi Dimitroff und D. S. Manuilski aus den Jahren 1937 bis 1942. Mit einer Vorbemerkung von Heinz Voßke. In: BZG, Heft 4/1989, Seiten 488 bis 499.

67 Vgl. Herbert Wehner, a. a. O., Seiten 235 ff.

68 Ebenda, Seite 276.

69 Wehner meint sogar annehmen zu können (vgl. a. a. O., Seite 232), die NKWD-Verhörer hätten ihn erkennen lassen, »daß Münzenberg, Birkenhauer, Grete Wilde einen großen Teil des Materials geliefert hatten, und daß Ulbricht und Nuding nachträglich ihre Beiträge dazu gegeben haben mußten«. Nun kann es aber auch zur Methodik des Geheimdienstes gehört haben, die ohnehin vorhandenen Parteirivalitäten durch »Hinweise« auf angebliche oder wirkliche Zuträger von Gerüchten oder Informationen anzustacheln. Das Ziel des NKWD war ja nicht allein und vermutlich noch nicht einmal vor allem, »Diversionsarbeit« aufzudecken, sondern auch und vielleicht in erster Linie, die Parteimitglieder einzuschüchtern, die Partei in Schach zu halten und damit die Herrschaft Stalins über die Partei zu sichern.

70 IfGA/ZPA, NL 36/515, Blatt 144. Dahlem hingegen berichtete Ende 1938 nach Moskau, Münzenbergs Finanzquellen »sind uns nicht bekannt« (ebenda, Blatt 190). Zu Olof Aschberg vgl. auch Babette Gross, a. a. O., Seiten 141, 279, 298 und vor allem 324. Das Berliner GESTAPO-Hauptquartier führte übrigens über Aschberg ein Karteiblatt, auf dem festgehalten wurde, daß in den Räumen des Aschberg in Paris Zusammenkünfte der Münzenberg-Gruppe stattfanden (vgl. IfGA/ZPA, St 3/347/I, Blatt 1).

71 IfGA/ZPA, NL 36/515, Blatt 195.

72 Ebenda, Blatt 187.

73 Ebenda.

74 Vgl. Parteistatut der Sozialistischen Einheitspartei Deutschlands, angenommen auf dem Vereinigungsparteitag von KPD und SPD, 21./22. April 1946, § 3, abgedruckt in: Dokumente zur Geschichte der SED. Band 2, 1945 bis 1971, Berlin 1988, Seite 40.
Die Rolle Walter Ulbrichts in KPD und SED sowie in der deutschen Nachkriegsgeschichte kann natürlich nicht aus dem Blickwinkel seines Verhältnisses zu Münzenberg und seines Verhaltens gegenüber SPD und SAP bewertet werden. Als Mitglied der »Jugendkommission beim Politbüro des ZK der SED« von Herbst 1963 bis Anfang 1965 erlebte ich in einigen Beratungen über das legendäre (weil ab 1965 total verschwiegene) Jugendkommuniqué der SED-Führung vom 21. September 1963 »Der Jugend Vertrauen und Verantwortung« (vgl. Dokumente zur Jugendpolitik der DDR, Berlin 1965, Seiten 63 bis 96) einen überraschend problembewußten, lern- und reformwilligen Walter Ulbricht, der zwar zu spät, aber nun um so spektakulärer auf Chruschtschows Veränderungskurs eingeschwenkt war. Nach Chruschtschows Sturz im Herbst 1964 aber dauerte es nicht lange, bis Ulbricht dem Druck der restaurativ-reaktionären Breshnew-Politik nachgab, das nun als »revisionistisch und liberalistisch« bezeichnete Jugendkommuniqué begraben ließ und keinen Finger rührte für jene jungen Genossen, die er 1963 zum Reformkurs gerufen hatte und die nun teilweise in beträchtliche persönliche Schwierigkeiten gerieten. In die geistige Welt kommunistischer Idealisten hat Ulbricht sich wohl nie richtig versetzen können.

März 1939: Austrittserklärung
1 Ein Exemplar des maschinenschriftlichen Originals der Austrittserklärung fand sich in der Münzenberg-Handakte von Wilhelm Pieck (IfGA/ZPA, NL 36/515, Blätter 240 bis 245), was zu der Annahme berechtigt, daß Münzenberg die Erklärung, bevor er sie veröffentlichte, den Pariser Vertretern der KPD zukommen ließ. Zwischen dem am 10. März 1939 in der ZUKUNFT abgedruckten Text (in neuerer Zeit erstmalig wieder nachgedruckt in: NEUES DEUTSCHLAND vom

23./24. Juni 1990, Seite 13) und dem maschinenschriftlichen Original gibt es einige Unterschiede, die es nahelegen, die entscheidende Erklärung nach der Primärquelle zu dokumentieren. Die Hervorhebungen im Text folgen dem Original. Die wenigen Anmerkungen schienen zum besseren Verständnis des Textes nötig zu sein.

2 Mit »Einheitstaktik« meint Münzenberg die traditionellen Versuche der KPD, mit einzelnen Sozialdemokraten eine gegen die SPD-Führung gerichtete »Einheit von unten« herzustellen. »Zellen- und Fraktionsarbeit« ist eine Anspielung auf Ulbricht, der den Spitznamen »Genosse Zelle« trug, weil er in den frühen zwanziger Jahren als Verfechter von KPD-Betriebszellen hervorgetreten war. Mit der Formulierung »Zellen- und Fraktionsarbeit« möchte Münzenberg vor allem Ulbricht für die verfehlte KPD-Taktik verantwortlich machen, innerhalb der SPD Einheitsfront-Fraktionen zu organisieren.

3 »Zwingt die Bonzen« war eine unfeine Form des Rufs nach einer »Einheit von unten«. Mit »Bonzen« waren SPD- und Gewerkschaftsführer gemeint, die in Ämtern der Weimarer Republik bzw. in den Bürostuben des Partei- und Gewerkschaftsapparates ihre persönliche soziale Frage offensichtlich zu lösen vermocht hatten. Der Begriff »Bonzen«, in dem der Bedeutungsgehalt von »Verrätern an der eigenen Klasse« mitschwang, wurde von der Nazipropaganda in starkem Maße aufgegriffen, um gegen die Weimarer Republik sowie gegen die Führungskräfte der Gewerkschaften sowie der SPD und KPD Stimmung zu machen. In der SED sowie in den von ihr gelenkten Medien war der Begriff »Bonze« verpönt.

4 »Unabhängig von ausländischen Mächten« und »Selbstbestimmung« – das war eine vorsichtig ausgedrückte Kritik Münzenbergs an der Majorisierung der Komintern durch die KPdSU(B) bzw. durch deren Führung, d. h. Stalin. Münzenberg muß geahnt haben, daß nach dem Ende der Hitler-Herrschaft, also nach einem von Hitler-Deutschland verlorenen Krieg der sowjetische Einfluß auf die deutschen Arbeiterparteien übermächtig werden könnte; deshalb forderte er be-

345

bereits 1939, gleichsam prophylaktisch eine unabhängige und einheitliche sozialistische Partei in Deutschland.

5 Das war eine bemerkenswert selbstkritische Absage an die Politik der Komitees und Kongresse, in denen bzw. auf denen nahmhafte Intellektuelle als Nichtkommunisten der kommunistischen Propaganda dienten. Münzenberg, der lange Zeit gerade auf der Klaviatur der Komitees und Kongresse glänzend gespielt hatte, sah nun, daß eine sozialistische Partei nötig war, die sich der Intellektuellen nicht nur bediente, sondern sie mit allen Rechten und Pflichten in die Partei integrierte. Damit war programmatisch der Übergang der angestrebten Einheitspartei von einer Arbeiterpartei zu einer Volkspartei mit progressivem intellektuellem Gewicht anvisiert.

6 Ein Satz von beinahe zeitloser Gültigkeit – leider haben nach 1945 weder maßgebliche SPD-Kreise noch Ulbrichts KPD-Führung alle Chancen genutzt, die linken Kräfte in Deutschland so zusammenzuführen, daß eine deutsche sozialistische Politik möglich geworden wäre.

7 Münzenberg schreibt hier die eigenen Verdienste um das Braunbuch und den Londoner Gegenprozeß dem »tapferen, unvergeßlichen Auftreten Georgi Dimitroffs« zu – ein Zeichen dafür, daß Münzenberg immer noch Hoffnungen in den Generalsekretär der Komintern setzte.

8 Der Bezug auf Stalin fehlt in der gedruckten Fassung in DIE ZUKUNFT vom 10. März 1939 ebenso wie das Lenin-Zitat und der Hinweis auf Dimitroffs Kritik am Parteibürokratismus. Daß ausgerechnet Stalin »den Menschen als das kostbarste Gut« bezeichnete, erschien Münzenberg beim Druck seiner Austrittserklärung wohl doch zu zynisch. Dabei wollte es der Zufall, daß Stalin am gleichen 10. März 1939 in seinem Bericht an den XVIII. Parteitag die später oft zitierte Forderung erhob: »Erstens, die Kader schätzen als den goldenen Fonds der Partei und des Staates, sorgsam mit ihnen umgehen, sie achten.« (J. Stalin: Fragen des Leninismus, Moskau 1947, Seite 716.) Als Stalin diesen Satz sagte, hatte die kommunistische Bewegung gerade wieder ein »Goldstück« verspielt und verloren: Willi Münzenberg.

9 Auch hier wird deutlich, daß Münzenberg noch nicht alle Hoffnungen auf Klärung seines Konflikts mit der KPD-Führung verloren hat.

1939: Der Verräter, Stalin, bist Du!

1 Abgebildet bei Heinz Bergschicker: Deutsche Chronik/Ein Zeitbild der faschistischen Diktatur, Berlin 1981, Seite 265. – »Scher Dich nicht um Hitler! Nimm Deinen Urlaub! Buche hier!« könnte der britische Slogan in deutscher Sprache lauten.

2 IfGA/ZPA, ST 3/424, Blatt 66.

3 Ebenda, Blatt 59.

4 So sehr der Historiker die zusätzlichen und bisher unbekannten geschichtlichen Informationen schätzt, so stark ist er sich auch der Tatsache bewußt, später Nutznießer von politischem Voyeurismus zu sein, den er grundsätzlich ablehnt. Die Tatsache, daß die bei der geheimdienstlichen Observierung eines Menschen anfallenden Informationen später der geschichtlichen Forschung möglicherweise nützlich sind, kann unter keinen Umständen als partielle Entschuldigung für die Observierung dienen, die unter allen Umständen einen Verstoß gegen die individuellen Rechte eines Menschen darstellt.

5 IfGA/ZPA, St 3/424, Blatt 62.

6 Ebenda, Blätter 60 und 61.

7 Ebenda, Blatt 62.

8 Ebenda, Blatt 64.

9 Ebenda.

10 Ebenda.

11 Ebenda.

12 Vgl. Walter Wimmer: »...unter falschen Anschuldigungen verhaftet«/Zum Schicksal deutscher Kommunisten im sowjetischen Exil. In: NEUES DEUTSCHLAND vom 2./3. Dezember 1989, Seite 13.

13 Vgl. IfGA/ZPA, St 3/424, Blätter 50 bis 53.

14 Vgl. ebenda, Blatt 77.

15 Vgl. ebenda, Blatt 54.

16 Vgl. ebenda, Blatt 45.

17 Ebenda, Blatt 57.

18 Ebenda.

19 Das geht nicht nur aus dem Fehlen von Kopien solcher Briefe, sondern auch aus dem in den GESTAPO-Berichten fixierten Informationsstand hervor. Erst später gelangt ein Brief von Johanna Engel in die Prinz-Albrecht-Straße – vgl. Anmerkung 86.

20 IfGA/ZPA, St 3/424, Blatt 73.

21 Zitiert nach Hermann Weber, a. a. O., Seite 110.

22 Wie in »1936: Monströses aus Moskau« dargelegt wurde.

23 Vgl. Walter Wimmer, a. a. O.

24 Ziemlich sicher ist, daß Münzenberg die diversen Moskauer Emissäre, die ihn in Paris offen oder verdeckt aufsuchten, mit der Tatsache konfrontiert hat, daß die Kommunistenverfolgungen in der Sowjetunion dem internationalen Ansehen dieses Landes und der ganzen Arbeiterbewegung schaden. Gesprächsweise wird Münzenberg gezeigt haben, wie intensiv die antikommunistische Propaganda die Moskauer Prozesse ausnutzte. Doch gerade das mag Münzenberg vor allem davon abgehalten haben, öffentlich zu protestieren. Er als Propaganda-Mann wollte nicht zusätzlich Wasser auf die Mühlen des Antikommunismus leiten.

25 Briefe Wilhelm Piecks..., a. a. O., Seite 492.

26 Ebenda, Seite 493; Anmerkung 7.

27 Vgl. Herbert Wehner, a. a. O., Seiten 245 ff.

28 Vgl. ebenda, Seite 246.

29 Vgl. ebenda.

30 Vgl. IfGA/ZPA, St 3/424, Blatt 73.

31 Ebenda, Blatt 50 (Rückseite).

32 Ebenda.

32a Wie wir einer Rezension von Diemut Majer in der FRANKFURTER ALLGEMEINEN ZEITUNG vom 6. November 1990 (Seite 37 – »Die unauffälligen Zuträger/Typologie eines Geheimdienstes: Das Beispiel Gestapo«) entnehmen, wird eine Kartei mit den Personalien von 130 000 V-Leuten der GESTAPO bis heute in den USA unter Verschluß gehalten.

33 Ebenda.

34 »S 12« hatte von der unbekannten Person aus dem Umfeld

Münzenbergs einen Zeitungsausriß erhalten, dessen passendes Anschlußstück der Kurier mit nach Berlin bringen würde. Da das Zeitugsstück des USA-Ehepaares offenbar zu dem von »S 12« paßte, schenkte das Kurierpaar dem GESTAPO-Spitzel Vertrauen – eine, wie man sieht, völlig unzureichende Methode illegaler Kontaktaufnahme.

35 IfGA/ZPA, NL 36/515, Blatt 219.

36 Ebenda, Blätter 211 bis 216. Der »sozialdemokratische Funktionär«, auf den Ulbricht bei dieser wie bei anderer Gelegenheit sich beruft, kann nur Robert Breuer (1878 bis 1943) gewesen sein, ein SPD-Journalist, der sich aus persönlicher Gehässigkeit gegenüber Rudolf Breitscheid mit Ulbricht verbündete – vgl. Breitscheids Brief vom 13. Oktober 1937 an Stampfer, abgedruckt in: Mit dem Gesicht nach Deutschland..., a.a.O., Seiten 295/296.

37 IfGA/ZPA, NL 36/515, Blatt 205.

38 Ebenda, Blatt 217.

39 Vgl. DEUTSCHE VOLKS-ZEITUNG vom 9. April 1939, Seite 4; RUNDSCHAU ÜBER POLITIK... vom 13. April 1939, Seite 639; INTERNATIONALE, Heft 5/6/1939, Seite 202.

40 Vgl. IfGA/ZPA, NL 36/515, Blätter 222/223.

41 In der DVZ am 9. April, in der Baseler RUNDSCHAU am 13. April und in der INTERNATIONALE erst im Mai 1939.

42 DEUTSCHE VOLKS-ZEITUNG vom 9. April 1939, Seite 4.

43 Ebenda.

44 Vgl. IfGA/ZPA, NL 36/515, Blatt 226.

45 DEUTSCHE VOLKS-ZEITUNG vom 9. April 1939, Seite 4.

46 Eben in: DIE ZUKUNFT vom 10. März 1939.

47 Vgl. Anmerkung und Vorspann zu unserem Kapitel »März 1939: Austrittserklärung«.

48 Der Einmarsch in die »Rest-Tschechei«, wie es damals abschätzig hieß, war eine freche Herausforderung nicht nur an die Hitler-Besänftigungs-Politiker in London und Paris, die am 29. September 1938 auf der Münchener Konferenz Hitler das Sudetenland »bewilligt« hatten, damit er »Ruhe gebe«, sondern auch an die Sowjetregierung, die der Tschechoslo-

wakischen Republik beistandspflichtig war. Daß sich auch jetzt keine Macht der Welt ernsthaft dem Aggressor entgegenstellte, mußte ihn ermutigen.

49 Es versteht sich, daß Münzenberg nicht der Meinung sein konnte, Stalins Verbrechen seien die logische Fortsetzung der von Lenin begründeten Diktatur des Proletariats. Natürlich kannte Münzenberg Rosa Luxemburgs Kritik von 1918 an den Freiheitsdefiziten der jungen Sowjetmacht. Vielleicht teilte er auch diese Kritik im Grundsätzlichen. Doch solange Lenin lebte, konnten die Freiheitsdefizite als bürgerkriegsbedingt angesehen werden. Hinsichtlich des Verhältnisses von Leninismus und Stalinismus wird Münzenberg ähnlich gedacht haben wie Trotzkis Freund Alfred Rosmer (vgl. dessen Buch: Moskau zu Lenins Zeiten, Frankfurt/Main 1989). Lenins Persönlichkeit und natürliche Autorität waren den meisten Kommunisten der Frühzeit Garanten dafür, daß die Freiheitsdefizite nicht zu einer irreparablen Willkürherrschaft führten.

50 Erst die PDS scheint das alternative Gewicht der Münzenberg-Erklärung von 1939 zu erkennen und zu schätzen, wie die Münzenberg-Rehabilitierung und die Veröffentlichung seiner Austrittserklärung als »Testament« vermuten lassen – vgl. Willi Münzenberg rehabilitiert. In: NEUES DEUTSCHLAND vom 25.Juni 1990, Seiten 1 und 2, sowie – in der DDR doch noch gedruckt: Das politische Testament von Willi Münzenberg aus dem Jahre 1939/ Mit kommandierten toten Seelen ist nichts zu gewinnen. In: NEUES DEUTSCHLAND vom 23./24.Juni 1990, Seite 13.

51 Zwar gibt es seit 1978 einen Reprint (DIE ZUKUNFT. Organ der Deutsch-Französischen Union. Hrsg. Willi Münzenberg, Nr.1–81 – alles Erschienene, Paris, Oktober 1938 bis Mai 1940. Reprint Vaduz 1978. Mit einer Einleitung von Arthur Koestler), doch das in der ZUKUNFT Gedruckte hilft uns nicht viel, wenn es um die Konditionen geht, unter denen DIE ZUKUNFT begründet, redigiert, gedruckt und vertrieben wurde. Die meisten Unterlagen der ZUKUNFT-Redaktion sind offenbar 1940 vernichtet worden. Entsprechende Akten der französischen Regierung

und Behörden sind in den Archiven erst ansatzweise zugänglich.

52 Wie Tania Schlie: Anmerkungen zu Vorgeschichte, Verbreitungsmöglichkeiten und Organisationen im Umfeld von Münzenbergs »Zukunft«. Manuskript eines Vortrags auf der Münzenberg-Tagung im September 1989 in Zürich, herausfand, war die erste Nummer von DIE ZUKUNFT für Anfang Oktober 1938 geplant; sie verzögerte sich aber, da wegen des Münchener Abkommens »zahlreiche Artikel umgeschrieben werden mußten«. Auch der Untertitel der Zeitung änderte sich: »Aus den ›Blättern für Klarheit und Kampf‹ wurde eine ›europäische Tribüne‹ unter der Losung: ›Ein neues Deutschland: Ein neues Europa‹.« (Ebenda.)

53 Die Pressepolemik um die Auflagenhöhe ist gut dargestellt in einem bislang unbekannten ausführlichen Schreiben Willi Münzenbergs vom 31. Januar 1939 »An die Mitglieder des THOMAS MANN-Ausschusses« – vgl. IfGA/ZPA, NL 36/515, Blätter 203 und 204.

54 Vgl. Tania Schlie, a. a. O.

55 Tania Schlie gibt als Quelle ARCHIVES NATIONALES, Paris, (AN) F7 15127/1/a, an (vgl. ebenda, Blatt 2).

56 Vgl. ebenda.

57 Die Liste, die sich überraschend im gleichen Archiv-Konvolut fand, das auch die GESTAPO-Akte zu Johanna Engel enthält, war bislang (soweit wir sehen) völlig unbekannt. Dieses Abonnentenverzeichnis, das schon im Frühjahr 1939 in die Hände des GESTAPO-Agenten gefallen sein muß, kann natürlich eine vorläufige, im Mai 1939 längst überholte Bezieherliste aus den Anfängen der ZUKUNFT im Herbst 1938 gewesen sein. Auch gab es vermutlich nicht nur feste Bezieher der ZUKUNFT, sondern auch regelmäßige Leser, die sich das Blatt im Freiverkauf besorgten. Doch trotz der nur 269 Namen und Adressen liest sich die Liste wie ein »WHO'S WHO« der herausragenden Köpfe der deutschen Emigration in Frankreich, aber auch französischer und internationaler politischer Prominenz (vgl. IfGA/ZPA, St 3/424, Blätter 5 bis 15).

58 Nur einige Namen von Autoren der ZUKUNFT: Raymond

351

Aron, C. R. Attlee, Max Beer, Georges Bidault, Julius Deutsch, Alfred Döblin, Anthony Eden, Sigmund Freud, Oskar Maria Graf, Aldous Huxley, Alfred Kerr, Annette Kolb, Emil Ludwig, Harold Macmillan, Heinrich Mann, Thomas Mann, Ludwig Marcuse, François Mauriac, Walter Mehring, P. J. Nehru, Pietro Nenni, Hermann Rauschning, René Schickele, Richard Löwenthal, Fritz von Unruh, Franz Werfel, Carl Zuckmayer, Arnold Zweig und Stefan Zweig.

59 Vgl. Tania Schlie, a. a. O., Blatt 3.

60 Vgl. ebenda.

61 IfGA/ZPA, St 3/424, Blätter 17 und 19.

62 Ebenda, Blatt 19.

63 Ebenda.

64 Münzenbergs proletarischer Internationalismus unterschied sich von den entsprechenden Bekenntnissen mancher anderer führender Kommunisten gerade dadurch, daß Münzenberg in der INTERNATIONALEN ARBEITERHILFE sowohl die humanen wie die globalen Weiterungen des »Proletarier aller Länder, vereinigt euch!« praktisch erfahren und verinnerlicht hatte. Münzenbergs Internationalismus machte an seinem deutschen Nationalgefühl kaum wirkliche Abstriche. Doch glaubte er wohl, daß man auf das eigene Land nur dann stolz sein kann, wenn dieses Land nicht auf Kosten von Millionen Hungernden in Afrika, Asien und Lateinamerika lebt, sondern die eigene Produktivität in den Dienst internationaler Solidarität stellt und den eigenen Reichtum als globale Verpflichtung ansieht. Wie weitsichtig diese Weltsicht Münzenbergs war, werden die kommenden sozialen Auseinandersetzungen zwischen Nord und Süd in globalen Dimensionen zeigen – wobei die globalen ökologischen Probleme, die Münzenberg kaum kannte, verschärfend hinzukommen.

65 IfGA/ZPA, St 3/424, Blatt 16. Ernst Glaeser (1902 bis 1963) war mit seinem 1928 erschienenen Roman »Jahrgang 1902« international bekannt geworden.

66 Ebenda, Blatt 16.

67 Vgl. Heinz Bergschicker, a. a. O., Seite 263.

68 Vgl. ebenda. Angestachelt von ihren eigenen kolonialen Er-

oberungsplänen hatten die Nazis Münzenbergs antikoloniale Aktivitäten schon immer argwöhnisch beobachtet und dabei dessen Rolle oft maßlos überschätzt. So war am 18. Januar 1936 im VÖLKISCHEN BEOBACHTER ein groß aufgemachter Artikel unter den Schlagzeilen »Kommunist Münzenberg als Agent der Kolonialunruhen/Moskaus Offensive in den Kolonialländern« erschienen, in dem Münzenberg mit so gut wie allen größeren oder kleineren Unruhen von Schanghai bis zu den mexikanischen Indianern in Zusammenhang gebracht wurde. Der geistige Urheber, hieß es da wörtlich, »der kolonialen Revolution« sei »kein geringerer als der sattsam bekannte Münzenberg mit seiner angeblichen Frau Babette Groß« (VÖLKISCHER BEOBACHTER vom 18. Januar 1936, Seite 3).

69 Tania Schlie hat diese Information dem vertraulichen Brief Werner Thormanns vom 27. Oktober 1939 entnommen (AN F7 15127/1/a).

70 IfGA/ZPA, NL 36/515, Blätter 190/191.

71 Vgl. André Simone: Der Untergang der Dritten Republik, a. a. O., Seite 264.

72 Vgl. IfGA/ZPA, NL 36/515, Blatt 227.

73 Laut Tania Schlie hat Werner Thormann auch Dahlem um Beiträge für DIE ZUKUNFT gebeten (a. a. O., Blatt 1).

74 Vgl. ebenda, Blatt 4.

75 William L. Shirer, a. a. O., Seite 524.

76 Zitiert nach ebenda.

77 Sowohl der Deutsch-Sowjetische Nichtangriffsvertrag (mit dem damals geheimen Zusatzprotokoll) vom 23. August 1939 als auch der Deutsch-Sowjetische Grenz- und Freundschaftsvertrag vom 28. September 1939 waren schon in den fünfziger Jahren hinreichend dokumentiert in: Konferenzen und Verträge/Vertragsploetz/ein Handbuch geschichtlich bedeutsamer Zusammenkünfte und Vereinbarungen/Teil II/4. Band: Neueste Zeit 1914–1959. Zweite Auflage, Würzburg 1959, Seiten 173 bis 176 sowie 184/185. In der DDR-Literatur wurden das Zusatzprotokoll zum Nichtangriffspakt sowie der Grenz- und Freundschaftsvertrag nicht dokumentiert – mit Rücksicht auf den sowjetischen Verbündeten, der sich lange Zeit

nicht zu diesen Vertragsdokumenten bekennen mochte (vgl. Handbuch der Verträge 1871–1964... Herausgegeben von Helmuth Stoecker, Berlin 1968, Seiten 306/307, wo der Nichtangriffspakt ohne Zusatzprotokoll dokumentiert ist).

78 IfGA/ZPA, St 3/424, Blätter 71/72.

79 Vgl. ebenda, Blatt 72.

80 Ebenda.

81 Ebenda.

82 Vgl. IfGA/ZPA, St 3/263, Blatt 7, sowie St 3/344, Blätter 2, 24, 26, 38. Diese GESTAPO-Akten belegen auf ihre Art die Internierung Emil Bergers durch die französischen Behörden bei Kriegsausbruch.
Vgl. Franz Dahlem, a.a.O., Band 2, Seiten 423 und 439; Alexander Abusch, a.a.O., Seiten 480 ff.; Arthur Koestler, a.a.O., Seiten 391 ff.

83 Der Brief ist veröffentlicht in: Hermann Matern: Über die Durchführung des Beschlusses des ZK der SED »Lehren aus dem Prozeß gegen das Verschwörerzentrum Slansky«, a.a.O., Seiten 102/103.

84 Vgl. Franz Dahlem: Am Vorabend..., a.a.O., Band 2, Seite 447.

85 Vgl. Hermann Matern, a.a.O., Seiten 14 bis 17.

86 IfGA/ZPA, St 3/424, Blatt 78.

87 Ebenda, Blatt 83.

88 Ebenda. Die GESTAPO hat zu der Abschrift des Johanna-Engel-Briefes vom 8. September 1939 (der offenbar aus der Schweiz an den Absender zurückkam und deshalb der GE-STAPO-Postkontrolle unterkam) Anmerkungen gemacht; hinter »Theo« ist eine 3 eingefügt, und die Anmerkung 3 lautet: »Theo soll ein Freund in der Schweiz sein, dessen Name erwähnt wird, um die Möglichkeit der Postverbindung über ihn anzudeuten« (ebenda, Rückseite von Blatt 83). Den Nachnamen von Theo Pinkus (nur um ihn kann es gegangen sein) hat die GESTAPO nicht gekannt. Ob Theo Pinkus im September 1939 von der Münzenberg-Gruppe nach seiner Bereitschaft gefragt worden ist, die Postfunktion von Anna Siemsen zu übernehmen, wissen wir nicht. Im November 1939 hält die GESTAPO in einer Aktennotiz die Information

fest, Johanna Engel verfüge nunmehr über eine Adresse in Belgien, über die sie Post an Münzenbergs Büro in Paris leiten könne (ebenda, Blatt 99). Allerdings hat Johanna Engel Ende November 1939 bereits mit einer Postsperre zwischen Deutschland und Belgien zu rechnen (ebenda).

89 Ebenda, Blatt 83.

90 Ebenda.

91 Eine Abschrift des Offenen Briefes findet sich auch in Piecks Münzenberg-Akte (vgl. IfGA/ZPA, NL 36/515, Blätter 251 bis 259).

92 Ebenda, Blätter 253/254, 256, 257.

93 Die in den erbitterten Debatten innerhalb der illegalen KPD vertretenen unterschiedlichen Ansichten sind in einer geheimen Denkschrift der GESTAPO über die »Tätigkeit der Kommunisten in Deutschland und in den von Deutschland besetzten Gebieten vor und nach Beginn des Krieges mit der Sowjetunion« vom August 1941 mit dem Resümee festgehalten, nach Paktabschluß habe den deutschen Kommunisten »jede einheitliche Ausrichtung« gefehlt (vgl. Gestapo-Berichte über den antifaschistischen Widerstandskampf der KPD 1933 bis 1945. Band 2/September 1939 bis August 1943, Berlin 1989, Seiten 26/27). Das GESTAPO-Memorandum bestätigt gleichsam aus der Sicht der »ideologischen Überwachung«, daß ein beachtenswerter Teil der illegal wirkenden deutschen Kommunisten »den Vertragsabschluß als einen Verrat Stalins an der kommunistischen Idee« angesehen hat (ebenda, Seite 27), woraus hervorgeht, daß Münzenbergs Ansichten zum Hitler-Stalin-Pakt mit denen übereinstimmten, die von einer beachtlichen »schweigenden Minderheit« der KPD-Mitglieder in Deutschland damals vertreten wurden.

94 Vgl. etwa die diesbezüglichen Erinnerungen von Harry Naujoks: Mein Leben im KZ Sachsenhausen 1936–1942/Erinnerungen des ehemaligen Lagerältesten, Berlin 1989, Seiten 134 bis 138. Naujoks konterte die höhnenden SS-Führer mit der Frage, wann er denn nun aus dem KZ entlassen werde. Die Meinung, nun müsse logischerweise eine Amnestie für die von den Nazis eingesperrten deutschen Kommunisten

kommen, war stark verbreitet (vgl. Meldungen aus dem Reich 1938–1945/Die geheimen Lageberichte des Sicherheitsdienstes der SS. Herausgegeben und eingeleitet von Heinz Boberach, Herrsching 1984, Band 2, Seite 340). Viele Kommunisten konnten sich nicht vorstellen, daß Stalin Hitlers Außenminister die Hand gedrückt hatte, ohne Erleichterungen für Ernst Thälmann und all die anderen verfolgten Mitglieder der KPD (einer Sektion der Komintern!) »herauszuschlagen«. Daß Stalin im Gegenteil bald deutsche Kommunisten an Hitler ausliefern würde (wie etwa Margarete Buber-Neumann, die Schwester von Babette Gross), das überstieg jede politische Phantasie – doch es geschah Anfang 1940, und damit war die Kommunistische Internationale praktisch tot (vgl. Margarete Buber-Neumann: Kriegsschauplätze der Weltrevolution/Ein Bericht aus der Praxis der Komintern 1919– 1943, Stuttgart 1967, Kapitel 33: Das Ende der Komintern, Seiten 477 bis 492).

95 In der Münzenberg-Akte von Wilhelm Pieck findet sich nur ein knapper Bericht über Münzenbergs Aufsatz »Der russische Dolchstoß« (vgl. IfGA/ZPA, NL 36/515, Blatt 246), aber kein Originaldruck bzw. keine Kopie des vollständigen Artikels. Im kurzen Bericht über den Artikel fehlt jeder Hinweis auf den Bannfluch gegen Stalin. Die Berichtverfasser (vermutlich KPD-Vertreter, die in Paris oder London DIE ZUKUNFT bezogen) wollten wohl selbst den Geheimkurieren ihrer Partei das Zitat »Der Verräter, Stalin, bist Du!« nicht anvertrauen. Vielleicht hat Pieck diesen Bannfluch nie original erfahren – als Til Schulz 1972 Münzenbergs ausgewählte Schriften herausgab (mit dem Aufsatz »Der russische Dolchstoß«; vgl. Til Schulz, a. a. O., Seite 330ff.) und als 1978 der Reprint von DIE ZUKUNFT erschien, war Pieck schon zwölf bzw. 18 Jahre tot.

96 Laut GESTAPO-Dossier (IfGA/ZPA, St 3/424, Blatt 78) besaß Johanna Engel ein Foto »von dem Häuschen des Münzenberg in Dièppe«. Angesichts der Blitzkrieg-Planung der Hitler-Wehrmacht war der geographische Standort des Verstecks nicht besonders gut gewählt.

1940: War es Mord oder Selbstmord?

1 Gerhard Leo: Frühzug nach Toulouse, Berlin 1988, Seite 335.

2 Kurt Kersten: Das Ende Willi Münzenbergs/Ein Opfer Stalins und Ulbrichts. In: DEUTSCHE RUNDSCHAU, Heft 5/1957, Seite 499.

3 Das jedenfalls wurde Gerhard Leo 1984 bei einem Besuch in Montagne berichtet (vgl. Gerhard Leo, a. a. O., Seite 333). Das letzte Geleit ist insofern von Bedeutung, als es bei einem Selbstmörder in einer streng katholischen Gemeinde ungewöhnlich wäre. Das letzte Geleit könnte daher andeuten, daß man in Montagne den Toten nicht für einen Selbstmörder hielt. Dem steht die Tatsache entgegen, daß in den Briefen von Babette Gross, die sich im Gemeindearchiv von Montagne befinden, von einer Umbettung der Leiche die Rede ist. Und schon in ihrem ersten überlieferten Brief an den Bürgermeister von St. Marcellin bittet Babette Gross darum, ein Kreuz auf das Grab zu setzen (Brief vom 8. Juni 1941 aus Mexiko-Stadt, Apartado 292, an den Bürgermeister von St. Marcellin; Original in Montagne). Ist die Leiche also zunächst in der »Selbstmörder-Ecke« des Gemeindefriedhofes ohne Grabzeichen beigesetzt worden? Wir wissen es nicht, da wir keine Möglichkeit hatten und haben vor Ort zu recherchieren. Die schriftlichen Unterlagen aus dem Archiv von Montagne verdanken wir der freundlichen Hilfe Gerhard Leos und des Bürgermeisteramtes von Montagne.

4 Immerhin hatte Münzenberg bis zuletzt Gegenstände von Wert bei sich, u. a. eine Platinzahnprothese und 2000 Francs. Die Wertsachen, die bei der Leiche gefundenen Papiere sowie das Protokoll der Gendarmerie über die Untersuchung der Leiche sind für etwaige Hinterbliebene aufschlußreich und wertvoll. Man könnte nach den Dingen fragen. Und da ist es gut, wenn man in Montagne eine Quittung hat. Und tatsächlich wird ab Sommer 1947 (als sich Babette Gross zum 58. Geburtstag ihres langjährigen Lebensgefährten an dessen Grab begibt) immer wieder nach den Sachen gefragt werden, besonders nach dem Gendarmerie-Protokoll, das der Münzenberg-Forschung Aufschluß geben könnte über die

Todesumstände, die auch am 50. Todestag von Münzenberg im Juni 1990 umstritten sind.

5 Zitiert nach Babette Gross: Willi Münzenberg…, a. a. O., Seite 14; den Text im französischen Original findet man bei Kurt Kersten, a. a. O., Seite 497.

5a »Paris ist von der nichtokkupierten Zone abgeschnitten. Es gibt kein Telefon und keine Post. Es ist auch von der ganzen Welt abgeschnitten«, berichtet Ilja Ehrenburg im Oktober 1940 – vgl. Ilja Ehrenburg: Das Debakel Frankreichs/IV Das Land ohne Menschen. In: DIE WELT, Stockholm, Nr. 43/1940 vom 18. Oktober 1940, Seite 1261.

6 Vgl. Gustav Regler: Personal Diary 1940. Herausgegeben und kommentiert von Ralph Schock und Günter Scholdt, Sonderdruck o. O. und o. J., Seite 26. Den Sonderdruck verdanken wir Ralph Schock, der uns 1986 ein Exemplar aus Saarbrücken zukommen ließ.

7 Ebenda, Seite 108.

8 Heinrich Mann an der nordamerikanischen Westküste erfährt von Münzenbergs Tod offensichtlich noch später als Gustav Regler in New York. Noch am 11. Januar 1941 fragt Heinrich Mann aus Hollywood bei Hermann Kesten an: »Ist Münzenberg tot?« – vgl. Deutsche Literatur im Exil. Briefe europäischer Autoren 1933–1949. Herausgegeben von Hermann Kesten, München 1964, zitiert nach der FISCHER-Taschenbuchausgabe, Seite 139.

9 Babette Gross, a. a. O., Seite 331.

10 Original des Briefes in Montagne.

11 Babette Gross, a. a. O., Seite 333.

12 Als Nr. 83 im Abonnentenverzeichnis von DIE ZUKUNFT steht: »Genevieve Tabouis, 24, Place Malesherbes, Paris 17« – IfGA/ZPA, St 3/424, Blatt 8.

Zu beachten ist hier, daß sich die Starjournalistin inzwischen mit André Simone zusammengetan hatte, von dem John Costello (a. a. O., Seite 279) schreibt: »Etwa 1929, als er Münzenbergs Vertrauen erwarb, war Otto (Simone hieß eigentlich Otto Katz – H. W.) bereits ein trainierter NKWD-Agent mit dem Auftrag, Münzenberg zu beobachten.« – Beim Einmarsch in Paris erbeutete die WEHRMACHT eine auf den

358

1. Dezember 1939 datierte Denkschrift »Ergebnisse einer Untersuchung über die Persönlichkeit eines deutschen Kommunisten in Paris und über dessen unheilvolle Tätigkeit in Frankreich«, in der Münzenberg auf schlimmste Weise verleumdet wird. Das OBERKOMMANDO DER WEHRMACHT sandte das Beutestück in die Prinz-Albrecht-Straße, wo es am 5. Juli 1940 eintraf und sogleich zur Übersetzung gegeben wurde. Ausgerechnet am 14. August 1940 (zu Münzenbergs 51. Geburtstag!) legte GESTAPO-Dolmetscher Friedrich Maier den fünfzehnseitigen deutschen Text vor (IfGA/ZPA, PSt 3/264, Blätter 17 ff.). Das Papier ist eine Denunziation übelster Art, von absolut skrupellosen Meistern dieses Metiers zu Papier gebracht, die über Insider-Kenntnisse verfügt haben müssen. Es besteht der Verdacht, daß die Tabouis gestützt auf Simone zu solcher zweifelhaften Meisterschaft fähig gewesen wäre.

13 Zitiert nach Babette Gross, a. a. O., Seite 333.

14 Franz Dahlem, a. a. O., Band 1, Seite 230.

15 Vgl. Franz Dahlem, a. a. O., Band 2, Seite 425.

16 Franz Dahlem, a. a. O., Band 1, Seiten 230/231. – Alexander Abusch (a. a. O., Seite 491) erinnert übrigens daran, daß »der Organisationssekretär des Zentralkomitees der Französischen Kommunistischen Partei (der gerade mit den illegal in Frankreich lebenden deutschen Kommunisten bestens vertraut war – H. W.) bald als Spitzel der Geheimpolizei entlarvt wurde«. Dennoch, so betont Abusch, habe die Abreise von Anton Ackermann und anderer Genossen in der Praxis bezeugt, »daß man durchaus unter Benutzung fremder Pässe Frankreich verlassen konnte«.

17 Vgl. Victor Serge: Leo Trotzki/Leben und Tod, a. a. O., Seiten 333 ff.

18 Franz Dahlem, a. a. O., Band 1, Seite 231.

19 So etwa der NKWD-Vernehmungsoffizier gegenüber Kurt Müller (vgl. Babette Gross, a. a. O., Seite 333). Im August 1989, als NEUES DEUTSCHLAND meine Reportagen über Münzenbergs frühe Jahre in Thüringen druckte, rief ein älterer Kommunist bei mir an und behauptete: »Kippenbergers Abwehrapparat hat mit dem Verräter Münzenberg ab-

gerechnet«; doch als ich Belege bzw. Details verlangte, blieb der Anrufer jede nähere Angabe schuldig.

Der Begriff »abrechnen« im Sinne von »Rache nehmen« entspricht schon der Denkungsart dieser bei aller Logistik archaisch veranlagten Apparate. Nach den Selbstbezichtigungen des früheren GPU-Chefs Jagoda im Bucharin-Prozeß war es Stalins Geheimapparat durchaus zuzutrauen, daß er aus purer Rache für das »Rotbuch über den Moskauer Prozeß« dessen Verfasser Leo Sedow, Trotzkis Sohn, in Paris umbringen ließ. »Leo Sedow«, schreibt Hans-Jürgen Schulz in der Einführung zur Neuauflage des Rotbuches, »starb am 16. Februar 1938 in Paris nach einer Blinddarmoperation unter Umständen, die eine Ermordung zumindest nicht ausschließen. Er wurde nur 32 Jahre alt.« (Leo Sedow: Rotbuch über den Moskauer Prozeß 1936, a. a. O., Seite XIII.) Im Falle Münzenbergs bestand ein Grund zu archaischer »Blutrache« schon in dem Bannfluch gegen Stalin (vgl. unser Kapitel: »1939: Der Verräter, Stalin, bist Du!«). Ein weiteres Rachemotiv war Anfang 1940 mit jener Liste in der Sowjetunion ermordeter deutscher Kommunisten gegeben, die Münzenberg in der ZUKUNFT veröffentlicht hatte. Sie enthielt immerhin bereits 40 Namen und wurde von zahlreichen anderen Blättern übernommen. Die Wiedergabe der Namensliste aus der ZUKUNFT in der Brüsseler Zeitung LE PEUPLE (30. Januar 1940) bildet beziehungsreich das letzte Papier in Wilhelm Piecks Münzenberg-Akte (vgl. IfGA/ZPA, NL 36/515, Blätter 268 bis 270).

20 Auch in einem längeren Aufsatz über die Todesumstände, der nach Abschluß unseres Manuskripts in der FRANKFURTER ALLGEMEINEN ZEITUNG FÜR DEUTSCHLAND erschien (vgl. Martin Rott: Ein Grab im Schatten des Vercors. In: FAZ-Magazin, Nr. 538 vom 22. Juni 1990, Seiten 20 bis 25), wird ein Raubmord praktisch ausgeschlossen. Rott, der vor Ort recherchieren konnte und dabei erstmalig das legendäre Gendarmerie-Protokoll vom Oktober 1940 gesehen hat, hält drei Todesvarianten für möglich: NKWD-Mord, GESTAPO-Mord und Selbstmord, wobei, wie wir

360

vermutet hatten, das Protokoll der Gendarmerie von St. Marcellin für Selbstmord spricht.

21 Verschiedene erhalten gebliebene Akten aus der Berliner Prinz-Albrecht-Straße zeigen, daß die GESTAPO ab Frühjahr 1939, besonders aber ab April 1940 detaillierte Analysen über die verschiedenen Kreise der antifaschistischen Emigration in Frankreich ausarbeitete und sie auf Namenslisten personell erfaßte, die regelmäßig auf den neuesten Stand gebracht wurden. Auch nach der französischen Niederlage wurden die Fahndungslisten und operativen Auszüge aus der Personenkartei der GESTAPO laufend aktualisiert. Als Hauptquelle dienten dabei Auszüge aus den Protokollen der Vernehmungen von in Frankreich gefaßten Antifaschisten. So gibt es einen über drei maschinenschriftliche Seiten langen Auszug aus dem Protokoll der Vernehmung von Siegfried Rädel (im August 1942 von den Vichy-Behörden der GESTAPO ausgeliefert und am 10. Mai 1943 hingerichtet) allein über dessen Erinnerungen an die »Berner« Konferenz der KPD, die vom 30. Januar bis 1. Februar 1939 in Draveil bei Paris stattgefunden hatte. Rädel sagte im September 1942 aus, er habe auf dieser Konferenz von Pieck und Dahlem verlangt, das Verhältnis zu Münzenberg zu klären und die Parteimitgliedschaft »in breitestem Maße« davon zu unterrichten (vgl. IfGA/ZPA, I 1/1/44, Blatt 195). Statt Münzenberg zu der Konferenz bei Paris einzuladen, hat Pieck gleich in der Eröffnungsansprache erklärt, Münzenberg werde aus der KPD und der KI ausgeschlossen werden (ebenda, Blatt 156)! Die Auszüge aus dem Protokoll des GESTAPO-Verhörs von Rädel und zahlreicher anderer deutscher Antifaschisten zeigen, daß der GESTAPO daran lag, die Emigranten in den besetzten Ländern lebend zu fassen, um sie zu verhören und erst danach zu Zuchthaus oder zum Tode zu verurteilen.

22 IfGA/ZPA, PSt 3/63, Blätter 45/46. In der Fahndungsliste vom 8. Juli 1940 ist Münzenberg unter Nr. 96 aufgeführt (ebenda, Blätter 38 und 41). In einer besonderen Fahndungsliste vom 3. Mai 1940 war Münzenberg unter Nr. 44 aufgeführt – mit dem speziellen Hinweis: »Soll in Dieppe ein Landhaus als Zufluchtsort für kritische Tage haben« (ebenda, Blatt

361

25). Und zu einer vorliegenden undatierten Liste, auf der Münzenberg unter Nr. 115 aufgeführt war, hatte die GESTAPO am 30. April 1940 einen »Nachtrag der in Frankreich gegen Deutschland tätigen Emigranten« geliefert – mit »Groß, geborene Thüring, Babette, 16.7.98 Potsdam geb., Paris, Issy les Moulineaux, Seine, 1 rue Voisembert wohnh. (Münzenberg-Gruppe)« (ebenda, Blatt 13).

23 IfGA/ZPA, St 3/347/1, Blatt 105.

24 IfGA/ZPA, St 3/347/2, Blatt 311. Mindestens vier antifaschistische deutsche Emigranten, die der GESTAPO in Frankreich in die Hände fielen, sind in ihren Vernehmungen nach Münzenberg gefragt worden:

1. Dr. Helmut Klotz (1884 bis 1943) nach seiner Festnahme im Juli 1940; Klotz, hochdekorierter Marineflieger des ersten Weltkrieges, bis Ende 1924 führend in der NSDAP, ab 1933 antifaschistischer Emigrant, hatte in Münzenbergs WELTKOMITEE GEGEN KRIEG UND FASCHISMUS mitgewirkt und war 1939 Berater des französischen Kriegsministeriums geworden. Gleich nach dem Einmarsch der WEHRMACHT gefaßt, konnte er der GESTAPO über Münzenbergs Verbleib nichts sagen. Auch nach den Verhören von Klotz, der noch 1940 ins KZ Sachsenhausen kam und 1943 hingerichtet wurde, fahndete die GESTAPO weiter nach Münzenberg.

2. Josef Füllenbach (1899 bis 1968) in einem Verhör am 18. April 1941; Füllenbach, linker Sozialdemokrat seit 1919, hatte als Versandleiter und Buchhalter in Münzenbergs CARREFOUR-Verlag gearbeitet und war 1939 zum Organisationssekretär/Kassierer der Münzenberg-Partei FREUNDE DER SOZIALISTISCHEN EINHEIT DEUTSCHLANDS bestimmt worden. Bei Kriegsausbruch interniert, kam er ins Lager Vernet, von wo er vermutlich Anfang 1941 nach Deutschland überstellt wurde. Füllenbach konnte der GESTAPO zwar sagen, daß den Mitgliedern der neuen Münzenberg-Partei noch kurz vor Kriegsausbruch Mitgliedskarten ausgehändigt wurden. Doch über Münzenbergs Verbleib wußte er offenbar nichts; es ist zu vermuten, daß sich die Meldung vom Toten bei St. Marcellin Anfang

1941 noch nicht bis ins Lager Vernet herumgesprochen hatte. Füllenbach wurde 1942 zu einer hohen Zuchthausstrafe verurteilt. Nach seiner Befreiung 1945 in Brandenburg lebte er in Hessen.

3. Dr. Rudolf Breitscheid (1874 bis 1944) nach seiner Auslieferung von den Vichy-Behörden an die GESTAPO am 11. Dezember 1941; da Breitscheid erst Ende 1940 in Südfrankreich unter Arrest gestellt wurde, war es ihm möglich, die Nachricht vom Toten bei St. Marcellin zu lesen/zu erfahren; und nachdem er bei den zehn Monate anhaltenden Verhören der GESTAPO gesagt hatte, Münzenberg sei im Oktober 1940 bei Marcellin erhängt aufgefunden worden, wurde diese Information ins Münzenberg-Karteiblatt aufgenommen und die Fahndung nach Münzenberg praktisch eingestellt.

4. Siegfried Rädel (vgl. Anmerkung 21) in Verhören im September 1942; er konnte zwar über Münzenberg und die »Berner« Konferenz aussagen, nichts aber über Münzenbergs Verbleib, was aber nach Breitscheids Information kaum noch wichtig war.

25 Vgl. Anmerkung 2. Spätere Verfechter der NKWD-Mord-Variante stützen sich vor allem auf Kurt Kerstens Darstellung.

26 Vgl. IfGA/ZPA, St 3/424, Blätter 78 bis 82.

27 Folgt man dem Aufsatz von Martin Rott im FAZ-Magazin (vgl. Anmerkung 20), so kommen nun das Protokoll der Gendarmerie von St. Marcellin nebst medizinischem Befund hinzu. Dank der freundlichen Hilfe von Martin Rott (Rom) können wir dieses St. Marcellin-Papier nun der Forschung zugänglich machen.

28 Babette Gross, a. a. O., Seite 331.

29 Ebenda.

30 Vgl. Arthur Koestler: Als Zeuge der Zeit..., a. a. O., Seite 418.

31 Vgl. Babette Gross, a. a. O., Seiten 331/332.

32 Vgl. ebenda, Seite 334.

33 Vgl. ebenda, Seite 332.

34 Vgl. ebenda, Seiten 13/14. Zu beachten ist, daß motorisierte Verbände der WEHRMACHT am 20. Juni 1940 in Lyon ein-

rückten und daß deutsche Kriegsflugzeuge über dem ganzen Gebiet die Luftherrschaft ausübten.

35 Vgl. ebenda, Seiten 14 und 334. Auch den Erinnerungen Wilhelm Leos zufolge hatte Münzenberg zwei Begleiter – Wilhelm Leo und einen weiteren Begleiter, dessen Name nicht genannt wird (vgl. Gerhard Leo, a. a. O., Seite 333 und 334). Martin Rott (FAZ-Magazin vom 22. Juni 1990, Seite 23) gibt Erinnerungen von französischen Zeitzeugen wieder, die entweder drei Flüchtlinge (Madame Gobertier aus Montagne 1956) oder vier (Monsieur Vivier sen. 1990) ausgemacht haben wollen.

36 Daß auf einer Bank in der Schweiz Geld deponiert war, geht aus dem Brief von Babette Gross an den Bürgermeister von St. Marcellin vom 8. Juni 1941 hervor, der sich in Montagne befindet.

Wie Martin Rott jetzt den Erinnerungen von Madame Gobertier entnahm, wollten die Flüchtlinge mit einem Auto nach Voiron, einer Stadt nordöstlich von St. Marcellin, was ebenfalls auf die Schweiz als Fluchtziel deutet.

37 Es ist verwunderlich, daß weder Kurt Kersten und Babette Gross noch Gerhard Leo und Martin Rott die fatale Informationslage in Betracht ziehen, in der sich Willi Münzenberg in den letzten Stunden seines Lebens befand. Zweifellos war Münzenbergs jeweilige Stimmungslage in starkem Maße von den jeweils jüngsten politischen Nachrichten abhängig. Münzenberg war nicht nur ein »Zoon politikon« im traditionellen Sinne, sondern auch ein »Homo commutabilis« (ein mit Neuigkeiten veränderbarer Mensch) in ganz modernem Sinne, ein Politiker, der neue Informationen aufsog, sogleich ihren Bedeutungsgehalt erfaßte und darauf sensitiv reagierte. Für solch einen Menschen mußte die fatale (auch irreführende) Informationslage vom 21./22. Juni 1940 besonders verhängnisvoll sein. Nur als Denkvariante zur Verdeutlichung: Hätte Münzenberg den Stand der politischen Informationen vom 24./25. Juni 1940 (Inkrafttreten des Waffenstillstands und Einteilung Frankreichs in eine besetzte und eine »unbesetzte« Zone) noch erlebt, dann wäre die depressive Ausweglosigkeit neuer Hoffnung gewichen.

38 Kurt Kersten, a. a. O., Seite 485.
39 Ebenda, Seite 498.
40 Ebenda, Seite 485.
41 Ebenda, Seite 498.
42 Vgl. ebenda, Seiten 498/99.
43 Ebenda, Seite 499.
44 Vgl. Anmerkung 19.
45 Kurt Kersten, a. a. O., Seite 499.
46 Vgl. Babette Gross, a. a. O., Seite 334.
47 Ebenda.
48 Ebenda.
49 Die Debatte über die Münzenberg-Passagen in Gerhard
    Leos Buch geriet in Zürich auch deshalb ein wenig zu emo-
    tional, weil eine – aus heutiger Sicht unnötig polemische –
    Pressekampagne vorausgegangen war, in der Hermann
    Weber vorgeworfen wurde, er habe in seinem Buch »›Weiße
    Flecken‹ in der Geschichte« den »neuesten Stand der Mün-
    zenberg-Forschung« (eben in Gerhard Leos Buch) überse-
    hen; vgl. dabei auch Harald Wessel: Merkwürdig des-
    informiert. In: DIE WELTBÜHNE, Heft 29/89, vom 18. Juli
    1989, Seiten 924/925, sowie Webers Antwort in Hermann
    Weber: »Weiße Flecken« in der Geschichte… Zweite Auf-
    lage, Frankfurt/Main 1990, Seiten 143 bis 146.
50 Gerhard Leo, a. a. O., Seiten 334/335.
51 Ebenda, Seite 335.
52 Hermann Weber, a. a. O., (2. Auflage!), Seite 145.
53 Ebenda.
54 Die Streitfrage »dünne Hanfschnur« (Gerhard Leo) oder
    »Draht« (Kurt Kersten) bzw. »Drahtseil« (Babette Gross)
    scheint sich auf frappierende Weise zu klären durch Martin
    Rotts Hinweis auf den Tabakanbau in jener Gegend, der
    einen anderen Erntekalender hat als der Getreideanbau.
    Auch werden für Tabakbündel andere Schnüre verwendet als
    für Getreidegarben. Kurt Kerstens »Draht« muß dennoch
    eine Erfindung sein; denn, wie Martin Rott (a. a. O., Seite 22)
    berichtet, soll im Untersuchungsprotokoll der Gendarmerie
    stehen: »Am 17. Oktober 1940 gegen 15 Uhr entdeckten zwei
    Bauern aus Montagne namens Argoud und Gobertier auf der

Jagd eine Leiche in dem Waldstück Le Caugnet, ungefähr fünfhundert Meter vom Ortskern entfernt. Sie benachrichtigten den Bürgermeister von Montagne, und am nächsten Morgen begaben sich zwei Gendarmen an den Ort der Entdeckung. Sie fanden an dem Fuß einer kleinen Eiche, nur wenige Meter von einem Feldweg entfernt, die Leiche eines Mannes. Der Körper war ausgetrocknet, Gesicht und Schädel waren ohne Haut und Haare, die Leiche hatte eine Zahnprothese. Eine dreißig Zentimeter lange dünne Schnur war mit einer Schlinge am Hals befestigt. An einem Ast der Eiche, 3,30 Meter über dem Erdboden, hing ein abgerissenes Stück Schnur gleicher Art...«

55 Hermann Weber, a. a. O., Seite 145.
56 Kurt Kersten, a. a. O., Seite 499.
57 Babette Gross, a. a. O., Seite 335.
58 Laut Martin Rott (a. a. O., Seiten 22/23) fand sich jetzt auch wieder ein »certificat medical«, ausgestellt von einem Dr. Carrier am 18. Oktober 1940: »Darin hielt er aufgrund des Zustandes der Leiche fest, daß der Tod schon vor mehreren Monaten eingetreten sein müsse. Da Spuren von Gewaltanwendung seitens Dritter nicht sichtbar waren, schloß er lapidar und ohne Einschränkung auf die Todesursache Selbstmord durch Erhängen, eine Annahme, die die anderen Zeugen und die Gendarmen teilten. Mit dieser Begründung gab er zwei Tage später die offizielle Erlaubnis zur Bestattung.«
59 Babette Gross, a. a. O., Seiten 334/335.
60 Es war eine Zeit der Selbstmorde: Walter Benjamin (Jahrgang 1892) nahm sich im September 1940 an der spanischen Grenze das Leben; Carl Einstein (Jahrgang 1885) schied im Juli 1940 aus dem Leben; Ernst Toller (Jahrgang 1893) hatte im Mai 1939 in New York Selbstmord verübt; Ernst Weiß (Jahrgang 1882) setzte im Juni 1940, nach dem Einmarsch der Hitler-Truppen in Paris, seinem Leben ein Ende.

Münzenbergs Leben in Daten und Episoden

1889   14. August: Der »Güteragent Friedrich Karl Münzenberg, wohnhaft zu Erfurt in der Augustinerstraße 31, evangelischer Religion«, erscheint vor dem Standesbeamten und zeigt an, »daß von der Wilhelmine Luise Ernestine Münzenberg, geborene Meister, seiner Ehefrau, evangelischer Religion, wohnhaft bei ihm, zu Erfurt in seiner Wohnung« am gleichen Tage »Vormittags um ein und ein halb Uhr ein Kind männlichen Geschlechts geboren worden sei, welches den Vornamen ›Wilhelm‹ erhalten habe«.

1893   Im Alter von etwa 53 Jahren stirbt in Erfurt Wilhelmine (Minna) Münzenberg, die bis zuletzt den Lebensunterhalt für die Familie erarbeiten mußte, zu dem ihr Mann, der abgemusterte preußische »Offizier-Stellvertreter« und gewalttätige Alkoholiker Karl (Carl) Münzenberg, kaum etwas beitrug. Minna Münzenbergs letzter Wunsch auf dem Sterbebett: Sie möchte noch einmal ihren Jüngsten, den vierjährigen Willi (Wilhelm) Münzenberg »als Soldaten sehen«. So wird ihr der Knabe in der Miniaturuniform (mit Helm und Säbel) präsentiert, die ihm sein Bruder Carl Münzenberg jun., Unteroffizier in Gotha, geschenkt hat.

1897 12. April: Hulda Olga Renate Münzenberg, geborene Angelroth, zweite Frau von Carl Münzenberg sen., bringt in Friemar bei Gotha in der Dorfschenke »Zum Erbprinzen« (auch »die Münz« genannt) ein Mädchen zur Welt, das den Namen Olga Münzenberg erhält. Der Vater hat die zweite Frau vor allem deshalb geheiratet, weil sie ein Vermögen von 20000 Mark mit in die Ehe brachte, das ihn in die Lage versetzte, in Friemar den »Erbprinzen« zu erwerben. Willi Münzenberg ist nun – mit seinem ständig betrunkenen und prügelnden Rabenvater, einer Stiefmutter und einer Stiefschwester – ein Stiefkind in jeder Beziehung. Er muß in der Schenke arbeiten und bekommt von seinem Vater noch nicht einmal die Pfennige für die einfachsten Lernmittel der Dorfschule.

1900 Ab November bewirtschaftet Carl Münzenberg sen. den »Gasthof zur Rose« in Sonneborn (nordöstlich von Gotha), nachdem er den »Erbprinzen« in Friemar hochverschuldet hat aufgeben müssen. Im »Gasthof zur Rose« (auch »das Volkshaus« genannt) lernt Willi Münzenberg von den Gästen Skat zu spielen, Zeitungen zu verstehen und zu politisieren. Sein Plan, dem Elternhaus zu entfliehen und den Buren im Krieg gegen britische Kolonialherren beizustehen, mißlingt.

1902 Carl Münzenberg sen. ist erneut bankrott und zieht mit seiner zweiten Frau, seinen zwei Töchtern aus zweiter Ehe und seinem noch nicht dreizehnjährigen Sohn Willi nach Gotha, wo die Familie von den spärlichen Mitteln lebt, die Willis Stiefmutter als Waschfrau verdient. Das letzte Volksschuljahr in einer Gothaer Stadtschule weckt in Willi Münzenberg die Liebe zu Büchern.

1903 Vater Münzenberg schickt seinen jüngsten Sohn in eine Barbierlehre und versucht wiederum eine Dorfschenke zu betreiben. Als der Versuch mißlingt, erschießt er sich im Vollrausch.

1904 Willi Münzenberg, der nach dem Tode seines Vaters die Barbierlehre aufgegeben hat und bei einem seiner Brüder untergekommen ist, nimmt auf Anraten seiner Schwester

Emmy (1876 bis 1944) in der Erfurter Schuhfabrik LIN-
GEL eine Lehre auf.

1906 Willi Münzenberg (W. M.) tritt in den sozialdemokratischen Arbeiterbildungsverein PROPAGANDA ein, der
einmal wöchentlich in einem Hinterzimmer der Gast-
stätte »Forelle« in der Erfurter Grafengasse zusammen-
kommt, um Vorträge über deutsche Dichter und sozialistische Schriften zu hören.

1907 17. März: Georg Schumann (1886 bis 1945), der politische
Kopf des Erfurter Vereins PROPAGANDA, siedelt nach
Jena über; W. M. übernimmt die Leitung des Vereins und
gewinnt zahlreiche junge Arbeiter als neue Mitglieder. Zu
den Vereinsabenden kommen sonntägliche Wanderun-
gen. W. M. vertreibt mit großem Erfolg unter Erfurter Jugendlichen die in Preußen verbotene (in Mannheim gedruckte) Monatsschrift DIE JUNGE GARDE/ORGAN
DES VERBANDES JUNGER ARBEITER DEUTSCH-
LANDS. Aus dem Arbeiterbildungsverein entwickelt sich
die erste sozialistische Jugendorganisation in Erfurt.

1908 6. September: W. M. vertritt die Erfurter Jugendorganisation auf dem Reichskongreß selbständiger Jugendorganisationen Deutschlands in den »Arnimhallen« in der Berliner Kommandantenstraße. Obwohl sich die Vertreter
von über 100 Jugendgruppen mit rund 12 000 Mitgliedern
für ihre Selbständigkeit stark machen, beschließt der
Nürnberger SPD-Parteitag (13. bis 19. September), Ju-
gendkommissionen der Partei zu bilden, um die Jugendorganisationen unter Kontrolle zu nehmen.

1909 Spätsommer: Nach heftigen Auseinandersetzungen mit
der Erfurter SPD-Führung und nach maßgeblicher Teilnahme an einer nicht genehmigten Straßendemonstration
in Erfurt für das allgemeine Wahlrecht bricht W. M. »mit
leichtem Gepäck und noch leichterem Geldbeutel« zur
Walz nach Frankreich auf, kommt aber nur bis an den
Rhein, irrt arbeits- und obdachlos im Rhein-Main-Gebiet
herum, wird beraubt, leidet unter offener Tuberkulose
und kehrt vor Wintereinbruch nach Erfurt zurück, wo er
nur schwer Arbeit findet.

1910 Frühjahr: W. M. geht erneut auf Wanderschaft. Im Mai oder Anfang Juni erreicht er Zürich, lernt Fritz Brupbacher kennen, und nach einem kurzen Zwischenspiel in Bern wird ihm eine Stelle als Gehilfe in der Josef-Apotheke, Josefstraße 93, im Zürcher Industriequartier Aussersihl vermittelt. Bald schließt er sich dem Jungburschenverein an.

1911 Februar: Die Sektion Aussersihl des Jungburschenvereins in Zürich, aus dem die SOZIALDEMOKRATISCHE JUGENDORGANISATION (SJO) der Schweiz hervorgeht, wählt den rührigen W. M. zu ihrem »Präsidenten«.

26. April: W. M. hält im gerade gebauten Zürcher Volkshaus zum Thema »Aufgaben einer Jugendorganisation« sein vermutlich erstes öffentliches Referat in der Schweiz. Die bislang eher christlich, dann vor allem anarchistisch orientierten Jungburschenvereine gehen mehr und mehr zu sozialistischen Positionen über.

1912 Juli: W. M. und seine Jugendgenossen leisten mit Fahrrädern anfeuernde Kurierdienste beim Generalstreik in Zürich. W. M. wird vor dem Tramdepot Kalkbreite als Streikaktivist fotografiert. Da der bisherige Redakteur der 1911 begründeten FREIEn JUGEND/ORGAN DER SOZ. JUGENDORGANISATION DER SCHWEIZ wegen seiner führenden Rolle beim Generalstreik aus dem Kanton Zürich ausgewiesen wird, übernimmt W. M. die Redaktion der Monatsschrift, die eine Auflage von 2000 Exemplaren hat.

November: In der vierten von W. M. redigierten Ausgabe der FREIEn JUGEND erscheint Fritz Brupbachers Aufsatz »Wofür wir sterben würden«, in dem die Meinung vertreten wird, die Demokratie der Schweiz sei zwar besser als der deutsche Absolutismus, doch auch sie rechtfertige nicht, das Vaterland unter Einsatz von »Leib und Leben« zu verteidigen. Als Brupbacher wegen dieser Ansicht aus der sozialdemokratischen Partei ausgeschlossen werden soll, organisiert W. M. eine Solidaritätskampagne, die den Ausschluß verhindert.

19. Dezember: W. M. bezieht das große Zimmer im Hause Werdstraße 40 in Zürich, das ihm als Wohn- und Büroraum dient und dessen Adresse in der internationalen sozialistischen Jugendbewegung berühmt werden wird. Unter »Zürich, Werdstraße 40« erscheinen nicht nur die aufsehenerregenden Hefte der FREIEn JUGEND, sondern auch die regelmäßig herausgegebenen JAHRBÜCHER der SJO, die Schriftenreihe SOZIALISTISCHE JUGENDBIBLIOTHEK sowie ab 1915 die legendäre JUGEND-INTERNATIONALE/KAMPF- UND PROPAGANDAORGAN DER INTERNATIONALEN VERBINDUNG SOZIALISTISCHER JUGENDORGANISATIONEN. W. M. gibt auch Hefte mit eigenen Gedichten und Theaterstücken für die Jugend heraus.

1913   November: W. M. wird auf einer Delegiertenversammlung der SJO zum ersten hauptamtlichen Sekretär der schweizerischen Jugendorganisation gewählt – mit einem Monatsgehalt von 150 Franken ab 1: Januar 1914.

Silvester: Die FREIE JUGEND ist in Gefahr, da die Druckerei zum 2. Januar 1914 400 Franken Schuldentilgung ultimativ verlangt. Die Mädchen, die dank Münzenbergs Pioniergeist (erstmalig in der Geschichte der Jugendbewegung!) zur Jugendgruppe gehören, wollen schon ihre Zöpfe abschneiden und verkaufen. Da motiviert W. M. die jungen Leute, von einer Silvesterfeier zur andren zu gehen und Geld zu sammeln; am Neujahrsabend sind 430 Franken beisammen.

1914   August: Während die Parteien der II. INTERNATIONALE fast ausnahmslos die auf ihren internationalen Kongressen wiederholt gefaßten Antikriegsbeschlüsse verraten und auf den sozialpatriotischen Standpunkt der Vaterlandsverteidigung übergehen, vertritt W. M. in Wort und Schrift einen deutlich pazifistischen Standpunkt, der die Jugend davor bewahren soll, auf Schlachtfeldern geopfert zu werden.

1915   5. bis 7. April: W. M. organisiert in Bern eine INTERNATIONALE SOZIALISTISCHE JUGENDKONFERENZ, an der Vertreter von 33 000 Jugendlichen aus zahl-

371

reichen Ländern Europas (teils miteinander im Kriegs-
zustand) teilnehmen und ein Manifest gegen den Krieg
sowie gegen die Burgfriedenspolitik der offiziellen sozialdemokratischen und sozialistischen Parteien annehmen.
Da ein von den russischen bolschewistischen Delegierten
eingebrachter Resolutionsentwurf, in dem die »Umwandlung des imperialistischen Krieges in einen Bürgerkrieg«
gefordert wird, mit 14 gegen vier Stimmen abgelehnt
wird, kommt es zu einer Kontroverse zwischen W. M. und
dem in Bern in der Emigration lebenden Lenin. Bei einem
Vier-Augen-Gespräch gelingt es W. M., Lenin davon zu
überzeugen, daß es falsch wäre, würden die Bolschewiki
die Konferenz wegen der Abstimmungsniederlage verlassen.

1. September: Das erste Heft der JUGEND-INTERNA-
TIONALE erscheint als Organ der INTERNATIONA-
LEN VERBINDUNG SOZIALISTISCHER JUGEND-
ORGANISATIONEN; damit hat W. M. praktisch das
INTERNATIONALE JUGENDBÜRO der II. INTER-
NATIONALE usurpiert und die oppositionellen, antimi-
litaristischen Jugendgruppen aus der II. INTERNATIO-
NALE herausgelöst.

1916   24. bis 30. April: W. M. nimmt an der INTERNATIO-
NALEn SOZIALISTISCHEn KONFERENZ in dem
schweizerischen Bergdorf Kienthal teil und nähert sich
dort dem Standpunkt Lenins, den er inzwischen auf Diskussionsabenden in Zürich besser kennengelernt hat und
der zu den Autoren der JUGEND-INTERNATIONALE
gehört.

1. August: Nach einer Antikriegsdemonstration in Zürich,
die zu blutigen Zusammenstößen führt, wird W. M. erstmalig eine Ausweisung aus der Schweiz angedroht.

1917   Januar: »Lenins Kegelklub« (Debattierzirkel linker Sozialisten) tagt in Münzenbergs Wohnung und beschließt den
Bruch mit den Zentristen in der SOZIALDEMOKRATI-
SCHEN PARTEI DER SCHWEIZ, deren Geschäftslei-
tung W. M. seit Herbst 1916 angehört.

9. April: Vom Zürcher Hauptbahnhof aus tritt Lenin die

sensationelle und heiß umstrittene Reise »im plombierten Wagen« durch das (im Krieg mit Rußland befindliche) kaiserliche Deutschland und durch das neutrale Schweden nach Petrograd an, wo in der russischen Februarrevolution der Zar gerade gestürzt worden ist. W. M. beteiligt sich intern an der diplomatischen Vorbereitung der Reise und druckt in der JUGEND-INTERNATIONALE nicht nur Lenins »Abschiedsbrief an die Schweizer Arbeiter«, sondern auch Karl Radeks großen Artikel »Die Maien der Revolution« (Heft 8).

19. November: Nach den Zürcher November-Krawallen (15. bis 17. November – vier Todesopfer) wird W. M. verhaftet. Obwohl er nachweislich nichts mit den von linksextremistischen Kräften eskalierten Unruhen, die aus Kundgebungen und Streiks der Sympathie und Solidarität mit der russischen Oktoberrevolution erwachsen sind, zu tun hat, wird W. M. in Haft gehalten und mit einem Beschluß der Ausweisung aus der Schweiz konfrontiert.

1918   Ende Januar: W. M. wird gegen eine Kaution von 5000 Franken, die ein Industrieller vorschießt, aus dem Gefängnis entlassen. Solange die Staatsanwaltschaft gegen ihn ermittelt, ist die Ausweisung aufgeschoben.

8. Juni: W. M. wird erneut eingesperrt.

12. November: Gleich am ersten Tag des revolutionären landesweiten Generalstreiks in der Schweiz wird W. M. vom Bezirksgefängnis Meilen nach Schaffhausen gebracht und von schweizerischen Offizieren »über die Grenze gestellt«. Zuvor hatte die Staatsanwaltschaft beschlossen, von einer Anklage abzusehen.

15. November: Der Vollzugsausschuß des Arbeiter- und Soldatenrats Groß-Stuttgarts beschließt, »dem Gesuch des Genossen Münzenberg um Überlassung eines Zimmers im Landtagsgebäude für die internationale Jugend« zuzustimmen. Münzenberg lernt Clara Zetkin persönlich kennen.

Anfang Dezember: W. M. fährt nach Berlin, wo er am 7. Dezember eine internationale Jugendkonferenz abhalten will, die aber wegen der schlechten Verkehrsverhältnisse nur schwach besucht ist. Er lernt Rosa Luxemburg persönlich kennen und nimmt als Redner neben Karl Liebknecht an einer Jugendversammlung in Neukölln teil. Rosa Luxemburg gibt W. M. vertrauliche mündliche Informationen für Clara Zetkin in Stuttgart mit auf den Rückweg.

1919 Anfang Januar: W. M. hat sich auf der Rückreise nach Stuttgart eine Lungenentzündung zugezogen, die ihn ans Krankenlager fesselt. Das psychische Erleben von Mißerfolgen destabilisiert wieder einmal Münzenbergs physische Gesundheit – wie schon gut ein Jahr zuvor in Zürich, als ein Arzt dem Inhaftierten bescheinigte, daß er »an Lungenspitzenkatarrh« sowie »an Anämie und hochgradiger Nervosität« leidet.

9. Januar: Erregung, Unruhe, Massenproteststimmung und die Aussicht auf eine gewaltige Demonstration in Stuttgart reißen W. M. vom Krankenbett hoch. Mitgerissen von den Massen eilt er zum Schloßhof, wo er von einer der drei Tribünen zu den Zehntausenden spricht. Am Nachmittag, auf einer Sitzung mit Vertretern der sozialdemokratischen Landesregierung, fordert W. M. »die technische Übergabe eines Betriebes zur Herstellung einer Tageszeitung« an »die politischen Gruppen der Demonstranten«, um »die Übermacht der bürgerlichen Presse« einzuschränken. Es wird eine Kommission gebildet. Währenddessen besetzen Demonstranten die Redaktion der bürgerlichen Zeitung STUTTGARTER TAGBLATT. W. M. und seine Freunde nutzen die Chance, ein Blatt im Geist der Demonstranten herzustellen: DIE ROTE FLUT. Nur eine einzige Ausgabe (mit dem Datum 10. Januar 1919) erscheint, weil in der Nacht Regierungstruppen das Redaktionsgebäude »zurückerobern«.

11. oder 12. Januar: W. M. wird früh am Morgen, gegen fünf Uhr verhaftet und auf die Festung Ulm gebracht.

16. Januar: Durch die meterdicken Mauern der Kasematten der Festung Ulm hört Münzenberg die Schreie des Schmerzes, den die Nachricht von der Ermordung Karl Liebknechts auslöst.

17. Januar: Die Ermordung Rosa Luxemburgs wird zur Gewißheit – der Doppelmord vom 15. Januar 1919 wird Münzenbergs Verhältnis zur Sozialdemokratie für immer emotional belasten.

Etwa Mitte März: W. M. wird eines Nachts von Ulm nach dem Gefängnis Rothenburg (Neckar) überführt. Dabei soll er »auf der Flucht erschossen« werden. »Glückliche Zufälle« vereiteln den Plan, den Karl Albrecht 1938 indirekt bestätigen wird. In Rothenburg schreibt W. M. die berühmte Broschüre »Nieder mit Spartakus!« – von der Aufmachung her eine der ersten Tarnschriften, im Inhalt eine glänzende, die wohl anschaulichste Darstellung des Programms der an der Jahreswende 1918/19 gegründeten KPD.

4. Juni: Im zweitägigen »Stuttgarter Spartakistenprozeß« (vor einem Geschworenengericht) werden Münzenberg und Genossen von der Anklage des Aufruhrs freigesprochen.

29. Juli: W. M. hält im Erfurter Tivoli zwei Reden – um 18 Uhr vor Jugendlichen, um 20 Uhr vor Mitgliedern der KPD. Er polemisiert gegen parlamentarische Illusionen.

20. bis 23. Oktober: W. M. nimmt am illegalen KPD-Parteitag in wechselnden Orten Südwestdeutschlands teil. Da W. M. eine »Mittelgruppe« zwischen Linken (Otto Rühle u. a.) und Rechten (Paul Levi) zu positionieren versucht, setzt er sich zwischen alle Stühle und wird nicht in die Zentrale gewählt.

20. bis 26. November: W. M., inzwischen nach Berlin gezogen, gründet gemeinsam mit Vertretern von linken Jugendorganisationen aus zahlreichen Ländern Europas auf einer illegalen Konferenz im hungernden Berlin unter Belagerungszustand die KOMMUNISTISCHE JUGEND-INTERNATIONALE (KJI). Die KJI soll gegenüber der KOMMUNISTISCHEn INTERNATIONALE (KI) selbständig sein. Die KJI-Exekutive unter Münzenberg soll ihren Sitz nicht in Moskau, sondern in Berlin haben. Schon auf dem Gründungskongreß zeichnet sich ein Dis-

sens zwischen W. M. und den angereisten sowjetrussischen Funktionären ab, die unter Sinowjews Einfluß stehen und die KJI der KI sowie deren Chef Sinowjew unterordnen möchten.

1920 19. Juli bis 7. August: W. M. nimmt am zweiten KI-Kongreß in Petrograd und Moskau als Vertreter der KJI teil. Sinowjews Kongreßregie verhindert eine Diskussion über Jugendfragen. Lenin kritisiert freundschaftlich Münzenbergs linke Positionen gegenüber USPD und Parlamentarismus.

Gegen Jahresende: W. M. veröffentlicht seinen Rechenschaftsbericht »Ein Jahr kommunistische Jugendinternationale«, aus dem hervorgeht, daß die KJI publizistisch und organisatorisch erstaunlich aktiv war und daß sich ihr inzwischen 49 kommunistische, sozialistische und sozialdemokratische Jugendorganisationen nicht nur Europas, sondern auch Asiens und Amerikas mit »weit über 800000 Mitgliedern« angeschlossen haben. Dank Münzenbergs Initiative gibt es in sieben europäischen Ländern linke Zeitungen speziell für Kinder.

1921 April: In einer politisch komplizierten Situation (unmittelbar nach dem Generalstreik und den Märzkämpfen in Mitteldeutschland) soll in Jena der seit längerem geplante II. KJI-Kongreß stattfinden. Da aber die Vertreter des sowjetrussischen Jugendverbandes nicht anreisen, sondern in Telegrammen die Verlegung des Kongresses nach Moskau verlangen, und da die illegale Tagung in Jena offenbar der Polizei verraten wird, muß der Kongreß abgebrochen werden.

22. Juni bis 12. Juli: Als KJI-Vertreter nimmt W. M. am III. KI-Kongreß in Moskau teil. In einem Diskussionsbeitrag am Abend des 26. Juni macht Münzenberg hinsichtlich des Verhältnisses von KJI und KI Zugeständnisse an Sinowjew. Verschiedene Versuche Münzenbergs, das Problem der »begrenzten Autonomie der KJI« mit Lenin unter vier Augen zu erörtern, scheitern.

9. bis 24. Juli: KJI-Kongreß in Moskau – die von Sinowjew gelenkten Apparate sind vor Ort stärker als Mün-

zenberg, der die Führung der KJI an Lasar Schazkin verliert. Die KJI-Exekutive wird nach Moskau verlegt. Die KJI ist fortan der KI untergeordnet.

27. Juli: W. M. erhält von der KI-Exekutive den Auftrag, eine Hilfsaktion für die Hungernden in Sowjetrußland zu organisieren. Eine zweite Mißernte und damit eine millionenfache Hungersnot zeichnen sich ab. Der Vorschlag, Münzenberg mit der internationalen Hilfsaktion zu betrauen, stammt offensichtlich von Lenin, der nun auch wieder Zeit hat, mit Münzenberg zu reden.

12. August: W. M. gründet in Berlin ein provisorisches Auslandskomitee zur Organisierung der Arbeiterhilfe für die Hungernden in Rußland, aus dem die legendäre INTERNATIONALE ARBEITERHILFE (IAH) hervorgeht, eine überparteiliche Massenorganisation, die alle Register der damals modernsten Formen von Öffentlichkeitsarbeit zieht und mit besonderem Erfolg Wort und Tat bekannter Künstler, Wissenschaftler, Mediziner usw. in den Dienst internationaler Solidarität stellt.

7. November: In Berlin erscheint die erste Ausgabe der modern aufgemachten Illustrierten SOWJETRUSSLAND IM BILD zum Preis von einer Mark. Der Reinerlös ist für die Hungerhilfe bestimmt. »Verantwortlicher Redakteur: Willy Münzenberg«. Aus der Illustrierten wird die berühmte ARBEITER-ILLUSTRIERTE ZEITUNG ALLER LÄNDER (A-I-Z) hervorgehen.

25. November: Unterredung Münzenbergs mit Lenin in Moskau über verschiedene flankierende Maßnahmen zur Hungerhilfe (z. B. sowjetische Kunstausstellung in Berlin, Vertriebsrecht für sowjetische Briefmarken im Ausland). Lenin sagt jede Unterstützung zu, doch die sowjetrussische Bürokratie verschleppt trotz Lenins ständiger Mahnungen beinahe alle Projekte Münzenbergs.

15. bis 23. Dezember: In Berlin wird die Ausstellung »Das Neue Rußland im Spiegel des Plakats« gezeigt, die Münzenberg im Dienst der Hungerhilfe organisiert hat.

1922 Februar: Unter dem Titel »Erste Liste der vom Auslandskomitee zur Organisierung der Arbeiterhilfe für die Hungernden in Rußland (Berlin, Wickinger Ufer 3) und seinen nationalen Arbeiterhilfskomitees bis zum 1. Februar 1922 gesammelten und nach Rußland transportierten Lebensmittel, Medikamente, Maschinen, Werkzeuge, Kleider, Schuhe etc.« veröffentlicht Münzenberg einen Tätigkeits- und Geschäftsbericht, der von hoher Effektivität ebenso zeugt wie von volkswirtschaftlicher Weitsicht: Die unmittelbare Hilfe wird mehr und mehr in produktive Hilfe, in »Hilfe zur Selbsthilfe« – wie man heute sagen würde – überführt.

22. August: Die IAH-Führung beschließt ein gewagtes Projekt zur Kapitalbeschaffung für den Aufbau in Sowjetrußland – eine internationale Arbeiteranleihe; Obligationen in einem Wertumfang bis zu einer Million Dollar sollen bei fünfprozentiger Verzinsung mit einer Laufzeit von zehn Jahren ausgegeben werden. Da sich Deutschland mitten in der Inflation befindet, zielt die Arbeiteranleihe vor allem auf die USA und die westeuropäischen Siegermächte. Obgleich der Kauf der Obligationen unter den Erwartungen bleibt, ab Januar 1933 werden die Anleihestücke in der zugesagten Weise verzinst ordnungsgemäß eingelöst werden.

Oktober: In der Galerie Van Diemen, Unter den Linden in Berlin, wird die Erste Russische Kunstausstellung eröffnet. W. M. hat das Projekt monatelang mit beispielloser Hartnäckigkeit und mit Lenins persönlicher Hilfe gegen alle bürokratischen Widerstände betrieben, durchgesetzt und verwirklicht. Nun spricht er zur Eröffnung. Die Ausstellung findet namentlich unter der Intelligenz großen Zuspruch und motiviert sie zur Mitarbeit in der IAH.

Spätherbst: W. M. lernt Babette Gross kennen, die wegen ihrer Erfahrungen im Bankwesen der IAH bei der Vorbereitung der Arbeiteranleihe hilft. Münzenberg, dessen große Jugendliebe – eine Fanny aus Winterthur – 1918 in der Schweiz zurückgeblieben war und dessen verläßliche Freundin aus Zürcher Tagen – die Buchbindereiarbeiterin Adele – ihn auch in Berlin umsorgte, wird in den folgenden Jahren durch die gemeinsame Arbeit ein zunehmend engeres Verhältnis zu Babette gewinnen.

1923 25. Oktober: In Berlin wird ein von prominenten Mitgliedern des Zentralkomitees der IAH (u. a. Olga Kamenewa, Henry Barbusse, Upton Sinclair, Clara Zetkin und Willi Münzenberg) unterzeichnetes Plakat verboten, auf dem eine große Hilfsaktion für hungernde Arbeiterfamilien in Sachsen angekündigt ist.

Anfang Dezember: Auf dem Weltkongreß der IAH, der im Gebäude des Preußischen Landtages stattfindet, kommen erschreckende Tatsachen über die Lebenslage in Deutschland zur Sprache. Im Gefolge der Inflation leben 80 Prozent der Berliner unter dem Existenzminimum. Der Schwerpunkt der IAH-Solidarität verlagert sich nach Deutschland.

1924 Januar: W. M. nimmt in Moskau an den Beisetzungsfeierlichkeiten des am 21. Januar verstorbenen Revolutionsführers und Staatsgründers Lenin teil. Münzenberg kehrt bedrückt nach Berlin zurück, weil er mit Lenin seine einzige verläßliche Stütze in Moskau verloren hat und weil er auf einer EKKI-Tagung stiller Zeuge der heraufziehenden Machtkämpfe um die Nachfolge Lenins wurde, noch bevor dieser in Gorki bei Moskau gestorben war.

Mitte Februar: Mit einem im Rekordtempo hergestellten illustrierten Lenin-Sonderheft von SICHEL UND HAMMER (Nachfolger von SOWJETRUSSLAND IM BILD und Vorläufer der A-I-Z) sowie mit Karl Radeks Broschüre »Lenin/Sein Leben und Werk« tritt Münzenbergs NEUER DEUTSCHER VERLAG (seit November 1923 als Verlag von SICHEL UND HAMMER ausgewiesen) deutlich hervor und profiliert sich fortan neben dem MALIK-Verlag zu einem der besten linken deutschen Verlage in den Jahren vor 1933.

Anfang April: Auf dem illegalen 9. KPD-Parteitag vom 7. bis 10. April in Offenbach/Main und Frankfurt/Main wird W. M. als Reichstagskandidat der KPD nominiert.

4. Mai: Im Wahlkreis 19 (Hessen-Nassau) erzielt W. M. die nötige Stimmenzahl, um als Abgeordneter der KPD in

379

den Deutschen Reichstag einzuziehen, dem er bis nach den Wahlen vom 5. März 1933 angehören wird.

17. Juni bis 8. Juli: Als Delegierter mit beratender Stimme nimmt W. M. am V. Weltkongreß der KI in Moskau teil, auf dem Sinowjew erneut, aber letztmalig zum Vorsitzenden des EKKI gewählt wird. Über seinen minderen Delegiertenstatus kann sich Münzenberg mit der Tatsache hinwegtrösten, daß in den Wandelgängen des Kongreßgebäudes eine avantgardistisch aufgemachte Ausstellung über die IAH gezeigt werden darf. Während Sinowjew und (noch im Hintergrund) Stalin auf dem KI-Kongreß ihre Kampagne gegen Trotzki (und Radek) internationalisieren, kündigt Münzenbergs NEUER DEUTSCHER VERLAG demonstrativ eine Neuerscheinung an: Leo Trotzkis Buch »Über Lenin«.

1. August: Auf Münzenbergs Initiative wird in Moskau mit IAH-Kapital die Filmgesellschaft MESCHRAB-POM (Filmproduktion und internationaler Filmverleih) gegründet, die dem sowjetischen Kinopublikum zahlreiche westliche Streifen und vor allem den deutschen Filmfreunden die großen Kunstwerke der jungen sowjetischen Kinematographie erschließen wird.

Herbst: Karl Radek und Larisa Rejsner besuchen Münzenberg und Babette Gross in Berlin. Larisa Rejsner vertraut W. M. ihre Reportage »Hamburg auf den Barrikaden« an, die im NDV erscheinen soll und deren Verbot einen jahrelangen Wirbel in Deutschland auslösen wird.

14. November: Ins Handelsregister wird der seit April 1913 bestehende NEUE DEUTSCHE VERLAG mit neuer Bezeichnung eingetragen: NEUER DEUTSCHER VERLAG WILLI MÜNZENBERG, persönlich haftender Gesellschafter ist »Willi Münzenberg, Kaufmann, Berlin«, Prokura besitzen »Babette Groß, Potsdam«, und (ab 20. April 1926) »Gertrud Fix, Köpenick«. Ab 1. Juni 1927 wird eine »Filiale Zürich« des NDV im Register eingetragen sein.

1925 1. Januar: Mit einer »Lenin-Spartakus-Sondernummer«

und einem Lenin-Bildnis auf dem Titelblatt tritt die ARBEITER-ILLUSTRIERTE ZEITUNG/BISHER SICHEL U. HAMMER zum Preis von 20 Pf. werbewirksam ins Leben.

März: Zur Reichspräsidentenwahl (nach Friedrich Eberts Tod am 28. Februar) unterstützt Münzenbergs A-I-Z demonstrativ den relativ chancenlosen KPD-Kandidaten – mit einem Ernst-Thälmann-Porträtfoto auf dem Titelblatt und dem Text:»Wer soll der neue Reichspräsident sein? – Ernst Thälmann, Transportarbeiter, Hamburg/Das arbeitende Deutschland wählt den Arbeiter Thälmann«. Im ersten Wahlgang am 29. März erreicht keiner der Kandidaten die erforderliche Mehrheit. Da die SPD für den zweiten Wahlgang (26. April) ihren eigenen Kandidaten zurückzieht und ihren Wählern den ZENTRUMs-Kandidaten empfiehlt, dieweil die KPD auf Thälmann beharrt (mit nur 1,8 Millionen Stimmen am 29. März), verhilft der ideologische Starrsinn beider Arbeiterparteien dem reaktionären Paul von Hindenburg (1847 bis 1934) zum Amt des Reichspräsidenten (Hindenburg 14,6 Millionen, ZENTRUM/SPD-Kandidat 13,7 Millionen, Thälmann 1,9 Millionen Stimmen). W. M. zu Babette Gross:»Wir helfen der Reaktion in den Sattel!«

14. Juli bis 28. August: Um einem antisowjetischen Bericht des sozialdemokratischen VORWÄRTS vom 8. Januar 1925 wirksam entgegentreten zu können, hat Münzenbergs IAH gemeinsam mit sowjetischen Stellen eine Reise deutscher Arbeiter in die SU organisiert. Die Delegation, der mehr Sozialdemokraten als Kommunisten angehören, verfaßt »gemeinsam« einen Bericht, den der NDV noch vor Jahresfrist in der unglaublich hohen Auflage von 100 000 Exemplaren herausbringen wird: »Was sahen 58 deutsche Arbeiter in Rußland? Bericht der deutschen Arbeiter-Delegation über ihren Aufenthalt in Rußland vom 14. Juli bis zum 28. August 1925«.

14. Dezember: Münzenbergs IAH und auf sein Drängen hin auch die KPD folgen einer Einladung der LIGA FÜR MENSCHENRECHTE zu einer konzertierten Initiative

381

aller antimonarchistischen Kräfte, der sich auch die SPD anschließt: Volksentscheid gegen die (unangemessen hohen) Abfindungen für enteignete Fürsten. Münzenbergs Medien tragen maßgeblich dazu bei, den gemeinsam ausgearbeiteten Gesetzesentwurf zu verbreiten und beim Volksbegehren (März 1926) über zwölf Millionen Wahlberechtigte zu gewinnen, die den Volksentscheid (20. Juni 1926) erzwingen, bei dem aber die erforderliche Stimmenzahl nicht erreicht wird.

1926 März: Der proletarische Filmverleih PROMETHEUS, Ende 1925/Anfang 1926 von W. M. aus einigen geschäftsuntüchtigen Verleihfirmen gebildet, erwirbt von SOWKINO in Moskau das Vertriebsmonopol (für drei Jahre in Deutschland) des Films »Panzerkreuzer Potemkin«, den Insider seit einer Vorführung auf einer Lenin-Gedenkveranstaltung der Berliner Sowjetbotschaft im Januar für eine Sensation halten. Da die Reichsfilmprüfstelle den sowjetischen Streifen zunächst für ganz Deutschland verbietet, beauftragt W. M. seinen Freund und Anwalt Paul Levi, Einspruch zu erheben. Zur Teilnahme an einer erneuten Vorführung in der Prüfstelle gewinnt W. M. seinen Freund Alfred Kerr (1867 bis 1948), der eine Auslandsreise verschiebt und bei der Vorführung so fasziniert ist, daß er seine Notizen zum Film in den Reisepaß schreibt. Kerrs begeistertes Votum trägt wesentlich zur Freigabe des Films bei.

29. April: Die deutsche Premiere von »Panzerkreuzer Potemkin« im APOLLO-Theater in der Berliner Friedrichstraße wird zu einem Riesenerfolg. Münzenbergs umsichtiges Engagement für den Film verhilft diesem Meisterwerk zum internationalen Durchbruch und dem PROMETHEUS-Verleih zu einem glänzenden Geschäft.

1927 10. bis 15. Februar: Im Brüsseler Palais d'Egmont findet der von W. M. initiierte und organisierte Kongreß gegen koloniale Unterdrückung und Imperialismus statt, an dem 174 Vertreter aus 37 Ländern der Erde teilnehmen, darunter 104 Abgesandte nationaler Befreiungsbewegungen in kolonial abhängigen Gebieten. Es ist das der erste

Kongreß dieser Art – er vereint Kolonialgegner unterschiedlichster Art. Dem konsensschaffenden Talent Münzenbergs gelingt es, britische Labourpolitiker und indische Freiheitskämpfer wie Jawaharlal Nehru nicht nur an einen Kongreßtisch, sondern auch zu einem gemeinsamen Manifest »Gegen Imperialismus und für nationale Unabhängigkeit« zu bewegen. Dabei helfen ihm linke Intellektuelle wie Ernst Toller, Henri Barbusse und Albert Einstein. Seit Brüssel datiert die Freundschaft zwischen Nehru und W. M. In Brüssel wird die WELTLIGA GEGEN IMPERIALISMUS UND FÜR NATIONALE UNABHÄNGIGKEIT gegründet, die fortan (bis 1933) von Berlin aus wirkt und beträchtlichen Einfluß auf die nationalen Befreiungsbewegungen gewinnt.

2. bis 7. März: In Essen findet der 11. Parteitag der KPD statt. Thälmann findet Worte der Anerkennung für den Brüsseler Kongreß. W. M. wird in das Zentralkomitee der Partei gewählt. Der Parteitag nimmt jenes Parteistatut an, gegen das die Pieck-Führung 1938/39 verstoßen wird, als sie W. M. aus dem ZK der KPD und dann aus der Partei ausschließt.

7. September: Die A-I-Z wirbt für das Protokoll des Brüsseler Kongresses, das Münzenbergs NDV herausbringt – nun schon unter der neuen Adresse, die bis 1933 weltweit bekannt werden wird: Berlin W 8, Wilhelmstraße 48.

2. bis 19. Dezember: Der XV. Parteitag der KPdSU(B) in Moskau sanktioniert den Ausschluß Leo Trotzkis aus der Partei. Dieweil Stalin Trotzkis Verbannung nach Alma-Ata (Januar 1928) vorbereitet, legt Münzenbergs NDV, der auch eine Sammlung von Trotzkis Werken herausgibt, einen großen Bildband »Illustrierte Geschichte der russischen Revolution 1917« auf, in dem nicht nur Trotzkis Rolle in der Revolution beschrieben wird, sondern auch ein Kapitel aus Trotzkis Feder (neben einem Kapitel von Stalin) enthalten ist. Der Band erscheint in Berlin zu einer Zeit, da Trotzki schon nach Mittelasien verbannt ist.

1928 17. Juli bis 1. September: W. M. nimmt am VI. Weltkongreß der KI in Moskau teil. In der Nachmittagssitzung des 20. Juli erhält er das Wort zu einer Diskussionsrede, in der er Erfahrungen der Bündnispolitik der IAH vermittelt und sich gegen die Praxis der SPD wendet, aus den von ihr beeinflußten Massenorganisationen Kommunisten auszugrenzen. W. M. wagt es sogar, am Bericht von Bucharin, der inzwischen Sinowjew an der Spitze der KI abgelöst hat, Kritik zu üben: Bucharin habe die ANTIIMPERIALISTISCHE LIGA unterschätzt, und er hätte über deren Aktivitäten in Mittelamerika sprechen müssen. In seinem Schlußwort (zum Tagesordnungspunkt Internationale Lage) am 30. Juli antwortet Bucharin auf Münzenbergs Kritik ausführlich, kameradschaftlich und im Prinzip zustimmend. Mit Bucharin an der Spitze der KOMINTERN hat W. M. große Spielräume für eigene Initiativen.

September/Oktober: Nach der Wittorf-Affäre delegiert Stalin Heinz Neumann zur Unterstützung Thälmanns nach Berlin, wo Neumann mit seiner jungen georgischen Frau Sinaida im Hause In den Zelten 9a Quartier bezieht, auf der gleichen Etage, auf der seit etwa zwei Jahren W. M. und Babette Gross zusammen wohnen. In dem Haus, das Magnus Hirschfeld gehört, lernt Neumann Babettes Schwester Margarete kennen, die seine Lebensgefährtin wird, nachdem er die ihm lästig gewordene Sinaida trotz Protesten aus Moskau wieder in ihre Heimat geschickt hat. Obwohl sich W. M. aus allen Rivalitäten der KPD-Führung möglichst heraushält und auch Neumanns stalinistisch-sektiererischen Positionen skeptisch gegenübersteht, wird man 1931/32 behaupten, W. M. habe »die fraktionelle Tätigkeit der Neumann-Gruppe unterstützt«. Nicht zu bestreiten ist, daß W. M. als Antialkoholiker, Nichtraucher und Frühaufsteher das Nachbarpaar Heinz und Margarete morgens weckt, mit ihm durch den Tiergarten zum Café JOSTY am Potsdamer Platz läuft, dort frühstückt und dann allein zu seiner Arbeit eilt – durch die Prinz-Albrecht-Straße zur Wilhelmstraße, ins Hinterhaus unter der Nummer 48.

4. November: W. M. spricht auf dem Reichsgründungs-

kongreß des BUNDes DER FREUNDE DER SOWJET-
UNION in Berlin, auf dem auch Ernst Toller, Max Hodann (1894 bis 1946) und Emil Julius Gumbel (1891 bis
1966) zur Verteidigung der Sowjetunion aufrufen, weil,
wie Ernst Toller hervorhebt, eine Niederlage der russischen Revolution einem Sieg des Faschismus gleich-
käme.

1929 29. März bis 1. April: Dritte Reichskonferenz der IAH in
Dresden nimmt eine »Sozialpolitische Resolution« an, die
sich Ende Oktober des gleichen Jahres, nach dem Börsenkrach in New York, angesichts der heraufziehenden Weltwirtschaftskrise und der millionenfachen Arbeitslosigkeit
in allen industriell entwickelten kapitalistischen Ländern,
als erstaunlich weitsichtig erweisen wird. Der Schwerpunkt der IAH wird auf die Unterstützung von Arbeitern
und Arbeiterkindern in Lohn- und Wirtschaftskämpfen
gelegt. In den zurückliegenden zwei Jahren hat die IAH
fast 200 000 RM allein für Kinderhilfe ausgegeben. Münzenbergs IAH hat die Ferienlager für Kinder armer Fami-
lien in Deutschland möglich gemacht, eine soziale Tat, der
auch die Nationalsozialisten nach 1933 mit Kinderland-
verschickungen Rechnung tragen werden müssen.
1. Mai: Die Tatsache, daß der sozialdemokratische Polizeipräsident von Berlin Mai-Demonstrationen verbietet,
daß die KPD dennoch zu Demonstrationen aufruft, daß
rund 200 000 auf die Straße gehen und daß bei Auseinandersetzungen mit der Polizei 31 Menschen getötet werden, verschärft schlagartig den tiefen Gegensatz zwischen
SPD und KPD. Auch W. M. spitzt nun in seinen Medien
die Polemik gegen führende Sozialdemokraten wieder
deutlich zu. Die Stunde der Scharfmacher ist gekommen.
Stalins These von der Sozialdemokratie als Hauptfeind,
vom »Sozialfaschismus«, gewinnt in der KPD wieder größere Resonanz.
25. Mai: Die u. a. von Jacob Walcher herausgegebene Zeitschrift GEGEN DEN STROM/ORGAN DER KPD.(OP-
POSITION) berichtet im Heft 21/1929 unter der Überschrift »Münzenberg-Presse gegen KPD« von internen

Auseinandersetzungen in der KPD-Führung. W. M. habe am 6. Mai die ZK-Sitzung unter Protest verlassen, weil Heinz Neumann und Hermann Remmele Münzenbergs Zeitung BERLIN AM MORGEN wegen ihrer zurückhaltenden Berichte über den »Blutmai« kritisiert hätten. W. M. habe seine Redakteure verteidigt, Neumann des Putschismus beschuldigt und sei demonstrativ gegangen. Da DIE ROTE FAHNE wie alle anderen offiziellen KPD-Blätter im Gegensatz zu Münzenbergs Zeitungen und Zeitschriften verboten ist, muß W. M. Neumanns Angriffe ernst nehmen.

30. und 31. März: Die zweite Reichsdelegiertenkonferenz der 1926/27 entstandenen VEREINIGUNG DER AR-BEITER-FOTOGRAFEN DEUTSCHLANDS in Dresden kann ein gute Bilanz ziehen – 45 Ortsgruppen mit 1480 zahlenden Mitgliedern. Die Zeitschrift DER AR-BEITER-FOTOGRAF, von W. M. mit Zuschüssen besonders gefördert, hat nun eine Auflage von 7000 Exemplaren. W. M. und Babette Gross werden wieder in den Reichsvorstand der Vereinigung gewählt.

8. bis 15. Juni: 12. Parteitag der KPD in Berlin-Wedding, auf dem W. M. erneut in das ZK der Partei gewählt wird.

3. bis 19. Juli: X. Tagung des EKKI in Moskau, auf der Bucharin wegen »rechter Abweichungen« aus dem EKKI ausgeschlossen wird und Stalin sich mit seiner verhängnisvollen Linie des verschärften Kampfes gegen die Sozialdemokratie als der angeblichen »sozialfaschistischen« Hauptgefahr vollends durchsetzt.

Sommer: W. M. arbeitet an seinem Buch »Die Dritte Front/Aufzeichnungen aus 15 Jahren proletarischer Jugendbewegung«, das zum zehnten Gründungstag der KJI im November erscheinen soll. Zunächst ist der Titel »Mit Liebknecht und Lenin« vorgesehen, den W. M. erst in letzter Minute (Anfang November) in »Die Dritte Front« ändern wird.

12. und 13. September: W. M. spricht in Berlin auf mehreren Jugendkundgebungen des KJVD über die Entste-

hung der KJI im November 1919. Da der Redner jedesmal die aktuelle Lehre zieht, die Jugend brauche »nur zuzufassen, um die jetzige Regierung hinwegzufegen und eine Arbeiter- und Bauernregierung nach russischem Muster aufzurichten«, schreibt die W. M. überwachende Politische Polizei jedesmal lange Berichte, die beim Oberreichsanwalt landen. Doch als Reichstagsabgeordneter genießt W. M. Immunität.

Anfang November: Die A-I-Z (Nr. 46/1929) veröffentlicht zum 12. Jahrestag der russischen Oktoberrevolution einen groß aufgemachten und auffällig illustrierten Bericht von W. M. über industriellen Aufbau in der Sowjetunion. »Auf einer Reise durch Südrußland« habe er »die erzielten Fortschritte« »an Ort und Stelle« kennenlernen können. Tatsächlich hat W. M. in diesem Herbst mit Babette Gross eine von Heinz Neumann arrangierte Vortrags- und Erholungsreise nach Charkow und in den Kaukasus unternommen, wo er mit persönlichen Freunden Stalins zusammenkam.

21. November: Im Berliner Sportpalast haben sich aus Anlaß des zehnjährigen Bestehens der KJI rund 10 000 Personen, darunter (laut Polizeibericht) 3000 Jugendliche, versammelt. Nach zwei Rezitationen von Erich Weinert hält W. M. (als Gründer der KJI im November 1919) eine flammende Rede, in der er einen Sechsstundentag und vierwöchigen Urlaub für junge Arbeiter und die Herabsetzung des Wahlalters fordert. Erst nach Münzenbergs Rede kommt Thälmann zu Wort. Während er spricht, treten etwa 500 Personen in der Uniform des verbotenen RFB (ROTER FRONTKÄMPFERBUND) in Erscheinung. Die Polizei hält sich zurück.

26. November: W. M. spricht im Moskauer Großen Theater auf der dortigen »feierlichen Kundgebung aus Anlaß des zehnjährigen Jubiläums der Kommunistischen Jugendinternationale«. Lasar Schazkin, den W. M. in seinem Buch »Die Dritte Front« als Mitbegründer der KJI würdigt, fehlt bereits auf der »feierlichen Kundgebung«; er ist bei Stalin in Ungnade gefallen.

387

Weihnachten: »Schenkt gute Bücher« wirbt die A-I-Z ganzseitig und empfiehlt: Larissa Reissner »Oktober«, Max Beer »Geschichte des Sozialismus«, Alexander Newerow »Taschkent, die brotreiche Stadt«, Willi Münzenberg »Die Dritte Front«, »Volksbuch 1930« und Kurt Tucholsky »Deutschland, Deutschland über alles« – sämtlich aus Münzenbergs NDV.

1930 Mitte Februar: Während Stalin, offenbar betroffen vom sich versteifenden Widerstand, auf den seine mit administrativer Willkür vorangetriebene Politik der Kollektivierung der Landwirtschaft stößt, das Tempo der »Liquidierung des Kulakentums« (Originalton Stalin) zeitweilig drosselt, tritt Münzenbergs IAH mit einer Kampagne zur Unterstützung der Kollektivierung an die Öffentlichkeit: Laut A-I-Z (Nr. 6/1930) hat die IAH sich verpflichtet, zwei große Landwirtschaftsbetriebe bei Moskau mit westlicher Technik (u. a. 40 Traktoren) zu modernsten Mustergütern auszubauen, die den Kolchosen als Konsultationspunkte dienen sollen. Einen der Traktoren will die A-I-Z aus Spenden ihrer Leser finanzieren – »Zahlungen sind zu richten an Neuer Deutscher Verlag, Willi Münzenberg, Postscheckkonto Berlin Nr. 121770 mit dem Vermerk ›AIZ-Traktor‹«.

11. November: DIE WELTBÜHNE (Nr. 46/1930) veröffentlicht unter der Überschrift »Die moskauer Hinrichtungen« einen offenen Brief von Arnold Zweig »an den Abgeordneten Münzenberg«. Zweig bekräftigt darin seinen öffentlichen Protest gegen die Hinrichtung von 48 Spezialisten in Rußland (etwa im September in einem Geheimprozeß wegen »Sabotage der Fleischversorgung« zum Tode verurteilt) und wendet sich gegen »die Verfälschung der sozialistischen Idee, die eintritt, wenn man sich berechtigt glaubt, um der Befreiung einer Klasse willen Individuen scharenweise sterben zu lassen«.

2. Dezember: Carl von Ossietzky stellt sich hinter Arnold Zweig und nennt in der WELTBÜHNE (Nr. 49/1930) einen seit 25. November in Moskau (diesmal öffentlich) ablaufenden Prozeß gegen Leonid Konstantinowitsch

Ramsin und weitere sieben »Angehörige der Industriepartei« einen »Erdrutsch, zweite Auflage«. Ossietzky befürchtet, solche »gespenstischen« Methoden könnten »das sozialistische Werk« gefährden. Und unverkennbar in Richtung Münzenberg, der mit seinen Getreuen auf verschiedenen Diskussionsabenden die Sowjetjustiz verbissen verteidigt, zielt Ossietzkys Bemerkung: »Denn es gibt eine kommunistische Scholastik hierzulande, die durch keine neue Situation in ihrer Mundfertigkeit beeinträchtigt wird, und die auch die notwendigen Marxzitate parat hätte, wenn es Stalin plötzlich gefiele, katholisch zu werden. Ihr unkritisches Partisanentum macht diese Bemerkungen notwendig.«

3. Dezember: W. M. versucht in die Offensive zu kommen – mit einer Großkundgebung der IAH im Saalbau Friedrichshain, auf der F. C. Weiskopf, Alfons Goldschmidt, Egon Erwin Kisch und natürlich W. M. selbst zum Thema »Das Volksgericht in Moskau gegen die Saboteure« sprechen. W. M. bringt die Kritik an den Prozessen in Zusammenhang mit der Vorbereitung eines Krieges gegen die Sowjetunion. Auf der Kundgebung wird ein »Komitee zur Verteidigung der Sowjetunion« gebildet, dem Maxim Gorki, Henry Barbusse und Upton Sinclair angehören. In den folgenden Tagen schließen sich viele namhafte Intellektuelle dem Komitee an. Doch obwohl die IAH-Kundgebung in einer einstimmig angenommenen Resolution »die Vernichtung der Saboteure« fordert, kann Ossietzky einen kleinen Erfolg seiner humanitären Vernunft verbuchen: Die am 7. Dezember in Moskau zum Tode verurteilten fünf (von acht Angeklagten) »Saboteure« werden am 8. Dezember zu zehn Jahren Haft »begnadigt«. Einen 128seitigen »Prozeßbericht« gibt W. M. Anfang 1931 im NDV heraus.

21. Dezember: W. M. spricht im großen Saal des Düsseldorfer Zoologischen Gartens vor rund 1000 Delegierten des I. Kampfkongresses gegen den Faschismus (im Bezirk Niederrhein) zum Thema »Volksrevolution gegen faschistische Diktatur«. Obwohl W. M. den Begriff »Sozial-

faschismus« verwendet und verteidigt, enthält seine ausführliche und gut vorbereitete Rede verschiedene ahnungsvoll weitsichtige Passagen über die Gefahren der heraufziehenden Hitler-Diktatur, über die katastrophalen sozialen Folgen der Weltwirtschaftskrise und über die Notwendigkeit einer antifaschistischen Einheitsfront. Trotz Stalins Hypotheken ist W. M. zuversichtlich.

1931 9. Februar: Der Reichstag beschließt auf Antrag des Generalstaatsanwalts beim Landgericht I Berlin, eine Strafverfolgung des Mitgliedes des Reichstages Münzenberg zuzulassen. Der Senat der Stadt Lübeck hat gegen W. M. Strafanzeige erstattet, weil in der von W. M. presserechtlich zu verantwortenden Zeitschrift DER ROTE AUFBAU (Heft 6/1930) behauptet wurde, der Lübecker Senator Hoff habe sich wegen Unterschlagung von 100 000 RM erschossen. Der Lübecker Senat bestreitet das und sieht in der Behauptung des ROTEn AUFBAU ein »Vergehen« gegen das »Gesetz zum Schutz der Republik vom 25. März 1930«. Das Verfahren, nur eines aus einer Reihe von juristischen Bemühungen, Münzenberg in den letzten Jahren der Weimarer Republik strafrechtlich zu verfolgen oder zumindest einzuschüchtern, zieht sich bis Januar 1932 hin. Dann muß es eingestellt werden, weil die Sache verjährt ist.

25. April: Der Oberreichsanwalt zu Leipzig beantragt beim Deutschen Reichstag die Genehmigung »zur Strafverfolgung des Schriftstellers Willi Münzenberg, Mitglied des Reichstages, in Berlin« wegen »eines fortgesetzten Verbrechens der Vorbereitung zum Hochverrat«. Zur Begründung bringt Oberreichsanwalt Dr. Karl Werner ein zehn Seiten langes »Sündenregister« bei, das ausschließlich Gesinnungstatbestände aufführt: in Reden geäußerte (und von Polizisten mitgeschriebene) Ansichten, in Artikeln verfochtene Meinungen, in Büchern dargestellte Haltungen sowie die Auffassung, zur Veröffentlichung der Ansichten Dritter berechtigt zu sein. Solche Gesinnungsjustiz sieht »Vorbereitung zum Hochverrat« beispielsweise darin, daß Münzenbergs Zeitschrift DER ROTE

AUFBAU den deutschen Lesern die Möglichkeit gibt, Karl Radeks Ansichten über »Die Lage in Deutschland und der deutsche Sozialfaschismus« (DER ROTE AUFBAU, Heft 1/1931) kennenzulernen. Der Reichstag wird Werners Antrag bis Juni 1932 liegenlassen und dann abschlägig beantworten. Und Münzenberg läßt sich von der allzeit latenten Bedrohung nicht einschüchtern.

12. August: Zum zehnten Jahrestag der Gründung der IAH legt W. M. einen 528seitigen Rechenschaftsbericht vor: »Solidarität/Zehn Jahre Internationale Arbeiterhilfe/1921–1931« – »Gewidmet den aktiven Mitgliedern und Funktionären der Internationalen Arbeiterhilfe«. Der Band ist eine Dokumentation sozialpolitischer Pionierarbeit von geschichtlichen Dimensionen.

Anfang Oktober: Aus Anlaß des zehnjährigen Bestehens der IAH veranstaltet W. M. in Berlin vom 3. bis 11. des Monats einen Reichskongreß und vom 9. bis 15. einen Weltkongreß der IAH. Angesichts der Tatsache, daß die KPD mit ihren Anhängern allein weder der sozialen Not noch der braunen Gefahr wirksam begegnen kann, orientiert W. M. die IAH in Deutschland vor allem auf gute Zusammenarbeit mit dem in seiner wirtschaftlichen Existenz bedrohten Mittelstand (Bauern, Handwerker, Angestellte, Beamte, Gewerbetreibende). Die Kongresse sind überschattet von Notverordnungen der Reichsregierung, die darauf gerichtet sind, Tariflöhne zu beseitigen, soziale Unterstützungen zu kürzen und den Unternehmern die Steuern zu erleichtern. Wenige Tage vor den Kongressen sind zudem linke Sozialdemokraten wie Kurt Rosenfeld wegen ihrer Kritik an der Tolerierungspolitik der SPD-Führung in Sachen Notverordnungen aus der SPD ausgeschlossen worden. Während die objektiven sozialökonomischen Probleme katastrophale Ausmaße annehmen, polarisieren sich im politischen System der Weimarer Republik die ideologischen Gegensätze in einer Weise, die nicht nur keine Problemlösung mehr zuläßt, sondern auch das System selbst zu sprengen droht.

20. November: Während Münzenbergs NDV den Band 4

WILLI MÜNZENBERG

SOLIDARITÄT

ZEHN JAHRE
INTERNATIONALE ARBEITERHILFE
1921—1931

1931

NEUER DEUTSCHER VERLAG · BERLIN W 8

Ein Dokument des 20. Jahrhunderts:
528seitiger Rechenschaftsbericht
der INTERNATIONALEN ARBEITERHILFE

(»Gewerkschaftskampf und Massenstreik«) der Gesammelten Werke Rosa Luxemburgs (eingeleitet von Paul Frölich) als 108. Band der UNIVERSUM-BÜCHEREI FÜR ALLE herausbringt und damit einer Anregung Lenins endlich folgt, erscheint in der sowjetischen Geschichtszeitschrift PROLETARSKAJA REWOLUZIJA Stalins berüchtigter Brief »Über einige Fragen der Geschichte des Bolschewismus« mit einem frontalen Angriff auf Rosa Luxemburg und die deutschen Linken. Stalin setzt nicht nur diese große Denkerin der Arbeiterbewegung in unverschämter Weise herab, sondern demonstriert auch, daß ihm jeder Sinn für soziologische Besonderheiten und nationale Mentalitäten anderer Länder fehlt.

1932   20. bis 23. Februar: Tagung des ZK der KPD, auf der personale Rivalitäten und politische Meinungsverschiedenheiten zwischen Ernst Thälmann einerseits und Heinz Neumann andererseits offen ausbrechen. Das Führungsgremium ist weder intellektuell noch strukturell souverän genug, die Konflikte im rationalen Konsens auszutragen. Statt dessen werden Heinz Neumann und seine Anhänger aus der Führung ausgegrenzt – mit dem Effekt, daß zwar nun eine realistischere und weniger sektiererische antifaschistische Bündnispolitik betrieben wird, dafür aber die Führung an intellektueller Potenz und souveräner Entschlußkraft verliert. Da W. M. (größtenteils unberechtigt) zu den Anhängern Neumanns gezählt wird, vertieft sich der latente Dissens zwischen KPD-Führung und ihrem fähigsten Propagandisten, der allerdings ausgerechnet wenige Tage vor der ZK-Tagung (am 15. Februar in Heft 4/1932 seiner Zeitschrift DER ROTE AUFBAU) mit einem aus geschichtlicher Sicht schlimmen Aufsatz hervorgetreten war, unter dem Titel: »Trotzkis faschistischer Vorschlag einer Blockbildung der KPD mit der SPD«.

30. Mai: Uraufführung des Films »Kuhle Wampe«, dessen Herstellung von Münzenbergs PROMETHEUS-Filmgesellschaft ermöglicht wurde. Der Tonfilm mit den Untertiteln »Wem gehört die Welt – Wer wird die Welt ändern?

Die, denen sie nicht gefällt!« ist ein meisterliches Gemein-schaftswerk von Bertolt Brecht, Hanns Eisler, Ernst Busch und Slatan Dudow. Angeregt wurden sie von einer Zeitungsnotiz über den Selbstmord eines jungen Arbeits-losen: Bevor er aus dem Fenster in die Tiefe sprang, nahm er die ihm wertvolle Armbanduhr ab und legte sie aufs Fensterbrett...

27. bis 29. August: In einer großen Ausstellungshalle in der Amsterdamer Ferdinand-Bol-Straat findet der von W. M. angeregte und organisierte WELTKONGRESS bzw. KAMPFKONGRESS GEGEN DEN KRIEG statt, an dem über 2000 Delegierte aus 35 Ländern teilnehmen. Akuter Anlaß zu diesem ersten Weltfriedenskongreß (spä-ter von der »Weltfriedensbewegung« oft, aber meist nur unvollkommen imitiert) ist der Einmarsch japanischer Truppen in die Mandschurei, der die Gefahr eines fernöst-lichen Krieges gegen die Sowjetunion erhöht. Münzen-bergs Rede auf dem Amsterdamer Kongreß wird denen, die dabei sind, unvergeßlich sein. Noch einmal vor der po-litischen Katastrophe des kommenden Jahres gibt W. M. mit einer Rede von biblischem Format, mit einer Art Berg-predigt des Friedens und der sozialen Freiheit, Tausenden die ermutigende Hoffnung, ein neuer Weltkrieg sei ab-wendbar.

6. November: Bei den Reichstagswahlen wird W. M. er-neut als Abgeordneter der KPD in den Deutschen Reichs-tag gewählt. Seine Partei erringt mit fast sechs Millionen Stimmen (16,9 Prozent der abgegebenen Stimmen; SPD 20,4 Prozent, Zentrum 11,9 Prozent, NSDAP 33,1 Pro-zent) ihr bestes Wahlergebnis. Doch zu einer Anti-Hitler-Koalition sind weder SPD und das Zentrum noch die KPD fähig.

Weihnachten: Auf der letzten Seite ihrer letzten Ausgabe des Jahres veröffentlicht Münzenbergs A-I-Z (Nr. 52/ 1932) Fotos von Hungermärschen amerikanischer Ar-beitsloser nach Washington und französischer Arbeits-loser nach Paris. Das Heft enthält auch eine illustrierte Reportage aus dem Hungergebiet der Heimarbeiter im

394

Osterzgebirge. Doch über die Hungersnot in der Sowjetunion, Ergebnis der von Stalin und seiner Geheimpolizei ebenso inkompetent wie inhuman forcierten Kollektivierung, findet man kein Bild und kein Wort. Dabei ist Münzenberg nach dem Amsterdamer Kongreß mehrere Tage in Leningrad gewesen und hat dort in einem neuen Kulturhaus (vermutlich am 27. September) zu fast 4000 Arbeitern über den Friedenskampf gesprochen. Die millionenfache Hungersnot in der Sowjetunion – im Gegensatz zu 1921/22 von keiner internationalen Hilfe gemildert, weil von Stalins Medien total verschwiegen – wird die sowjetische Führung und die Exekutive der KI Anfang 1933 in einem Maße lähmen, daß sie und die von Stalin weitgehend entmündigte KPD-Führung Hitlers Machtübernahme mit einer an Agonie grenzenden politischen Inaktivität und Entschlußlosigkeit über sich ergehen lassen.

1933   Hitler an der Macht, Reichstagsbrand, W. M. muß emigrieren, maßgeblicher Anteil Münzenbergs am »Braunbuch« und an der Befreiung Dimitroffs.

1934   Münzenbergs USA-Reise, Illusionen über ein schnelles Ende der Nazi-Diktatur, Röhm-Putsch und Kirow-Mord.

1935   W. M. auf dem VII. Weltkongreß der KI, Stalin läßt die IAH auflösen.

1936   Vorsichtige Kritik Münzenbergs am Moskauer Prozeß gegen Sinowjew, Kamenew usw., nach Vorladung vor die IKK vermeidet W. M. jede weitere Reise nach Moskau. Große Verdienste um die Schaffung einer Deutschen Volksfront gegen Hitler.

1937   Von Walter Ulbricht des Trotzkismus bezichtigt und von Geheimdiensten verschiedener Seiten umlauert, flieht W. M. in die Krankheit und schreibt sein Buch »Propaganda als Waffe«.

1938   In einem statutenwidrigen Verfahren schließt eine Minderheit der KPD-Führung in Moskau W. M. aus dem ZK der KPD aus. Münzenbergs letzte Zeitung: DIE ZUKUNFT.

1939   Mit öffentlich begründetem Austritt kommt W. M. dem
Ausschluß aus der KPD zuvor und gründet eine neue Par-
tei: FREUNDE DER SOZIALISTISCHEN EINHEIT.
Öffentlicher Bannfluch gegen Stalin.

1940   Bei Beginn des deutschen Westfeldzuges Internierung.
Flucht und Tod – vermutlich Selbstmord.

Dank für freundliche Hilfe

Es ist dem Verfasser ein Bedürfnis, den folgenden Personen und Institutionen für freundliche Hilfe unterschiedlichster Art »in Sachen« Willi Münzenberg herzlich zu danken:
Emil Astl (Pößneck), Stefanie Barth (Berlin), Andreas Berger (Friemar), Hans-Joachim Bergmann (Berlin), Wolrad Bode (Frankfurt am Main), Rolf Ebert (Lübben im Spreewald), John Haag (Athens, Georgia/USA), Margrit Hahnel (Erfurt), Michael Hahnewald (Dresden), Wolfgang Hartmann (Berlin), Eberhard Heinrich (Berlin), Thomas Heubner (Berlin), Klaus Höpcke (Berlin), Werner Hößler (Burgstedt), Brigitte Holm (Berlin), Bettina und Bernd Junior (Gotha), Diethart Kerbs (Berlin), Wolfgang Kießling (Berlin), Helga Kirchhöfer und Familie (Berlin), Sigrid Kleinschmidt (Berlin), Ralf Klingsieck (Berlin), Arne Kokkvoll (Norwegen), Karl Kraut (Dresden), Gerhard Leo (Berlin), Pietro Maggi (Zürich), Hans Marquardt (Leipzig), Peter Mönnikes (Paderborn), Werner Müller (Berlin), Werner Neumann (Berlin), Inge Pardon (Berlin), Hans Pelger (Trier), Amalie und Theo Pinkus (Zürich), Fritz Nicolaus Platten (Zürich), Jochen Preußler (Stockholm/Berlin), Urs Rauber (Zürich), Martin Rott (Rom), Eckart Rottka (Berlin), Willi Ruf (Oranienburg), Ute Sauerland (Berlin), Jürgen Sche-

bera (Berlin), Tania Schlie (Hamburg), Robert Schuster (Leipzig), Siegfried Seltenreich (Friemar), Georg Sülzenbrück (Friemar), Miroslav Tucek (Zürich), Heinz Voßke (Berlin), Gudrun Warmbrunn (Berlin), Hermann Weber (Mannheim), Gisela Wenzel (Berlin);

Archiv und Bibliothek des Instituts für Geschichte der Arbeiterbewegung, Berlin; Schweizerisches Sozialarchiv, Zürich; Bibliothek der Historischen Kommission zu Berlin; Geheimes Staatsarchiv/Preussischer Kulturbesitz, Berlin; Bibliothek der Redaktion NEUES DEUTSCHLAND, Berlin; Archiv der FRANKFURTER ALLGEMEINEN ZEITUNG FÜR DEUTSCHLAND, Frankfurt/Main; Bibliothek der University of Georgia, Department of History, Athens, Georgia/USA; Studienbibliothek zur Geschichte der Arbeiterbewegung, Zürich.

Dr. Harald Wessel

Bitte an den Leser

Sollte der Leser zu jenen Zeitgenossen zählen, die Willi Münzenberg persönlich kannten oder über Münzenberg-Dokumente (Fotos, Briefe, zeitgenössische Drucksachen etc.) verfügen oder von der Existenz bislang unbekannter Münzenberg-Dokumente wissen, so ist er herzlich gebeten, dies dem Autor anzuzeigen. Auch kritische Hinweise zum vorliegenden Buch möchte der Verfasser gerne frank und frei erfahren.

Dr. Harald Wessel
Hallandstraße 42
O-1100 Berlin

Das St. Marcellin-Protokoll

Nach Redaktionsschluß: Dank der freundlichen Hilfe von Martin Rott (Rom) und Werner Müller (Berlin), der den französischen Text übersetzte, können wir hier (in typographisch originalgetreuer Anordnung) das Protokoll der Gendarmerie von St. Marcellin veröffentlichen:

Compagnie de
l'Isère

Section de
St. Marcellin

Brigade de
St. Marcellin

Nr. 746
vom 18. Oktober
1940

PROTOKOLL
betreffend das Auffinden einer Leiche
(Selbstmord durch
Erhängen) von: .
MUNZENBERG
(Wilhelm), aus dem
Lager Chambaran,
(Isère).

.... te Ausfertigung

GENDARMERIE NATIONALE

Heute, am achtzehnten Oktober Neunzehnhundertvierzig um acht Uhr fünfundvierzig.
GUIDET, Francois
Wir Unterzeichneten   und
LABORIE, Lucien,
Gendarmen im Standort St. Marcellin, Departement de l'Isère, in Dienstkleidung und in Übereinstimmung mit den Anordnungen unserer Vorgesetzten, berichten was folgt:
Am 17. Oktober 1940, um 17 Uhr, hat uns M. BELLE, Feldwächter der Gemeinde Montagne, telefonisch vom Auffinden eines männlichen Leichnams in einem Wald jener Örtlichkeit verständigt.
Am 18. Oktober 1940, um 6 Uhr, begaben wir uns an diese Örtlichkeit, wo wir um 8 Uhr anlangten. In Begleitung des Herrn Bürgermeisters und des Feldwächters begaben wir uns zu der Stätte, wo wir die folgenden Feststellungen machten:

LAGE DER ÖRTLICHKEIT

Der Wald, wo der Leichnam gefunden wurde, liegt an einer Stelle, genannt »Le Caugnet«, nördlich der Gemeinde Montagne in einem Umkreis von etwa 1 Kilometer der Ortschaft. Er bildet den Saum eines Feldweges, der, etwa 150 Meter südlich, von der Hauptverkehrsstraße Nr. 27 abzweigt. Das Gelände weist eine Neigung von etwa 12% auf; dieser Wald ist mit Bäumen verschiedener Arten bestanden, vornehmlich Eichen. Der Waldrand ist nach außen von Brombeersträuchern bedeckt, was den Zutritt schwierig macht.

Irgendwelche Behausungen befinden sich nicht in der Nähe, die nächstgelegene ist 800 Meter entfernt.

FESTSTELLUNGEN

Bei unserem Eintreffen am Ort gewahrten wir 90 cm vom Fuß einer Eiche, die 6 Meter von einem Feldweg entfernt steht, das Vorhandensein eines männlichen Leichnams. Der Tod scheint mehrere Monate zurückzuliegen, da der Körper ausgetrocknet und der Schädel von allem Fleisch entblößt ist. Die Leiche liegt auf dem Rücken, die Beine gekrümmt, der linke Arm entlang des Körpers und der rechte auf die Brust gelegt. Ein Stück Schnürchen (Bindfaden), in 3 Fasern, von 30 cm Länge, mit einer verknoteten Schlinge an einem der Enden, lag um den Hals des Opfers. An einem Ast der Eiche (3 Meter 30 vom Boden aus) bemerkten wir das Vorhandensein eines Stückes Schnur, das mit dem am Hals des Toten identisch ist.

400

Diese Schnur mißt eine Länge von 1 Meter 20. Der Leichnam ist bekleidet mit einem Anzug von grauem gestreiftem Stoff, einem weißen Hemd, einem Paar baumwollenen Hosen, einem Paar Hosenträger; er hat ein Paar schwarze Schuhe von der Art an, wie Unteroffiziere sie tragen. Sein Hut, aus grauem Filz, liegt 50 cm vom Fuß der Eiche entfernt; er trägt das Markenzeichen »Léon«, 95 Avenue des Champs Elysées Paris.

Bei der Durchsuchung der Taschen des Leichnams im Beisein von M. BELLE, dem Feldwächter, sowie dem Bürgermeister, fanden wir in der rechten Innentasche des Jacketts eine Brieftasche aus schwarzem Leder mit folgenden Papieren:

1) – Eine Identitätskarte für nichtarbeitende Ausländer, welche die Nr. AS-70.477 trägt, ausgestellt vom Polizeipräfekten von Paris zu Paris den... (unleserlich) auf den Namen MUZENBERG (Wilhelm), geboren am 14. August 1889 zu Erfurt, von Karl und Meissner (Nina), Schriftsteller, politischer Flüchtling aus Deutschland.

2) – Eine Mitgliedskarte der Internationalen Vereinigung des P. E. N.-Clubs.

3) – Eine Karte des Instituts für Geschichte der zeitgenössischen politischen Emigration, Hotel Colbert, 13–15 Rue de la Bucherie, Paris: Ordentliches Mitglied »MUNZENBERG«.

4) – Eine Armee-Postkarte adressiert an Villi Munzenberg, freiwillig Internierter, Gruppe 4, Lager Chambaran, herrührend von Mme. B. Gross, Lager Gurs (B. Pyrénées) Ilok, Baracke S, unter dem Datum des 18. Juni 1940.

5) – Ein ärztliches Attest, ausgestellt von einem Pariser Spezialisten, datiert vom 26.6.?, mit der Feststellung, daß der Patient von einem Magengeschwür befallen sei.

6) – Zwei Bestätigungen auf Stempelpapier zu 6 frs. für die Übersetzung aus einer deutschen Zeitung, daß Munzenberg die deutsche Staatsbürgerschaft aberkannt wurde.

Die Brieftasche und ihr Inhalt haben unter den Witterungseinflüssen gelitten, und ein Teil der Beschriftungen ist ausgelöscht.

In der linken Außentasche des Jacketts haben wir eine Brille gefunden.

Der Tote war mit einer Zahnprothese in beiden Kiefern versehen. Dieses Gerät ebenso wie die verschiedenen anderen bei ihm gefundenen Gegenstände sind an M. MANDIER, Bürgermeister der Gemeinde Montagne, übergeben worden.

Im Ergebnis einer Befragung haben wir folgende Auskünfte gesammelt:

M. ARGOUD (Georges), 26 Jahre, Landwirt in Montagne (Isère), erklärt:

»Gestern, den 17. laufenden Monats, gegen 15 Uhr, – ich befand mich auf der Jagd in Begleitung meines Freundes Gobertier – entdeckte ich beim Passieren des Waldes ›Caugnet‹ am Fuße einer Eiche den Körper eines Mannes. Dieser war auf dem Rücken gelegen, die Beine zusammengekrümmt und trug um den Hals eine Schnur. Ich bemerkte, daß wir es mit einem Erhängten zu tun hatten, dessen Strick gerissen war, da ein weiteres Stück sich noch an einem Ast der Eiche befand, unter dem er lag. Der Selbst-

402

mord muß ungefähr 6 Monate her sein, da die Gesichtshaut völlig verschwunden und die der Hände ausgetrocknet war. Irgendwelches Verschwinden ist in der Gemeinde nicht bekannt geworden, und ich kenne die Identität dieses Mannes nicht.«

Vorgelesen, bestätigt und unterschrieben.

Zu Montagne, 9 Uhr 15.

M. GOBERTIER (Victor), 30 Jahre, Landwirt zu Montagne (Isère), erklärt:

»Gestern, den 17. laufenden Monats, gegen 15 Uhr, befand ich mich auf der Jagd in Begleitung meines Freundes Argoud, wobei ich am Fuße einer Eiche den Leichnam eines Mannes sah. Der Tod scheint schon länger zurückzuliegen, da sich keine Haut mehr auf dem Schädel befand. Dieser Mann hat sich offenbar selbst umgebracht, da er um den Hals ein Stück Schnur hat; das andere Stück war noch am Ast der Eiche befestigt, an deren Fuß er sich befand.

Mir ist keinerlei Verschwinden in der Gemeinde bekannt, und ich kenne die Identität dieses Mannes nicht.«

Vorgelesen, bestätigt und unterschrieben.

Zu Montagne, 9 Uhr 30.

M. BELLE (Fernand), 42 Jahre, Feldwächter der Gemeinde Montagne (Isère), erklärt:

»Gestern, den 17. laufenden Monats, gegen 17 Uhr 30 kamen die Herren Argoud (Georges) und Gobertier (Victor) mich zu benachrichtigen, daß sie den Körper eines Erhängten im Wald ›Caugnet‹ entdeckt hätten. Ich habe mich an den Ort begeben und fand die Richtigkeit ihrer Angaben bestätigt. Die Schnur ist unter dem Gewicht des Körpers gerissen, weswegen er am Boden auf dem Rücken lag, die Beine zusammengekrümmt. Der Schädel war völlig kahl, was schlußfolgern läßt, daß der Tod schon einige Monate zurückliegt.

Ich habe Ihnen sogleich diese Erhängung angezeigt.

Irgendwelches Verschwinden ist in der Gemeinde nicht bekannt geworden, wie auch in den benachbarten Gemeinden nicht. Ich weiß nicht, wer dieser Mann ist.«

Vorgelesen, bestätigt und unterschrieben.

Zu Montagne, 10 Uhr 15.

M. MANDIER (Jean-Francois), 68 Jahre, Bürgermeister der Gemeinde Montagne (Isère), erklärt:

»Gestern, am 17. Oktober 1940, gegen 19 Uhr, bin ich durch Herrn BELLE, Feldwächter der Gemeinde, davon verständigt worden, daß der Körper eines Erhängten im Wald ›Caugnet‹ durch zwei Jäger des Ortes entdeckt worden sei.

Diesen Morgen, den 18. laufenden Monats, habe ich mich an die Örtlichkeit begeben, nachdem ich Doktor Carrier von St. Marcellin benachrichtigt hatte, wo ich zur selben Zeit angekommen bin wie der praktische Arzt und Sie.

In meiner Gemeinde ist von irgendeinem Verschwinden nichts bekannt, wie auch nicht in der Umgebung.

Ich habe festgestellt, daß der Tod lange zurückliegen muß, da der Schädel völlig nackt war.

Die Schnur, mit der er sich selbst umbrachte, war gerissen, der Körper lag zusammengekrümmt am Fuß einer Eiche. An einem Ast dieses Baumes war ein Stück der Schnur, gleich jener, die sich um dem Hals des Toten befand, noch befestigt.

Da der Doktor keine verdächtigen Spuren
feststellen konnte, gebe ich die Erlaubnis zur
Beisetzung.«

Vorgelesen, bestätigt und unterschrieben.

In zwei Ausfertigungen mit der Bestimmung:
die erste, untersiegelt und im Register eingetragen, für den Herrn Staatsanwalt in St. Marcellin;
die zweite für unsere Chefs.

Gegeben und beschlossen zu St. Marcellin,
den 19. Oktober 1940, 20 Uhr.

Gezeichnet: LABORIE   Gezeichnet: GUIDET

IDENTITÄT DES OPFERS

MUNZENBERG (Wilhelm), geboren am
14. 8. 89 in Erfurt (Deutschland) von Karl und
der Meissner (Nina), Schriftsteller, politischer
Flüchtling aus Deutschland, interniert im Lager
Chambaran.

KOPIE DES ÄRZTLICHEN ZERTIFIKATS

Ich, der unterzeichnete Carrier, Doktor der
Medizin, bestätige, an diesem Tag den Leichnam
einer Person im Zustand sehr fortgeschrittener
Zersetzung besichtigt zu haben.

Das Gesicht wies keinen Hautüberzug mehr
auf, und der Tod scheint mehrere Monate zurückzuliegen, ohne sichtbare Zeichen von äußerer
Gewaltanwendung.

Todesursache ist Erhängen durch Selbstmord;
infolgedessen gebe ich die Erlaubnis zur Beisetzung.

Gezeichnet: CARRIER

Personenverzeichnis

Babette Gross und Willi Münzenberg
sind wegen der Häufigkeit ihrer Nennungen
im Personenverzeichnis unberücksichtigt geblieben.

Die typographisch hervorgehobenen Seitenzahlen
weisen auf Passagen
mit speziellen biographischen Informationen hin.

410

411

413

414

415

416

417

Inhaltsverzeichnis

419